L'institution philosophique française et la Renaissance : l'époque de Victor Cousin

# Brill's Series in Philosophical Historiographies

*Editors*

Mario Meliadò, *Universität Siegen*
Cecilia Muratori, *Ca' Foscari Università di Venezia*

*Editorial Board*

Delphine Antoine-Mahut, *École Normale Supérieure de Lyon*
Luca Bianchi, *Università degli Studi di Milano*
Anne Eusterschulte, *Freie Universität Berlin*
Catherine König-Pralong, *École des Hautes Études en Sciences Sociales*
Anke von Kügelgen, *Universität Bern*
David Lines, *University of Warwick*

VOLUME 1

The titles published in this series are listed at *brill.com/bsph*

# L'institution philosophique française et la Renaissance : l'époque de Victor Cousin

Dominique Couzinet et Mario Meliadò (éds)

BRILL

LEIDEN | BOSTON

La Bibliothèque Victor Cousin à la Sorbonne, *L'Univers illustré*, 11è année, n. 706, 25 juillet 1868, p. 464.

The Library of Congress Cataloging-in-Publication Data

Names: Couzinet, Dominique, editor. | Meliadò, Mario, 1985- editor.
Title: L'institution philosophique française et la renaissance : l'époque de Victor Cousin / edited by Dominique Couzinet and Mario Meliadò.
Other titles: Brill's series in philosophical historiographies ; v. 1.
Description: Leiden ; Boston : Brill, [2022] | Series: Brill's series in philosophical historiographies, 2772-5324 ; volume 1 | Includes bibliographical references and index.
Identifiers: LCCN 2021063047 (print) | LCCN 2021063048 (ebook) | ISBN 9789004510340 (hardback) | ISBN 9789004513211 (ebook)
Subjects: LCSH: Cousin, Victor, 1792-1867. | Renaissance. | Historiography–France.
Classification: LCC CB361 .I585 2022 (print) | LCC CB361 (ebook) | DDC 940.2/1–dc23/eng/20220128
LC record available at https://lccn.loc.gov/2021063047
LC ebook record available at https://lccn.loc.gov/2021063048

Typeface for the Latin, Greek, and Cyrillic scripts: "Brill". See and download: brill.com/brill-typeface.

ISSN 2772-5324
ISBN 978-90-04-51034-0 (hardback)
ISBN 978-90-04-51321-1 (e-book)

Copyright 2022 by Dominique Couzinet, Mario Meliadò. Published by Koninklijke Brill NV, Leiden, The Netherlands.
Koninklijke Brill NV incorporates the imprints Brill, Brill Nijhoff, Brill Hotei, Brill Schöningh, Brill Fink, Brill mentis, Vandenhoeck & Ruprecht, Böhlau and V&R unipress.
Koninklijke Brill NV reserves the right to protect this publication against unauthorized use. Requests for re-use and/or translations must be addressed to Koninklijke Brill NV via brill.com or copyright.com.

This book is printed on acid-free paper and produced in a sustainable manner.

# Table des matières

    Notices biographiques    VII

1    Écrire l'histoire de la philosophie de la Renaissance à l'époque de Victor Cousin : acteurs intellectuels, enjeux idéologiques et institutionnels    1
    *Mario Meliadò*

### PARTIE 1
*Vues d'ensemble et perspectives transdisciplinaires*

2    La Renaissance dans l'histoire. L'historiographie philosophique française du XIXe siècle    11
    *Catherine König-Pralong*

3    Deux portraits de la Renaissance en compétition : l'*Encyclopédie nouvelle* (1836–1843) et le *Dictionnaire des sciences philosophiques* (1844–1852)    44
    *Gregorio Piaia*

### PARTIE 2
*Figures historiographiques, réseaux intellectuels et politiques*

4    Charles Waddington : de la thèse sur Ramus aux discours sur la philosophie de la Renaissance    61
    *Dominique Couzinet*

5    Négocier la coupure. La légende spiritualiste de Giordano Bruno au cœur de la transaction entre philosophie et théologie    102
    *Delphine Antoine-Mahut*

6    Le cas Vanini et l'historiographie philosophique sur la Renaissance à l'école de Victor Cousin    127
    *Mario Meliadò*

7    Donner et recevoir la modernité : Vico entre la France et l'Italie    151
    *Rocco Rubini*

8 Glisson-Leibniz-Reid-Maine de Biran : la force de la vie et sa trajectoire
dans l'*Histoire de la philosophie* de Victor Cousin    173
    *Guido Giglioni*

## PARTIE 3
## *Documents*

9   Les lettres de Christian Bartholmèss à Victor Cousin (1846–1856)    201
    *Mario Meliadò*

10  Les lettres de Charles Waddington à Victor Cousin (1844–1863)    221
    *Dominique Couzinet*

11  Victor Cousin et la Renaissance. Annexe photographique    249
    *Luc Courtaux, Dominique Couzinet et Mario Meliadò*

Bibliographie générale    273
Index des noms    293

# Notices biographiques

*Delphine Antoine-Mahut*
est professeure d'histoire de la philosophie à l'ENS de Lyon (France). Elle a publié de nombreux travaux sur la philosophie de Descartes et ses différentes réceptions ainsi que sur l'historiographie cousinienne, dont *L'autorité d'un canon philosophique. Le cas Descartes* (Paris, 2021).

*Luc Courtaux*
est conservateur en chef, chargé des collections de philosophie à la Bibliothèque interuniversitaire de la Sorbonne (BIS). Il a travaillé sur l'essor du socialisme français au XIXe siècle, particulièrement chez Proudhon, et sur la réception des idées en milieu ouvrier.

*Dominique Couzinet*
est maître de conférences habilitée à diriger les recherches à l'Université Paris 1 Panthéon-Sorbonne (UFR de philosophie, Institut des sciences juridique et philosophique de la Sorbonne ISJPS). Ses recherches portent sur l'histoire de la philosophie au XVIe siècle, notamment sur Jean Bodin et Pierre de La Ramée (Ramus).

*Guido Giglioni*
est professeur associé d'histoire de la philosophie à l'Université de Macerata (Italie). Sa recherche est centrée sur les interactions entre la vie et l'imagination au début de l'époque moderne – sujet sur lequel il a écrit et publié plusieurs études, dont deux livres, consacrés respectivement à Jan Baptist van Helmont (Milan, 2000) et à Francis Bacon (Rome, 2011).

*Catherine König-Pralong*
est directrice d'études à l'EHESS (Centre Alexandre Koyré) et historienne des savoirs et de la philosophie. Elle a notamment publié *La colonie philosophique. Écrire l'histoire de la philosophie aux XVIIIe et XIXe siècles* (Paris, 2019) et *Médiévisme philosophique et raison moderne. De Pierre Bayle à Ernest Renan* (Paris, 2016).

*Mario Meliadò*
est professeur d'histoire de la philosophie à l'Université de Siegen (Allemagne). Ses recherches portent sur la pensée du Moyen Âge tardif et de la Renaissance ainsi que sur l'histoire de l'historiographie philosophique à l'époque moderne.

*Gregorio Piaia*
est professeur émérite d'histoire de la philosophie à l'Université de Padoue (Italie). Il a beaucoup travaillé sur la pensée de la fin du Moyen Âge et de la Renaissance, et sur la théorie et l'histoire de l'historiographie philosophique.

*Rocco Rubini*
est professeur associé d'italien dans le département de langues et littératures romanes de l'Université de Chicago (États-Unis). Il est l'auteur de *The Other Renaissance : Italian Humanism between Hegel and Heidegger* (Chicago, 2014) et de *Posterity : Inventing Tradition from Petrarch to Gramsci* (Chicago, 2022).

CHAPITRE 1

# Écrire l'histoire de la philosophie de la Renaissance à l'époque de Victor Cousin : acteurs intellectuels, enjeux idéologiques et institutionnels

*Mario Meliadò*
Universität Siegen

L'histoire de la philosophie s'est imposée en France comme la discipline centrale au sein de l'institution philosophique, au cours de la première moitié du XIXe siècle.[1] Ce processus, qui reposait sur la longue influence intellectuelle et politique exercée par Victor Cousin (1792–1867), a coïncidé avec l'élaboration d'un schéma historiographique et interprétatif qui conférait à la Renaissance, en tant qu'époque philosophique, un irrémédiable statut d'infériorité. L'effort d'érudition impressionnant accompli par l'école de Cousin pendant les décennies où il a exercé son hégémonie sur le système académique français n'a pas trouvé dans la Renaissance son champ d'action privilégié.[2] En effet, déjà dans ses cours à la Sorbonne de 1829, Victor Cousin ne reconnaissait à la Renaissance ni consistance philosophique, ni spécificité de contenu, et présentait la pensée des XVe et XVIe siècles comme un mouvement caractérisé par la répétition des systèmes antiques, l'absence de méthode et une attaque aveugle contre le principe d'autorité.[3]

En 1847, Émile Saisset (1814–1863), professeur à l'École normale et traducteur de Spinoza, constatait le retard important des études sur la pensée des XVe et XVIe siècles par rapport aux recherches déjà effectuées sur l'antiquité, le

---

1 Sur le processus d'institutionnalisation de l'histoire de la philosophie en France et le rôle de Victor Cousin, voir U. J. Schneider, *Philosophie und Universität. Historisierung der Vernunft im 19. Jahrhundert*, Hamburg 1999 ; D.R. Kelley, *The Descent of Ideas. The History of Intellectual History*, London/New York 2002 ; G. Piaia, « Storicismo ed eclettismo : L'età di Victor Cousin », dans : G. Santinello, G. Piaia (éds), *Storia delle storie generali della filosofia*, vol. 4/II : *L'età hegeliana*, Roma/Padova 2004, pp. 89–200 ; C. König-Pralong, *La colonie philosophique. Écrire l'histoire de la philosophie aux XVIIIe et XIXe siècles* (En temps & lieux, 83), Paris 2019.
2 Pour un aperçu général, voir R. Ragghianti, « Immagini del Rinascimento nell'Ottocento francese », dans : R. Ragghianti, A. Savorelli (éds), *Rinascimento mito e concetto,* Pisa 2005 (Seminari e convegni, 2), pp. 135–178.
3 Voir, par exemple, V. Cousin, *Cours de l'histoire de la philosophie*, vol. 1, Paris 1829, pp. 65–66 ; 394 et 434.

moyen âge ou la modernité.[4] Il soutenait pourtant à la fois l'idée de la nécessité intrinsèque de ce délai. La période historique née de la crise de la scolastique, et qui s'était symboliquement close avec la publication du *Discours de la méthode* (1637), selon la chronologie rendue canonique par les célèbres conférences de Cousin, devait se résoudre en une simple phase de transition. Dépourvue de physionomie autonome, la Renaissance était plutôt le résultat confus et contradictoire d'un double processus dont le centre de gravité se situait ailleurs : la lente dissolution de la culture médiévale et la préparation encore incertaine des temps nouveaux. L'ordre logique immanent à la recherche historiographique justifierait alors, selon Saisset, l'état de retard dans lequel se trouvait la connaissance de la philosophie de cette époque : « la Renaissance n'est venue et ne devait venir que la dernière ».[5]

Les raisons de cette infériorité conceptuelle étaient toutefois largement politiques. En effet, la Renaissance s'est trouvée exclue du mythe philosophique de la nation élaboré par l'école éclectique. Cousin attribuait au « génie français », incarné par les figures tutélaires d'Abélard et de Descartes, à la fois la création de la scolastique et la découverte de la méthode qui inaugurait la modernité.[6] Et si la légende de la scolastique « française » a produit une légitimation implicite, mais non inconditionnée, de la culture catholique et théocratique héritée de l'ancien régime, sous la bannière du cartésianisme s'abritaient les libertés inaliénables mais mesurées, garanties par la monarchie constitutionnelle. Dans la médiation politique et culturelle que le cousinisme proposait à la nation, il n'y avait pas de place pour la Renaissance ; en retour, la Renaissance était confinée ailleurs : pour Cousin, « l'Italie [...]

---

4 É. Saisset, « Giordano Bruno et la philosophie au seizième siècle », *Revue des deux mondes*, 15 juin 1847, pp. 1071–1105, en particulier p. 1083 : « Au milieu de ce mouvement universel et fécond d'études historiques, où le goût de notre siècle entraîne les esprits, et qui a ramené tour à tour à la lumière les principales époques de la pensée humaine, restitué tant d'antiques systèmes, ranimé tant de souvenirs ; remué tant d'idées, labouré enfin en des sens si divers le champ du passé, on peut remarquer que la philosophie du XV$^e$ et du XVI$^e$ siècle a été presque entièrement négligé. Autant la littérature de la renaissance est aujourd'hui bien connue, grâce aux belles esquisses de M. Saint-Marc Girardin, de M. Chasles, et au tableau achevé qu'en a tracé depuis M. Sainte-Beuve, autant est restée dans l'ombre la philosophie de cette époque ».

5 *Ibid.*

6 Cf. C. König-Pralong, *Médiévisme philosophique et raison moderne. De Pierre Bayle à Ernest Renan*, Paris 2016 (Conférences Pierre Abélard) ; F. Azouvi, *Descartes et la France. Histoire d'une passion nationale*, Paris 2002 (L'esprit de la cité), en particulier pp. 177–211 ; M. Meliadò, « Die Verwandlungen der Methode : Victor Cousin und die scholastische Genealogie der cartesischen Vernunft », dans : U. Zahnd (éd.), *Language and Method. Historical and Historiographical Reflections on Medieval Thought*, Freiburg i.Br./Berlin/Wien 2017 (Paradeigmata, 41), pp. 309–335.

est, à proprement parler, le théâtre de la philosophie de la Renaissance ».[7] Phénomène essentiellement « italien », la Renaissance était également dominée, selon lui, par une imagination et un enthousiasme hostiles à la rigueur philosophique et par un esprit de révolte désordonné, proche de l'anarchie et de l'impiété dont Giulio Cesare Vanini (1585–1619) est l'archétype. Mais l'exclusion de la Renaissance hors du patrimoine symbolique de la nation a eu un résultat paradoxal, bien que calculé : son association implicite avec l'événement qui, plus que tout autre, a marqué l'histoire récente et la conscience française, la Révolution. Telle est donc l'ambiguïté fondamentale de la Renaissance comme entité historiographique à l'époque de Victor Cousin : marginalisée, mais d'une certaine manière omniprésente ; négligée, et pourtant toujours disponible pour une puissante récupération idéologique.

Cet ouvrage propose une approche globale des reconstructions érudites et des utilisations polémiques de la culture philosophique de la Renaissance dans la France du XIXe siècle et replace l'historiographie française dans la perspective transnationale d'un transfert franco-italien et franco-allemand. On a centré l'attention sur une relecture politique de la pratique historiographique selon trois perspectives complémentaires de travail : un questionnement des implications idéologiques de la discussion sur le statut de la Renaissance comme « époque philosophique » dans la quête d'autonomie disciplinaire de l'historiographie de la Renaissance, face à la concurrence du médiévisme philosophique et du « modernisme cartésien » ; un examen des usages et des appropriations symboliques de certains figures ou de certaines doctrines de la Renaissance dans les débats culturels du XIXe siècle ; une analyse des différents positionnements face à la Renaissance chez les représentants de l'école cousinienne et ses antagonistes, en tenant compte de leurs réseaux personnels, académiques et politiques.

Il n'est pas surprenant que les initiatives de réhabilitation philosophique de la Renaissance dans la France du XIXe siècle soient venues, plus ou moins directement, du dehors ou de la périphérie de l'institution philosophique et se soient constituées en instances de critique ou de dissidence. Les tentatives de réappropriation positive de la Renaissance trahissent en premier lieu une sensibilité étrangère : l'influence de la culture italienne ou allemande. Elles s'enracinent ensuite loin du centre parisien du savoir philosophique et de la Sorbonne. Enfin, elles se situent souvent hors du périmètre idéologique (et confessionnel) du cousinisme orthodoxe. L'apparition de l'enseignement de l'histoire de la philosophie de la Renaissance dans un cadre institutionnel

---

[7] V. Cousin, « Vanini. Ses écrits, sa vie et sa mort », *Revue des deux mondes*, 1er décembre 1843, pp. 673–728, ici p. 677.

est un épisode à première vue périphérique dans le contexte universitaire français du XIXe siècle. Elle s'est produite, entre 1841 et 1842, dans une région située à la frontière franco-allemande, à la Faculté des lettres de l'Université de Strasbourg, à l'initiative d'un émigré italien, Giuseppe Ferrari (1811–1876), qui exprimait là une position tout à fait marginale dans le scénario intellectuel alors dominé par le cousinisme.[8] Le jeune et ambitieux éditeur de Vico avait d'abord obtenu le soutien institutionnel de Cousin, avant de devenir l'un de ses adversaires les plus acharnés.

Les leçons de Ferrari laissent entrevoir son adhésion aux idéaux socialistes de Pierre Leroux (1797–1871), avec qui il a collaboré à l'entreprise de l'*Encyclopédie nouvelle* (1836–1843). Comme le montre Gregorio Piaia dans ce volume, l'ouvrage de Leroux et Jean Reynaud (1806–1863), destiné à l'éducation populaire, reproduit une galerie de portraits, de Girolamo Cardano (1501–1576) à Tommaso Campanella (1568–1639), qui donne toute sa place à la Renaissance dans le récit du progrès de la raison moderne conduisant à la Révolution. Cette dynamique sera renversée par les cousiniens dans le grand tableau du *Dictionnaire des sciences philosophiques* (1844–1852) dirigé par Adolphe Franck (1809–1893), où la Renaissance est coupée de la modernité et associée négativement à la Révolution dans une même condamnation morale, intellectuelle et politique. En même temps, le cours de Ferrari s'inscrivait dans un mouvement de redécouverte de la Renaissance qui se situait hors du champ disciplinaire de la philosophie et était plutôt lié à l'enseignement proposé dans les années 40 au Collège de France par Jules Michelet (1798–1874) et Edgar Quinet (1803–1875) – Michelet occupant la chaire d'Histoire et de morale (1838) et Quinet celle des Langues et littératures de l'Europe méridionale (1841). À la lumière de ce que Catherine König-Pralong définit dans sa contribution comme le « contre-projet intellectuel » de Michelet, la Renaissance devient donc un « sujet stratégique » sur le terrain des affrontements entre traditions disciplinaires et lieux de savoirs. Par ailleurs, les rapports d'influence entre Michelet et Ferrari étaient probablement réciproques : Ferrari, élève à Milan de Giandomenico Romagnosi (1761–1835), a joué un rôle essentiel dans l'introduction en France d'une relecture « italienne » de Giambattista Vico (1668–1744), opérée à travers la théorie des héritages culturels et de l'*incivilimento* de son ancien maître milanais. Dans l'histoire de la réception croisée et de l'émigration intellectuelle reconstruite par Rocco Rubini, la *translatio* de Vico

---

8 Voir M. Meliadò, « Machiavel à Paris : l'historiographie philosophique sur la Renaissance et la dissidence idéologique contre l'éclectisme (1829–1843) », dans : D. Antoine-Mahut, D. Whistler (éds), *Une arme philosophique : l'éclectisme de Victor Cousin*, Paris 2019 (Actualité des classiques), pp. 53–68.

d'Italie en France aurait à son tour inspiré l'« invention » de la Renaissance par Michelet, sous sa forme qui deviendra célèbre avec la publication du septième volume de l'*Histoire de France* en 1855.

C'est également à Strasbourg, dans le Séminaire protestant de théologie, que s'est formé Christian Bartholmèss (1815–1856), auteur de deux volumes substantiels sur la vie et les œuvres de Giordano Bruno (1548–1600), que l'on peut considérer comme le véritable commencement de l'érudition philosophique française dans le champ des études sur la Renaissance (1846–1847). Cependant, si le Bruno de Bartholmèss est fidèle à la méthode historiographique de Cousin, il suit l'inspiration philosophique de Friedrich W. J. Schelling (1775–1854) qui avait élevé le philosophe napolitain au rang de porte-parole de l'*Identitätsphilosophie*. Alsacien, germanophone et de confession luthérienne, Bartholmèss est rapidement devenu l'un des médiateurs de la culture philosophique allemande, à l'école de Victor Cousin.[9] De plus, le *Jordano Bruno* de Bartholmèss suivait d'un an seulement la traduction française du dialogue de Schelling, *Bruno ou du principe divin et naturel des choses* (1845), publiée par le républicain révolutionnaire Claude Husson. Mais le cas historiographique de Bruno n'a pas seulement fourni un espace de débat pour se positionner implicitement par rapport au « panthéisme allemand ». Comme le précise Delphine Antoine-Mahut, la mobilisation de Bruno dans le cercle du spiritualisme français se révèle aussi un moyen puissant pour se démarquer, sur la scène des polémiques contemporaines, de l'athéisme philosophique d'une part, et de la tyrannie dogmatique de la religion de l'autre.

Quant au disciple et ancien secrétaire de Cousin, Charles Waddington (1819–1914), lorsqu'il succède à Bartholmèss au Séminaire protestant de Strasbourg en 1856, c'est pour y prêcher le spiritualisme cousinien, après avoir renoncé à faire de Pierre de La Ramée (Ramus, 1515–1572), objet de sa thèse latine, le précurseur de Descartes. La réception négative de sa thèse montre en effet à quel point Waddington est resté prisonnier du dilemme dans lequel il se plaçait en tant que disciple de Cousin : il ne pouvait pas à la fois critiquer la témérité de Ramus et le caractère superficiel de sa démarche scientifique (conformément à la vision cousinienne des philosophes de la Renaissance), et faire de lui le principal annonciateur de Descartes. Dominique Couzinet montre dans ce volume que la tentative d'intégrer la Renaissance au patrimoine national à travers la figure de Ramus s'est accompagnée d'une longue marginalisation institutionnelle pour son promoteur.

---

9   Sur l'image de l'Allemagne véhiculée par l'historiographie philosophique française, voir M. Espagne, *En deçà du Rhin. L'Allemagne des philosophes français au xixe siècle*, Paris 2004 (Bibliothèque franco-allemande).

Si la philosophie des XV$^e$ et XVI$^e$ siècles se constitue alors comme un objet de recherche allogène, étranger au substrat idéologique sur lequel repose la pratique cousinienne de la discipline, la possibilité d'un discours sur la Renaissance passe, en retour, par une neutralisation de l'intérêt pour les doctrines. Dans la seule étude que Cousin a consacrée explicitement à cette époque, celle sur Vanini (1843), analysé dans ce volume par Mario Meliadò, on peut retrouver la formulation claire d'un puissant paradigme interprétatif : la réduction de l'historiographie philosophique à la biographie du philosophe, la délégitimation des écrits philosophiques en faveur d'une reconstitution presque théâtrale de la vie, du procès, et de la mort tragique du philosophe. Dans leur ensemble, les recherches rassemblées dans ce volume montrent comment la galaxie cousinienne n'a cependant pas été dépourvue de « micro-tensions » (pour citer à nouveau Catherine König-Pralong) ou de variations herméneutiques significatives. Les travaux, entre autres, de Xavier Rousselot (1805–1895), du Duc de Caraman (1811–1868), de Barthélemy Hauréau (1812–1896), Francisque Bouillier (1813–1899), Frédéric Morin (1823–1874), Ernest Renan (1823–1892) jusqu'à Théophile Desdouits (1836–1898), documentent des options interprétatives divergentes, des démarcations mutuelles, et un espace de débat en constante évolution. Enfin, les œuvres de Cousin elles-mêmes révèlent des oscillations surprenantes et trahissent des lectures inattendues. Tel est le cas, examiné par Guido Giglioni, du *De natura substantiae energetica* du médecin et philosophe anglais Francis Glisson (1599–1677) que Cousin connaît et utilise. Et il n'est pas entièrement parvenu à occulter la dette de Glisson et du XVII$^e$ siècle à l'égard d'une vision novatrice de la matière et de la nature conduisant à Leibniz et Maine de Biran que lui-même refusait à la Renaissance, dans sa construction d'une *Histoire générale de la philosophie*.

Le livre se divise en trois sections. La première rassemble des articles qui développent une vue d'ensemble, traversent différents contextes sociaux et institutionnels, et croisent différents genres littéraires et domaines disciplinaires. La partie centrale, la plus étendue, s'ordonne autour de plusieurs figures historiographiques représentatives : Ramus, Bruno, Vanini, Vico et Glisson.[10]

---

10   Pour une typologie des figures historiographiques, dans la perspective diachronique d'une histoire de l'histoire de la philosophie, voir les réflexions de C. König-Pralong, « Introduction. Individuals in the History of Philosophy », dans : C. König-Pralong, M. Meliadò, Z. Radeva (éds), *'Outsiders' and 'Forerunners'. Modern Reason and Historiographical Births of Medieval Philosophy*, Turnhout 2018 (Lectio, 5), pp. 9–26. En ce qui concerne plus particulièrement l'historiographie française du XIX$^e$ siècle, voir D. Antoine-Mahut, « Philosophizing with a Historiographical Figure. Descartes in Degérando's *Histoire comparée des systèmes de philosophie* (1804 and 1847) », *British Journal of the History of Philosophy* 28/3 (2020), pp. 533–552.

L'ordre est ici extérieur, car les articles tracent des parcours de lecture croisés et sont conçus dans un dialogue mutuel. Une troisième partie documentaire présente, d'une part, la correspondance de Cousin avec ses deux disciples les plus impliqués dans la recherche savante sur la Renaissance, Bartholmèss et Waddington, et témoigne de la complexité de leurs relations académiques et personnelles avec le maître ; d'autre part, elle offre une anthologie photographique de documents tirés des archives privées de Victor Cousin : livres rares et anciens d'auteurs de la Renaissance, papiers de travail et notes, lettres extraites de sa correspondance privée et enfin études historiographiques publiées en France au XIXe siècle.

Ces travaux ont pour origine une journée d'étude organisée par Dominique Couzinet (Université Paris 1 Panthéon-Sorbonne – ISJPS) et Mario Meliadò (Universität Siegen) qui s'est déroulée à la Bibliothèque Interuniversitaire de la Sorbonne, le 21 juin 2019. Elle s'accompagnait d'une exposition de manuscrits et d'imprimés issus du fonds Victor-Cousin, sous la responsabilité scientifique de Luc Courtaux (BIS), Dominique Couzinet et Mario Meliadò, réalisée par le Département des manuscrits et des livres anciens de la BIS (17 juin–26 juillet 2019). Une sélection de documents présentés en exposition, intitulée « Victor Cousin et la Renaissance », est reproduite en annexe. Les éditeurs du volume remercient Madame Jacqueline Artier, responsable du Département des manuscrits et des livres anciens de la Bibliothèque interuniversitaire de la Sorbonne et son adjointe Madame Isabelle Diry-Löns pour avoir facilité la reproduction des textes et des images, ainsi que Monsieur Luc Courtaux, responsable des collections de philosophie, pour les avoir aidés à de nombreux titres dans leurs recherches documentaires. Les éditeurs tiennent également à remercier Jasmin Stelter (Universität Siegen) pour sa coopération dans la réalisation des index.

# PARTIE 1

*Vues d'ensemble et perspectives transdisciplinaires*

∴

CHAPITRE 2

# La Renaissance dans l'histoire. L'historiographie philosophique française du XIXe siècle

*Catherine König-Pralong*
EHESS, Centre Alexandre Koyré, LabEx HASTEC[1]

Dans son cours de 1942–1943, Lucien Febvre faisait de Jules Michelet, avec son *Histoire de France*, l'inventeur de l'idée de Renaissance en histoire, alors que les historiens de l'art saluaient le rôle fondateur de *Die Kultur der Renaissance in Italien* de Jacob Burckhardt. Au début du XXe siècle, un troisième ouvrage avait en outre rejoint l'*Histoire de France* de Michelet (1855) et *La civilisation de la Renaissance en Italie* de Burckhardt (1860) pour former une triade qui s'est imposée comme la porte d'entrée historiographique dans la Renaissance.[2] En 1919, l'historien néerlandais Johan Huizinga publiait son *Automne du Moyen Âge*.[3] Il y contredisait la thèse de Burckhardt. Selon lui, les XIVe et XVe siècles furent la dernière floraison du Moyen Âge, plutôt qu'ils ne représentent une rupture historique. À partir de sa traduction allemande en 1924, l'ouvrage devint un classique de l'histoire des Renaissances française et flamande. Le XIXe siècle et sa prolongation chez Huizinga s'imposent au XXe siècle comme l'âge qui a pensé la Renaissance et en a fait un objet d'histoire. Dans ces constellations, quatre nations ont délimité les contours d'une Renaissance pensée par ses historiens comme un phénomène essentiellement européen : l'Italie, La France, les pays germaniques et la Flandre.

À partir de la deuxième guerre mondiale, alors qu'un nouvel agenda culturel commence à se superposer aux conflits idéologiques de la première moitié du XXe siècle, les études de la Renaissance tracent de nouvelles trajectoires entre Italie, USA, Allemagne et Angleterre, avec des intellectuels comme Eugenio Garin, Paul Oskar Kristeller ou Charles B. Schmitt. Les études de réception sont

---

1   Je remercie Zornitsa Radeva, Antonella Romano, Dominique Couzinet et Mario Meliadò pour leurs lectures et leurs remarques. Les erreurs et les incongruités qui demeurent sont dues à mes propres limites. Ce travail a été réalisé dans le cadre du laboratoire d'excellence HASTEC, portant la référence ANR-10-LABX-85.
2   Récemment encore : J. Tollebeek, « 'Renaissance' and 'Fossilization' : Michelet, Burckhardt, and Huizinga », *Renaissance Studies* 15 (2001), pp. 354–366.
3   J. Huizinga, *Herfsttij der Middeleeuwen: Studie over levens- en gedachtenvormen der veertiende en vijftiende eeuw in Frankrijk en de Nederlanden*, Haarlem 1919.

renouvelées par *The Renaissance in Historical Thought* de l'historien Wallace Ferguson, alors professeur à New York, dans des États Unis d'Amérique qui vouaient eux aussi un culte à la Renaissance depuis le début du XIXe siècle.[4] Publiée en 1948, cette enquête historiographique remonte très en amont de Michelet et Burckhardt.[5] L'ouvrage enquête sur cinq siècles d'historiographie de la Renaissance, situant Burckhardt dans une longue durée. L'histoire de la notion et des conceptions de la Renaissance y débute à la Renaissance même. Ce décentrement n'oblitère pourtant pas le rôle central de Burckhardt, considéré comme le fondateur du concept « moderne » de Renaissance.[6]

Par ailleurs, durant la seconde moitié du XXe siècle, les études de réception voient se consolider un axe italo-germanique, dont Burckhardt est toujours le point de mire.[7] Un ouvrage collectif coédité en 1989 par le romaniste allemand August Buck et l'historien de la philosophie florentin Cesare Vasoli illustre la fécondité d'une recherche germano-italienne centrée sur les Renaissances italienne et allemande, et qui élit le XIXe siècle comme l'âge historiographique de la Renaissance.[8] Depuis, les colloques et les études consacrées aux conceptions de la Renaissance – ou plutôt des Renaissances nationales – dans l'érudition et la littérature du XIXe siècle foisonnent.[9] Dans l'ordre disciplinaire,

---

4   A. Mohlo, « The Italian Renaissance, Made in the USA », dans : A. Molho, G.S. Gordon (éds), *Imagined Histories. American Historians Interpret the Past*, Princeton 1998, pp. 263–294. Comme le montre A. Mohlo, un intérêt soutenu pour la Renaissance italienne naît aux USA au XVIIIe siècle déjà.

5   W.K. Ferguson, *The Renaissance in Historical Thought. Five Centuries of Interpretation*, Boston 1948.

6   Voir le septième chapitre, intitulé « Burckhardt and the Formation of the Modern Concept », *ibid.*, pp. 179–194. La suite de l'ouvrage consacre de nombreux chapitres aux réceptions de l'œuvre de Burckhardt.

7   Voir, récemment encore, M.A. Ruehl, *The Italian Renaissance in the German Historical Imagination 1860–1930*, Cambridge 2015 (Ideas in Context, 105).

8   A. Buck, C. Vasoli (éds), *Il Rinascimento nell'Ottocento in Italia e Germania / Die Renaissance im 19. Jahrhundert in Italien und Deutschland*, Bologna/Berlin 1989 (Annali dell'Istituto storico italo-germanico in Trento/Jahrbuch des italienisch-deutschen historischen Instituts in Trient. Contributi/Beiträge, 3).

9   Par exemple : J.B. Bullen, *The Myth of the Renaissance in Nineteenth-Century Writing*, Oxford 1994 ; Y. Portebois, N. Terpstra (éds), *The Renaissance in the Nineteenth Century / Le XIXe siècle renaissant*, Toronto 2003 (Essays and Studies, 2) ; H. Koopmann, F. Baron (éds), *Die Wiederkehr der Renaissance im 19. und 20. Jahrhundert / The Revival of the Renaissance in the Nineteenth and Twentieth Centuries*, Paderborn 2013 ; R. Rubini, *The Other Renaissance. Italian Humanism Between Hegel and Heidegger*, Chicago 2014 ; L. Bolzoni, A. Payne (éds), *The Renaissance in the 19th Century. Revision, Revival, and Return*, Harvard 2018 (I Tatti Research Series, 1).

l'histoire, l'histoire de l'art et l'histoire littéraire forment le cœur des savoirs dix-neuviémistes considérés comme des créateurs de Renaissances.

Dans cette contribution, nous nous intéresserons à un monde peu connu, éclipsé par l'ombre de Burckhardt et, dans les études historiques françaises, par la centralité de Michelet : l'historiographie philosophique française du XIXe siècle, une constellation d'acteurs intellectuels, pour certains de seconde zone à distance historique, qui ont fait d'autres usages de la Renaissance que Michelet. L'enquête débute avec le cours d'histoire de la philosophie de Victor Cousin en 1828–1829 et s'achève à la fin des années 1860, avec les travaux de Renan et Taine. Les constructions et les usages de la Renaissance par l'historiographie philosophique sont approchés à travers les interactions interdisciplinaires et la concurrence entre les savoirs centraux de la recherche historique au milieu du XIXe siècle, en particulier l'histoire de la philosophie, l'histoire, l'histoire de la culture et l'histoire naissante des sciences. Si la Renaissance est un objet complexe pour les historiens, gênant pour les historiens des sciences, nous verrons qu'elle peut être un objet impossible en histoire de la philosophie. Par ailleurs, elle devient un sujet stratégique sur le terrain des affrontements entre traditions intellectuelles et lieux de savoirs, aussi bien géographiques qu'institutionnels.

Je poserai trois questions à l'historiographie française du XIXe siècle. J'enquêterai sur les définitions disciplinaires de la Renaissance (*Quels savoirs de la Renaissance ?*), avant d'aborder la question du régime historiographique qui permet de la reconstruire (*Naissance ou Renaissance ?*). Enfin, j'observerai les Renaissances des historiens de la philosophie et de la culture du XIXe siècle à travers leurs acteurs historiques : peuple, nations ou grands individus (*Quels acteurs de la Renaissance ?*).

## 1       Quels savoirs de la Renaissance ?

Dès son émergence disciplinaire au milieu du XVIIIe siècle, en Allemagne, l'histoire de la philosophie a défini la Renaissance par ses savoirs littéraires et ses arts. Des artistes et des littérateurs, plutôt que des philosophes, ont incarné cette période aux yeux d'historiens de la philosophie qui commençaient pourtant à affirmer, contre l'idéal du philosophe mondain,[10] une distinction entre la figure de l'écrivain et celle du philosophe. Bien que l'historiographie

---

10      Sur le philosophe des Lumières, en France, et ses cercles de sociabilité : S. Van Damme, *À toutes voiles vers la vérité. Une autre histoire de la philosophie au temps des Lumières*, Paris 2014 (L'univers historique).

philosophique se spécialisât en se démarquant de l'histoire des savoirs et de la culture (l'*historia literaria*),[11] elle continuait en effet à considérer les XVe et XVIe siècles, qui remplissaient la catégorie de Renaissance, de manière contextuelle, comme un moment culturel au sens large. À l'endroit de la Renaissance, le lecteur des principales histoires de la philosophie produites aux XVIIIe et XIXe siècles rencontre un récit des grandes découvertes et du « retour » des savoirs de l'Antiquité, alors que, pour les autres périodes, un processus d'internalisation croissant tend à concentrer la présentation sur les systèmes, les problèmes et les idées philosophiques.

En histoire de la philosophie, jusqu'au XXe siècle, la manière même de nommer la Renaissance semble indiquer un déni de sa philosophie. Le nom de Renaissance, qui peut aujourd'hui être le génitif subjectif du terme « philosophie » (la philosophie de la Renaissance), est la forme écourtée de la « renaissance des lettres », un syntagme qui se lit dans la plupart des histoires de la philosophie des Lumières pour marquer la fin du Moyen Âge.[12] En 1743, Jacob Brucker, le plus influent historien de la philosophie de l'*Aufklärung*, évoque la « purification des lettres » pour désigner cet âge.[13] Jusqu'au milieu du XIXe siècle, les historiens de la philosophie le caractérisent au moyen de contenus non philosophiques.[14] Pour introduire cette période, Joseph-Marie Degérando parle de « renaissance des lettres »,[15] alors que Hegel a mis l'accent sur « la renaissance des arts et des sciences » dans un contexte culturel dominé par l'étude des langues anciennes et le retour de la tradition classique.[16] Cet emploi du terme Renaissance dans le sens que lui a donné Vasari en 1550 va au-delà

---

11  C. König-Pralong, *La colonie philosophique. Écrire l'histoire de la philosophie aux XVIIIe–XIXe siècles*, Paris 2019 (En temps & lieux, 83), pp. 25–54.

12  Par exemple : A. Savérien, *Histoire des philosophes anciens, jusqu'à la renaissance des lettres*, Paris 1773.

13  J. Brucker, *Historia critica philosophiae a Christo nato ad repurgatas usque literas*, Leipzig 1743.

14  Dans un autre champ, celui de l'histoire sociale et économique, Arlette Jouanna (« La notion de Renaissance. Réflexions sur un paradoxe historiographique », *Revue d'histoire moderne & contemporaine* 49 (2002), pp. 5–16), souligne le paradoxe d'une Renaissance qui est généralement caractérisée comme un fait culturel. Michel Mollat demandait : « Y a-t-il une économie de la Renaissance ? », dans : L. Febvre, A. Renaudet, É. Coornaert (éds), *Actes du colloque sur la Renaissance. Organisé par la Société d'histoire moderne à la Sorbonne 30 juin–1er juillet 1956*, Paris 1958 (De Pétrarque à Descartes, 3), pp. 37–54.

15  J.-M. Degérando, *Histoire comparée des systèmes de philosophie considérés relativement aux principes des connaissances humaines. Deuxième partie : histoire de la philosophie moderne à partir de la renaissance des lettres jusqu'à la fin du XVIIIe siècle*, Paris 1847.

16  G.W.F. Hegel, *Vorlesungen über die Geschichte der Philosophie*, vol. 3, Frankfurt am Main 1971, pp. 11–12.

d'une simple reprise mécanique de la tradition lexicographique.[17] Aux XVIIIe et XIXe siècles, les récits des historiens de la philosophique, qui confèrent pourtant au philosophique une autonomie de droit et de fait, peinent à reconnaître une renaissance de la philosophie au XVe siècle ; ils s'empêtrent dans de paradoxales philosophies de la Renaissance des lettres, des arts et des sciences.

Des entreprises intellectuelles qui s'ingénient à narrer le procès historique, souvent linéaire, de la rationalité analytique, diagnostiquent ainsi une pause philosophique de deux siècles. Tout aussi paradoxal est le contextualisme qui caractérise les chapitres de ces histoires consacrés à la Renaissance, alors que les philosophies des autres âges sont de plus en plus isolées de leurs mondes socioculturels. Zornitsa Radeva a reconstruit la *damnatio memoriae* qui a frappé l'aristotélisme de la Renaissance dans l'enseignement de l'histoire de la philosophie.[18] En développant des hypothèses formulées par Jochen Schlobach et Peter K. Kapitza,[19] elle a décrit l'histoire de la philosophie de l'*Aufklärung* comme le lieu du bannissement de la philosophie de la Renaissance, un processus dont Charles Schmitt déplorait encore les conséquences entre 1970 et 1990. Dans l'historiographie présentiste des Lumières, l'humanisme, moins lointain que le long Moyen Âge, a fait les frais de l'affirmation constitutive d'une rupture avec un ordre ancien. La philosophie du XVIe siècle a d'emblée constitué un objet problématique en histoire de la philosophie. Autour de 1740, chez Brucker, elle signifie une répétition de l'Antiquité, que l'esprit moderne, orienté vers le futur, doit reléguer dans un passé révolu.

Au XIXe siècle, le syntagme « philosophie de la Renaissance » est rare encore. La philosophie réformée est peu à peu évacuée de l'enseignement de l'histoire de la philosophie en Allemagne. À partir de la volumineuse histoire de la philosophie publiée en douze volumes par Heinrich Ritter entre 1836 et 1853, qui se concentre sur quelques figures italiennes de la Renaissance, l'humanisme protestant n'est plus abordé dans les histoires générales de la philosophie. Le XVe siècle italien éclipse l'humanisme. En France, les lectures continuistes des décennies postrévolutionnaires, qui contestent pourtant le schème de la rupture et l'idéologie des Lumières, situent le renouveau de

---

17   Sur la généalogie du concept voir, parmi une abondante littérature : A. Jouanna, « La notion de Renaissance. Réflexions sur un paradoxe historiographique », pp. 5–7.
18   Z. Radeva, *The Reform of Reason. The Rise of Modern History of Philosophy and the Fate of Renaissance Aristotelianism*, thèse de doctorat, Albert-Ludwigs-Universität Freiburg im Br., 2019.
19   J. Schlobach, *Zyklentheorie und Epochenmetaphorik. Studien zur bildlichen Sprache der Geschichtsreflexion in Frankreich von der Renaissance bis zur Frühaufklärung*, München 1980 ; P.K. Kapitza, *Ein bürgerlicher Krieg in der gelehrten Welt. Zur Geschichte der Querelle des Anciens et des Modernes in Deutschland*, München 1981.

la philosophie en amont ou en aval de la Renaissance, au Moyen Âge ou au XVIIe siècle. Elles tendent ainsi à instaurer deux séquences : le Moyen Âge et le XVIIe siècle sont vus comme des périodes de progrès discipliné, que la Renaissance et les Lumières viennent respectivement nier, caractérisées par la révolte contre l'ordre scientifique et le recours à des propositions philosophiques de l'Antiquité païenne. Ce découpage de l'histoire conduit souvent à lire les philosophies du XVe et XVIe siècles dans une continuité forte, sinon à les associer dans une même section.

Dès son cours de l'an 1828–1829, Cousin, qui commence à dominer la scène philosophique, donne le ton d'une historiographie philosophique en délicatesse avec la Renaissance. Il la décrit comme « une époque intermédiaire », deux siècles qui séparent la philosophie médiévale, éteinte au XVe siècle, de la philosophie moderne, éclose au XVIIe siècle.[20] L'esprit humain présente, durant ces siècles, « une tendance mystique »[21] anachroniquement envisagée comme la négation de la rationalité méthodique dont Descartes sera le héraut. Pure imitation de l'antiquité, dépourvue d'originalité, la philosophie de la Renaissance est chez Cousin une « attaque aveugle contre le principe de l'autorité sous la forme de la scolastique ».[22] De là à disqualifier deux siècles d'histoire culturelle, il n'y a qu'un pas, puisque l'histoire de la philosophie fournirait la clé de l'histoire de l'humanité. « [E]n se plaçant dans la philosophie, on s'établit au centre même de l'époque »,[23] écrit Cousin, qui regarde ce savoir comme le noyau de toutes les autres productions symboliques. La prétendue dépression philosophique qui caractérise la Renaissance scelle le destin historiographique d'une époque qui se voit retirer son potentiel d'innovation. Tandis que le Moyen Âge cousinien, porteur d'une philosophie nationale (la dialectique d'Abélard), se veut un lieu de médiation et de négociation politiques avec deux camps antagonistes contemporains – le parti « théologique » (catholique) et les libéraux –, la Renaissance représente une destruction de l'ordre social et intellectuel, qui s'est reproduite au XVIIIe siècle sous d'autres auspices.

Dans la nébuleuse cousinienne, certains historiens de la philosophie adoptent une stratégie d'effacement moins radicale. Ils estompent les contours de la philosophie de la Renaissance en la diluant dans un long Moyen Âge.

---

20 V. Cousin, *Cours de philosophie. Histoire de la philosophie*, Bruxelles 1840, p. 52.
21 *Ibid.*, p. 87.
22 *Ibid.*, p. 57.
23 V. Cousin, *Cours de l'histoire de la philosophie moderne. Nouvelle édition revue et corrigée*, Paris 1847, p. 62.

En 1841, Xavier Rousselot publie une histoire de la philosophie médiévale dans laquelle il réserve un sort particulier à la Renaissance : il l'arrime, en amont, à un Moyen Âge annonciateur de l'esprit moderne. Rousselot, qui appartient à une génération de médiévistes produite par Cousin,[24] est un acteur de seconde zone dans le réseau de la philosophie cousinienne, dont Paris est le nœud principal. Professeur au collège de Troyes, il prépare la traduction des *Œuvres philosophiques* de Vanini au moment où paraissent ses *Études sur la philosophie dans le moyen âge*. Rousselot y décrit le XIIIe siècle « comme le commencement de la renaissance » et précise que « la philosophie a l'honneur d'ouvrir cette ère glorieuse d'alliance entre l'ancien monde et la pensée de l'esprit nouveau ».[25] Sous le regard de cet historien de la philosophie qui fut pourtant le premier traducteur français d'un Vanini souvent considéré comme le martyr de la libre pensée à la Renaissance,[26] les prémisses de la modernité, dont Descartes (édité par Cousin)[27] est la figure tutélaire, ne peuvent être que médiévales et scolastiques. Deux décennies plus tard, l'intellectuel catholique Frédéric Ozanam réaffirme lui aussi une continuité entre Moyen Âge et Renaissance : « On a poussé trop loin le contraste, on a trop élargi l'abîme entre le moyen âge et la renaissance. »[28] Il souligne qu'il a existé du paganisme au Moyen Âge aussi, notamment chez les trouvères, les troubadours et dans le *Roman de la rose*. Dans le camp catholique, au XIXe siècle, la destruction de l'ordre ancien est plutôt située dans la philosophie du XVIIIe siècle, dans son matérialisme, son prétendu athéisme et son rejet explicite de la scolastique et de la néoscolastique.

Le réseau cousinien n'est pas dépourvu de micro-tensions. Comme Rousselot, Victor Antoine Charles de Riquet Duc de Caraman n'est pas un universitaire. Il a fait une carrière de diplomate, notamment en Espagne. Dans le champ historiographique, il a émis des critiques sévères à l'encontre de Jules Michelet, dont il juge l'œuvre morcelée et sans suite. Outre ses défauts formels, le travail de Michelet souffrirait de l'incrédulité de son auteur. Ayant désespéré du christianisme, Michelet aurait perdu le souffle qui inspire tout

---

24　Voir J. Jolivet, « Les études de philosophie médiévale en France, de Victor Cousin à Étienne Gilson », dans : R. Imbach, A. Maierù (éds), *Gli Studi di filosofia medievale fra Otto e Novecento*, Roma 1991 (Storia e letteratura. Raccolta di studi e testi, 179), pp. 1–20, ici pp. 4–5.

25　X. Rousselot, *Études sur la philosophie dans le moyen âge*, vol. 2, Paris 1841, p. 164.

26　*Œuvres philosophiques de Vanini*, traduites pour la première fois par M. X. Rousselot, Paris 1842.

27　*Œuvres de Descartes*, publiées par V. Cousin, 11 vols, Paris 1824–1826.

28　F. Ozanam, *La civilisation au cinquième siècle*, dans : id., *Œuvres complètes*, vol. 2, Paris 1862, p. 379.

artiste.[29] Or, entre 1845 et 1848, Charles de Camaran publie une *Histoire des Révolutions de la philosophie en France pendant le moyen âge jusqu'au seizième siècle*. Il y remercie Cousin pour son bon accueil et la mise à disposition de sa bibliothèque privée, « la plus précieuse collection des ouvrages de philosophie de toute la capitale ».[30] Insistant lui aussi sur la centralité de la philosophie, il se met pourtant en quête de son expression à la Renaissance. La découverte des Amériques, la « réformation », l'imprimerie et l'étude des savoirs antiques forment certes le contexte large de la Renaissance. L'introducteur d'un « esprit nouveau », d'un « mouvement général » qui « agite toute l'Europe intellectuelle », est cependant un philosophe, Ramus qui, contestant Aristote, a introduit une méthode nouvelle. Le duc de Caraman marque ainsi un écart par rapport à Cousin. La Renaissance a bien porté un embryon de philosophie – française, comme il se doit –, la méthode de Ramus. Lorsqu'il précise qu'« une méthode, c'est toute une philosophie »,[31] il rejoint Cousin, pour qui la méthode, scolastique ou cartésienne, constitue la colonne vertébrale de la philosophie.[32] Comme Cousin, il situe la philosophie au centre du dispositif savant.

Chez Charles de Caraman, Ramus est l'exception française, le penseur de la méthode qui incarne la véritable philosophie de la Renaissance. Au milieu du siècle, Ramus devient ainsi un objet d'histoire dans les cercles philosophiques cousiniens. Charles Waddington lui consacre sa thèse latine en 1848, qui porte la dédicace « *clarissimo viro et philosopho V. Cousin* ».[33] Waddington est cependant un cas à part. Issu d'une grande famille protestante, enseignant au séminaire protestant de Strasbourg jusqu'en 1864, il appartient à un monde qui l'oriente vers le XVIe siècle et la pensée réformée. Waddington considère Cousin comme un maître et un ami ; il est regardé comme l'un de ses disciples.[34]

---

29  En 1838, il se réfère en particulier aux *Mémoires de Luther*, traduits et mis en ordre par Jules Michelet (Paris, Hachette, 1837), ainsi qu'aux deux premiers volumes de l'*Histoire de France* de Michelet. V.A.Ch. de Riquet Duc de Caraman, « M. Michelet », *Bibliothèque universelle de Genève*, vol. 13, Genève/Paris 1838, pp. 273–285, ici p. 274.

30  Id., *Histoire des Révolutions de la philosophie en France pendant le Moyen Âge jusqu'au seizième siècle*, vol. 1, Paris 1845, p. xv.

31  Id., *Histoire des Révolutions de la philosophie en France pendant le Moyen Âge jusqu'au seizième siècle*, vol. 3, Paris 1848, p. 382.

32  M. Meliadò, « Die Verwandlungen der Methode : Victor Cousin und die scholastische Genealogie der cartesischen Vernunft », dans : U. Zahnd (éd.), *Language and Method. Historical and Historiographical Reflections on Medieval Thought*, Freiburg i.Br./Berlin/Wien 2017 (Paradeigmata, 41), pp. 309–335.

33  Ch. Waddington, *De Petri Rami vita, scriptis, philosophia*, Paris 1848. La version française paraît en 1855.

34  H. Bergson, « Nécrologie. Charles Waddington », *Revue internationale de l'enseignement* 67 (1914), pp. 468–470, ici p. 469.

Cette proximité ne l'empêche pas de faire cours et de travailler sur la philosophie de la Renaissance, en particulier durant les années 1870, alors qu'il a rejoint la Sorbonne pour enseigner la philosophie antique.[35] Certes, Cousin est alors décédé. L'imprégnation d'une culture protestante constitue pourtant l'un des facteurs possibles d'intérêt pour la Renaissance en milieu hostile à sa philosophie, même dans la nébuleuse cousinienne.

La figure d'Émile Saisset est plus proche de la stricte orthodoxie cousinienne. Fidèle disciple de Cousin, adversaire résolu d'un Michelet qui excite le peuple contre l'Église,[36] Saisset propose une conciliation entre religion (catholique) et philosophie, toutes deux légitimes à leur place respective.[37] Or, en 1862, cette figure centrale du cousinisme conteste l'interprétation de Ramus par Charles Waddington, bien trop favorable à son avis. Dans une étude généalogique et téléologique sur les précurseurs de Descartes, il exclut l'humaniste français de la véritable histoire philosophique. Pour Saisset, Ramus ne fut rien de plus que « l'inventeur ou le promoteur d'une méthode » philosophiquement insuffisante.[38] Son entreprise n'était en effet pas « philosophique, mais une réforme pédagogique, littéraire et morale ».[39] Cousinien orthodoxe, Saisset déclasse les savoirs littéraires et recherche finalement les *Précurseurs de Descartes* au Moyen Âge. Il désigne le franciscain du XIIIe siècle Roger Bacon comme l'annonciateur de la modernité et lui confère des attributs que nous associerions plutôt aux acteurs intellectuels de la Renaissance : la méthode expérimentale, l'esprit philologique et une connaissance directe de la philosophie antique.[40] La Renaissance passe à la trappe, écrasée entre la scolastique médiévale et la modernité du XVIIe siècle.

Dans le monde académique français du XIXe siècle, les évaluations positives de la Renaissance se rencontrent hors de l'histoire de la philosophie, dans d'autres champs disciplinaires. Lucien Febvre a fait de Jules Michelet

---

35   Ch. Waddington, *La Philosophie de la Renaissance. Discours d'ouverture prononcé à la Sorbonne, le lundi 8 janvier 1872*, Paris 1872 ; id., *Les antécédents de la philosophie de la Renaissance. Discours d'ouverture prononcé à la Sorbonne le jeudi 5 décembre 1872*, Paris 1873 ; id., *La renaissance des lettres et de la philosophie au XVe siècle*, Paris 1878. Pour une lecture biographique des études de Waddington sur la Renaissance, voir dans ce volume D. Couzinet, « Charles Waddington : de la thèse sur Ramus aux discours sur la philosophie de la Renaissance », pp. 61–101.
36   É. Saisset, « Renaissance du Voltairianisme. *Du prêtre, de la femme, de la famille*, par M. Michelet », *Revue des deux mondes*, 1er février 1845, pp. 377–408.
37   Id., *Essais sur la philosophie et la religion au XIXe siècle*, Paris 1845.
38   Id., *Précurseurs et disciples de Descartes*, Paris 1862, p. 74.
39   *Ibid.*, p. 77.
40   *Ibid.*, pp. v et 45.

l'inventeur de la Renaissance.[41] Or l'entreprise de Michelet n'est pas étrangère à l'histoire de la philosophie cousinienne, si elle en est, comme je le suggère, un contre-projet intellectuel. Dans le camp cousinien, Charles de Caraman et Émile Saisset n'ont pas ménagé Jules Michelet. Quant à Michelet, il se distancie toujours plus de Cousin et de la philosophie, rejetant aussi la politique de conciliation du parti religieux et des libéraux, promue par Cousin dans l'esprit de la monarchie de Juillet.[42] En 1855, Michelet, destitué du Collège de France depuis trois ans, publie les deux volumes de son *Histoire de France* consacrés à la Renaissance et à la Réforme, objets de son cours depuis 1841. Dans l'introduction à la Renaissance, il caractérise cette époque comme le « retour de la nature » et comme la valorisation épistémique du doute, avec Montaigne.[43] Les quatre points cardinaux qui lui permettent de cartographier la Renaissance en histoire culturelle sont l'imprimerie (plus largement, la révolution technique et scientifique), la redécouverte de l'Antiquité, un engouement pour l'Orient, autrement dit l'essor des études orientales dont l'hébraïste Johannes Reuchlin est le pionnier chez Michelet, et une extension du monde avec la découverte du continent américain.

Dès 1845, dans son cours, Michelet trace en outre une ligne continue qui va de la Renaissance à la Révolution française.[44] Or, par rapport à la Révolution, la radicale nouveauté de la Renaissance résulte précisément de sa virginité scientifique, tout particulièrement philosophique : « La Révolution française trouva ses formules prêtes, écrites par la philosophie. La révolution du seizième siècle, arrivée plus de cent ans après le décès de la philosophie d'alors, rencontra une mort incroyable, un néant, et partit de rien ».[45] De manière significative, dans l'introduction de ce tome de l'*Histoire de France* intitulé *Renaissance*, la première révolution, la libération du peuple, est située au XVIe siècle, le siècle de la Réforme et de l'Allemagne chez Michelet, qui ajoute : « Le seizième siècle est un héros ». À la suite d'Aurélien Aramini,[46] j'ai montré que, durant les années

---

41   L. Febvre, *Michelet et la Renaissance*, Paris 1992 ; id., « Comment Jules Michelet inventa la Renaissance », *Le Genre humain* 27 (1993), pp. 77–87.
42   König-Pralong, *La colonie philosophique*, pp. 183–204.
43   J. Michelet, *Histoire de France au seizième siècle. Renaissance. Réforme*, éd. R. Casanova, Paris 1978 (Œuvres complètes, 7), p. 52.
44   C. Gaspard, « Les cours de Michelet au Collège de France (1838–1851) », *Histoire de l'éducation* 120 (2008), pp. 99–112, ici p. 111, mis en ligne le 1er janvier 2013, consulté le 1er octobre 2016 : <http://journals.openedition.org/histoire-education/1835>.
45   Michelet, *Histoire de France au seizième siècle. Renaissance*, p. 54.
46   A. Aramini, « Michelet, le philosophe historien », dans : J. Michelet, *Philosophie de l'histoire*, éd. A. Aramini, Paris 2016, pp. 7–67, ici p. 39 : « Mais, fondamentalement, c'est d'abord contre la philosophie de Cousin que se constitue la pensée de Michelet, même si elle peine à s'en détacher ».

1840, la vision de Michelet se construit contre la pensée de Cousin, qui incarne chez lui la philosophie française et sa matrice institutionnelle, la Sorbonne. Pour l'historien de la Révolution, le salut de l'humanité ne vient pas de la pensée théorique ou philosophique. La modernité est produite par la découverte de mondes radicalement nouveaux à l'Orient et à l'Occident, un mouvement certes couplé à la réappropriation de l'Antiquité, mais qui est avant tout d'ordre géographique : « L'Orient va se rapprocher tout à l'heure, tout à l'heure l'Amérique. Spectacle digne de l'œil de Dieu. La famille humaine réunie, à travers les lieux et les temps, se regardant, se retrouvant, un mystère pour l'humanité ».[47] Dans le tome 8 de l'histoire de France, intitulé *Réforme*, Michelet assimile l'humanisme au projet culturel de savants qui ont réhabilité le judaïsme, puis l'Asie, la Perse et l'Inde. Selon lui, l'hébraïste allemand Johannes Reuchlin et l'humaniste français Guillaume Postel furent les premiers instigateurs de ce mouvement vers l'Orient d'où procède une longue lignée d'orientalistes, jusqu'aux indianistes Anquetil-Duperron et Eugène Burnouf, collègue et ami de Michelet.[48] En 1851, Joseph-Daniel Guigniaut avait achevé sa traduction de la *Symbolik* de Friedrich Creuzer,[49] qui situait la force symbolique du mythe en Orient. Ce travail controversé parmi les antiquisants germaniques fut reçu non seulement par Cousin, mais aussi, sur le front opposé à la philosophie universitaire, par Michelet.[50]

Dans les années 1840, ce jeu de concurrence entre savoirs reflète des tensions institutionnelles, géopolitiques et épistémologiques dans lesquelles la Renaissance devient un objet stratégique. En 1841, l'immigré socialiste italien Joseph Ferrari, qui fut accueilli en France dans la sphère cousinienne, en particulier par Théodore Jouffroy, est envoyé à la Faculté des Lettres de Strasbourg pour y donner un cours de philosophie. L'université de Strasbourg constitue une périphérie importante sur la carte académique française. Elle présente une configuration intellectuelle alternative à celle de la Sorbonne. De tradition

---

47  Michelet, *Histoire de France au seizième siècle. Renaissance*, p. 200.
48  Id., *Histoire de France. Réforme*, éd. P. Viallaneix, P. Petitier, Paris 2014, pp. 29–30 : « La résurrection de la philosophie juive, de la langue hébraïque, par l'Italien Pic de La Mirandole, l'Allemand Reuchlin, le Français Postel, c'est la première aurore du jour que nous avons le bonheur de voir, du jour qui a réhabilité l'Asie et préparé la réconciliation du genre humain. [...] Un héros nous ouvrit la Perse, un grand génie critique nous révéla le christianisme indien. Le héros, c'est Anquetil-Duperron ; le génie, c'est Burnouf ».
49  S. Fornaro, « Friedrich Creuzer (1771–1858) à l'Académie des Inscriptions et Belles-Lettres », *Flaubert* 4 (2010), mis en ligne le 15 décembre 2010, consulté le 05 juillet 2021 : <http://journals.openedition.org/flaubert/1212>.
50  W.P. Sohnle, *Georg Friedrich Creuzers « Symbolik und Mythologie » in Frankreich. Eine Untersuchung ihres Einflusses auf Victor Cousin, Edgard Quinet, Jules Michelet und Gustave Flaubert*, Göppingen 1972.

réformée, elle a retrouvé sa faculté de théologie protestante sous l'Empire. En 1802, Napoléon Bonaparte a fait de Strasbourg le pôle de l'enseignement protestant en France, rétablissant un séminaire de théologie luthérienne. Or, en 1841–1842, en Faculté des Lettres, Joseph Ferrari est le premier intellectuel à enseigner l'histoire de la philosophie de la Renaissance en France.[51] La matière, dévalorisée à Paris, trouve une voie à Strasbourg. Ferrari est cependant suspendu, suspecté d'anticléricalisme. Quelques années plus tard, en 1849, il publie son brûlot anti-cousinien, *Les Philosophes salariés*, qui dénonce le système népotique mis en place par le patron de la philosophie française.

En 1846, le théologien germano-français Christian Bartholmèss publie une biographie de Giordano Bruno. Il a séjourné à Paris en 1837–1838 ; il sera nommé professeur au séminaire protestant de Strasbourg en 1853. Dans la préface de son travail sur Bruno, il constate une méconnaissance de la philosophie du XVIe siècle, identifiée à « la philosophie de la Renaissance ».[52] Il énonce alors un programme d'études : si l'ouvrage est bien reçu, il poursuivra avec Mélanchthon, Ramus, Bernardino Telesio, Ulrich von Hutten, Thomas More, La Boétie, parmi d'autres noms évoqués. En opposition au grand récit cousinien, Bartholmèss voit dans les idées de Bruno, au XVIe siècle, des « affinités [...] avec les conceptions de Descartes et de Leibnitz, de Berkeley et de Newton, de Vico et de Hegel »,[53] une pensée moderne, rationnelle et progressiste donc. En 1849, Bartholmèss réalise une petite partie de son plan initial avec une thèse ès lettres en latin, une soixantaine de pages qu'il consacre à l'humaniste et naturaliste Bernardino Telesio (1509–1588).[54] À la différence de Ferrari, Bartholmèss n'est pas un adversaire de Cousin. Ce dernier promeut ses travaux à l'Académie des sciences morales et politique. Bartholmèss loue le spiritualisme de Cousin, moins militant que conciliant, qui négocie entre philosophie et religion, sensualisme et métaphysique.[55] L'ancrage alsacien et une culture familiale protestante ont cependant disposé Bartholmèss à regarder la Renaissance, honnie par Cousin, comme un territoire philosophique d'importance.

Bartholmèss dédie sa thèse latine sur Telesio à Alexandre de Humboldt, témoignant ainsi de l'importance acquise par le savant allemand dans le

---

51 M. Meliadò, « Machiavel à Paris : l'historiographie philosophique sur la Renaissance et la dissidence idéologique contre l'éclectisme (1829–1843) », dans : D. Antoine-Mahut, D. Whistler (éds), *Une arme philosophique : l'éclectisme de Victor Cousin*, Paris 2019 (Actualité des classiques), pp. 53–68.
52 Ch. Bartholmèss, *Jordano Bruno*, vol. 1, Paris 1846, pp. i–ii.
53 *Ibid.*, p. v.
54 Id., *De Bernardino Telesio*, Paris 1849.
55 Id., *Histoire critique des doctrines religieuses de la philosophie moderne*, vol. 2, Paris 1855, pp. 569–579.

monde académique français et de son rôle particulier dans le champ des études sur la Renaissance. Il n'est pas question de présenter ici la vision de la Renaissance d'Alexandre de Humboldt, encore moins d'enquêter sur son rôle dans les cercles de sociabilité français. Un aspect doctrinal mérite cependant d'être brièvement évoqué, puisqu'il fournit un contexte intellectuel à la valorisation par Michelet des savoirs naturalistes, conçus comme des produits de la Renaissance. Dans les deux premiers volumes de *Kosmos*, publiés en 1845 et 1847 (le premier est immédiatement traduit en français),[56] Alexandre de Humboldt développe une lecture de la Renaissance au prisme des sciences naturelles. *Kosmos* comporte en outre une histoire du sentiment de la nature, de la plus haute antiquité à la modernité, avec un regard sur des traditions extra-européennes. Or, chez Humboldt, des disciplines plus empiriques que la philosophie occupent l'avant-scène : la géographie, l'histoire naturelle, ainsi que l'étude de l'Orient et de ses langues. Alexandre opère sciemment un décentrement épistémique en direction de savoirs apparus à la Renaissance – en particulier la science naturelle expérimentale –, et à l'âge moderne, avec l'ethnologie et la linguistique comparée. La réorientation se fait au détriment de la philosophie et d'une certaine tradition classique. Rien d'étonnant à ce que Michelet se réfère à Alexandre de Humboldt[57] dans les volumes de son *Histoire de France* consacrés à la Renaissance et à la Réforme, et qu'il fasse de son ami l'indianiste Eugène Burnouf l'incarnation de l'esprit du Collège de France. Depuis sa fondation, à la Renaissance précisément, cette institution a été dédiée à l'étude de la nature et de l'Orient.[58] Aux yeux de Michelet, les nouveaux savoirs qu'abrite le Collège depuis la Renaissance ont profondément renouvelé la tradition classique et scolastique, qui continue d'informer l'économie des savoirs à la Sorbonne.[59]

Dans le champ de la philosophie proprement dite, la dissidence anti-cousinienne présente en outre des ramifications hors de l'université. Le

---

56   A. de Humboldt, *Cosmos : essai d'une description physique du monde*, trad. H. Faye, 2 vols, Paris 1846–1847. Plus tard paraissent les quatre volumes : A. de Humboldt, *Cosmos : essai d'une description physique du monde*, 4 vols, Paris 1855–1859 (vol. 1 et 3, trad. H. Faye ; vol. 2 et 4, trad. Ch. Galusky).

57   Voir L. Gossman, « Michelet and Natural History: The Alibi of Nature », *Proceedings of the American Philosophical Society* 145 (2001), pp. 283–333.

58   Michelet, *Histoire de France. Réforme*, p. 277.

59   Le 26 décembre 1850, Michelet ouvre son cours par cet éloge : « Le Collège de France a été fondé hors de l'Université. Point d'inscription, point d'examen, point d'inspection universitaire. Ce n'est point une école proprement dite. C'est l'enseignement européen de la liberté elle-même qui se parle et se répond », J. Michelet, *Cours au Collège de France*, vol. 2, éd. P. Viallaneix avec la collaboration d'O.A. Haac et I. Tieder, Paris 1995, p. 643.

journaliste Frédéric Morin en est l'une des figures les plus marquantes. Issu du terroir lyonnais, Morin est idéologiquement proche du socialisme chrétien de Philippe Buchez, avant d'abandonner la foi catholique pour rejoindre le camp de Proudhon autour de 1860. En 1848, il est professeur agrégé de philosophie au lycée de Mâcon ; l'année suivante, à Nancy. Il fait quelques tentatives infructueuses en politique, avant d'être à plusieurs reprises inquiété par la police de Napoléon III à qui il refuse de prêter serment. En 1856, au moment où il publie un *Dictionnaire de philosophie et de théologie scolastiques*, il s'est retiré de l'enseignement public.[60] Avec ce travail, il porte une attaque contre le camp cousinien sur l'un de ses terrains d'élection, celui de la scolastique.[61] Fervent adepte d'une histoire du progrès de l'humanité par la science, Morin s'ingénie à situer l'origine de la philosophie de Descartes et le départ de la science moderne à la Renaissance. L'offensive se fait en deux mouvements. Réhabilitant la Renaissance, Morin décloisonne aussi la philosophie, qu'il inscrit dans une histoire plus vaste, des sciences. De nouvelles hypothèses ontologiques sur la nature de la « matière brute » et la sortie du paradigme hylémorphiste aristotélicien au XVe siècle expliquent, selon lui, la révolution scientifique du XVIIe siècle. Philosophie et science ne sont pas plus distinctes au milieu du XIXe siècle qu'à la Renaissance ou au XVIIe siècle. La pondération du rôle de la Renaissance dans l'histoire s'inscrit ainsi dans un débat épistémique plus vaste. À la lecture universitaire et sorbonnarde, qui procède d'une juridiction disciplinaire spécifique, Morin oppose une conception plus vaste, qui arrime la philosophie à la physique et à la cosmologie.

Cependant, Morin relativise aussi la pertinence de lectures qui, à l'instar de celle de Michelet, accordent à l'humanisme une fonction motrice. Certes, la Renaissance fut porteuse de développements artistiques et littéraires importants, mais cette époque doit s'apprécier pour ses idées scientifiques plutôt que pour ses sentiments. Les grands hommes de la Renaissance ne seraient pas les humanistes, mais Copernic, Kepler et Tycho Brahé, qui ont rompu avec le paradigme ptoléméen. Ainsi, ni la philosophie, ni le sentiment de la nature, ni la connaissance de l'Orient ne sont les marqueurs de la Renaissance chez Morin, mais « les sciences exactes »,[62] en particulier l'astronomie et la physio-

---

60   R.-P. Colin, *Schopenhauer en France : Un mythe naturaliste*, Lyon 1979, chap. 3 : « Les visiteurs français de Schopenhauer », pp. 72–98, mis en ligne le 5 November 2019, consulté le 5 juin 2020 : <https://books.openedition.org/pul/540>.

61   F. Morin, *Dictionnaire de philosophie et de théologie scolastiques*, vol. 1, Paris 1856, col. 76 et, pour la critique de Saisset, col. 87, où Morin décrit l'erreur de Cousin : « [...] et c'est ce qui explique comment, par une double erreur, il voit dans les doctrines de la renaissance une pure et simple imitation de l'antiquité, et dans la philosophie cartésienne quelque chose qui ne semble dater que de soi ». Voir aussi *ibid.*, col. 89.

62   *Ibid.*, col. 76.

logie, ainsi qu'une rénovation de la dogmatique théologique. Dans un ouvrage qui se présente comme une *Philosophie des sciences cherchée dans leur histoire*, Frédéric Morin précise son approche. Après avoir réitéré sa critique des historiens de la philosophie cousiniens, il se situe par rapport à un troisième front, le positivisme (« l'adoration exclusive des faits »).[63] Si la théorie du progrès d'Auguste Comte, avec ses trois états (théologique, métaphysique et positif), lui paraît incontestable, le positivisme aurait manqué la vraie nature de la science moderne. La Renaissance, loin d'être l'époque des faits et des sensations, est celle des grandes théories. L'abstraction mathématique y congédie l'empirisme médiéval.[64]

Dans divers cercles positivistes, la science du XVIe siècle est en effet associée à l'observation, méthode qui s'impose avec Francis Bacon.[65] En 1852, à la fin de sa thèse sur *Averroès et l'averroïsme*, Ernest Renan clame que « la vraie philosophie des temps modernes, c'est la science positive et expérimentale des choses ».[66] Deux décennies plus tard, un Renan qui a marqué l'histoire du Collège de France souligne plutôt que l'esprit de la modernité fut préparé par les « conquêtes philologiques » de la Renaissance et de la Réforme.[67] Malgré les atermoiements disciplinaires de Renan et les conceptions divergentes de la science moderne chez Morin et Renan, les chantres de la « science moderne » font front contre la philosophie de l'école. La modernité est désenclavée, exfiltrée de l'histoire de la philosophie (occidentale) où Cousin l'avait située. L'idée d'histoire des sciences s'esquisse dans ce même mouvement. En 1857 déjà, Hippolyte Taine célèbre avec ironie et délectation l'oraison funèbre de la pensée cousinienne.[68]

## 2  Naissance ou Renaissance ?

Dans ces hymnes à la Renaissance, les conquêtes et les découvertes tendent à oblitérer la référence à l'Antiquité dont la période tirait son nom. Au chapitre des paradoxes de la nomenclature des temps historiques, la Renaissance n'a d'égale que la Révolution. Leurs deux préfixes itératifs sont en effet neutralisés

---

63   F. Morin, *De la genèse et des principes métaphysiques de la science moderne, ou la philosophie des sciences cherchée dans leur histoire*, Paris 1856, p. 10.
64   *Ibid.*, p. 12.
65   A. Comte, « Discours d'ouverture du cours de philosophie positive », *Revue encyclopédique* 44 (1829), pp. 273–309, ici p. 279.
66   E. Renan, *Averroès et l'averroïsme*, 3e édition, Paris 1866, p. 414.
67   Id., *Fragments philosophique*, dans : id., *Dialogues et fragments philosophiques*, Paris 1876, p. 299 ; voir aussi id., *L'Avenir de la science : pensées de 1848*, Paris 1890, p. 140.
68   H. Taine, *Les philosophes français du XIXe siècle*, Paris 1857, pp. 75–79.

par le potentiel d'innovation que leur confèrent les récits de l'avènement de la modernité. À partir du XVIIe siècle, le terme « révolution » cesse de désigner exclusivement un processus cyclique en astronomie, par exemple les révolutions de la lune. Il renvoie aussi à des événements politiques majeurs – en Angleterre au XVIIe siècle, aux Amériques, puis en France au XVIIIe siècle –, ainsi qu'à des processus moraux et psychiques.[69] Dans ses usages politiques, il signifie souvent une crise ou un processus sans retour. Dans d'autres cas, en particulier pour désigner les phases de l'histoire d'un savoir ou d'une production symbolique, la notion conserve pourtant sa valeur fréquentative. Dans cet ordre de discours, nous avons rencontré l'*Histoire des révolutions de la philosophie en France pendant le Moyen Âge jusqu'au XVIe siècle* publiée en 1848 par le Duc de Caraman.

Une ambivalence similaire caractérise le terme « renaissance ». Si la *Rinascità* désignait chez Vasari un mouvement artistique et littéraire en connotant une Antiquité retrouvée, cette référence à l'héritage antique devient problématique dans les grands récits de l'avènement de la modernité. Dès le XVIIe siècle, la Renaissance est tantôt désarrimée du socle antique, tantôt stigmatisée pour son immobilisme et sa tendance à répéter l'Antiquité. Au XVIIIe siècle, l'histoire de la philosophie, discipline alors naissante, affranchit la Renaissance de l'héritage antique lorsqu'elle la loue, alors qu'elle l'y raccroche pour la condamner. La résurrection humaniste des savoirs antiques est suspecte, tandis que la rupture avec le passé, l'invention de la méthode (expérimentale ou mathématico-logique), est interprétée comme un geste d'émancipation.

En 1715, l'un des fondateurs de l'histoire raisonnée de la philosophie, le théologien Christoph August Heumann dont Jacob Brucker a suivi les traces, oppose les humanistes, qui répètent servilement, aux philosophes du XVIe siècle (les « éclectiques »), qui se sont affranchis de la tradition : « Un philosophe est un homme raisonnable, tandis qu'un interprète tient sa raison en soumission, dans l'obéissance de son philosophe ».[70] Dans le groupe des philosophes, il regarde Ramus comme l'initiateur d'un âge nouveau, affranchi de la tradition : « Parmi les éclectiques, Pierre de la Ramée occupe le premier

---

69    A. Rey, « *Révolution* ». *Histoire d'un mot*, Paris 1989 ; J.-P. Bardet, « Autour du concept de révolution. Jeux de mots et reflets culturels », *Histoire, Économie et Société* 10 (1991), pp. 7–16 (au sujet de l'ouvrage d'Alain Rey).

70    Ch.A. Heumann, « Der Einleitung zur Historia Philosophica Vierdtes Capitel. Von denen Kennzeichen der falschen und unächten Philosophie », *Acta Philosophorum* 2 (1715), pp. 179–236, ici p. 193 : « Ein Philosophus ist ein vernünfftiger Mann: ein interpres aber nimmt seine Vernunfft gefangen, unter dem Gehorsam seines Philosophi ».

rang, car il a le premier brisé la chaîne de l'autorité ».[71] En histoire de la philosophie, la Renaissance est ainsi, dès l'avènement de la discipline, un objet profondément ambigu. Dans les historiographies du XIXe siècle, qui souvent adoptent des modèles continuistes et rejettent les idéaux de rupture affirmés par les Lumières, cette ambivalence de la Renaissance n'en continue pas moins à informer ses réceptions. L'invention de la longue durée et la reconnaissance de continuités historiques structurantes n'empêchent pas de décrire la Renaissance comme une naissance pour la valoriser, comme un âge de reprises et d'imitation pour la condamner.

Parmi les récits qui font de la Renaissance une naissance, l'histoire de Michelet peut à nouveau être située dans le même horizon que le *Kosmos* d'Alexandre de Humboldt. Nous l'avons dit, *Kosmos* comporte une reconstruction historique des perceptions de la nature depuis les premiers temps de l'humanité. Alexandre historicise le sentiment de la nature et la *Weltanschauung*.[72] Dans ce dispositif, la Renaissance obtient une place spéciale, qui l'absout du reproche d'imitation de l'Antiquité classique. Alors que l'Antiquité romaine et grecque était dépourvue du sentiment de la nature, qui caractérise par contraste les cultures orientales – les Hébreux et les Indiens des temps anciens, puis les Perses du Moyen Âge –,[73] la Renaissance d'Alexandre de Humboldt marque l'éveil du sentiment de la nature en Occident. Les présocratiques grecs appréhendaient la nature au moyen d'une rationalité purement abstraite (*aus reiner Vernunft-Erkenntnis*),[74] précise-t-il. À la Renaissance, grâce au développement des sciences naturelles et empiriques, l'Occident accède enfin à une compréhension concrète et totale de la nature, dans laquelle l'esprit s'inclut.

S'il affirme la nouveauté de la Renaissance, sa différence par rapport à une Antiquité ratiocinante, le régime historiographique humboldtien ne postule pas pour autant de rupture historique radicale. Chez Alexandre, la Renaissance est préparée au Moyen Âge par la civilisation chrétienne d'une part, qui accorde une place importante à la sentimentalité, d'autre part chez les nations germaniques et celtiques, qui vouent des cultes à la nature.[75] Elle est regardée

---

71 Id., « Eintheilung der Historiae Philosophicae », *Acta Philosophorum* 3 (1715), pp. 462–472, ici p. 471 : « Unter denen Eclecticis stehet Petrus Ramus oben an / weil er diß Eiß [de l'autorité] zu allererst gebrochen hat ».
72 A. von Humboldt, *Kosmos. Entwurf einer physischen Weltbeschreibung*, vol. 1, Stuttgart-Tübingen 1845, p. 82.
73 Id., *Kosmos. Entwurf einer physischen Weltbeschreibung*, vol. 2, Stuttgart-Tübingen 1847, pp. 7 et 41.
74 Id., *Kosmos. Entwurf einer physischen Weltbeschreibung*, vol. 1, p. 70.
75 Id., *Kosmos. Entwurf einer physischen Weltbeschreibung*, vol. 2, pp. 26–33.

comme un point de fusion de ces traditions, dont le contexte le plus pertinent est la découverte des Amériques, c'est-à-dire l'exploration de mondes naturels et de sociétés encore inconnus à l'Occident.[76] Ce gain en altérité permet d'expliquer l'accélération de l'histoire qui se produit à la Renaissance, sans oblitérer la continuité historique avec le Moyen Âge. D'ailleurs, le poète médiéval Dante fait figure, autour de 1300, de premier créateur de l'ère moderne : « après l'effondrement de l'ancien monde, Dante Alighieri, le grand et enthousiaste créateur d'un nouveau monde, nous montre par endroits le plus profond sentiment de la vie naturelle terrestre ».[77] Il est suivi par Bembo et Raphaël à la Renaissance.

Le Michelet des années 1850, l'historien de la Renaissance et de la Réforme, situe la véritable révolution intellectuelle à la Renaissance, qui « partit de rien » et sera suivie au XVIIIe siècle par une révolution sociale et politique.[78] Le Moyen Âge ne trouve plus grâce à ses yeux. Après avoir enseigné sur cette période au Collège de France en 1838, Michelet s'en détourne dès les années 1840. En 1848, il est devenu un virulent critique de cet âge clérical.[79] En 1853, il décrit sa philosophie comme un savoir qui a préféré les mots abstraits aux choses concrètes et s'est ainsi détourné du monde naturel.[80] Par-delà les condamnations tonitruantes du passé médiéval, Michelet n'est cependant pas un chantre de la rupture historique. Doctrinalement et par conviction contempteur d'un Moyen Âge ratiocinant qui fut aboli par la modernité et ses savoirs naturalistes, l'historien de la France est adepte de la longue durée par habitus historiographique. La figure du précurseur fait d'ailleurs des apparitions remarquées dans son récit de la Renaissance. Dans le volume de l'*Histoire de France* qui lui est consacré, Michelet parle d'Abélard en ces termes : « du fond du douzième siècle, il montre déjà Spinoza ». Si Dante échoue à renouveler les arts et les sciences, c'est le théologien scolastique Guillaume d'Ockham,

---

76 *Ibid.*, pp. 54–58.
77 *Ibid.*, p. 52 : « [...] nach dem Untergange der alten Welt, zeigt uns der große und begeisterte Schöpfer einer neuen, Dante Alighieri, von Zeit zu Zeit das tiefste Gefühl des irdischen Naturlebens ».
78 En 1921, l'historien de l'art Élie Faure exprime cette même idée en ces termes : « La Révolution française est la dernière étape du mouvement qu'inaugura la Renaissance. Elle est marquée par la Réforme de métaphysique sociale et de moralité, mais destinée sans doute, dans les profondeurs des instincts, à définir l'individu ». Cf. É. Faure, « Introduction à la première édition » (1921), dans : id., *Histoire de l'art. L'art moderne*, vol. 1, Paris 1987, p. 9.
79 Voir J. Le Goff, « Le Moyen Âge de Michelet », dans : id., *Pour un autre moyen âge*, Paris 1977, pp. 19–45 ; P. Petitier, *La Géographie de Michelet*, Paris 1997, p. 86 ; Gaspard, « Les cours de Michelet au Collège de France (1838–1851) ».
80 Michelet, *Histoire de France au seizième siècle. Renaissance*, p. 62.

« nouveau Samson » à l'aube du XIVe siècle, qui « secoua les colonnes du temple », et « tout s'écroula d'un coup ».[81]

Antidater la rupture pour ne pas l'affirmer est une opération commune aux Cousiniens et à Michelet, malgré leurs profondes divergences. Leurs historiographies respectives associent deux gestes contradictoires. Certains personnages – Descartes chez Cousin, Luther chez Michelet – sont des marqueurs de ruptures historiques. En même temps, les deux historiens reconnaissent des continuités à l'endroit où les acteurs historiques se sont représentés en lutte contre la tradition. Ils assignent aux moments de rupture de paradoxaux précurseurs : Abélard, le « Descartes du XIIe siècle »[82] de Cousin, Ockham qui anticipe Luther chez Michelet, ou encore Dante en annonciateur de Raphaël chez Alexandre de Humboldt. Souvent, cette opération présuppose ou affirme l'existence de « forces » qui agissent continument à travers l'histoire, dont les volontés des hommes sont à la fois les vectrices et les propriétés émergentes. En 1843, Michelet donne une série de cours intitulée « La vraie vie au moyen âge ».[83] Dans son journal du 9 décembre 1842, il dit vouloir retracer l'histoire de la « longue renaissance depuis l'an 500 »,[84] faisant de la Renaissance une force de progrès plutôt qu'un événement.

Si les rythmiques des historiographies de Michelet et de Cousin présentent des similitudes structurelles, le récit de l'historien du Collège de France est l'envers de celui du philosophe de la Sorbonne du point de vue doctrinal ou idéologique. Chez Cousin, la force de progrès est la méthode philosophique qui s'impose avec Descartes. Abélard l'a anticipée au Moyen Âge. Quant à la Renaissance, elle est arrêtée dans l'héritage de l'Antiquité. Ainsi, l'histoire de la civilisation cousinienne raccroche la Renaissance à l'Antiquité pour en faire un moment de décélération, de répétition du passé, tandis que la Renaissance de Michelet est une naissance, un avènement. Du point de vue doctrinal, la stagnation, la répétition ou l'imitation mobilisent l'idée de confusion ténébreuse, de syncrétisme ésotérique, alors que le progrès se singularise par une clarté nouvelle répandue dans la société et les sciences. L'historiographie cousinienne inverse ainsi une polarité traditionnelle : elle observe, au Moyen Âge, un processus de clarification philosophique et regarde la Renaissance comme un lieu ténébreux.

---

81   Ibid., pp. 62–64.
82   V. Cousin, *Ouvrages inédits d'Abélard pour servir à l'histoire de la philosophie scolastique en France*, Paris 1836, p. vi.
83   Gaspard, « Les cours de Michelet au Collège de France (1838–1851) », pp. 103–104.
84   J. Michelet, *Journal du 9 décembre 1842*, cité dans : id., *Cours au Collège de France*, éd. P. Viallaneix, vol. 1, Paris 1995, p. 507.

Les travaux consacrés au Moyen Âge et à la Renaissance par l'historien de la philosophie Barthélemy Hauréau, alors conservateur des manuscrits français à la Bibliothèque de France, en fournissent un exemple particulièrement probant. Dans son histoire de la philosophie médiévale, ce grand érudit s'est livré à une défense méthodique de la philosophie aristotélicienne. Il l'identifie à la tradition nominaliste, alors que le réalisme ne peut être, selon lui, que platonicien et mystique. Cette grille axiologique fournit aussi une clé de lecture de l'histoire. La Renaissance, singularisée par un retour du platonisme antique, est abolie par la vraie science moderne, empirique donc aristotélicienne, que le Moyen Âge a préparée. En 1850, dans la première version de son histoire de la philosophie scolastique, Hauréau établit une continuité entre le Moyen Âge et la modernité, qui fait passer la Renaissance à la trappe. Au XIVᵉ siècle, le nominaliste Guillaume d'Ockham aurait préparé la modernité : « C'est donc, en réalité, sur le sol si bien préparé par le prince des nominalistes, que François Bacon a fondé son éternel monument ».[85]

Durant les mêmes années, il est pourtant amené à se confronter à la philosophie de la Renaissance. Il se voit confier la rédaction de l'article « Sciences philosophiques et scolastiques » pour une encyclopédie intitulée *Le Moyen Âge et la Renaissance*, qui paraît en 5 tomes entre 1848 et 1851. Sur les quelques trente-cinq pages qu'il compose, une bonne dizaine concerne la philosophie de la Renaissance. Le contraste est saisissant : alors que la philosophie médiévale, aristotélicienne, présente une belle unité, la philosophie de la Renaissance, platonicienne, est éclatée par l'esprit de polémique. Les philosophes de la Renaissance sont « pour la plupart des lettrés ou des rhéteurs », qui plus est « passionnés et violents » ; « ils suivent aveuglément le caprice de leur génie ».[86] Hauréau insiste sur la confusion dont Cousin a fait un caractère de la Renaissance. L'anarchie est le trait moral, le vice épistémique, attaché à la culture philosophique de cette époque. « Il n'y a plus d'écoles, il n'y a plus de discipline, on philosophe en pleine liberté : c'est le commencement de la licence. La licence vient à son tour, et produit la plus grande confusion, la plus étrange anarchie ».[87] Au milieu de la kabbale, des sciences occultes, du panthéisme et du platonisme, c'est finalement au culte de la « déraison » que s'adonne la Renaissance philosophique. Renversant les schémas historiographiques de l'humanisme et des Lumières, Hauréau parle des « épaisses ténèbres » du XVIᵉ siècle. Seuls les réformateurs Luther et Melanchthon en

---

85   B. Hauréau, *De la philosophie scolastique*, vol. 2, Paris 1850, p. 474.
86   Id., « Sciences philosophiques et scolastiques », dans : P. Lacroix, F. Seré (éds), *Le Moyen Âge et la Renaissance. Histoire et description*, vol. 2, Paris 1849, f. xiiᵛ.
87   *Ibid.*, f. xiiiʳ.

Allemagne, en Italie les philosophes Pomponazzi et Zabarella échappent à la critique, car ils furent aristotéliciens contre un siècle platonicien. En France, l'anarchie prend un autre visage encore, celui du scepticisme de Montaigne, si bien que la Renaissance dans son ensemble, malgré sa diversité désordonnée, présente, du point de vue philosophique, un tableau unitaire : elle ne va pas dans le sens de l'histoire, elle stagne : « on ne saurait dire ce que lui doivent l'esprit et la science modernes, puisque Bacon ne lui doit rien ».[88]

En marge des lectures continuistes, qu'elles soient élaborées par des contempteurs de la Renaissance (les Cousiniens) ou des chantres de cet âge de rénovation (Michelet), le XIXe siècle a aussi connu des tentatives historiographiques discontinuistes, que le travail de Frédéric Morin permet d'illustrer. En réhabilitant la Renaissance, Morin prend aussi le contre-pied de la narration cousinienne de l'histoire de la philosophie en termes d'enveloppement et de développement.[89] Ouvertement anti-cousinien, le dispositif de Morin ambitionne une histoire générale de la « civilisation ».[90] Il reconstruit la succession de phases qui, loin de s'emboîter l'une dans l'autre, s'abolissent. Ainsi, la Renaissance, « bien loin d'être un résultat de la pensée antique, a été une protestation contre elle ».[91] Il va sans dire qu'elle ne fut pas anticipée au Moyen Âge. En 1856, dans les parties programmatiques de son *Dictionnaire de philosophie et de théologie scolastiques*, Morin conteste frontalement les historiographies de Cousin et de son disciple Saisset. Il dit s'intéresser à la fin du Moyen Âge pour défendre une nouvelle conception de la Renaissance et du cartésianisme opposée à la doxa de la Sorbonne.[92] Parce qu'il a négligé les XIVe et XVe siècles, Cousin aurait développé une vision historique doublement fallacieuse.[93] D'une part, selon Morin, la Renaissance se fonde sur des principes qui ne sont ni aristotéliciens, ni platoniciens, mais « radicalement nouveaux ».[94] Elle ne pèche

---

88  *Ibid.*, f. xvii[v].
89  V. Cousin, *Cours de philosophie. Histoire de la philosophie. Introduction à la philosophie*, vol. 1, Bruxelles 1840, p. 16 : « Il y a deux époques dans l'histoire moderne, et il n'y en a que deux : l'époque d'enveloppement et l'époque de développement. Le moyen âge n'est pas autre chose que la formation pénible, lente et sanglante de tous les éléments de la civilisation moderne ».
90  Morin, *Dictionnaire de philosophie et de théologie scolastiques*, vol. 1, col. 157 : « Cet examen rapide des travaux de MM. Cousin, Hauréau, Renouvier, Buchez, sur la scolastique, confirme [...] que ce qui a manqué à l'histoire de la philosophie, en ce siècle, c'est le sentiment vif et profond du rapport de la philosophie elle-même avec l'ensemble de la civilisation ».
91  *Ibid.*, col. 76 et, pour la critique de Saisset, col. 132.
92  *Ibid.*, col. 870–871.
93  Voir *supra*, note 61.
94  *Ibid.*, col. 76 et, pour la critique de Saisset, col. 871.

pas plus par esprit d'imitation que la modernité n'est préparée au Moyen Âge. D'autre part, la philosophie de Descartes et la science moderne couronnent un processus intellectuel sans équivalent historique, qui débute avec Copernic. Contre Renouvier et, à travers lui, contre Cousin, Morin affirme donc la radicale nouveauté d'une Renaissance regardée comme le départ de la science positive : « Au lieu d'être une suite des théories antiques, elle fut au contraire, à le bien prendre, une explosion de théories toutes nouvelles et profondément originales ; de telle sorte qu'à le bien prendre, nous l'appellerons plutôt une naissance qu'une renaissance ».[95]

Cependant, sur un second front, la position de Morin diverge aussi de l'approche positiviste de l'histoire de l'esprit. Il rejette le positivisme des faits pour décrire la science moderne comme l'âge des « grandes hypothèses » et de l'abstraction mathématique.[96] Dans l'ordre historiographique, il se démarque de la lecture comtienne de l'histoire par l'adoption du schème historiographique de la rupture. Dès le *Discours d'ouverture de son cours de philosophie positive*, Comte insiste en effet sur la gradualité des progrès de l'esprit humain. Notre « entendement [est] contraint à ne marcher que par degrés presque insensibles ».[97] Comte parle bien de « révolution » pour décrire l'entrée de l'esprit dans son état positif, mais il ajoute aussitôt qu'on ne peut lui assigner « une origine précise ». Au contraire, elle s'est « accomplie constamment ». La longue durée et le cadre classique de l'histoire de la philosophie sont mobilisés par Comte, qui mentionne Aristote, puis les sciences naturelles arabes au Moyen Âge, pour souligner enfin que les XVIe et XVIIe siècles, avec Bacon, Descartes et Galilée, marquent la fin de ce processus.[98] Comparant l'histoire de l'esprit humain au développement intellectuel d'un individu, Comte ne peut en effet postuler de substitution. Il décrit un cheminement. Morin affirme quant à lui la rupture historique pour situer la science à l'âge moderne.

L'entrecroisement de la problématique disciplinaire (*Quels savoirs de la Renaissance ?*) et de la question du régime historiographique (*Naissance ou Renaissance ?*) révèle un profond désaccord sur l'objet 'Renaissance' au XIXe siècle. Cette complexité serait démultipliée si nous considérions d'autres traditions historiographiques, hors de France.[99] Dans une mouvance parfois

---

95  *Ibid.*, col. 76.
96  *Ibid.*, col. 54 et 89.
97  A. Comte, « Discours d'ouverture du cours de philosophie positive », *Revue encyclopédique* 44 (1829), pp. 273–309, ici p. 282.
98  *Ibid.*, p. 285.
99  Sur les différentes Renaissances produites par les diverses traditions historiographiques nationales au XXe siècle : A. Chassagnette, « Les concepts de Renaissance et d'humanisme

qualifiée de romantique, illustrée ici par Michelet, la période est associée à la découverte de la nature et à l'extension du monde. Chez les Cousiniens, la Renaissance, âge désordonné et entaché d'ésotérisme, forme une parenthèse dans une histoire de l'esprit narrée du point de vue de la philosophie, dans son acception scolaire. Chez Renan, le renouveau est tantôt associé à la science, tantôt aux arts et aux lettres. Enfin, certaines constellations républicaines, socialistes et positivistes indiquent une voie en direction de l'idée de révolution scientifique. Tandis que la Renaissance est une redite humaniste et confuse de l'Antiquité sous la plume de ses contempteurs, elle est, chez eux, l'âge de la science expérimentale et/ou de la mathématisation de la nature.

Entre biais téléologique (historiographie des précurseurs) et anachronisme, le péril est grand à parler de révolution scientifique après Alexandre Koyré.[100] Un anachronisme contrôlé[101] permet cependant d'observer et de nommer une reconfiguration de la Renaissance au XIXe siècle. Dans l'esprit de certains érudits du XIXe siècle, la littérature, sphère désormais distincte de la science, cesse d'être un facteur de progrès. D'autre part, c'est l'abandon du modèle antique, de la pseudoscience d'Aristote et de Ptolémée, qui caractérise la culture savante des XVe, XVIe et XVIIe siècles. En 1813 déjà, Saint-Simon esquisse les visages de la Renaissance sous le signe de la révolution. Pour encourager les « physiologistes » à accomplir une nouvelle « révolution scientifique », il récapitule les révolutions antérieures. Copernic, Bacon et Galilée sont les acteurs de la « révolution scientifique » de la Renaissance, alors que Luther est l'instigateur d'une « révolution politique ».[102] Frédéric Morin parle lui aussi de la « grande révolution scientifique du seizième siècle »,[103] lorsqu'il évoque l'abandon des modèles aristotélicien et platonicien, de toutes les traditions héritées de l'Antiquité.

---

en Allemagne : quelques remarques sur la (non) définition d'un champ d'étude dans la recherche contemporaine en histoire », *Revue de l'IFHA* 2 (2010), pp. 164–179, mis en ligne le 1er février 2013, consulté le 19 avril 2019 : <http://journals.openedition.org/ifha/244>.

100  A. Romano, « Ce que l'histoire globale fait à la 'révolution scientifique', ou la fin d'un grand récit et ses multiples conséquences », *Rivista storica italiana* 132 (2020), pp. 542–568.

101  N. Loraux, « Éloge de l'anachronisme en histoire », *Espaces Temps* 87–88 (2005), pp. 127–139 ; F. Rexroth, *Fröhliche Scholastik. Die Wissenschaftsrevolution des Mittelalters*, München 2018, pp. 17–18, 23 ; P. Boucheron, N. Offenstadt, « Introduction générale : une histoire de l'échange politique au Moyen Âge », dans : P. Boucheron, N. Offenstadt (éds), *L'espace public au Moyen Âge. Débats autour de Jürgen Habermas*, Paris 2011 (Le Noeud Gordien), pp. 1–21, ici pp. 8–11.

102  H. de Saint-Simon, « Mémoire sur la science de l'homme [1813] », dans : *Œuvres choisies de C.-H. de Saint-Simon*, vol. 2, Bruxelles 1859, pp. 148–149.

103  Morin, *De la genèse et des principes métaphysiques de la science moderne*, p. 20.

Les Renaissances du XIXe siècle français et la *Rinascità* de Vasari présentent ainsi des visages très différents. L'historien de l'art Jacob Burckhardt complexifie encore la donne avec son célèbre ouvrage de 1860.[104] L'idée de nature mobilisée dans les différentes représentations de la Renaissance produites à l'âge moderne est elle-même polymorphe ; Stéphane Van Damme parle de « multinaturalisme ».[105] Un siècle après Morin, en histoire des sciences, Alexandre Koyré dissocie la Renaissance de la révolution scientifique pour mettre un peu d'ordre dans cet enchevêtrement de traditions. Selon lui, la Renaissance est bien un mouvement artistique et littéraire, pour lequel la référence à l'Antiquité est fondatrice ; elle s'accompagne de la découverte de nouveaux mondes. Cependant, en sciences et en philosophie, si la Renaissance congédie l'Antiquité, elle se retrouve sans solution de rechange ; elle sombre donc dans l'ésotérisme. Quant à la révolution scientifique, à partir de Copernic, elle « s'effectue en marge de l'esprit renaissant et en marge de l'activité de la Renaissance proprement dite ».[106]

## 3 Quels acteurs de la Renaissance ?

Un troisième cadrage, spatial, permet d'approcher différemment encore la Renaissance des historiens modernes. Au XIXe siècle, l'historiographie européenne décrit la Renaissance comme un phénomène indigène. Dans les histoires de la philosophie et de la culture produites en France au XIXe siècle, le territoire culturel et géopolitique de la Renaissance se concentre généralement sur quatre espaces : la France, l'Italie, les pays germaniques et la Flandre. Du Moyen Âge à la Renaissance, le rétrécissement de la perspective historiographique est triple : temporel, spatial et culturel. Au long Moyen Âge, qui s'étire sur dix siècles, succèdent deux siècles de progrès rapides ou d'égarement – selon les scénarios. Les historiens de la philosophie regardent en outre le bassin méditerranéen comme un vaste espace de circulations de savoirs, de savants, de textes, de langues et de pratiques durant le Moyen Âge. Les transferts médiévaux de la philosophie grecque antique en Syrie, en mondes musulmans et à Byzance, ses réélaborations, constituent un objet de recherche prioritaire

---

104  Tollebeek, « 'Renaissance' and 'Fossilization' ».
105  S. Van Damme, *Seconde nature. Rematérialiser les sciences de Bacon à Tocqueville*, Dijon 2020 (Œuvres en sociétés), p. 14.
106  A. Koyré, « L'apport scientifique de la Renaissance. Le rôle de Bacon », *Revue de Synthèse* 67 (1950), pp. 30–50, ici p. 33.

pour l'historiographie philosophique du XIXe siècle,[107] qui parle sans réticence d'un Moyen Âge arabe.[108] Inversement, le Moyen Âge lui-même présenterait des caractéristiques « arabes » ou « sémitiques » en vertu de la nature de ses productions intellectuelles, de sa religiosité et de sa fonction médiatrice entre savoirs antiques et modernité, par le truchement arabe notamment.[109]

Par contraste, la Renaissance des historiens de la philosophie est un phénomène exclusivement européen. Inscrite dans l'horizon de la laïcisation de la société, elle fait en outre abstraction des pays hispaniques catholiques, dont les institutions politiques et scientifiques perpétueraient le Moyen Âge. La réactivation de la tradition antique par voie directe, sans médiation, est l'un des ressorts de la construction d'une Europe indigène par l'historiographie du XIXe siècle.[110] Bien que les historiens de la philosophie n'aient pas de difficulté à observer des révolutions politiques hors de l'Europe, en Amérique surtout, la Renaissance demeure un événement unique et situé, à l'instar de la révolution scientifique. Le constat n'est pas trivial si l'on adopte d'autres points de vue – ce que nous ne pourrons faire ici. Jack Goody a par exemple contesté cette vision en pluralisant les renaissances à l'échelle eurasiatique et en relativisant l'idée d'une redécouverte de l'Antiquité par voie directe en Europe.[111] De manière plus pragmatique, l'histoire connectée et l'étude des circulations ont décentré le regard et mis en évidence des réemplois de la catégorie de Renaissance dans d'autres parties du globe. Le cas le plus célèbre est celui de la « Renaissance bengalie », dénommée ainsi par ses propres acteurs historiques. En référence à certains idéaux de la Renaissance italienne, des intellectuels hindous ont usé de cette catégorie au XIXe siècle, pour promouvoir des projets scientifiques et culturels qui les émancipaient de la domination culturelle et politique britannique. Dans divers contextes coloniaux du XIXe siècle, les catégories de la périodisation européenne, en particulier la Renaissance et les Lumières, commencent à être employées par des lettrés et des historiens,

---

107    C. König-Pralong, *Médiévisme philosophique et raison moderne. De Pierre Bayle à Ernest Renan*, Paris 2016 (Conférences Pierre Abélard).

108    Pour une approche critique et révisionniste de cette thèse : Th. Bauer, *Warum es kein islamisches Mittelalter gab. Das Erbe der Antike und der Orient*, München 2019.

109    C. König-Pralong, « L'histoire médiévale de la raison philosophique moderne (XVIIIe–XIXe siècles) », *Annales HSS* 70 (2015), pp. 667–711.

110    Ead., *La colonie philosophique*, pp. 147–182.

111    J. Goody, *Renaissances. The One or the Many?*, Cambridge 2010. Pour un dialogue critique qui tend plutôt à démarquer la Renaissance italienne d'autres processus qui se sont qualifiés ou ont été qualifiés ainsi : Th. Maissen, B. Mittler, *Why China Did Not Have a Renaissance – and Why That Matters: An Interdisciplinary Dialogue*, Berlin 2018 (Critical Readings in Global Intellectual History, 1).

européens et non européens, pour décrire des phénomènes sociohistoriques contemporains ou passés dans d'autres parties du monde.[112]

Paradoxalement, je formulerai la question des territorialisations de la Renaissance en termes d'acteurs, car les villes, les nations ou encore les peuples assument souvent des fonctions de cet ordre dans les diverses traditions historiographiques du XIXe siècle. Les historiens du XIXe siècle personnifient des collectifs, à différentes échelles et de différentes natures. Les « communautés imaginées »[113] que sont les nations jouent un rôle important dans la construction de Michelet, qui assimile les peuples[114] et les États à des « personnes politiques ».[115] Madame de Staël parle de « [...] ces grands individus qu'on appelle des nations ».[116] Pour Ernest Renan, « [l]es nations, comme la France, l'Allemagne, l'Angleterre, les villes comme Athènes, Venise, Florence, Paris, agissent à la manière de personnes ayant un caractère, un esprit, des intérêts déterminés ; on peut raisonner d'elles comme on raisonne d'une personne ».[117] Dans une optique plus ethnologique que politique, Alexandre de Humboldt fait des peuples et des races (les *Völker* et les *Stämme*) les porteurs de l'histoire de la civilisation.[118] quand il ne parle pas d'« individualité nationale » (*nationale Individualität*).[119] Enfin, le « Nord » renvoie, chez lui comme chez Michelet, à un esprit caractérisé par un « amour passionnel pour l'étude de la nature ».[120] Chez chacun de ces auteurs, les termes de peuple, ville ou nation revêtent des significations propres. Cependant, ces noms collectifs réfèrent tous à des espaces

---

112 B.S. Cohn, « The Census, Social Structure and Objectification in South Asia », dans : id., *An Anthropologist Among the Historians and Other Essays*, Oxford 1988, pp. 224–254 ; B.D. Schildgen, G. Zhou, S. L. Gilman (éds), *Other Renaissances. A New Approach to World Literature*, New York 2006 ; K. Raj, *Relocating Modern Science. Circulation and the Construction of Knowledge in South Asia and Europe, 1650–1900*, New York 2007 ; F. Tinguely (éd.), *La Renaissance décentrée*, Genève 2008 (Travaux d'Humanisme et Renaissance, 440).

113 B. Andersen, *Imagined Communities. Reflections on the Origin and Spread of Nationalism*, London/New York 2006 [1983], p. 6 : « It is imagined because the members of even the smallest nation will never know most of their fellow-members, meet them, or even hear of them, yet in the minds of each lives the image of their communion ».

114 J. Michelet, « Cours de philosophie [1828–1829] », dans : id., *Philosophie de l'histoire*, pp. 123–357, ici p. 355 : « Chaque peuple est une personne dans la société humaine ».

115 Id., « Introduction à l'histoire universelle [1831] », dans : id., *Philosophie de l'histoire*, pp. 359–482, ici p. 379 : « [...] chacune de ces personnes politiques qu'on appelle des États, la France et l'Italie, l'Angleterre et l'Allemagne ? ».

116 Madame de Staël, *De l'Allemagne*, vol. 1, Paris 1968 [1810], p. 41.

117 E. Renan, *Dialogues et fragments philosophiques*, Paris 1876 [1871], p. 89.

118 A. von Humboldt, *Kosmos. Entwurf einer physischen Weltbeschreibung*, vol. 2, p. 31.

119 Id., *Kosmos. Entwurf einer physischen Weltbeschreibung*, vol. 1, p. 70.

120 Id., *Kosmos. Entwurf einer physischen Weltbeschreibung*, vol. 2, p. 54 : « [...] leidenschaftliche Liebe zum Naturstudium, welche hauptsächlich vom Norden ausging ».

géographiques : un lieu d'origine pour les peuples, un ancrage territorial pour les villes et une délimitation politique pour les nations ou les États.

Michelet, l'inventeur de la Renaissance en France, emboîte plusieurs échelles. Dans l'ordre de l'histoire politique et culturelle, des villes – Venise, Bâle et Paris – font figures de Rome et de Jérusalem de cette « religion nouvelle » qu'est l'humanisme de la Renaissance.[121] Les nations, plus que les villes, agissent cependant comme des personnes morales. Dans le volume 7 de *l'Histoire de France* (*Renaissance*), Michelet narre l'histoire d'une rencontre, celle d'une France arriérée et de l'Italie humaniste sous Charles VIII, Louis XII et François I$^{er}$. L'étincelle qui en résulte propage le mouvement moral et culturel de la Renaissance dans toute l'Europe ; « deux grands courants électriques »,[122] la Renaissance et la Réformation – à laquelle le volume 8 est consacré –, sont alors alimentés par deux nations, la France et l'Allemagne du XVI$^e$ siècle. Cette dernière prend le leadership de la Renaissance. « [P]lus vivante que la France », « [l]'Allemagne a conscience de la situation [...]. La conscience du temps fut dans l'Allemagne. [...] la France, qui est devenue jeune, était très vieille en 1500 ».[123] La France doit attendre son heure, la Révolution, alors que l'Allemagne, comparée à « la reine au bois dormant »,[124] se réveille subitement au début du XVI$^e$ siècle. L'architecture de l'*Histoire de France*, l'organisation de la période en deux tomes, l'un pour la Renaissance, qui narre la rencontre avec l'Italie, l'autre pour le XVI$^e$ siècle, qui introduit un moment germanique, reflète cette lecture et l'insère dans une chronologie.

Tandis que les nations sont les actrices de l'histoire politique, le sujet de la Renaissance morale, cette révolution lamarckienne, continue et permanente qui caractérise la modernité,[125] est le peuple, auquel Michelet a consacré des enquêtes et un ouvrage, en 1846.[126] Opprimé et sans voix au Moyen Âge, le peuple se libère à la Renaissance, puis une deuxième fois lors de la Révolution française. Pourtant, le lecteur de l'*Histoire de France* chercherait en vain de l'analyse sociologique et des descriptions de groupes sociaux. La narration de Michelet, événementielle, met en scène des personnages qui fonctionnent comme des synecdoques de nations ou du peuple. François I$^{er}$ incarne la France de la première moitié du XVI$^e$ siècle. Luther, à qui deux chapitres sont consacrés, représente le peuple, la liberté et la joie, autrement dit

---

121 Michelet, *Histoire de France au seizième siècle. Renaissance*, p. 199.
122 *Ibid.*, p. 142.
123 Michelet, *Histoire de France. Réforme*, pp. 31 et 70–71.
124 *Ibid.*, p. 92.
125 Voir G. Séginger, « De la biologie à l'écologie », *Arts et Savoirs* 7 (2016), mis en ligne le 13 décembre 2016, consulté le 10 décembre 2017 : <http://journals.openedition.org/aes/918>.
126 J. Michelet, *Le peuple*, Paris 1846.

la vraie Renaissance, qui se situe du côté du sentiment et de la nature plutôt que de l'érudition humaniste et des raffinements de l'art italien. « Luther ouvrit la voie, et dès lors toute la terre chanta [...]. Voilà la vraie Renaissance. Elle est trouvée. C'est la Renaissance du cœur. »[127] Lorsqu'il parle de toute la terre, c'est à l'Europe que pense Michelet.[128] Tributaire d'une mythologie du peuple et du Nord[129] que Germaine de Staël a popularisée en France, sa lecture de la Renaissance est non seulement européocentrée, mais aussi orientée sur l'Allemagne.

L'historiographie de la seconde moitié du XIXe siècle va cependant affirmer avec force la nature italienne de la Renaissance. Cinq ans après la *Renaissance* et la *Réforme* de Michelet, en 1860, paraît *Die Kultur der Renaissance in Italien* de l'historien de l'art suisse Jacob Burckhardt. Chez lui, l'efficacité historique de l'héritage antique ne s'explique qu'en relation avec l'« esprit du peuple italien » (*italienischer Volksgeit*),[130] dans lequel la culture antique est demeurée vivante à travers les siècles. Pour le Burckhardt de 1860, que contredira d'ailleurs le Burckhardt de 1884 – chantre du Moyen Âge et contempteur de la Renaissance –,[131] l'esprit italien, son être social (*geselliges Dasein*),[132] se caractérisent par le mélange du souvenir vivant de l'Antiquité et des influences médiévales nordiques.[133] Par rapport à Michelet, la polarité nationale est inversée : l'Italie devient le lieu de la Renaissance. Le peuple et l'individu sont emboîtés, fusionnés, mais dans le contexte urbain des communes italiennes plutôt que dans les grands espaces nordiques. L'Italie est associée à ses beaux-arts et à ses lettres, à ses cultures urbaines et à la liturgie religieuse, plutôt qu'à des mouvements politiques au sens restreint du terme.

Marc Crépon a décrit la « première 'non-réception' de Burckhardt en France ».[134] Son ouvrage de 1860 n'est traduit qu'en 1877, à partir de la troisième édition augmentée et modifiée par Ludwig Geiger. La première étude approfondie qui lui est consacrée date de 1885 ; il s'agit d'une imposante recension

---

127 Id., *Histoire de France. Réforme*, p. 77.
128 *Ibid.*, p. 101 : « le grand éclat de Luther rayonne dans toute l'Europe ».
129 *Ibid.*, p. 31 : « En Allemagne, ce peuple est partout, et se manifeste partout, dans vingt centres différents, et dans les classes diverses ».
130 J. Burckhardt, *Die Kultur der Renaissance in Italien,* Wien 1935, p. 98.
131 O.G. Oexle, « Les groupes sociaux du Moyen Âge et les débuts de la sociologie contemporaine », *Annales. ÉSC* 47 (1992), pp. 751–765.
132 Burckhardt, *Die Kultur der Renaissance in Italien*, p. 205.
133 *Ibid.*, p. 99.
134 M. Crépon, « L'art de la Renaissance selon Burckhardt et Taine (la question des appartenances) », *Revue germanique internationale* 13 (2000), pp. 131–139, ici pp. 132–133, mis en ligne le 31 août 2011, consulté le 20 avril 2019 : <https://journals.openedition.org/rgi/777>.

de la traduction de 1877 par Émile Gebhart dans la *Revue des deux mondes*.[135] Gebhart est alors professeur de littérature étrangère à l'université de Nancy. En 1880, il accédera à une chaire de littérature de l'Europe méridionale à la Sorbonne. Son approche de la Renaissance est généalogique ; elle recherche des continuités entre l'Italie du *Quattrocento* et le Moyen Âge, reprochant à Burckhardt d'avoir trop insisté sur la radicale nouveauté de la Renaissance italienne. L'historien bâlois semble jouir de moins de considération chez Renan et Taine. Bien que Taine connaisse et cite Burckhardt dès les années 1860, il s'en distance. Il retient de Burckhardt l'idée d'avènement de l'individu à la Renaissance, mais il situe l'œuvre d'art non pas dans l'artiste producteur, mais dans son public et son milieu, assimilés à la race ou à la nation.[136] Quant à Renan, nulle trace de Burckhardt dans sa correspondance éditée,[137] pas plus que dans sa contribution à l'*Histoire littéraire de la France*.

Dans la deuxième moitié du XIXe siècle en France, l'histoire de la Renaissance s'écrit en référence à Michelet plutôt qu'à Burckhardt. Or l'une des différences majeures entre les lectures de Taine et de Renan d'une part, celle de Michelet d'autre part, réside dans l'identification des sujets de l'histoire de la civilisation. Pour Michelet, c'est le peuple qui agit dans l'histoire, alors que Taine et Renan identifient plutôt des groupes sociaux spécifiques et élitaires. Les gens du monde, les cours de la Renaissance, figurent chez eux comme les moteurs de la civilisation, tandis que la bourgeoisie et le peuple représentent des forces réactionnaires qui s'appesantissent dans l'ancien modèle de société cléricale.[138] Quant au cadre géopolitique qui permet d'appréhender la Renaissance, il est, chez eux comme chez Michelet, national, mais la balance penche en faveur de l'Italie et de la Flandre.

Dans le *Discours sur l'État des beaux-arts en France au XIVe siècle*, une étude monographique que Renan compose pour l'*Histoire littéraire de la France*, la France est exclue de la Renaissance, car « au XIVe siècle, la France est définitivement dépassée ».[139] Elle est encore empêtrée dans le Moyen Âge, son cléricalisme et sa pensée scolastique. L'art gothique « hésite, s'attarde », la France demeure profondément religieuse, alors que l'Italie présente un terreau fécond

---

135  É. Gebhart, « La Renaissance italienne et la philosophie de l'histoire. La théorie de Jacob Burckhardt », *Revue des deux mondes* 72 (1885), pp. 342–379.
136  Crépon, « L'art de la Renaissance selon Burckhardt et Taine », pp. 131–139.
137  E. Renan, *Correspondance 1845–1892*, dans : id., *Œuvres complètes*, vol. 10, éd. H. Psichari, Paris 1961.
138  H. Taine, *Histoire de la littérature anglaise*, vol. 1, 2e édition augmentée, Paris 1866, p. 257.
139  E. Renan, « Discours sur l'État des beaux-arts en France au XIVe siècle », dans : V. Leclerc, E. Renan, *Histoire littéraire de la France*, vol. 24/2 : *Quatorzième siècle*, Paris, 1862, pp. 603–757, ici p. 683.

pour l'art profane, qui s'épanouit dans les écoles des communes italiennes.[140] Renan inscrit en effet sa lecture de l'histoire de l'art dans le contexte d'une analyse socio-politique. L'Italie et la Flandre, nations progressistes qui ont produit la Renaissance, s'organisent politiquement comme des ensembles de petites républiques indépendantes. Sur le plan social, elles voient se former des groupes de quelques milliers d'hommes, qui se scindent en sous-groupes aux fonctionnalités spécialisées, par exemple les écoles de peinture.[141]

Dans son *Histoire de la littérature anglaise,* Hippolyte Taine décrit lui aussi la Renaissance et la Réforme comme des « explosions nationales ».[142] Chacune accomplit une tâche bien spécifique : la Réforme, c'est « la haine de la hiérarchie ecclésiastique », la Renaissance le « retour au sens et à la vie naturelle ».[143] Comme chez le Renan de l'*Histoire littéraire de la France,* l'opérateur principal de ces mouvements est la société laïque. Or l'Italie est, selon Taine, le pays « le plus païen » d'Europe, « le plus voisin de la civilisation antique ».[144] La Renaissance y trouve donc sa première expression. La sécularisation, à laquelle Taine et Renan accouplent paradoxalement une religion, le paganisme antique, est le critère principal de l'évolution d'une société.

Enfin, sur la question des acteurs aussi, l'historiographie philosophique de tradition cousinienne adopte des modèles spécifiques. Certes, l'Europe dessine aussi les contours de la Renaissance chez les philosophes, mais la composante nationale est faible. En 1848, le duc de Caraman parle d'un « seizième siècle, où un mouvement général agite toute l'Europe intellectuelle, et où la scolastique achève son existence ».[145] Les paramètres historiographiques sont, comme chez Cousin, les époques et les grands hommes qui représentent leurs esprits. Des « hommes d'élite »[146] agissent dans l'histoire des savoirs : Ramus, Agricola, Ficin en philosophie ; Rabelais, Montaigne, Érasme en littérature ; Bacon, Galilée, Descartes du côté des sciences. Barthélemy Hauréau égrène à peu près les mêmes noms. Son approche de la réalité historique par les grands individus résulte d'un élitisme universitaire qui a établi la philosophie au centre de la civilisation : « La conduite de toutes les intelligences appartient à la philosophie [...] : la foule doit marcher dans le sillon que lui

---

140 *Ibid.*, pp. 684–686.
141 *Ibid.*, p. 684. Voir M. Messling, *Gebeugter Geist. Rassismus und Erkenntnis in der modernen europäischen Philologie,* Göttingen 2016 (Philologien. Theorie – Praxis – Geschichte, 3), pp. 375–378.
142 Taine, *Histoire de la littérature anglaise,* pp. 163–164.
143 *Ibid.*, p. 234.
144 *Ibid.*, p. 241.
145 Duc de Caraman, *Histoire des Révolutions de la philosophie en France,* vol. 3, p. 382.
146 *Ibid.*, p. 385.

tracent les philosophes ».[147] Des figures héroïques, exemplairement Vanini, le « martyr de la liberté de penser »,[148] côtoient les éclaireurs qui tracent de nouvelles voies, souvent de manière anarchique. En 1862, dans les *Précurseurs de Descartes,* Émile Saisset pose pourtant la question de la nationalité de la Renaissance. Après avoir mentionné Vanini, Bruno et Boehme, il demande : « la France serait-elle restée étrangère au mouvement de la renaissance philosophique ? ».[149] L'évocation de la figure de Ramus suffit à rejeter cette pensée. Par ailleurs, l'ouvrage s'organise en chapitres dédiés à des philosophes particuliers : Roger Bacon, Ramus, Descartes, Spinoza, Malebranche et Leibniz, qui forment la généalogie de la modernité.

De fait, l'histoire de la philosophie cousinienne refuse d'entrer sur le terrain sociopolitique. Focalisée sur les idées et les systèmes philosophiques, elle perçoit la Renaissance comme un âge de désordre et d'anarchie plutôt que de liberté. Des points de vue institutionnel et intellectuel, la Renaissance demeure pour elle un objet impossible. Avec le déclin de la scolastique médiévale, la philosophie scolaire – l'école comme institution et comme école de pensée – se trouve affaiblie à la Renaissance. Or, en France, l'historiographie philosophique universitaire suit, entre 1828 et 1860, un programme collectif orchestré à ses débuts par Victor Cousin. L'exacerbation de la figure individuelle est légitime pour le chef d'école ; elle est proscrite pour le dissident. En outre, chez les Cousiniens, l'anarchie de la Renaissance a aussi résulté de la promotion de nouveaux corpus qui ont fluidifié et pluralisé le canon de la philosophie, brouillé les frontières de la discipline. Par l'érudition, l'édition critique et l'histoire, auxquelles l'enseignement de l'histoire de la philosophie fournit une caisse de résonnance, la grande œuvre de Cousin a justement été d'établir un canon pour l'université française moderne, après la seconde période d'anarchie de l'histoire de la philosophie, les Lumières.[150] Le XIIe siècle d'Abélard et le XVIIe siècle de Descartes – deux philosophes édités par Cousin – figurent alors comme les antidotes par anticipation de la Renaissance et des Lumières.

...

---

147 Hauréau, « Sciences philosophiques et scolastiques », f. xvii[v].
148 *Ibid.*, f. xv[r].
149 Saisset, *Précurseurs et disciples de Descartes*, p. 64.
150 D. Antoine-Mahut, « Une philosophie *française* sans *philosophie* française. L'éclectisme de Victor Cousin », dans : C. König-Pralong, M. Meliadò, Z. Radeva (éds), *The Territories of Philosophy in Modern Historiography*, Turnhout/Bari 2019 (Ad Argumenta, 1), pp. 149–168 ; ead., « Bien reçu ? Trois éditions de Descartes au XIXe siècle en France », *Fabula / Les colloques. Accuser réception*, mis en ligne le 30 mars 2020, consulté le 10 avril 2021 : <http://www.fabula.org/colloques/document6563.php>.

Dans le réservoir français, les historiens de la philosophie de la nébuleuse cousinienne n'ont trouvé que Ramus qui puisse, peu ou prou, faire figure de philosophe de la Renaissance. Michel de Montaigne était trop littéraire. Pierre Charron avait à tort liquidé la métaphysique et la spéculation. Les débats se sont donc portés sur la figure de Ramus, qui n'a pourtant pu, malgré Waddington, s'imposer dans la généalogie de la discipline. Sans philosophie digne de ce nom, la Renaissance a été déclassée par les historiens de la philosophie académique, parisiens surtout. Arrimée à l'Antiquité, qu'elle aurait servilement répétée, la philosophie de la Renaissance aurait été une œuvre d'érudition, accompagnée de révoltes aveugles contre l'ordre établi, intellectuel et social. De Strasbourg et de Lyon se sont élevées des voix discordantes, en particulier celles de Joseph Ferrari et de Frédéric Morin, comme si la Renaissance se jouait sur les périphéries de l'historiographie française. Chez Michelet, dans un tout autre dispositif, elle indique d'ailleurs la direction de l'Allemagne, alors que Renan et Taine la situent en Italie et en Flandre.

L'un des grands absents de cette enquête, Joseph-Marie Degérando, semble partager le verdict cousinien à la fin du premier tome de son *Histoire de la philosophie moderne*, paru en 1847 à titre posthume. Il qualifie lui aussi la Renaissance philosophique d'âge d'imitation dépourvu de force d'innovation.[151] Les rares esprits originaux du temps, comme Jérôme Cardan, furent perdus par leur manque de discipline.[152] Dans le second tome, cet intellectuel d'origine lyonnaise, dont Cousin a tenté de minimiser l'œuvre en histoire de la philosophie, prend cependant ses distances par rapport au modèle cousinien et à l'historiographie désormais dominante à l'université. Francis Bacon inaugure la philosophie moderne avec sa réforme radicale de la méthode scientifique ; Descartes achève cette révolution. Les deux philosophes sont cependant précédés dans cette voie par un « ingénieur italien, aujourd'hui oublié »,[153] Jacques Concio (Jacopo Aconcio), « auteur d'un petit traité latin sur la *Méthode,* qui, jusqu'à ce jour, ne paraît avoir été connu d'aucun historien de la philosophie, ou qui, du moins, n'a été cité par aucun, à notre connaissance. »[154] Chez Degérando, les Cousiniens ont manqué Aconcio en même temps qu'ils ont ignoré la direction prise au XVIe siècle par la philosophie moderne. Dans l'Antiquité, la philosophie voisinait les beaux-arts ; elle s'est

---

151   J.-M. Degérando, *Histoire comparée des systèmes de philosophie considérés relativement aux principes des connaissances humaines. Deuxième partie : histoire de la philosophie moderne à partir de la renaissance des lettres jusqu'à la fin du XVIIIe siècle*, Paris 1847, vol. 1, pp. 8 et 28.
152   *Ibid.*, vol. 1, p. 380.
153   Degérando, *Histoire de la philosophie moderne*, vol. 2, p. 2.
154   *Ibid.*, vol. 2, p. 3.

ensuite soumise à la théologie et à l'érudition, à la modernité. Philosophe, juriste et réformateur social, Degérando insiste cependant sur une autre modernité, un âge de progrès durant lequel les sciences positives et appliquées ont réformé le savoir, la société et, avec eux, la philosophie elle-même. Avec Aconcio, « [c']était, en effet, aux sciences positives, c'était même aux arts de l'industrie, qu'était réservé le privilège d'éclairer enfin la philosophie [...] ».[155] Comme grand philosophe de la Renaissance, oublié par l'historiographie officielle, Degérando mobilise un juriste italien converti au protestantisme en 1557. Il insiste sur les savoirs de la société et les techniques, les « arts de l'industrie », esquissant encore une autre généalogie de la modernité, conforme à ses intérêts d'administrateur et de rénovateur social.

155   *Ibid.*, vol. 2, p. 10.

CHAPITRE 3

# Deux portraits de la Renaissance en compétition : l'*Encyclopédie nouvelle* (1836–1843) et le *Dictionnaire des sciences philosophiques* (1844–1852)

*Gregorio Piaia*
Università di Padova

Commençons par citer non pas un philosophe ni même un historien de la philosophie, mais un grand romancier du XIXe siècle : « Ce n'est pas là ce que nous croyions devenir autrefois, à Sens, quand tu voulais faire une histoire critique de la Philosophie, et moi, un grand roman moyen âge sur Nogent, dont j'avais trouvé le sujet dans Froissart […] ».[1] C'est ainsi que dans la conclusion de *L'éducation sentimentale* (1869), le protagoniste rappelle à son ancien compagnon d'études les projets littéraires qu'ils avaient conçus au collège vers la fin des années trente. Habitués tels que nous le sommes au rejet postmoderne des grandes narrations, il nous paraît bien étrange aujourd'hui qu'un jeune homme plein d'avenir se propose comme objectif une « histoire critique de la philosophie », d'autant plus que précédemment Flaubert nous avait dit que ce jeune homme, qui s'était consacré aux études philosophiques après avoir ouvert au hasard une traduction de Platon (probablement celle de Cousin, qui avait commencé à paraître au cours de l'année 1822), « méditait un vaste système de philosophie, qui aurait les applications les plus lointaines ».[2]

En fait il n'y a pas d'écart entre les deux projets, puisque dans le climat intellectuel de cette époque la pratique de l'histoire de la philosophie équivalait à la pratique de la philosophie. Ce n'est pas par hasard que la production d'histoires générales de la philosophie en France culmine (au moins au point de vue quantitatif) justement dans les années quarante du XIXe siècle.[3] Il y a plus : pendant la monarchie de Louis-Philippe, dont l'éclectisme de Victor Cousin

---

1 G. Flaubert, « L'éducation sentimentale », dans : id., *Œuvres*, vol. 2, Paris 1962, p. 455. Flaubert se réfère ici à la bataille de Nogent (13 juin 1359) pendant la guerre de Cent Ans.
2 *Ibid.*, p. 45.
3 Voir U.J. Schneider, *Philosophie und Universität. Historisierung der Vernunft im 19. Jahrhundert*, Hamburg 1999, en particulier pp. 346–348.

représente l'interface culturel, le travail de l'historien de la philosophie a de grandes implications politiques.[4] Par la suite on aurait âprement critiqué cette hégémonie politico-culturelle (comme il ressort de l'invective que Flaubert met dans la bouche de l'ancien aspirant historien, proche désormais des idées des républicains et des socialistes),[5] mais elle était dans la ligne du climat romantique et idéaliste de cette période, pénétré par une grande sensibilité historique associée à une foi presque religieuse en l'Humanité.

C'est sur cette toile de fond que se pose la question qui nous intéresse ici : y-a-t-il un rôle stratégique de la pensée de la Renaissance sur l'échiquier de l'histoire générale de la philosophie, où la Renaissance avait été comprimée par Cousin entre le Moyen Age, d'un côté, et la philosophie moderne de l'autre ? Je voudrais aborder ce sujet au niveau de la vulgarisation, en m'occupant d'un genre littéraire qui dans la première moitié du XIXe siècle représente le moyen principal de l'éducation de la bourgeoisie et du peuple, et qui était généralement publié par livraisons : l'encyclopédie. J'ai choisi deux initiatives d'édition très opposées du point de vue idéologique : la première concerne l'*Encyclopédie nouvelle, ou Dictionnaire philosophique, scientifique, littéraire et industriel, offrant le tableau des connaissances humaines au XIXe siècle* (Paris, chez Gosselin, 1836–1843, 8 vols), une entreprise qui, en reprenant un projet de Saint-Simon, avait commencé en 1834 par le titre originaire d'*Encyclopédie pittoresque à deux sous*, sous la direction de Pierre Leroux et de Jean Reynaud, qui toutefois rompirent bientôt leur association. À Leroux (qui collabora jusqu'à la lettre E, dans le quatrième volume), l'on doit beaucoup d'entrées sur les philosophes anciens et modernes. L'autre entreprise concerne le *Dictionnaire* dirigé par Adolphe Franck, auquel ont collaboré beaucoup d'élèves et de partisans de Cousin : les six tomes du *Dictionnaire des sciences philosophiques, par une Société de professeurs de philosophie*, sont parus à Paris chez Hachette de 1844 à 1852 et ils clôturent aussi chronologiquement l'époque de la « philosophie d'État ».

A vrai dire, ces deux encyclopédies sont tout-à-fait asymétriques, parce que l'*Encyclopédie nouvelle* est une encyclopédie générale, où l'on trouve des

---

4   Voir P. Cotten, *Autour de Victor Cousin. Une politique de la philosophie*, Paris 1992 (Annales littéraires de l'Université de Besançon) ; P. Vermeren, *Victor Cousin. Le jeu de la philosophie et de l'État*, Paris 1995 (La philosophie en commun) ; É. Fauquet (éd.), *Victor Cousin homo theologico-politicus. Philologie, philosophie, histoire littéraire*, Paris 1997 ; M. Meliadò, « Géopolitique de la raison. Sur la pratique de l'histoire de la philosophie à l'école de Victor Cousin », dans : C. König-Pralong, M. Meliadò, Z. Radeva (éds), *The Territories of Philosophy in Modern Historiography*, Turnhout/Bari 2019 (Ad argumenta, 1), pp. 169–186.
5   Voir Flaubert, « L'éducation sentimentale », p. 170 : « Le Gouvernement nous dévore ! Tout est à lui, la philosophie, le droit, les arts, l'air du ciel ; et la France râle, énervée, sous la botte du gendarme et la soutane du calotin ».

entrées sur la philosophie et sur les philosophes,[6] mais, par exemple, où l'on s'occupe aussi de l'« Accouchement », de la « Bière » et du « Blanchissage », ce qui donne au *Dictionnaire des sciences philosophiques*, qui est tout entier consacré à la philosophie et à son histoire, un avantage évident et incontestable. Au nom de la *par condicio*, j'ai donc tiré de l'*Encyclopédie nouvelle* les entrées sur les philosophes de la Renaissance (qui sont seulement quatre : « Campanella », « Cardan », « Charron » et « Vanini ») pour les comparer avec les quatre entrées correspondantes du *Dictionnaire des sciences philosophiques*.

Bien sûr, dans l'*Encyclopédie nouvelle* il y a d'autres personnages que nous retrouvons aujourd'hui dans nos manuels sur la pensée de la Renaissance, mais ils n'y sont pas considérés en tant que philosophes à plein titre : Rodolphe Agricola, par exemple, est présenté comme « un des savants qui firent naître au XVe siècle le goût des lettres dans les Pays-Bas et en Allemagne »,[7] tandis que Georges Agricola, « savant naturaliste du XVIe siècle, [...] est communément regardé comme le père de la minéralogie et de la métallurgie ».[8] Pour sa part, Jean Bodin fut « un célèbre publiciste », qui « doit être regardé comme le père de la science politique en France, et même, si l'on excepte Machiavel, en Europe » ; ses ouvrages, jadis très connus, sont « placés au premier rang dans les bibliothèques des publicistes ».[9]

---

6  Voir M. Farcina, *I diritti dell'esistente : la filosofia della « Encyclopédie nouvelle » (1833–1847)*, Lecce 1987 (L'uomo e la città, 8). Sur Pierre Leroux voir : J. Viard, *Pierre Leroux et les socialistes européens*, Le Paradou 1983 ; L. La Puma, *Il socialismo sconfitto : saggio sul pensiero politico di Pierre Leroux e Giuseppe Mazzini*, Milano 1984 (Storia, 40) ; A. Le Bras-Chopard, *De l'égalité dans la différence : le socialisme de Pierre Leroux*, Paris 1986 ; F. Fiorentino, *Filosofia religiosa di Leroux ed eclettismo di Cousin*, Lecce 1992 ; B. Viard, *Pierre Leroux, penseur de l'humanité*, Cabris 2009 ; Ph. Régnier, « Pierre Leroux (1797–1871) », dans : D. Kalifa, Ph. Régnier, M.-È. Thérenty, A. Vaillant (éds), *La civilisation du journal : histoire culturelle et littéraire de la presse française au XIXe siècle*, Paris 2011, pp. 1111–1115 ; L. Rey, *Les enjeux de l'histoire de la philosophie en France au XIXe siècle : Pierre Leroux contre Victor Cousin*, Paris 2012 (La philosophie en commun) ; W. Tega, *Tradizione e rivoluzione. Scienza e potere in Francia (1815–1840)*, Firenze 2013 (Pansophia. Testi e studi sulla modernità, 11), en particulier pp. 233–336. Voir aussi la revue électronique *Les Amis de Pierre Leroux* : <amisdepierreleroux.org>.

7  P. Leroux, « Agricola (Rodolphe) », dans : P. Leroux, J. Reynaud (éds), *Encyclopédie nouvelle, ou Dictionnaire philosophique, scientifique, littéraire et industriel, offrant le tableau des connaissances humaines au XIXe siècle*, 8 vols, Paris 1836–1843 (reprint avec une introduction de J.-P. Lacassagne, Genève 1991), vol. 1 : A-ARI, Paris 1836, pp. 164b–165b, en particulier p. 164b.

8  J. Reynaud, « Agricola (Georges) », *Encyclopédie nouvelle*, vol. 1, pp. 163b–164b, en particulier p. 163b.

9  J. Reynaud, « Bodin (Jean) », *Encyclopédie nouvelle*, vol. 2 : ARI-BOS, Paris 1836, pp. 721a–725a, en particulier p. 721a. Sur l'interprétation de Machiavel, voir maintenant M. Meliadò, « Machiavel à Paris : l'historiographie philosophique sur la Renaissance et la dissidence idéologique contre l'éclectisme (1829–1843) », dans : D. Antoine-Mahut, D. Whistler (éds), *Une arme philosophique : l'éclectisme de Victor Cousin*, Paris 2019 (Actualité des classiques), pp. 53–68.

Peu de noms, à vrai dire, par rapport à l'armée de 103 noms qui dans la « Table synthétique » du *Dictionnaire des sciences philosophiques* est rangée dans la section « Philosophie de la Renaissance », qui est ainsi répartie : « Grecs réfugiés en Italie », « Lettrés adversaires de la Scolastique », « Péripatéticiens », « Platoniciens et Pythagoriens », « Stoïciens », « Sceptiques », « Mystiques », « Essais divers de réforme et de restauration », « Moralistes et philosophes politiques ».[10] Dans l'*Encyclopédie nouvelle* on ne trouve pas des auteurs tels que Machiavel, Montaigne et Pomponazzi, pour une raison très simple : les entrées entre « Forc » et « Orga » et puis de « Philo » jusqu'à la lettre Z ne sont jamais parues (l'entrée « Philosophie », très longue, est inachevée).

C'est donc une image amputée et très incomplète que cette encyclopédie nous donne de la pensée de la Renaissance. Cependant, malgré cette limitation, la comparaison avec les entrées du *Dictionnaire* de Franck n'est pas dépourvue d'intérêt. La longueur, avant tout : dans le *Dictionnaire*, les entrées « Campanella », « Cardan » et « Charron » comportent respectivement 18900, 22890 et 23380 frappes, en comparaison de 12600, 12540 et 6960 dans l'*Encyclopédie nouvelle*, où l'exposition est plus synthétique mais aussi plus incisive dans ses jugements. Le rapport se renverse nettement avec l'entrée en scène de Giuseppe/Joseph Ferrari, qui est l'auteur de l'entrée « Vanini » dans l'*Encyclopédie nouvelle* : 28600 frappes en comparaison des 9170 de son correspondant du *Dictionnaire des sciences philosophiques*, qui « n'est qu'un résumé exact » du « brillant travail que M. Cousin a consacré à ce philosophe, en tête des *Fragments de philosophie cartésienne*, in-12°, Paris 1845 ».[11]

Suivant l'ordre chronologique, nous commençons notre parallèle par les entrées sur Jérôme Cardan (1501–1576), sorties de la plume de Pierre Leroux et d'Adolphe Franck. Nous trouvons ici deux portraits assez différents de ce personnage très étrange, polyvalent et plutôt troublant. Leroux, qui évidemment ne connaît pas les nombreux ouvrages de Cardan sur la médecine, sur les mathématiques et sur la philosophie de la nature, se borne à quelques allusions, en mentionnant l'histoire de la médecine de Kurt Sprengel († 1833) et en rapportant une très longue citation tirée de Francis Bacon. Par contre, dès le commencement de son entrée il s'arrête longuement sur l'autobiographie de Cardan, *De vita propria*, qu'il rapproche significativement des *Confessions* de Rousseau et qu'il regarde avec une sensibilité toute romantique et en même

---

10  *Dictionnaire des sciences philosophiques, par une Société de professeurs de philosophie*, 6 vols, Paris 1844–1852, vol. 6, Paris 1852, pp. 1037–1038.

11  X. [Anonyme], « Vanini », *Dictionnaire*, vol. 6, pp. 943–945, ici p. 945. Voir V. Cousin, « Vanini, ou la philosophie avant Descartes », dans : id., *Fragments de philosophie cartésienne*, Paris 1845, pp. 1–98.

temps historisante, en prenant ses distances avec Pierre Bayle. Mais dans ces remarques, on saisit aussi le but tout 'politique' de défendre l'image de Jean-Jacques Rousseau et, plus généralement, de récupérer les opprimés et les marginaux, en se déplaçant du plan social au plan intellectuel :

> C'est un livre [= *De vita propria*] dont on peut aujourd'hui sentir le prix, mieux qu'on ne le fit de son temps et dans les deux siècles qui suivirent. On ne comprenait pas alors qu'un homme écrivît pour révéler les maladies de son âme, et sortît du cadre de la littérature convenue pour faire un livre en apparence purement individuel. La confession de Cardan fit scandale, comme plus tard celle de Rousseau, et de là sont venus à nous, de dictionnaire historique en dictionnaire historique, un certain nombre de préjugés qui nous représentent Cardan comme le plus bizarre des hommes, comme un être vraiment inexplicable, et si plein de vices d'ailleurs, qu'on est seulement en doute si on ne doit pas l'excuser parce qu'il était fou. Quel horrible portrait n'a-t-on pas fait aussi de Jean-Jacques, au moyen d'emprunts faits à ses *Confessions* ![12]

Et un peu plus loin : « Pour bien juger Cardan d'après sa confession, il faudrait d'abord comprendre et accepter les idées de son temps ; car on ne peut exiger de lui qu'il pensât comme on pense aujourd'hui, ou comme on a pensé au dix-septième ou au dix-huitième siècle ». On a regardé Cardan « comme une espèce de monstre au milieu de ses contemporains » parce qu'il « croyait avoir un démon familier », mais en réalité il ne pensait pas différemment des philosophes de son temps.[13] Plus loin, Leroux associe Cardan, partisan de l'astrologie judiciaire, à l'alchimiste Agrippa et au médecin Paracelse (qui « enfanta un système délirant »), sur le fond commun de la pensée néoplatonicienne et cabalistique, et les dispose sur une ligne continue entre les philosophes de la nature du Moyen Âge tardif et les pères de la science moderne :

> Ils marchent tous trois entre l'ancien et le moderne, entre les écoles de pure renaissance et d'érudition et les écoles d'observation pure qui

---

12   P. Leroux, « Cardan (Jérome) », *Encyclopédie nouvelle*, vol. 3 : BOT-CONS, Paris 1837, pp. 251a–252b, ici p. 251a.
13   *Ibid.*, p. 251a–b : « Cela peut paraître bizarre aujourd'hui ; mais cette croyance était tellement en vogue au seizième siècle, dans l'école platonicienne, que Cardan n'était nullement étrange pour croire ce que croyaient et Marsile Ficin, et Pic de La Mirandole, et toute l'école de Florence, et ce qu'au surplus la plupart des chrétiens catholiques croyaient aussi sous une autre forme. Tout chrétien ne croyait-il pas, en effet, à son bon ange, et qu'est-ce que le démon familier de Socrate et de Cardan, sinon le bon ange des chrétiens ? ».

allaient succéder. [...] Tous trois restèrent d'ailleurs étrangers et indifférens au grand fait qui s'accomplissait de leur temps, la Réformation : ils avaient reçu de l'école de Marsile Ficin, des écrits de Pic de la Mirandole et de Reuchlin, une trop vive impression pour prendre part aux événemens qui occupaient le vulgaire ; ils continuèrent à marcher purement dans la voie scientifique, à la suite des Roger Bacon, des Arnauld de Villeneuve, et des Raymond Lulle, en attendant Galilée et François Bacon.[14]

Voyons maintenant l'image de Cardan qui nous est donnée par Adolphe Franck. L'approche est, pour ainsi dire, très professionnelle par rapport à l'*incipit* de type existentiel, ou plutôt journalistique, adopté par Leroux :

> Ce nom, que l'on rencontre dans l'histoire de toutes les sciences, qui partout éveille le souvenir du génie mêlé aux plus déplorables aberrations, n'appartient pas moins à l'histoire de la philosophie, où il se montre entouré des mêmes ombres et de la même lumière. Mais s'il existe des travaux importants et conçus dans un esprit d'impartialité sur Cardan considéré comme médecin, comme naturaliste, comme mathématicien, il reste encore à l'étudier comme philosophe : car, parmi ceux qui avaient mission de le juger sous ce point de vue, pas un seul ne l'a pris au sérieux, ou peut-être n'a osé aborder les dix volumes in-folio et les deux cent vingt-deux traités sortis de son intarissable plume, dont le besoin augmentait encore la fécondité. Bayle ne lui a consacré qu'un article biographique ; Brucker semble avoir eu pour but de ne recueillir de lui que les opinions les moins sensées ; et Tennemann, même dans son grand ouvrage, daigne à peine lui accorder une mention.[15]

Voilà donc la raison de la longueur inusuelle de cette entrée; dans les pages sur la biographie de Cardan, elle sonne comme une réponse indirecte à Leroux qui avait défini le *De vita propria* comme le « monument d'une vie malheureuse », « une biographie curieuse et pleine de lumière sur le fond de la nature humaine ».[16] De toute façon, la plus grande partie de cette entrée est consacrée à l'exposition des concepts principaux et les plus controversés de

---

14   *Ibid.*, p. 252a.
15   A. Franck, « Cardan », *Dictionnaire*, vol. 1, Paris 1844, pp. 428–434, ici p. 428.
16   Leroux, « Cardan », p. 252b. Pour sa part, Franck a soin de justifier l'espace réservé à la vie de Cardan : « Nous avons cru devoir insister sur ces détails, contre les règles généralement observées dans ce Recueil, parce que la personne de Cardan ne nous paraît pas moins intéressante pour la science de l'esprit humain, que ses idées et ses doctrines » (Franck, « Cardan », p. 430).

la pensée de Cardan, tirés directement de ses traités : les concepts de nature, d'espace, de matière, d'âme du monde, de Dieu, d'intelligence humaine, de conscience, d'immortalité, sans oublier une allusion à la dialectique chez Cardan et à son *De Socratis studio*, qui visait à renverser l'image positive de ce philosophe grec. Bref, Adolphe Franck nous offre ici un chapitre très documenté et très bien fait d'une histoire générale de la philosophie conçue comme une succession de 'médaillons' indépendants les uns des autres.

Nous passons maintenant à la comparaison des deux entrées sur Pierre Charron (1541–1603). Ici la différence de longueur va augmenter sensiblement et le *flash* sur la vie et la pensée de ce philosophe que le saint-simonien Jules Mongin avait rédigé pour l'*Encyclopédie nouvelle* nous paraît très fluet auprès du développement offert dans le *Dictionnaire* par Adolphe Franck. Pourtant aux yeux du lecteur 'moyen', l'image du scepticisme de Charron donnée par l'*Encyclopédie nouvelle* était sans doute plus familière et plus proche, parce que Mongin fait une comparaison entre le scepticisme français du XVIe siècle (le « dernier terme » du « rationalisme protestant ») et le scepticisme du XVIIIe siècle.[17] Le scepticisme de Charron aboutissait à une morale qui se ramène à « la doctrine de l'utilité », à « l'égoïsme bien entendu », à « l'art d'être heureux ». Par suite,

> [...] chacun s'arrange le mieux possible, suivant son goût et sa condition, les temps et les lieux, tel est le fondement de la philosophie de Charron. Obéir à la Nature, voilà son principe fondamental. Tout ce naturalisme qui, à la fin du siècle dernier et au commencement de celui-ci, a été élaboré par le baron d'Holbach, Helvétius et plusieurs autres, se trouve en germe dans Charron. Avant que Rousseau eût présenté la vie du sauvage comme la condition légitime et regrettable de l'humanité, Charron s'était plaint aussi de ce que les hommes n'allaient pas nus, et de ce qu'ils s'embarrassaient de la pudeur.[18]

---

17   J. Mongin, « Charron (Pierre) », *Encyclopédie nouvelle*, vol. 3, pp. 468b–469b, en particulier p. 469a : « Le scepticisme de Charron, ainsi que celui de Montaigne, n'a point de haines, point de colères. Il ruine fondamentalement le catholicisme ; il s'attaque à tout, il renverse tout ; et en même temps il révère le catholicisme ; il révère tout ce qui est. Chose étrange, mais au fond raisonnable et conforme à la nature de ce scepticisme, il est frère ou fils du protestantisme, et si quelque chose pouvait exciter en lui de la colère, ce serait le protestantisme. Et, à parler rigoureusement, ce genre de scepticisme, celui où l'esprit se complaît, qui ne hait pas et n'aspire à rien au-delà de soi-même, est le seul scepticisme véritable, et celui-là on le chercherait en vain au dix-huitième siècle ».

18   *Ibid.*, p. 469b.

L'auteur de cette entrée ne montre pas trop de sympathie pour le scepticisme ; toutefois il s'emploie surtout à souligner les liens (une véritable filiation) entre le siècle de la Renaissance et le siècle des Lumières, en faisant montre de rester sur une position équitable, pour ne pas indisposer des lecteurs potentiels :

> Nous conseillons la lecture de ce livre [*De la sagesse*] aux jeunes hommes qui s'occupent sérieusement d'histoire, de religion ou de philosophie. On y reconnaîtra la même pensée qui a débordé sur le monde au siècle dernier. Ceux qui, dans cette pensée, voient le mal, comprendront que ce mal est déjà vieux ; que ni Voltaire, ni Rousseau, ne sont coupables, comme on le suppose, de l'avoir engendré, et qu'il est juste de s'en prendre avant tout à nos *bons aïeux*. Les personnes au contraire qui, acceptant la pensée de Voltaire et de Rousseau, leur font une gloire démesurée comme aux uniques inventeurs de la pensée moderne, comprendront qu'une portion notable de cette gloire doit être renvoyée aux hommes du seizième siècle.[19]

On peut trouver un retentissement de cette projection en avant dans la fin de l'entrée sur Charron composée par Adolphe Franck, où, à propos du relativisme religieux, l'on dit que « Voltaire, par la bouche de Zaïre, ne parle pas autrement » que Charron.[20] Pour le reste, l'exposé de Franck, toujours très détaillé, nous présente le scepticisme de Charron comme « le premier et le plus grossier essai » de « l'esprit de critique et de libre examen ».[21] Dans l'œuvre de ce prêtre très singulier, « partout respire le plus décourageant scepticisme et le plus profond dédain pour les croyances qui font la force et la dignité de l'homme ». Son scepticisme « incline visiblement au sensualisme et même au matérialisme », et « c'est par des hypothèses purement matérialistes, et il faut ajouter parfaitement puériles, qu'il s'efforce de rendre compte de nos diverses facultés ».[22] Toutefois le jugement sur ce philosophe n'est pas tout-à-fait négatif, parce qu'il s'est approché en quelque sorte de Bacon et surtout de Descartes :

> Au milieu de ces doutes et de ces paradoxes, on ne peut cependant s'empêcher de reconnaître un esprit solide. Ainsi, après avoir distingué les trois facultés intellectuelles dont nous avons parlé plus haut [*sc.* la raison, l'expérience, le consentement général des hommes], Charron

---

19  *Ibid.*
20  A. Franck, « Charron », *Dictionnaire*, vol. 1, pp. 487–492, ici p. 492.
21  *Ibid.*, p. 487.
22  *Ibid.*, pp. 489–490. On se réfère ici au livre I$^{er}$ du traité *De la sagesse*.

essaye, comme Bacon l'a fait plus tard avec beaucoup de profondeur, de fonder sur cette base une classification des connaissances humaines (*De la Sagesse*, liv. I, c. 15). Il désire qu'on nous vante un peu moins la sublimité de l'esprit et qu'on s'occupe davantage à le connaître, à l'observer et à l'étudier dans tous les sens (liv. I, c. 16). En un mot, il nous laisse voir partout, nous ne dirons pas le talent, mais l'instinct de la psychologie. On s'aperçoit que Descartes n'est pas loin.[23]

C'est maintenant le tour de Tommaso Campanella (1568–1639), qui donne à Pierre Leroux l'occasion de renverser, sans pourtant la mentionner, l'interprétation cousinienne de la Renaissance. En fait, l'exposition de la vie et des doctrines du philosophe calabrais est précédée par une sorte d'introduction générale à la pensée de la Renaissance, qui est présentée comme un produit 'positif' et tout-à-fait italien :

> Les Italiens ont eu, à la fin du seizième siècle, des gloires philosophiques qu'ils se plaisent à opposer aux gloires de l'Anglais Bacon et du Français Descartes. Avant, disent-ils, que Bacon eût guidé les esprits dans la voie de l'expérience et de l'induction, avant que Descartes eût donné l'exemple d'un audacieux rationalisme, l'Italie avait repoussé, tout aussi énergiquement qu'ils l'ont pu faire ensuite, la tyrannie de l'aristotélisme, et cherché de nouvelles routes pour la connaissance humaine. Non seulement les écoles philosophiques de pure Renaissance ont paru d'abord en Italie, non seulement le Platonisme et l'Aristotélisme, restaurés aux sources originales, ont d'abord refleuri en Italie, après la Scolastique du moyen âge ; mais l'Italie a encore produit la première école de philosophie véritablement empreinte du caractère moderne. L'école du platonicien Marsile Ficin, et celle du péripatéticien Pomponazzi, ont bientôt été suivies de l'école du novateur Telesio. Qu'y avait-il en France ou en Angleterre d'aussi avancé que Telesio quand il parut ? On pourrait citer tout au plus la tentative contemporaine de Ramus. Mais Ramus ne s'attaquait encore qu'à l'art de disserter, et Telesio, dans son traité *De rerum natura juxta propria principia*, indiquait déjà toutes les sciences naturelles à étudier d'après leurs principes, et en foulant aux pieds les antiques préjugés. Après Telesio, les Italiens n'ont pas d'homme qu'ils puissent citer avec plus de plaisir, comme ayant marché dans la même route.[24]

---

23   *Ibid.*, p. 491.
24   P. Leroux, « Campanella (Thomas) », *Encyclopédie nouvelle*, vol. 3, pp. 182a–183b, ici p. 182a.

La source de ce tableau ne peut être un historien français ou allemand, parce que l'on se réfère explicitement à des auteurs italiens (« ils se plaisent », « disent-ils »), sans pourtant les nommer. Le troisième volume de l'*Encyclopédie nouvelle* est paru en 1837. En Italie, Baldassarre Poli, dans ses *Supplimenti al Manuale della storia della filosofia di Guglielmo Tennemann* (Milan 1836), avait donné beaucoup d'espace aux penseurs italiens de la Renaissance, en particulier à Campanella qui s'était complètement affranchi de l'influence péripatéticienne, en combinant l'empirisme avec le rationalisme métaphysique.[25] Mais il est plus probable que Leroux ait tenu compte du célèbre ouvrage *Del rinnovamento della filosofia antica italiana*, que Terenzio Mamiani della Rovere avait publié à Paris en 1834 et où l'on attribuait aux Italiens (de Lorenzo Valla à Mario Nizolio, de Jacopo Aconcio à Sebastiano Erizzo, de Leonardo à Campanella et à Galilée) le mérite d'avoir mis fin à la « domination tyrannique de l'autorité » et d'avoir répandu l'emploi du doute méthodique, le refus des causes finales, la distinction entre qualités primaires et qualités secondaires, ouvrant ainsi la voie à Descartes.[26]

Cette perspective avait été bien accueillie per les intellectuels italiens, qui étaient très sensibles au thème de la « tradition nationale ».[27] Néanmoins, il y avait quelques exceptions : Giuseppe Ferrari, dans son compte rendu du livre de Mamiani, publié en 1835 dans le numéro 234 de la « Biblioteca italiana », avait remarqué que les ouvrages des penseurs de la Renaissance tels que Nizolio, Pomponazzi et Erizzo « sont maintenant des documents historiques plutôt que des livres utiles à une réforme ».[28] Quelques années après, à Paris, Ferrari publiait sa thèse *De religiosis Campanellae opinionibus* (1840). Dans le chapitre

---

25  B. Poli, *Supplimenti al Manuale della storia della filosofia di Guglielmo Tennemann. Saggio storico*, Milano 1836, pp. 621–627.

26  T. Mamiani della Rovere, *Del rinnovamento della filosofia antica italiana libro uno*, 2ᵉ édition, Milano 1836, pp. 52–53 et 56.

27  Voir L. Malusa, *L'idea di tradizione nazionale nella storiografia filosofica italiana dell'Ottocento*, Genova, 1989 ; A. Buck, C. Vasoli (éds), *Il Rinascimento nell'Ottocento in Italia e in Germania / Die Renaissance im 19. Jahrhundert in Italien und Deutschland*, Bologna/Berlin 1989 (Annali dell'istituto storico italo-germanico in Trento/Jahrbuch des italienisch-deutschen historischen Instituts in Trient, 3) ; L. Malusa (éd.), *I filosofi e la genesi della coscienza culturale della « nuova Italia »* (*1799–1900*), Napoli 1997 ; I. Tolomio, *Italorum sapientia. L'idea di esperienza nella storiografia filosofica italiana dell'età moderna*, Soveria Mannelli, Catanzaro 1999 (Saggi) ; G. Piaia, « Rinascimento e identità nazionale nella storiografia filosofica italiana e francese del primo Ottocento », dans : R. Ragghianti, A. Savorelli (éds), *Rinascimento mito e concetto*, Pisa 2005 (Seminari e convegni, 2), pp. 109–134.

28  Mamiani della Rovere, *Del rinnovamento della filosofia antica italiana*, p. 302 (dans cette deuxième édition on rapporte aussi le compte rendu de Ferrari).

vi, Campanella est présenté comme un esprit polyvalent, précurseur de Bacon, de Locke et de Leibniz, mais aussi de Joseph de Maistre et de Saint-Simon.[29]

Après l'exposition de la biographie de Campanella, marquée par une longue détention, Leroux rapproche le philosophe calabrais de Roger Bacon d'un côté et de Giordano Bruno et Francis Bacon de l'autre, en proposant à nouveau la même ligne de continuité qu'il avait esquissée dans son entrée sur Cardan. Longuement prisonnier lui aussi, Roger Bacon avait essayé, autant que Campanella, de « renouveler les principes de la certitude et de toute la connaissance humaine », et donc – remarque-t-il avec emphase – « il faut que nous ayons dans le cœur un culte pour tous ces hommes qui ont souffert dans la cause de l'avenir et de la philosophie ! ».[30] Ensuite, dans le sillage de Tennemann et d'autres historiens, Leroux fait un « parallèle » entre Campanella et Francis Bacon, en se demandant pour quelle raison ce dernier « est aujourd'hui plus célèbre » malgré les affinités entre ces deux penseurs. La question est reprise après une allusion aux six ouvrages les plus importants de Campanella (de la *Philosophia sensibus demonstrata* à l'*Atheismus triumphatus*), qui nous offrent « l'essai d'une philosophie complète, et cet essai est aussi remarquable par son unité que par sa profondeur ».[31] C'est justement cette étendue au niveau théorique qui marque la différence entre Campanella et Bacon et qui donne lieu aussi à une « différence de fortune », liée à deux raisons :

> La première tient précisément à ce que Campanella a voulu tout fonder [*sc.* la métaphysique, la physique, la religion, la politique …], tandis que Bacon […] n'a employé sa vie qu'à une seule œuvre, le perfectionnement des sciences naturelles. […] Les sciences naturelles, dont il avait pressenti la destinée, triomphèrent, et de là son immense renommée. Mais Campanella, voulant tout embrasser, tout édifier, a perdu la bataille, pour avoir voulu vaincre sur tous les points à la fois, en ligne rangée, comme s'il ne suffisait pas de vaincre pleinement sur un point qui déciderait du reste.[32]

---

29   G. Ferrari, *Sulle opinioni religiose di Campanella*, introduzione, commento e traduzione dal latino di D. Costantino, Milano 2008, p. 129 : « Fuit igitur Campanella Baconis Verulamii praenuntius quod ad methodum, Lockii quod ad philosophiam, Leibnitzii quod ad Theodiceam, nullam non scientiam tetigit, ne astronomia quidem abstinuit ac physiologia. Et vasto philosophiae suae amplexu jam Josephi Demaistre et Caroli Saint-Simon diversissimas illas doctrinas praecepit ».
30   Leroux, « Campanella », p. 182b.
31   Ibid., p. 183a–b.
32   Ibid., p. 183b.

Et voilà la deuxième raison : malgré son « effort de génie » pour édifier un système complet de philosophie, Campanella « n'est cependant pas sorti réellement de la limite de la Renaissance ». Il est resté lié au néoplatonisme et aux certitudes garanties par la religion chrétienne, tandis que Bacon se faisait « le promoteur des sciences naturelles par l'expérience et l'induction », et Descartes se posait en « chef d'un rationalisme absolu et dénué de foi ».[33]

Dans le *Dictionnaire des sciences philosophiques*, l'entrée sur Campanella est rédigée par Francisque Bouillier, gros bonnet de l'historiographie cousinienne, professeur à l'Université de Lyon, qui venait de publier son ouvrage *Histoire et critique de la révolution cartésienne* (Lyon 1842). « Campanella diffère de Pomponazzi et de Vanini par une tendance au mysticisme qui s'allie en lui à l'étude des phénomènes et des lois de la nature ».[34] C'est par ce portrait très rapide mais très efficace que Bouillier place le philosophe calabrais dans le contexte philosophique de la Renaissance. L'on retrouve dans cette entrée le parallèle entre Campanella et Francis Bacon, mais plus circonstancié par rapport à Leroux : dans la « classification des connaissances humaines », le philosophe calabrais « est loin d'avoir déployé le même génie que Bacon », qui a ouvert une nouvelle voie dans l'étude de la nature ; et pourtant il faut

> [...] reconnaître que les bases de la classification de Campanella sont meilleures que les bases de la classification de Bacon. En effet, Campanella a entrepris de diviser les sciences par rapport à leur objet, tandis que Bacon les divisait d'après un point de vue plus vague et plus arbitraire, d'après leur sujet, c'est-à-dire d'après les diverses facultés intellectuelles qui concourent à leur formation.[35]

Dans son exposé, Bouillier s'arrête sur la métaphysique (dont Campanella avait « une idée plus juste et plus profonde que la plupart de ses prédécesseurs et même de ses contemporains ») et sur la *Cité du soleil*, qui nous fait « connaître l'esprit original et novateur » de ce penseur et où l'on trouve « plusieurs principes de nos utopistes modernes ».[36] La conclusion est très équilibrée : malgré

---

33  *Ibid.*
34  F. Bouillier, « Campanella », *Dictionnaire*, vol. 1, pp. 421–424, ici p. 422.
35  *Ibid.*, p. 423. Suit la classification adoptée par Campanella, à partir de la division générale entre sciences divines et sciences humaines.
36  *Ibid.* De son côté, Leroux avait défini la *Cité du Soleil* comme « un roman idéal, comme l'*Utopie* de Morus [1516] ou l'*Oceana* de Harrington [1656] » (Leroux, « Campanella », p. 183a). Leroux ne va pas au-delà du XVIIe siècle, tandis que Bouillier se réfère à « nos utopistes modernes », visant probablement les écrivains utopistes du XVIIIe siècle (Jean Meslier, Morelly, Dom Deschamps) et peut-être aussi Saint-Simon, qui était mort

ses nombreuses erreurs, le philosophe calabrais « doit être considéré comme un des plus remarquables précurseurs de la révolution philosophique du XVIIe siècle, et comme un des esprits les plus originaux et les plus vastes du XVIe ».[37]

Pour compléter notre excursion, quelques mots seulement sur les deux entrées consacrées à Jules-César Vanini (1585–1619), un penseur sur lequel Mario Meliadò a écrit dans ce même volume.[38] Dans le *Dictionnaire des sciences philosophiques*, qui nous donne un résumé du long exposé de Cousin sur Vanini, le jugement sur ce penseur italien brûlé à Toulouse est tranchant et en même temps *politically correct*, bien dans la ligne de l'idéologie cousinienne. Licencieux dans le langage aussi bien que dans la pensée, « en religion et en philosophie il se montre sceptique et railleur ». En définitive ce personnage, « soit comme homme, soit comme philosophe, n'a aucun droit à l'estime de la postérité : il n'est digne que de la pitié par la fin lamentable de sa courte existence, et par l'outrage que reçurent dans sa personne les saintes lois de l'humanité ».[39]

Pour sa part, dans sa très longue entrée, Joseph Ferrari souligne que pour Vanini, « le christianisme comme les autres religions n'est qu'une fiction pédagogique inventée pour intimider les hommes et pour les gouverner »,[40] et il place ce penseur dans le contexte de la « philosophie napolitaine » : l'argument de Vanini, qui établit un lien très étroit entre l'existence de Dieu et le déterminisme (ou « fatalité »), « sort du panthéisme de Bruno, et il forme la base du système de Vico », pour qui « connaître la vérité c'est la produire, la causer, la faire ».[41] Et voilà la place occupée dans la genèse de la philosophie moderne par ce philosophe, qui fut « assassiné » (un véritable « crime ») à cause de ses idées :

> Il ne lui reste plus que le mérite d'avoir été le dernier athée de la renaissance, et l'un des premiers propagandistes de l'incrédulité moderne. En effet, il combat la religion avec un acharnement de parti qui était inconnu au seizième siècle : il plaisante comme Voltaire, il est hardi comme La Méthrie. [...] Mais il tient aux livres de Pomponat, à la philosophie d'Aristote,

---

en 1825. Cette différence de perspective historique entre Leroux et Bouillier a une implication idéologique bien évidente.

37   Bouillier, « Campanella », p. 424.
38   Voir *infra* M. Meliadò, « Le cas Vanini et l'historiographie philosophique sur la Renaissance à l'école de Victor Cousin », pp. 127–150.
39   X. [Anonyme], « Vanini », p. 945.
40   G. Ferrari, « Vanini (Lucile) », *Encyclopédie nouvelle*, vol. 8, Paris 1842, pp. 588b–592a, ici p. 591a.
41   *Ibid.*, p. 590a.

d'Averroès ; il est étranger à la philosophie moderne, […] sa physique pleine de fautes et de préjugés lui manque à l'œuvre, il recourt à l'astrologie, et tous les efforts pour changer les croyances ne font que marquer le commencement d'une révolution qu'il est incapable d'accomplir.[42]

En conclusion, la structure en médaillons, qui est imposée par l'ordre alphabétique de l'encyclopédie en tant que genre littéraire, nous paraît ici employée d'une façon assez différente. Dans l'*Encyclopédie nouvelle*, les renseignements sur la vie et la pensée des quatre philosophes de la Renaissance sont suivis d'une mise en avant de leurs messages, qui déplace l'attention du lecteur d'un exposé parfois trop rapide et superficiel vers une vision dynamique ou bien une perspective générale marquée par l'idée de progrès. Cette position aboutit à une revalorisation de la Renaissance, qui est réinsérée à plein titre dans le circuit vital de la philosophie moderne qui porte à la Révolution, d'abord au niveau intellectuel et ensuite au niveau politique et social.

Dans les entrées correspondantes du *Dictionnaire des sciences philosophiques*, l'approche érudite prévaut et assure sans doute aux lecteurs une connaissance plus détaillée et mieux liée aux textes, mais – en ligne avec la perspective bien connue de Cousin – l'on donne une image de la Renaissance comme d'une période à part, curieuse bien sûr, mais détachée de la modernité, qui dans la « Table synthétique » va commencer par Bacon et Descartes, tandis que Galilée est placé au commencement de la « Philosophie italienne », après les « Philosophes italiens de la Renaissance ».[43] L'inspiration idéologique reste ici entre les lignes, bien cachée sous l'érudition.

---

42   *Ibid.*, p. 592a.
43   *Dictionnaire*, vol. 6, p. 1041.

**PARTIE 2**

*Figures historiographiques, réseaux intellectuels et politiques*

∵

CHAPITRE 4

# Charles Waddington : de la thèse sur Ramus aux discours sur la philosophie de la Renaissance

*Dominique Couzinet*
Université Paris 1 Panthéon-Sorbonne, ISJPS[1]

Charles Waddington (1819–1914) s'est trouvé, dès ses études de philosophie, au cœur du dispositif cousinien, en qualité de secrétaire, de disciple et de client de Victor Cousin, pendant une grande partie de sa carrière professionnelle. Mais encouragé par le maître à rédiger sa thèse latine sur Ramus, puis en poste au séminaire protestant de Strasbourg, il s'est retrouvé théoriquement, géographiquement et institutionnellement à la périphérie du cousinisme, du fait d'un objet d'étude disqualifié philosophiquement dans la vision cousinienne de l'histoire de la philosophie et de la situation géographique et institutionnelle de Strasbourg, pôle de l'enseignement protestant en France, alternatif à Paris.[2] L'évolution du positionnement de Waddington à l'égard de la Renaissance – et plus particulièrement de la philosophie de la Renaissance – dans sa stratégie institutionnelle témoigne des tensions insurmontables qui existaient entre la philosophie de la Renaissance et l'institution philosophique française mise en place par Cousin.

Normalien, agrégé de philosophie en 1843, Charles Waddington[3] fut immédiatement recruté comme secrétaire par le président du jury de l'agrégation qui n'était autre que Victor Cousin.[4] « Né dans la religion réformée », résume Ernest Seillière, son successeur à l'Académie des sciences morales

---

[1] Je tiens à remercier Mario Meliadò pour sa relecture attentive et ses suggestions.
[2] Voir dans ce volume C. König-Pralong, « La Renaissance dans l'histoire. L'historiographie philosophique française au XIXe siècle », pp. 11–43, en particulier pp. 18–19, 21–22, 42.
[3] Charles Waddington, ou Charles-Pendrell Waddington, ou Waddington Kastus. Voir Le Comte de Franqueville, *Le Premier siècle de l'Institut de France, 25 octobre 1795–25 octobre 1895*, vol. 1, Paris, 1895, p. 412 ; Ch. Charle, *Les professeurs de la faculté des lettres de Paris – Dictionnaire biographique 1809–1908*, Paris 1985 (Histoire biographique de l'enseignement, 2), pp. 173-174 ; J. Leclant (éd.), avec le concours d'H. Danesi, *Le Second siècle de l'Institut de France 1895–1995. Recueil biographique et bibliographique des membres, associés étrangers, correspondants français et étrangers des cinq académies*, vol. 2, Paris 2001, p. 1429.
[4] Voir Ch. Waddington, « Un grand homme et son secrétaire », *Séances et travaux de l'Académie des sciences morales et politiques, compte rendu* 70 (1908), pp. 1–31.

et politiques, Waddington devint, « sous l'impulsion de Cousin, le zélateur convaincu du spiritualisme philosophique » qu'il tenta de « restaurer [...] dans l'intelligence moderne [par] une méthode historique avant tout ».[5] Dans sa notice nécrologique, Bergson, président de l'Académie des sciences morales, fait aussi de Waddington un représentant fidèle de l'éclectisme cousinien[6] et du spiritualisme[7] « qui a donné, à travers tout le cours de sa longue carrière [il est mort à 95 ans], l'exemple d'une inébranlable fidélité à une doctrine ».[8]

Lorsqu'il est chargé d'un cours complémentaire à la Faculté des lettres de Paris, de 1872 à 1879, Waddington intitule son « discours d'ouverture », daté de janvier 1872, « La philosophie de la Renaissance ». En décembre de la même

---

5   E. Seillière, « Notice sur la vie et les travaux de M. Charles Waddington, lue dans la séance du 19 juin 1915 », dans : *Séances et travaux de l'Académie des sciences morales et politiques. Compte rendu*, Paris 1915, pp. 117–118.

6   H. Bergson, « Nécrologie. Charles Waddington », *Revue internationale de l'enseignement* 67 (1914), pp. 468–470, p. 469. Bergson distingue deux manières de se représenter l'histoire de la philosophie : comme un « progrès ininterrompu de l'esprit humain » ; dans ce cas, « on s'attachera [...] à l'effort de création lui-même » ; ou bien, « on peut [...] considérer les résultats de l'effort plutôt que l'effort lui-même ». Cette deuxième manière de philosopher moins inquiète, plus « tranquille », pense que « dans l'immense multitude des choses qui ont été dites, soit par les anciens, soit par les modernes, il en est d'acquises, que la vérité est là et qu'il suffit de la cueillir, que le rôle du philosophe est surtout de distinguer entre le bon grain et l'ivraie, qu'en rapprochant les unes des autres les vérités partielles trouvées en divers temps, en divers lieux, on constituera une philosophie définitive, au moins dans ses grandes lignes [...]. Telle fut la pensée de Cousin, au moins dans la seconde partie de sa carrière, et telle fut aussi l'idée inspiratrice de l'œuvre de Charles Waddington ». Il s'agit là de l'éclectisme, présenté par Cousin comme un choix nécessaire pour la philosophie française du XIXe siècle. Voir V. Cousin, « Préface », dans : *Manuel de l'histoire de la philosophie*, traduit de l'allemand de Tennemann par V. Cousin, vol. 1, Paris 1829, p. v ; D. Antoine-Mahut, D. Whistler, « Introduction. Un bon mort est un mort mort : Vive Victor Cousin ! », dans : D. Antoine-Mahut, D. Whistler (éds), *Une arme philosophique : l'éclectisme de Victor Cousin*, Paris 2019 (Actualité des classiques), pp. 3–7. Sur l'évolution de Cousin de l'éclectisme au spiritualisme, voir Ch. Waddington, « Un grand homme et son secrétaire », pp. 16, 18 et 26–29.

7   Bergson, « Nécrologie. Charles Waddington », pp. 469–470 : « Tous [les livres de W.] racontent avec impartialité. Mais aucun d'eux ne raconte pour raconter. L'objet dernier est toujours de réfuter ce que l'auteur considère comme une erreur philosophique, ou de confirmer, de démontrer ce qu'il croit être la vérité. [...] "Étant assuré, disait-il que le spiritualisme est le vrai en métaphysique aussi bien qu'en morale, j'estime qu'une philosophie peut, sans manquer à l'impartialité requise de tout historien, alléguer le témoignage des anciens philosophes en faveur d'une doctrine qui lui paraît solidement appuyée sur des raisons d'un autre ordre, et qui a pour elle, non seulement les plus grands et les meilleurs esprits des temps modernes, tels que Descartes, Malebranche, Leibniz, Reid, Kant, Maine de Biran, mais la vieille et immortelle tradition des Socrate, des Platon et des Aristote" ». Des philosophes de la Renaissance, pas de traces.

8   *Ibid.*

année, il récidive avec un discours sur « Les antécédents de la philosophie de la Renaissance ». Et en 1878, il publie, dans les *Comptes rendus des séances et travaux de l'Académie des sciences morales et politiques,* quatre livraisons sur « La Renaissance des lettres et de la philosophie au quinzième siècle ». Il revenait ainsi à la Renaissance, après « un silence de quinze ans » qui avait débuté en 1857, avec son installation comme professeur de philosophie au Séminaire de la Confession d'Augsbourg (ancienne Académie protestante) de Strasbourg. Pendant cet exil de sept ans, suivi de huit années d'enseignement à Paris, sur un poste de professeur au lycée Saint-Louis, il n'avait plus enseigné sur la Renaissance.

En même temps que sa thèse française sur la psychologie d'Aristote, entre 1844 et 1848, Waddington avait en effet rédigé une thèse latine sur Ramus (Pierre de La Ramée). C'est à elle qu'il s'est « le plus appliqué », écrit-il à l'époque à Cousin, « la faisant pour ainsi dire sous vos auspices : car c'est vous qui m'en aviez indiqué le sujet, et vous m'avez aidé de vos conseils et de vos livres ».[9] La version française de cette thèse complémentaire, largement revue et augmentée, est parue en 1855, sans recevoir l'accueil qu'attendait Waddington de la part de la critique, et sans être primée par une Académie. Il a, dès lors, misé sur un autre type d'écrits pour assurer son avancement dans la carrière universitaire : ses leçons à la Sorbonne, où il fut chargé d'un cours complémentaire entre 1850 et 1856. Les *Essais de logique* issus de ses cours, parus en 1857, ont été couronnés par l'Académie française en 1858 (prix Montyon), ainsi que ses études de psychologie, sous le titre : *De l'âme humaine,* en 1862. Seillière y voit respectivement la théorie de la connaissance de Waddington et sa psychologie, complétées, en 1869, par sa morale, résumée dans un ouvrage intitulé : *Dieu et la conscience.*[10]

Waddington a dû attendre trente ans pour obtenir un poste à l'Université. Ce fut un poste de professeur d'histoire de la philosophie ancienne qu'il obtint en 1879, à la Faculté des lettres de Paris. L'intitulé du poste se situait dans la continuité de sa thèse française sur la psychologie d'Aristote, publiée en 1848 et couronnée par l'Académie française, ainsi que de ses travaux ultérieurs sur

---

9   Quinze lettres de Charles Waddington-Kastus à Victor Cousin, 1844–1863, Paris, Bibliothèque interuniversitaire de la Sorbonne, MS VC 252, n. 5210–5224. Numérisation disponible en ligne sur NuBIS : https://nubis.univ-paris1.fr/. Lettre de Waddington à Cousin, Bourges, 10 janvier 1845, n. 5213, f. 1$^r$. Les lettres sont publiées en appendice à ce volume : « Les lettres de Charles Waddington à Victor Cousin », pp. 221–248.

10  Ch. Waddington, *Essais de logique. Leçons faites à la Sorbonne de 1850 à 1856* (1$^{ère}$ série), Paris 1857 ; id., *De l'âme humaine* (*Études de psychologie*). *Leçons faites à la Sorbonne de 1850 à 1856* (2$^e$ série), Paris 1862 ; id., *Dieu et la conscience,* Paris 1870.

la philosophie ancienne.[11] L'élection de Waddington à la Sorbonne a visiblement sonné le glas de son projet de cours de 1878 sur l'histoire de l'Académie platonicienne de Florence : Aristote l'avait définitivement emporté sur Ramus.

Je centrerai l'étude sur les écrits consacrés par Waddington à la Renaissance. Ils se concentrent donc sur deux périodes que dix-sept ans séparent : celle de sa thèse sur Ramus (1844–1855), et celle de ses discours sur la Renaissance (1872–1878), où il s'émancipe ouvertement de Cousin et du scénario cousinien de neutralisation de la Renaissance, entre la scolastique et le cartésianisme, tout en restant dans l'orbite du cousinisme quant à sa conception de l'histoire de la philosophie, comme en témoignent les notices nécrologiques le concernant. En raison de cette évolution, j'adopterai un plan chronologique et biographique qui est aussi géographique et institutionnel.

## 1  La thèse sur Ramus (Bourges-Paris, 1843–1856)

### 1.1  *« Dans cette ville morte où je suis relégué »* :[12] *premier exil de Waddington en province (1843–1844)*

En 1843 et 1844, Waddington, agrégé de philosophie, est nommé professeur de philosophie au collège de Bourges. On dispose, sur les périodes où il fut exilé loin de Paris – d'abord à Bourges, puis à Strasbourg –, de ses lettres à Cousin, conservées dans la bibliothèque privée de celui-ci, à la Bibliothèque interuniversitaire de la Sorbonne.[13]

À Bourges, Waddington suit les conseils de Cousin « d'observer tout sans [s]e livrer » et poursuit : « *L'Univers* a beaucoup de lecteurs à Bourges. [...] Vous pensez bien Monsieur, que je dois être un peu surveillé » ;[14] il rend compte de

---

[11]  Ch. Waddington, *Pyrrhon et le pyrrhonisme : mémoire pour servir à l'histoire du scepticisme*, Paris 1876 ; id., *De l'Autorité d'Aristote au Moyen-Âge*, Paris 1877.

[12]  Lettre de Waddington à Cousin, Bourges, 15 novembre 1844, MS VC 252, n. 5210, f. 2ᵛ.

[13]  Voir F. Chambon, *Rapport sur la Bibliothèque Victor Cousin, adressé à M. le ministre de l'Instruction publique*, Paris 1908 (rapport général sur la Bibliothèque Victor Cousin de 1900 à 1906) ; Testament de Victor Cousin, codicille du 15 octobre 1863, *ibid.*, p. 4 : « Cette bibliothèque est mon œuvre la moins imparfaite et c'est à elle que je confie ma mémoire dans l'Université, qui m'a toujours été une seconde patrie dans la grande » ; X. Lavagne, « Sur la bibliothèque de Victor Cousin », *Bulletin du bibliophile* 2 (1977), pp. 1–14 ; A. Py, « La Bibliothèque Victor Cousin à la Sorbonne », *Corpus. Revue de philosophie* 18–19 (1991), pp. 197–198 ; M. Bombart, D. Ribard, « Le philosophe et la bibliothèque : érudition, amour des livres et pratiques de pouvoir chez Victor Cousin », dans : C. Nédelec (éd.), *Les Bibliothèques, entre imaginaires et réalités*, Arras 2009 (Études littéraires), pp. 207–220.

[14]  Lettre de Waddington à Cousin, Bourges, 15 novembre 1844, f. 1ʳ. *L'Univers* est l'organe du parti catholique.

l'avancée de ses thèses et promet de l'informer s'il trouve quelque livre rare dans la bibliothèque[15] – ici, c'est l'ancien secrétaire qui parle. En disciple fidèle, Waddington fait une lecture publique d'un article de Cousin devant les professeurs et l'informe qu'il est au fait de la polémique, à la Chambre des Pairs et des Députés, au sujet des Jésuites. Mais il rédige surtout ses thèses, sur Aristote et sur Ramus.

Concernant Ramus, il se plaint auprès de Cousin de l'absence de livres, alors qu'il dispose du bon texte d'Aristote, dans l'édition Bekker.[16] En juillet 1845, il peut enfin annoncer à Cousin qu'il a terminé sa thèse latine et que, conformément à ses engagements, il lui remettra ses deux thèses en août, pour pouvoir les revoir et les compléter en septembre.[17] Le Waddington qui s'exprime dans cette lettre est le bibliophile qui, en fouillant les 17 000 volumes non catalogués de la Bibliothèque de Bourges, a découvert le premier ouvrage

---

15  *Ibid.*, f. 2$^r$ : « Mes thèses ne peuvent pas être encore très avancées ; pourtant je m'y suis mis avec ardeur : j'ai déjà dévoré le περὶ ψυχῆς et je passe ma vie entre Aristote et Ramus. La Bibliothèque de cette ville ne contient pas grand'chose et j'ai peu de chances d'y rencontrer quelqu'un de ces bons vieux livres que vous m'avez appris à aimer : Si je trouvais par hasard quelque rareté, je m'empresserais de vous en donner connaissance ».

16  Lettre de Waddington à Cousin, Bourges, 24 décembre 1844, MS VC 252, n. 5211, f. 1$^v$ : « Je travaille toujours à mes thèses avec ardeur ; mais je regrette de n'avoir point toutes les ressources nécessaires. La Bibliothèque de cette ville est pauvre, et d'ailleurs il est difficile de s'y orienter, faute d'un catalogue. Aucun des premiers ouvrages de Ramus ne s'y rencontre ; et pourtant les deux premiers me sont indispensables. Je n'ai à ma disposition que les *Scholae in liberales artes* et le livre *De moribus veterum Gallorum* (1559) : ce dernier m'est inutile. Je manque aussi de documents pour éclaircir quelques points de la biographie de mon auteur, son voyage en Allemagne, par exemple. En ce qui concerne ma thèse française, je suis moins malheureux. L'important était d'avoir le bon texte d'Aristote : j'ai l'édition de Bekker, sur laquelle je travaille [...] ». Il s'agit de : *Aristoteles graece ex recognitione Immanuelis Bekkeri*, dans : *Aristotelis opera*, éd. Academia Regia Borussica, Berlin 1831–1870, vol. I–II, 1831. Cependant, Waddington déplore l'absence des commentateurs (*ibid.*, f. 2$^v$).

17  Lettre de Waddington à Cousin, Bourges, 12 juillet 1845, MS VC 252, n. 5214, f. 1$^{r-v}$ : « Malgré tous mes efforts, je viens seulement de terminer ma thèse latine, celle qui a pour objet la vie et la philosophie de Ramus. C'est à celle-là en effet que je me suis le plus appliqué, la faisant pour ainsi dire sous vos auspices : car c'est vous qui m'en aviez indiqué le sujet, et vous m'avez aidé de vos conseils et de vos livres. Aussi ne m'y suis-je pas épargné ; je crois avoir fait tout ce qu'il m'était possible de faire, avec les ressources de Bourges. En fouillant 17 mille volumes dont le Catalogue n'existe pas, je suis parvenu à trouver le premier ouvrage de Ramus (*Dialecticae partitiones*, 1543) [date soulignée 2 fois], et peut-être même ai-je fait non seulement la trouvaille d'un livre rare, mais la découverte d'une édition en général ignorée ; mais c'est un point que je ne pourrai décider qu'à Paris, lorsque je serai à portée de prendre vos avis et de consulter la Bibliothèque Royale. – Je n'ai pas trouvé ici une ligne de Jacques Charpentier ; c'est, je crois, la seule grave lacune que j'aurai à réparer aux vacances dans ma thèse latine ».

de Ramus, les *Dialecticae partitiones* de 1543 (et il souligne la date deux fois). Il est en cela le digne élève de Cousin qui, dans les années 20, faisait le choix de l'érudition.

Ses recherches dans les bibliothèques parisiennes pour l'établissement d'un premier catalogue des œuvres de Ramus qui figure dans la thèse latine publiée en 1848, complété ensuite dans l'édition française de 1855, ont amplifié considérablement la maigre récolte de Bourges. Dans sa dédicace de l'édition française à Cousin, il s'inscrit dans son sillage :

> En des temps meilleurs, vous aviez aussi pensé à recueillir les écrits épars de notre infortuné Ramus. Plus tard, quand vous avez dû renoncer à ce généreux dessein, c'est vous qui m'avez encouragé à entreprendre le travail que je fais paraître aujourd'hui sous votre patronnage.[18]

Cet aspect du travail de Waddington est considérable. Il ne se reconnaît comme prédécesseur valable que Niceron. Seul l'inventaire des œuvres de Ramus et Talon, publié par Walter J. Ong en 1958,[19] supplantera celui de Waddington, sans le frapper totalement d'obsolescence. Ainsi, W. J. Ong n'a pas cru à l'existence d'une des « trois principales éditions » de la *Rhetorica* d'Omer Talon recensées par Waddington.[20] Cette édition de 1554 figure, avec celle des

---

18   Ch. Waddington, *Ramus (Pierre de La Ramée), sa vie, ses écrits et ses opinions*, Paris 1855, p. 5. Voir V. Cousin, « Vanini. Ses écrits, sa vie et sa mort », *Revue des deux mondes*, 1er décembre 1843, pp. 673–728, ici pp. 676–677, note 3 : « J'ai pu les rassembler presque tous, et je les mettrais bien volontiers à la disposition de quelque homme instruit et laborieux qui voudrait en procurer une édition complète. D'ailleurs le rival de La Ramée, Charpentier, est lui-même un esprit judicieux et sévère, dont les écrits sont très bons à consulter pour la vraie intelligence d'Aristote ».

19   W.J. Ong, *Ramus and Talon Inventory. A Short-Title Inventory of the Published Works of Peter Ramus (1515–1572) and of Omer Talon (1510–1562)*, Cambridge, MA 1958. Ong a notamment retrouvé l'édition très rare (deux exemplaires connus) des *Dialectici commentarii* parus en 1546 sous le nom de Talon dont Waddington ne connaît l'existence que par Charpentier (3e édition dans la classification de Charpentier).

20   Waddington, *Ramus (Pierre de La Ramée)*, « Catalogue des écrits de Ramus », I. Écrits publiés du vivant de Ramus, n. 45, p. 464 : « La Rhétorique d'Omer Talon avait eu trois principales éditions du vivant de l'auteur, savoir en 1544 (1545), en 1554, et enfin en 1562 [...] ». Waddington ne faisait pas encore état de cette édition dans sa thèse latine, id., *De Petri Rami vita, scriptis, philosophia*, Paris 1848, « Catalogus operum Rami », I, n. 44. Kees Meerhoff a depuis montré l'importance d'une autre édition, celle de 1548 de la *Rhetorica* de Talon, qui amorce la *pars construens* de la rhétorique ramiste, dans id., *Rhétorique et poétique au XVIe siècle en France. Du Bellay, Ramus et les autres*, Leiden 1986 (Studies in Medieval and Reformation Traditions, 36). Voir W.J. Ong, *Ramus and Talon Inventory*, N° 70\*, p. [95].

*Dialecticae institutiones* « sans commentaires » publiées la même année, dans « un beau volume marqué L. D. 7, et ayant appartenu à Nicolas de Nancel » de la Bibliothèque de la Sorbonne.[21] Ce volume (que l'on désignera comme le « Recueil Nancel ») n'est réapparu qu'à la faveur d'un récent catalogage.[22]

Par ailleurs, le fils de Charles Waddington, Albert, a légué la bibliothèque de son père à la Bibliothèque Albert Dumont dont une partie du fonds ancien est maintenant conservé dans la bibliothèque de l'UFR de philosophie de l'Université Paris 1 Panthéon-Sorbonne, la bibliothèque Cuzin. Celle-ci possède un important recueil factice de vingt et un cours manuscrits de Ramus, Talon et Péna, recopiés par le secrétaire de Ramus, Nicolas de Nancel.[23] Dix cours sur les discours de Cicéron étaient considérés comme perdus depuis le XVIe siècle, et Waddington lui-même en signale la perte dans l'inventaire de l'édition française de sa thèse.[24] Or ce recueil se trouvait dans sa propre bibliothèque. Certes, Waddington n'a guère exploité ce type de sources,[25] et le livre a pu entrer dans sa bibliothèque alors qu'il avait tourné la page Ramus, ou même après sa mort. Mais on peut raisonnablement penser qu'il a définitivement fermé le dossier Ramus après la publication de sa thèse en français. La réception de l'ouvrage a sans doute joué un rôle dans cette décision.

### 1.2  *Le retour à Paris (1845–1856)*

Le travail d'inventaire des publications de Ramus a été rendu possible par le retour de Waddington à Paris. Il accepte en effet, en 1845, non sans hésitations, « une place de maître surveillant » à l'École Normale, craignant que Cousin n'en prenne ombrage et que ce choix ne se répercute sur sa carrière.[26] Tenter d'échapper à l'enseignement secondaire en province était encore considéré comme une faute majeure il y a vingt ans. Reçu premier à l'agrégation des

---

21  Waddington, *Ramus (Pierre de La Ramée)*, « Catalogue des écrits de Ramus », I, n. 1, p. 443.

22  Consultable sur le site de la BIS <https://www.bis-sorbonne.fr/biu/spip.php?rubrique452>. Je prépare un livre centré sur ce recueil.

23  D. Couzinet, J.-M. Mandosio, « Nouveaux éclairages sur les cours de Ramus et de ses collègues au collège de Presles d'après des notes inédites prises par Nancel », dans : *Ramus et l'Université*, Paris 2004 (Cahiers V. L. Saulnier, 21), pp. 11–48.

24  Waddington, *Ramus (Pierre de La Ramée)*, « Catalogue des écrits de Ramus », III. Ouvrages perdus ou inédits, n. 1 (*Commentarii in decem Ciceronis orationes*), p. 472.

25  Waddington jugeait inutile pour sa thèse le commentaire de Ramus sur la *Guerre des Gaules* de César, intitulé : *De moribus veterum Gallorum* (voir *supra*, note 16), et peu efficace « la lecture et l'imitation de Cicéron » mises en œuvre par Sturm et Ramus pour « humaniser la logique » (voir *infra*, p. 81).

26  Lettre de Waddington à Cousin, Bourges, 24 décembre 1844, f. 1r-v ; Bourges, 4 janvier 1845, MS VC 252, n. 5212, et Bourges, 10 janvier 1845. De 1845 à 1849, Waddington sera maître surveillant, puis suppléant de Jules Simon (1848) à l'École Normale Supérieure.

Facultés en 1848, Waddington assure des suppléances à l'École Normale et dans des lycées parisiens, ainsi qu'un cours complémentaire à la Sorbonne. C'est durant cette période qu'il publie la version française de sa thèse sur Ramus, augmentée de plus du double en regard de la version latine. Son but déclaré dans les deux versions est d'arracher le nom de Ramus à l'oubli, et il se réclame en cela de Cousin :

> « Il serait utile et patriotique de disputer à l'oubli et de recueillir pieusement les noms et les écrits de ces hommes ingénieux et hardis qui remplissent l'intervalle de Gerson à Descartes. Du moins il en est un que l'histoire n'a pu oublier ; je veux dire Pierre de La Ramée. Quelle vie et surtout quelle fin ! »[27]

On peut donc conjecturer qu'en lançant Waddington sur l'étude de son coreligionnaire du XVIe siècle, Cousin entendait le faire contribuer à la « naturalisation » française de l'histoire de la philosophie de Tennemann,[28] tout en s'interrogeant sur le statut de la philosophie française du XVIe siècle dans le tableau. C'est en tout cas la conviction de Waddington lui-même, lorsqu'il affirme que Ramus, « seul dans notre Gaule et presque le seul avant Descartes, a osé proclamer la liberté de penser ».[29] L'édition française de sa thèse, dans la lignée de Ramus promoteur de la langue française, vise à lui « rendre un patriotique hommage », car selon Waddington, « On peut le dire en toute assurance, Ramus est le plus grand philosophe français du XVIe siècle », notamment dans le domaine de la logique, et « l'un des plus brillants et des plus utiles

---

27 Waddington, *De Petri Rami vita*, p. 1, n. 1, citant Cousin, « Vanini, ses écrits, sa vie et sa mort » ; il reprend le même passage, cette fois tiré des *Fragments de philosophie cartésienne* de Cousin (pp. 5–7), dans Waddington, *Ramus (Pierre de La Ramée)*, pp. 7–8. Il le cite de nouveau comme le point de départ de son propre travail sur Ramus, dans « Un grand homme et son secrétaire », pp. 22–23.

28 Voir le *Manuel de l'histoire de la philosophie*, traduit de l'allemand de Tennemann par V. Cousin. M. Meliadò, « Géopolitique de la raison. Sur la pratique de l'histoire de la philosophie à l'école de Victor Cousin », dans : C. König-Pralong, M. Meliadò, Z. Radeva (éds), *The Territories of Philosophy in Modern Historiography*, Turnhout/Bari 2019 (Ad Argumenta, 1), pp. 169–186, p. 176 : « Cousin pense que le parcours historique de la philosophie dans sa globalité, comme destination finale de la raison moderne, ne peut être intelligible qu'en France et à partir de la France ». Sur la nationalisation de la philosophie médiévale en la personne d'Abélard, voir C. König-Pralong, « L'histoire médiévale de la raison philosophique moderne (XVIIIe–XIXe siècles) », *Annales. HSS* 70 (2015), pp. 667–712, en particulier pp. 671–672 ; ead., *Médiévisme philosophique et raison moderne de Pierre Bayle à Ernest Renan*, Paris 2016 (Conférences Pierre Abélard), pp. 149–157.

29 Waddington, *De Petri Rami vita*, p. 2 : « Ramus enim, postquam unus in nostra Gallia et pene solus ante Cartesium liberam cogitandi rationem profiteri ausus fuisset […] ».

précurseurs des temps modernes ».[30] Et renchérissant sur Brucker, il va jusqu'à affirmer qu'« Il fut le seul philosophe de la Renaissance ».[31]

Or Catherine König-Pralong rappelle que dans le cercle cousinien, le duc de Caraman avait déjà fait de Ramus « l'exception française, le penseur de la méthode qui incarne la véritable philosophie de la Renaissance »,[32] comme Waddington le fait à son tour. Mais il s'agissait là d'une position marginale chez les cousiniens, et le zèle de Waddington a sans doute dépassé les attentes de Cousin.[33] Or le duc de Caraman n'était pas universitaire ; pour Waddington, qui aspirait à l'être, cette position se révèlera intenable.

Dans la version française de la thèse, l'analyse de « La philosophie de Ramus » devient celle « Du ramisme » en tant que système. Waddington l'expose sommairement dans son état mature des *Scholae in liberales artes* dont il disposait à Bourges ; il a pour traits principaux la raison comme seule autorité en philosophie, le caractère inséparable du professeur et du philosophe, enfin l'énumération d'un série de caractéristiques, à la manière de Brucker qui est une référence importante pour lui : 1) la liberté de philosopher et la raison comme seule autorité ; 2) la recherche et l'imitation des anciens ; 3) l'illustration de la langue française ; 4) le traitement de tous les arts libéraux ; 5) surtout l'étude des mathématiques et 6) la méthode qui ouvre la voie à Bacon et Descartes.

L'absence d'analyse approfondie de la logique de Ramus de la part de Waddington contraste d'autant plus avec ses deux ouvrages sur la logique, publiés entre la parution, en 1848, de ses thèses sur Ramus (*De Petri Rami vita, scriptis, philosophia*) et sur Aristote (*De la psychologie d'Aristote*), et celle de la version

---

30   Waddington, *Ramus (Pierre de La Ramée)*, Préface, p. 9 ; 10.
31   *Ibid.* p. 342. Pour le jugement de Brucker sur Ramus, voir D. Couzinet, « La fortune historiographique de Pierre Ramus chez quelques représentants de l'historiographie éclectique des XVIIe et XVIIIe siècles », dans : C. König-Pralong, M. Meliadò, Z. Radeva (éds), '*Outsiders' and 'Forerunners'. Modern Reason and Historiographical Births of Medieval Philosophy*, Turnhout 2018 (Lectio, 5), pp. 357–394, en particulier pp. 381–382.
32   König-Pralong, « La Renaissance dans l'histoire », p. 18. Sur les positions des différents membres du réseau cousinien sur la Renaissance (Caraman, Waddington, Saisset, Ferrari, Bartholmèss), *ibid.*, pp. 18–23.
33   V. Cousin, *Histoire générale de la philosophie depuis les temps anciens jusqu'à la fin du XVIIIe siècle*, Paris 1863, sixième leçon, pp. 251–252, note 1 (citant son *Introduction aux œuvres inédites d'Abélard* (1836) et ses *Fragments de philosophie scholastique* (1840), p. 81) : « Le seizième siècle tout entier n'a pas produit un seul grand homme en philosophie, un philosophe original. La mission de ce siècle n'a guère été que d'effacer et de détruire le moyen âge sous l'imitation artificielle de l'antique, jusqu'à ce qu'enfin, au dix-septième siècle, un homme de génie, assurément très-cultivé mais sans aucune érudition, Descartes, enfante la philosophie moderne avec ses immenses destinées ».

française de sa thèse sur Ramus, en 1855. Le premier, intitulé *De l'utilité des études logiques* (1850), a été couronné par l'Académie française. La première partie sur l'utilité générale de la logique se révèle très inspirée de Ramus, mais le propos de Waddington porte essentiellement sur Aristote, la logique de Port-Royal et l'articulation entre logique et psychologie. Dans le deuxième ouvrage, intitulé *De la méthode déductive* (1851), Waddington joue Aristote contre Bacon.[34] Dans aucun des deux livres la logique de Ramus n'est exposée ni discutée.

De même, dans l'ouvrage en français tiré de sa thèse sur Ramus, Waddington explique qu'il n'a pas voulu s'adresser seulement aux « philosophes » et aux « logiciens » ; il « [s]'est contenté », écrit-il, « de caractériser brièvement les réformes que Ramus a tentées dans presque toutes les sciences, surtout en logique ».[35] Car « c'est l'homme surtout » qu'il a jugé « intéressant de faire revivre ».[36] Ce qu'il a fait en synthétisant les différentes biographies de Ramus,[37] pour le peindre sous un triple aspect : « le professeur, le philosophe et le chrétien »,[38] dans une démarche spéculaire, « puisque, par un concours de circonstances que je ne puis m'empêcher de regretter », précise-t-il, « je suis en ce moment, dans l'université de France, le seul professeur protestant de philosophie ».[39] De fait, la biographie de Ramus occupe la majeure partie des deux versions de la thèse.

Waddington témoigne ici d'un double mouvement, identifié par Catherine König-Pralong : la prédominance des individus comme protagonistes de l'histoire de la philosophie[40] et la tendance, propre à l'historiographie de la philosophie de la Renaissance, à privilégier le contexte, alors que les autres périodes connaissent « un processus d'internalisation ».[41] Chez Waddington, la sélection et la hiérarchisation des protagonistes va de pair avec l'étude interne qui concerne les seuls interlocuteurs valables aux yeux de l'historien de la

---

34  Ch. Waddington-Kastus, *De l'utilité des études logiques. Discours prononcé à la Sorbonne, le jeudi 12 décembre 1850*, Paris 1851 ; id., *De la méthode déductive. Discours prononcé à la Sorbonne, le jeudi 11 décembre 1851, pour l'ouverture du cours de logique*, Paris 1852.

35  Waddington, *Ramus (Pierre de La Ramée)*, p. 10.

36  *Ibid.*, p. 12.

37  *Ibid.*, p. 13.

38  *Ibid.*, p. 15.

39  *Ibid.*

40  C. König-Pralong, « Introduction. Individuals in the History of Philosophy », dans : König-Pralong, Meliadò, Radeva (éds), *'Outsiders' and 'Forerunners'*, pp. 9–26, en particulier p. 9.

41  Ead., « La Renaissance dans l'histoire », *supra*, p. 14.

philosophie (en l'occurrence, dans le domaine de la logique, Aristote, Port-Royal et Francis Bacon).

L'historien tel que le conçoit Waddington fait le récit de passions violentes bien éloignées de l'esprit de son siècle ; mais il veut aussi faire œuvre de moraliste :

> J'ai fait encore mon devoir d'historien, en flétrissant partout, avec l'énergie dont je suis capable, le vice et le crime, le fanatisme, l'hypocrisie, l'arbitraire et la cruauté ; heureux si ces pages, que m'a dictées ma conscience, pouvaient contribuer à affermir dans quelques âmes les sentiments les plus naturels à l'homme, ou du moins les plus conformes à la dignité de sa nature et à la grandeur de sa destinée morale : l'amour de la vérité, le respect des droit de la pensée, un esprit de conciliation et de support, le dévouement au bien et au progrès, enfin la charité […].[42]

Walter J. Ong a relevé ce trait avec une perspicacité cruelle, en disant de Waddington que « l'indignation morale lui tenait lieu de perspective historique ».[43] C'est flagrant dans le chapitre consacré à Jacques Charpentier que Waddington considère, conformément à l'historiographie du XVIe siècle (notamment Jacques Auguste de Thou), comme le commanditaire de l'assassinat de Ramus, et qui est un véritable portrait à charge.[44]

Le *Ramus* de Waddington n'en demeure pas moins une mine d'informations pour les chercheurs par sa clarté, son exhaustivité et sa capacité de synthèse, l'abondance de la documentation de tous ordres et le choix de textes publiés et traduits, en annexe et dans le corps du texte. Mais le caractère limité de l'étude philosophique a prêté le flanc à la critique, tandis que d'autres facteurs jouaient aussi un rôle non négligeable dans la réception de l'ouvrage.

---

42   Waddington, *Ramus (Pierre de La Ramée)*, p. 16.
43   Ong, *Ramus. Method, and the Decay of Dialogue*, p. 6 : dans ce passage, Ong parlait de l'ouvrage de Frank Pierpont Graves (*Peter Ramus and the Educational Reformation of the Sixteenth Century*, New York, 1912), dont Waddington était, selon lui, le modèle, « […] with a repetition, sometimes word for word, of Waddington's moral indignation as a substitute for historical perspective ».
44   Voir Jacobus Augustus Thuanus, *Historia sui temporis*, vol. 3, Londini 1733, p. 135. Sylvain Matton rétablit une vision historique de Charpentier dans « Le face à face Charpentier-La Ramée. À propos d'Aristote », *Revue des sciences philosophiques et théologiques* 70 (1986), pp. 67–86. Voir également J. Bertrand, « Jacques Charpentier est-il l'assassin de Ramus ? », *Revue des deux mondes* 44 (1881), pp. 286–322.

### 1.3 La réception de la thèse sur Ramus

L'édition latine de la thèse a eu l'honneur d'un compte rendu du grand historien de la philosophie Heinrich Ritter, comme Waddington s'en félicite dans la préface à l'édition française.[45] En fait, Ritter salue le zèle de Waddington[46] qui a sorti Ramus de l'oubli et donné une vision exhaustive de ses écrits et de sa dialectique dans un ouvrage indispensable, mais il relève l'ambiguïté consistant à critiquer la témérité de Ramus et le caractère superficiel de sa démarche scientifique, tout en voulant faire de lui le principal annonciateur de Descartes.[47] Et il ajoute :

> C'est un jugement que j'ai rencontré chez nombre d'auteurs français récents. Ils veulent non seulement élever leur Descartes au rang de commandant en chef de la nouvelle philosophie, mais aussi attribuer à leur peuple les précurseurs de Descartes. Mais ils ne me semblent pas encore avoir rencontré une seule fois les véritables précurseurs de Descartes en France, sinon, ils auraient accordé une majeure attention – pour n'en citer qu'un – à Francisco Sanchez.[48]

---

45   Waddington, *Ramus (Pierre de La Ramée)*, p. 9. Waddington évoque le « succès » de sa thèse latine qui lui a « valu de l'autre côté du Rhin le suffrage d'un célèbre historien de la philosophie, M. H[einrich] Ritter », et renvoie en note aux *Göttingische gelehrte Anzeigen*, 11 août 1849, pp. 1268–1271. Heinrich Ritter (1791–1869) est un grand représentant de l'École historique allemande, élève de Schleiermacher, auteur d'une histoire générale de la philosophie (*Geschichte der philosophie*, Hamburg, 1829–1853) traduite dans plusieurs langues, dont le français. J. Barthélemy-Saint Hilaire, *M. Victor Cousin, sa vie et sa correspondance*, vol. 2, Paris 1895, p. 448, note qu'en 1837, « M. Cousin lui avait écrit plusieurs fois sans avoir eu de réponse. M. Ritter s'en excuse, en lui envoyant un de ses ouvrages ». Il reproduit la lettre du 13 septembre 1838 de Ritter à Cousin (*ibid.*, vol. 3, p. 432), lui demandant de présenter l'ouvrage de philosophie ancienne qu'il lui envoie à l'Institut de France dont il est un des correspondants, et de soutenir à Paris le disciple qu'il a utilisé comme messager. Sur les positions critiques de Ritter à l'égard de l'historiographie française concernant la philosophie médiévale, voir König-Pralong, *Médiévisme philosophique et raison moderne*, pp. 128–129.

46   H. Ritter, compte rendu de « Ch. Waddington-Kastus, *De Petri Rami vita, scriptis, philosophia*, Paris 1848 », *Göttingische gelehrte Anzeigen* 2 (1849), pp. 1268–1271, p. 1269 : « Sein Arbeit ist sehr fleissig ».

47   *Ibid.*, p. 1269 : « Hier und da gibt er freilich zu erkennen, dass er die dialektischen Arbeiten des Ramus, auf welchen sein Ruf beruht, nicht sehr achten könne, wie wenn es S. 160 heisst : *Quum autem recta quidem mente fuerit, sed paulo nimis temeraria et quae in scientiae penetralia rarius descenderet, inde evenit, ut fere omnia satis feliciter attigerit, omnia tamen imperfecta reliquerit.* Aber alsdann wird Ramus auch *maximus Cartesii praenuntius* genannt (S. 156) [...] ».

48   *Ibid.*, pp. 1269–1270 : « [...] ein Urtheil, welches ich bei mehrern neuern französichen Schriftstellern gefunden habe. Sie möchten nicht allein ihren Cartesius als den Hauptführer der neuern Philosophie erheben, sondern auch die Vorläufer des Cartesius ihrem Volke zueignen, scheinen mir aber noch nicht einmal auf die rechten Vorläufer

La critique de Ritter vise clairement le caractère nationaliste de la lecture de Waddington. Mais elle porte plus directement sur l'insuffisance de la partie philosophique : Ritter reconnaît à Waddington le mérite d'avoir exposé la dialectique de Ramus dans ses grands principes, mais sans fournir des éléments suffisants pour en juger. Il critique durement son traitement superficiel du syllogisme et de la dette de Ramus envers Platon ;[49] il rappelle ce que doit Ramus aux philologues et conclut sur ce qui a fait sa réputation : avoir contribué à répandre un nouveau goût dans les sciences, à partager les connaissances positives et une formation encyclopédique, à développer l'éloquence, et en premier lieu, avoir ouvert la voie à toutes ces nouveautés dans l'université de Paris.[50]

La version française de la thèse fait aussi l'objet de plusieurs recensions. Dans *Le Journal des débats*, Ernest Renan recommande la lecture de « l'ouvrage instructif et judicieux de M. Waddington » qui dresse un « tableau vivant de l'état des études et de l'Université au XVIe siècle » et avec la liberté de la pensée, rappelle « la nature et la vraie destination du Collège de France ».[51] Mais si l'on excepte le bref rapport descriptif et élogieux d'Adolphe Franck devant l'Académie des sciences morales et politiques,[52] l'ouvrage est loin de faire l'unanimité chez les cousiniens. Christian Bartholmèss en a rédigé un compte rendu détaillé dans la *Revue chrétienne*, en 1856, peu avant de mourir. Cet ami strasbourgeois de Waddington qui préparait une édition des œuvres de Ramus[53] lui a procuré, avec Charles Schmidt, plusieurs lettres inédites que Waddington a publiées dans l'édition française de sa thèse[54]. Waddington lui

---

des Cartesius unter den Franzosen gekommen zu sein sonst würden sie, um nur einen zu nennen, dem Fr. Sanchez eine grössere Aufmerksamkeit geschenkt haben ».

49   *Ibid.*, pp. 1270–1271.
50   *Ibid.*, p. 1271.
51   E. Renan, « *Ramus (Pierre de La Ramée), sa vie, ses écrits et ses opinions*, par Charles Waddington, professeur agrégé de philosophie à la Faculté des lettres de Paris – Paris, 1855 », *Journal des débats*, jeudi 5 juin 1856, rubrique « Variétés ». Repris dans id., *Questions contemporaines*, Paris 1868, « Trois professeurs au Collège de France », I. Ramus, pp. 137–154.
52   A. Franck, « Rapport verbal sur un ouvrage de M. Waddington, intitulé : Ramus, sa vie, ses écrits et ses opinions », *Séances et travaux de l'Académie des sciences morales*, 13 (1855), pp. 459–462. Adolphe Franck (1810–1893), philosophe et hébraïsant français, est le maître d'œuvre du *Dictionnaire des sciences philosophiques*, auquel ont collaboré beaucoup de cousiniens. Voir dans ce volume G. Piaia, « Deux portraits de la Renaissance en compétition : l'*Encyclopédie nouvelle* (1836–1843) et le *Dictionnaire des sciences philosophiques* (1844–1852), pp. 44–57. Sur Cousin « Acteur, chef d'école et politique », voir C. König-Pralong, *La Colonie philosophique. Écrire l'histoire de la philosophie aux XVIIIe et XIXe siècles*, Paris 2019 (En temps & lieux, 83), pp. 70–77.
53   Voir dans ce volume M. Meliadò, « Les lettres de Christian Bartholmèss à Victor Cousin », pp. 201, 203.
54   Waddington, *Ramus (Pierre de La Ramée)*, p. 11 : « J'ai joint à ce catalogue un certain nombre de lettres inédites, que je dois à l'obligeance de deux de mes amis, MM. C. Bartholmèss et Charles Schmidt, de Strasbourg ». Sur le Strasbourgeois protestant Charles Schmidt,

succèdera au Séminaire de Strasbourg. Auteur d'une biographie de Giordano Bruno et d'une thèse latine sur Bernardino Telesio, il ne partage pas la disqualification cousinienne de la Renaissance. Il fait un éloge chaleureux de la partie biographique et historique de l'ouvrage, mais se montre plus réservé sur celle, plus spécialisée, consacrée aux opinions de Ramus, concernant laquelle, précise-t-il, « il nous serait difficile d'embrasser toutes les convictions de M. Waddington ».[55]

En effet, selon Bartholmèss, Ramus est « chef d'école plutôt que philosophe et penseur ».[56] Le changement qu'il a apporté en logique est uniquement « pratique » (l'union de la logique et de l'art de parler), étranger à toute recherche spéculative, et « l'usage » prôné par Ramus ne saurait s'inscrire dans la lignée de l'invention et de l'induction de Telesio et Bacon. Il conteste enfin qu'il soit « peut-être le seul philosophe de la Renaissance », comme l'affirme Waddington. Et il suit sur ce point Ritter :

> Ramus exprime avec puissance un des côtés de la Renaissance : le côté dominant et commun, celui qui regarde le passé, l'imitation libre et intelligente de l'antiquité, ce que M. Ritter appelle l'influence de la philologie sur la philosophie. Mais il ne représente guère les éléments les plus importants de cette époque confusément féconds, ceux qui contenaient les germes de l'avenir, les racines mêmes du progrès moderne.[57]

De la comparaison de Ramus avec les philosophes d'Italie, d'Allemagne et de France, il ressort « d'abord, que la France ne marchait pas alors, en philosophie, à la tête des nations occidentales ; puis, que Ramus, comme philosophe, était

---

auteur d'une thèse sur la mystique allemande du XIVe siècle, voir König-Pralong, *Médiévisme philosophique et raison moderne*, pp. 111–112. Schmidt a aussi consacré des travaux aux XVe et XVIe siècles. Sur Bartholmèss, voir A.-J. Matter, *La vie et les travaux de Christian Bartholmess. Discours prononcé le 11 novembre 1856*, Paris/Strasbourg 1856 ; et dans ce volume M. Meliadò, « Le cas Vanini et l'historiographie sur la Renaissance à l'école de Victor Cousin », pp. 127–150.

55 Ch. Bartholmèss, compte rendu sur : « *Ramus (Pierre de La Ramée), sa vie, ses écrits et ses opinions*, par Charles Waddington, professeur agrégé de philosophie à la Faculté des lettres de Paris et au lycée Louis-le-Grand. 1855, in-8°, chez Ch. Meyrueis et C° », *Revue chrétienne* 3 (1856), pp. 98–106, ici p. 103 : « Oui, confessons notre croyance sans détour, il nous semble que l'ingénieux historien exagère, ou du moins juge trop favorablement, le rôle de philosophe et même de réformateur des études, joué par Ramus avec plus de courage encore que de talent et de force ».
56 *Ibid.*, p. 104.
57 *Ibid.*, pp. 104–105.

inférieur à ses émules du Midi et du Nord ».[58] Pour Bartholmèss, « en considérant Ramus avant toute chose comme un humaniste, comme un philologue [...], comme un *pédagogue* d'un *esprit universel* [...], on sert plus sa renommée véritable, qu'en le représentant comme le Descartes du seizième siècle » ;[59] et de citer le jugement de Cousin sur Ramus, dans les *Fragments de philosophie cartésienne* :

> N'est-ce pas là ce que pensait aussi M. Cousin, lorsqu'il qualifiait Ramus "d'homme qui, à défaut d'une grande profondeur, possédait un esprit élevé, orné de plusieurs belles connaissances ; qui introduisit parmi nous la sagesse socratique, tempéra et polit la rude science de son temps par le commerce des lettres, et le premier écrivit en français un traité de dialectique" ?[60]

Bartolmèss laisse le dernier mot à Waddington en citant sa conclusion, après avoir conclu lui-même que « le principal avantage de Ramus » fut la hardiesse de ses provocations, son courage, et ses souffrances et sa mort au service d'une noble cause.[61] Bartholmèss partage donc la distinction que fait Cousin entre la valeur des hommes de ce temps et l'insignifiance des œuvres.[62]

Le jugement d'Émile Saisset, cousinien orthodoxe, dans son compte rendu de la *Revue des deux mondes*, recoupe, dans ses grandes lignes, celui de Bartholmèss. Il situe l'entreprise de Waddington dans le contexte des travaux de « l'école moderne » sur Vanini, Giordano Bruno et Jacob Boehme, comme une réponse à la question : « La France serait-elle restée étrangère au mouvement de la renaissance philosophique ? »[63] Il salue la « noble entreprise de Waddington, « philosophique et patriotique tout à la fois », sa patience, son exactitude et son érudition.[64] Mais il conteste en tous points ses conclusions sur « la valeur philosophique de Ramus » : on ne peut ni le comparer à Descartes

---

58  *Ibid.*, p. 105.
59  *Ibid.*
60  *Ibid.*
61  *Ibid.*, p. 106.
62  Cousin, *Histoire générale de la philosophie*, sixième leçon, pp. 253–254 (citant ses *Fragments de philosophie moderne*, « Vanini ou la philosophie avant Descartes », p. 3) : « Pour nous, nous croyons être équitables en faisant peu de cas des travaux philosophiques de cet âge et en honorant leurs auteurs : ce ne sont pas leurs écrits qui nous intéressent, c'est leur destinée, leur vie et surtout leur mort. L'héroïsme et le martyre même ne sont pas des preuves de la vérité [...] ».
63  É. Saisset, « La philosophie moderne depuis Ramus jusqu'à Hegel », *Revue des deux mondes*, 1er mars 1856, pp. 50–72, ici p. 52. Sur le *Ramus* de Waddington (1955), en particulier pp. 52–60. Repris dans id., *Précurseurs et disciples de Descartes*, 2e édition, Paris 1862, pp. 61–79.
64  *Ibid.*

pour son influence, ni aux philosophes italiens de la Renaissance.[65] Promoteur d'une méthode qui ne s'affranchit en rien de la logique d'Aristote, il n'est, selon Saisset, « ni un grand philosophe, ni un grand logicien ».[66] Saisset conclut par un verdict global : « En général, le XVIe siècle a beaucoup remué d'idées ; il n'a rien fondé en philosophie. Cette gloire était réservée au siècle suivant, à Bacon et à Descartes, à Descartes surtout ».[67]

La réception de sa thèse montre à quel point, concernant Ramus, Waddington est resté prisonnier du dilemme énoncé par Ritter : il ne pouvait pas à la fois minimiser la portée de la logique de Ramus en se bornant à la résumer et faire de lui le plus grand – voire le seul – philosophe du XVIe siècle et le principal précurseur de Descartes. Il se trouvait de plus en porte-à-faux avec le scénario cousinien d'un XVIe siècle philosophiquement inexistant, et confronté à la question de la fonction de la France dans ce scénario. On comprend que dix-sept ans après, tentant de revenir à la Renaissance, Waddington se soit tourné vers l'Italie et l'Académie platonicienne : entre un Ramus mauvais logicien et un Montaigne sceptique, il n'y avait sans doute pas d'autre choix.

## 2 « Un silence de 15 ans » : Strasbourg-Paris (1857–1871)

En 1857, Waddington quitte Paris pour succéder à Bartholmèss comme professeur de philosophie au Séminaire de la Confession d'Augsbourg, l'ancienne Académie protestante de Strasbourg. Ernest Seillière attribue son départ à « ses charges de famille, augmentées par son mariage, et son état de santé assez précaire [qui] le contraignirent à quitter Paris pour chercher à Strasbourg une existence moins coûteuse et des ressources moins étroitement mesurées ».[68] On est sous le Second Empire, et la retraite de Cousin, devenu professeur honoraire, remonte à 1855, l'année de la publication en français de la thèse sur Ramus. La correspondance de Waddington avec Cousin constitue un témoignage précieux sur leurs rapports durant cette période.

### 2.1 *Les lettres de Waddington à Cousin (1857–1863)*
Tout ce qu'enseigne Waddington à Strasbourg se rattache, écrit-il à Cousin, à « ce spiritualisme chrétien dont nous nous entretenions la dernière fois que

---

65  *Ibid.*, p. 57.
66  *Ibid.*, p. 59.
67  *Ibid.*, p. 60.
68  Seillière, *Notice sur la vie et les travaux de M. Charles Waddington*, p. 124. Voir la lettre de Waddington à Cousin, Strasbourg, 1er janvier 1861, MS 252, n. 5221.

je vous vis ».[69] Il ne cessera de se plaindre de son exil strasbourgeois, tout en briguant auprès du maître un titre de correspondant dans la section de philosophie de l'Académie des sciences morales et politiques.[70] Il mise pour cela sur ses *Essais de logique* tirés de ses cours et en précise la raison, dans une lettre du 25 décembre de la même année à Cousin : « Ce livre est entièrement consacré à la philosophie : il ne saurait donc soulever les mêmes objections ou les mêmes défiances que *Ramus* ».[71]

Les *Essais* parus, Waddington demande à Cousin de le patronner auprès de l'Académie des sciences morales. Mais en l'absence de réponde du maître, il l'informe qu'il a pris l'initiative d'« envoyer [s]es *Essais* au Concours de l'Académie française » et ajoute : « Puissent-ils être plus heureux que *Ramus* » ![72] Cette fois, la réaction de Cousin ne se fait pas attendre. Elle est suscitée par l'initiative de Waddington (le coupable argue que c'était pour gagner de quoi « imprimer un autre volume, [s]es *Études de psychologie* »),[73] mais surtout par la lecture des fameux *Essais de logique*.

La réponse de Waddington part huit jours à peine après sa lettre précédente et elle a des allures de plaidoyer, car Cousin le « grond[e] un peu trop fort à [s]on goût ».[74] Il répond en détail aux « griefs » de Cousin qui lui attribue les opinions du chanoine Desgarets (Nicolas Des Garets, 1798–1871) – du parti des Jésuites –, et voit dans l'assimilation de sa propre méthode à celle de Descartes une accusation de panthéisme.[75] Waddington en minimise la portée et assure Cousin de son adhésion pleine et entière, citations à l'appui.

---

69   Lettre de Waddington à Cousin, Strasbourg, 28 janvier 1857, MS VC 252, n. 5215.
70   *Ibid.* Voir J. Ferrari, *Les Philosophes salariés*, suivi de *Idées sur la politique de Platon et d'Aristote*, éd. S. Douailler, P. Vermeren, Paris 1983, p. 157 : « M. Cousin imposa [l'éclectisme] en France en se servant de quatre grands moyens : l'École normale, le concours d'agrégation, le conseil royal de l'instruction publique, et l'Académie des sciences morales ».
71   Lettre de Waddington à Cousin, Strasbourg, 25 décembre 1857, MS VC 252, n. 5216, f. 1$^r$.
72   Lettre de Waddington à Cousin, Strasbourg, 20 janvier 1858, MS VC 252, n. 5217.
73   Lettre de Waddington à Cousin, Strasbourg, 28 janvier 1858, MS VC 252, n. 5218, f. 2$^v$.
74   *Ibid.*, f. 1$^r$.
75   Cousin se défend contre l'accusation de panthéisme dans la préface de la seconde édition des *Fragments philosophiques*, Paris 1833, pp. xxvii–xxx. Voir P. Vermeren, *Victor Cousin, le jeu de la philosophie et de l'État*, Paris 1995 (La philosophie en commun), en particulier chap. 9 : « La querelle du panthéisme », pp. 223–244 ; R. Ragghianti, « Victor Cousin et la querelle du panthéisme », dans : V. Cousin, *Nouvelle théodicée d'après la méthode psychologique*, éd. R. Ragghianti, Paris 2001 (La philosophie en commun), pp. 7–51 ; A. Yuva, « Was heißt und zu welchem Ende studiert man Philosophiegeschichte ? Die Vorlesungen von Pierre-Paul Royer-Collard und Victor Cousin », dans : M. Meliadò, S. Negri (éds), *Praxis des Philosophierens, Praktiken der Historiographie. Perspektiven von der Spätantike bis zur Moderne*, Freiburg/München 2018, pp. 221–247, en particulier pp. 231–233 ; et dans ce volume Meliadò, « Le cas Vanini », p. 135, et D. Antoine-Mahut, « Négocier la coupure. La légende spiritualiste de Giordano Bruno au cœur de la transaction entre philosophie et religion », pp. 102–126.

Il se rassure enfin : « Il faut bien qu'après tout je sois de votre école, puisque vous consentez si gracieusement à présenter à l'Académie des sciences morales et politiques l'exemplaire qui lui est destiné [...] ».[76]

La suite de la lettre mérite d'être citée, car Waddington sort de sa réserve pour dire à Cousin ce qu'il a sur le cœur :

> Cette lettre, qui d'abord ne devait contenir que l'expression de ma gratitude, s'est insensiblement transformée en plaidoyer, et je n'ai pourtant pas répondu à tous vos griefs contre moi. Croyez bien, je vous en prie, que ni *le calvinisme* ni *la Revue chrétienne*[77] ne m'empêcheront de traiter en philosophe les questions philosophiques ; et ne me considérez pas, je vous en conjure, comme un cerveau malade, en proie à je ne sais quelles *agitations* frivoles et stériles. Sans être parfaitement content de certaines gens ni de certaines choses, je suis résigné, satisfait de mon sort, et l'ambition ne m'agite pas outre mesure. Je ne demande pas à être décoré, et je ne consentirai pas à l'être en écrivant dans la *Revue contemporaine*,[78] et je saurai même, s'il le faut, n'être jamais ni correspondant d'une Académie, ni lauréat d'une autre, quoique j'aie formé ce double vœu.[79]

« Étudier la philosophie en philosophe » faisait de Ramus un philosophe, selon Brucker.[80] C'est l'identité que Waddington revendique pour lui-même et ce en quoi il se considère sans doute comme cousinien. Mais l'identité même du Séminaire de Strasbourg, fondée sur les rapports étroits entre philosophie et religion et sur la subordination de la philosophie spiritualiste à la restauration de la

---

76 Lettre de Waddington à Cousin, Strasbourg, 28 janvier 1858, f. 2ʳ⁻ᵛ.
77 Voir A. Encrevé, « La *Revue chrétienne* pendant la Première Guerre Mondiale », *Bulletin de la Société de l'Histoire du Protestantisme français* 160 (2014), pp. 77–104, ici p. 77 : « Fondée au début de l'année 1854 par Henri Hollard, la *Revue chrétienne* devient rapidement la principale revue protestante rédigée en direction du grand public cultivé protestant de tendance évangélique modérée. Tendance qu'Edmond de Pressensé (1824–1891), directeur de la revue à partir de 1854, définira un peu plus tard comme "évangélique et libérale, elle a animé toutes ses théories du souffle bienfaisant de la liberté, et elle a partout revendiqué l'idée morale" ».
78 Voir M. Bach, « A Review of Second Empire Reviews », *The French Review* 35/3 (1962), pp. 295–301, en particulier pp. 295–299. La *Revue contemporaine*, fondée en 1852 par le marquis de Belleval, est l'organe des légitimistes ; sous la direction d'Alphonse de Calonne, elle se montre plus conciliante avec le gouvernement impérial, au point d'être sponsorisée par le Ministère de l'Instruction publique pour concurrencer la *Revue des deux mondes*, en 1857–1858 – l'année de la lettre de Waddington –, sans parvenir à rallier les universitaires. L'épisode sera de courte durée (1857–janvier 1859).
79 Lettre de Waddington à Cousin, Strasbourg, 28 janvier 1858, f. 2ᵛ.
80 Waddington, *Ramus (Pierre de La Ramée)*, p. 342 : « Brucker a dit qu'avant Descartes, Ramus fut le seul en France qui étudia la philosophie en philosophe ».

« philosophie religieuse », selon Jacques Matter,[81] suffisait à le placer hors du cousinisme. À la suite de cette lettre où ils ont frôlé la rupture, Waddington donne des gages de fidélité à Cousin : il lui envoie un discours prononcé pour la rentrée du séminaire, intitulé *De l'idée de Dieu et de l'athéisme contemporain* ;[82] « il a paru goûté de nos étudiants, chez qui le Renanisme (pardonnez-moi le mot) ne laisse pas que d'exercer une certaine influence », ainsi que le positivisme.[83] Waddington a « laissé parler [s]on cœur [...]. Puisse cet acte de sincérité racheter à vos yeux la faiblesse de l'œuvre elle-même »,[84] écrit-il encore à Cousin. Il continuera à lui écrire et à lui envoyer – faute de pouvoir lui rendre visite pour le premier de l'an – des « étrennes philosophiques », à raison d'un livre par an.[85]

Dans la suite de sa correspondance avec Cousin, Waddington donne « des nouvelles de la philosophie dans la capitale de l'Alsace ».[86] Il continue de solliciter le soutien du maître pour l'Académie, en précisant ses divers titres à faire valoir : il est aussi « secrétaire de la Société littéraire » de Strasbourg, et surtout, il n'enseigne pas au Gymnase, mais dans ce qui fut l'Université ![87] En juin 1863, il peut enfin remercier Cousin pour son élection comme membre correspondant de l'Académie des sciences morales et politiques (section philosophie).[88]

## 2.2 Le discours d'installation de Waddington au Séminaire (1857)

Pendant toute la période strasbourgeoise, Waddington n'a ni enseigné, ni écrit sur la Renaissance. On reconnaît pourtant dans son enseignement la reprise des

---

81  Voir *infra*, p. 80, note 93.
82  Ch. Waddington, *De l'idée de Dieu et de l'athéisme contemporain. Discours prononcé à la séance solennelle du Séminaire de la Confession d'Augsbourg*, Paris/Strasbourg 1858, p. 9 : Waddington formule la question : Comment peut-il y avoir des athées et de l'athéisme, si l'existence de Dieu est un axiome ?
83  Lettre de Waddington à Cousin, Strasbourg, 10 décembre 1858, MS VC 252, n. 5219, f. 1ʳ. Waddington vise « des écrivains presque populaires » et « l'auteur des *Études* soi-disant *religieuses* » – les *Études d'histoires religieuses*, publiées par Renan l'année précédente (Paris, Michel Lévy frères, 1857). Cherche-t-il à faire pardonner à Cousin le compte rendu élogieux de Renan sur son *Ramus*, en 1855 ? Il vise sans doute aussi l'article assassin de Renan, « De l'influence spiritualiste de M. Cousin » paru peu avant (*Revue des deux mondes*, 1ᵉʳ avril 1858, pp. 497–520) : « [...] Ce qui frappe dans le caractère général de l'œuvre de M. Cousin n'est pas ce que d'ordinaire on entend par le sentiment chrétien », *ibid.*, p. 515. L'abbé Maret fait allusion à l'article de Renan dans sa lettre à Cousin du 7 juin 1858 (dans Barthélemy-Saint Hilaire, *M. Victor Cousin, sa vie et sa correspondance*, vol. 2, pp. 70–72), mettant en garde celui-ci contre les mauvaises interprétations de sa « réserve respectueuse et sympathique » envers le Christianisme. Je remercie Renzo Ragghianti pour ces références.
84  *Ibid.*
85  Lettre de Waddington à Cousin, Strasbourg, 31 décembre 1859, MS 252, n. 5220.
86  *Ibid.*, f. 1ᵛ.
87  Lettre de Waddington à Cousin, Strasbourg, 2 juin 1863, MS 252, n. 5222.
88  Lettre de Waddington à Cousin, Strasbourg, 23 juin 1863, MS 252, n. 5224.

principes de la dialectique ramiste.[89] Son discours d'installation au Séminaire, prononcé le 28 janvier 1857 « en présence des élèves » – futurs ministres de Dieu, précise Jacques Matter, vice-directeur de l'administration du Séminaire –, « des professeurs et des membres les plus considérables de l'administration supérieure de l'Église protestante et de l'Académie impériale »,[90] éclaire les raisons de sa conduite. Il est précédé d'une allocution de Jacques Matter qui présente Waddington comme « l'historien du fondateur de la logique moderne ».[91] Matter évoque les rapports intimes qui règnent entre philosophie et religion, dans « cette maison contemporaine du Collège de France »[92] qu'est le séminaire de Strasbourg, et la « Restauration de la philosophie religieuse, si bien préparée par la restauration de la philosophie spiritualiste ».[93] Il s'agit, dit Matter, de « faire monter l'historien de Ramus dans une chaire qui était l'ambition de Ramus, il y a trois siècles »,[94] et qui fut celle de Johannes Sturm et Girolamo Zanchi.

Dans la leçon d'ouverture qui suit, Waddington présente son futur enseignement comme reposant sur une doctrine : le spiritualisme chrétien.[95] Il parcourt ensuite les trois parties du cours de philosophie qu'il donnera : la partie dogmatique, avec la psychologie et la logique, et l'histoire de la philosophie ancienne. Il fait un rapide parcours de l'histoire de la logique, de la logique de l'École à « La Renaissance [qui] tenta de secouer un joug devenu insupportable, mais sans réussir à détrôner Aristote »,[96] et au retour de sa faveur en France. Enfin, il formule ce qui sera son principe directeur : « si la logique est susceptible de quelques progrès, c'est à la condition d'emprunter à la psychologie ses principes »[97] – ce qui revient à disqualifier Sturm et Ramus au profit de Descartes, en accord avec la lecture cousinienne de l'histoire de la philosophie :

> Nous vivons dans un pays où la forme a plus d'importance qu'ailleurs, et où la pensée la plus originale ne sera jamais accueillie, si elle ne sait pas s'exprimer avec clarté et même avec une certaine élégance. [C'est ce

---

89 Lettre de Waddington à Cousin, Strasbourg, 31 décembre 1859, f. 1ʳ : « Nous [Matter et lui] sommes déjà frappés des progrès accomplis par nos jeunes gens dans l'art de poser des thèses et dans celui, plus difficile, de discuter avec ordre, avec clarté et avec politesse, et nous sommes convaincus que ces exercices leur feront grand bien, sous tous les rapports ».

90 *Installation de M. Charles Waddington professeur de philosophie au Séminaire de la Confession d'Augsburg, allocution de M. Matter, vice-directeur de l'administration du Séminaire, et discours d'ouverture de M. Waddington*, Paris/Strasbourg 1857, p. 4.

91 *Ibid.*

92 *Ibid.*

93 *Ibid.*, p. 6.

94 *Ibid.*

95 *Ibid.*, p. 12.

96 *Ibid.*, p. 13.

97 *Ibid.*, p. 15. Voir Cousin, *Histoire générale de la philosophie*, première leçon, pp. 6–9.

qu'avaient bien compris] Sturm et Ramus lorsqu'ils s'efforçaient d'humaniser la logique. Mais les hommes de la Renaissance ne soupçonnaient pas qu'il y eût pour cela un moyen plus efficace que la lecture et l'imitation de Cicéron. Ils ne savaient pas ce que vaut pour la culture de l'esprit l'habitude de réfléchir sur soi-même et de pénétrer toujours jusqu'à la pensée, sans s'arrêter à ce qui lui est extérieur. Après que Descartes eût enseigné cet art aux philosophes, on vit disparaître peu à peu les formules étranges, le jargon hérissé et barbare de la scolastique […].[98]

En conséquence, « le logicien doit surtout demander à la science de l'âme des lumières nouvelles sur l'erreur et sur la vérité, sur la méthode, sur le but, les conditions et les limites du savoir humain ».[99] La logique de Sturm et de Ramus ne préparent plus le chemin à Descartes : ils n'ont pas soupçonné que la solution ne résidait pas dans l'imitation d'un modèle extérieur, mais dans l'idéalisme réflexif. La philosophie de la Renaissance n'est invoquée ici qu'en référence à l'histoire du Séminaire ; Waddington est rentré dans le rang.

L'exil strasbourgeois et les années d'enseignement au lycée à Paris qui l'ont suivi correspondent, pour Waddington, à une interruption de ses travaux sur la Renaissance, sans doute liée à la réception du livre sur Ramus et à la désaffection de Cousin. Le contraste est d'autant plus frappant entre les positions sur la Renaissance qu'il énonce en 1857 dans son discours d'installation au Séminaire de Strasbourg et celles qu'il adoptera en 1872, lorsqu'il s'émancipera du scénario de Cousin, mort en 1867.

## 3  Les discours sur la philosophie de la Renaissance (Paris, 1872–1878)

Waddington reprend un enseignement à la Sorbonne en 1872, après un « silence de 15 ans » – « quinze années consumées sous le règne de Domitien » qui l'apparentent à Tacite. Il le rompt dans son discours d'ouverture à la Sorbonne, intitulé : *La philosophie de la Renaissance*, le lundi 8 janvier 1872, « sous un gouvernement réparateur »[100] – celui de Thiers, où Charles de Rémusat, qui faisait

---

98  *Installation de M. Charles Waddington*, pp. 15–16. Voir Ch. Waddington, *Descartes et le spiritualisme*, Paris 1868.
99  *Installation de M. Charles Waddington*, p. 16.
100  Ch. Waddington, *La Philosophie de la Renaissance, discours d'ouverture prononcé à la Sorbonne, le 8 janvier 1872*, Paris 1872, pp. 1–2 : « Des circonstances exceptionnelles nous ont créé à tous des devoirs nouveaux. […] Voilà pourquoi, en ce qui me concerne, je romps aujourd'hui un silence qui n'a pas été toujours tout à fait volontaire, mais où je n'aurais pu me renfermer davantage, sans m'accuser moi-même d'une inaction coupable ». Domitien est le troisième et dernier représentant de la dynastie flavienne – allusion transparente à

partie du jury d'agrégation de Waddington en 1848, est ministre des Affaires étrangères.

Durant cette période, Waddington rédige également trois contributions sur des auteurs de la Renaissance pour la seconde édition du *Dictionnaire des sciences philosophiques* (1875), dirigé par Adolphe Franck : une nouvelle entrée « Alstedt (Jean-Henri) » qui n'existait pas dans la première édition,[101] et deux entrées « Acontius (Jacques) »[102] et « Agricola (Rodolphe) »,[103] en lieu et place

---

Napoléon III. Sur la conception de l'action politique chez les cousiniens, voir M. Meliadò, « Machiavel à Paris : l'historiographie philosophique sur la Renaissance et la dissidence idéologique contre l'éclectisme (1829–1843) », dans : Antoine-Mahut, Whistler (éds), *Une arme philosophique : l'éclectisme de Victor Cousin*, pp. 53–68.

[101] Waddington voit en lui « un des représentants un peu attardés du ramisme et même du lullisme » qui avait « la passion de la logique et de la méthode », mais dont « le principal mérite » fut « le projet de rédiger un système de toutes les connaissances humaines », Ch. Waddington, « Alstedt (Jean-Henri) », dans : A. Franck (éd.), *Dictionnaire des sciences philosophiques par une société de professeurs et de savants*, 2 vols, 2ᵉ édition, Paris 1875, vol. 1, pp. 37–38, ici p. 37.

[102] Id., « Acontius (Jacques) », dans : Franck (éd.), *Dictionnaire des sciences philosophiques*, vol. 1, p. 9 : Waddington consacre à Aconcio, correspondant de Ramus et de Jean Wolf, une étude biographique précise. Il évoque l'œuvre du théologien protestant, mais « ne [s'] occupe ici que du philosophe qui eut l'idée de réformer la logique » ; il conclut ainsi son analyse : « Pour rester dans le vrai, il faut dire que le *De methodo* [1558] d'Acontius est l'ouvrage d'un esprit net et ferme, qu'il est bien composé, écrit d'un style clair et dégagé de toute scolastique. L'auteur est donc, en logique, un des précurseurs de la philosophie moderne » – sans pour autant justifier le rapprochement que fait Baillet avec Descartes, apparemment approuvé par Brucker. En 1847, Joseph-Marie Degérando avait fait d'Aconcio un acteur de la « Réforme dans les méthodes essentielles de la philosophie », aux côtés de Galilée et de Bacon. Waddington ne partage pas son enthousiasme et n'établit pas de rapport entre le logicien et l'ingénieur, comme le faisait J.-M. Degérando, *Histoire comparée des systèmes de philosophie considérés relativement aux principes des connaissances humaines. Deuxième partie : histoire de la philosophie moderne à partir de la renaissance des lettres jusqu'à la fin du XVIIIᵉ siècle*, vol. 2, Paris 1847, chap. 10, pp. 2–11, ici p. 10 : « Il est digne de remarque que cet écrit, qui renferme des vues si judicieuses, exposées avec tant de précision et de clarté, était l'ouvrage d'un homme qui, par sa carrière, se trouvait appelé à faire une application constante des sciences et à leur emprunter les besoins de l'art. C'était, en effet, aux sciences positives, c'était même aux arts de l'industrie, qu'était réservé le privilège d'éclairer enfin la philosophie sur la direction qu'elle devait enfin donner à ses travaux, et sur les réformes dont elle pouvait attendre de véritables succès ». Sur Degérando et Aconcio, voir dans ce volume C. König-Pralong, « La Renaissance dans l'histoire. L'historiographie philosophique française au XIXᵉ siècle », pp. 42–43.

[103] Waddington se fonde sur Bayle et sur une série de sources qu'il détaille à la fin, pour présenter une biographie circonstanciée d'Agricola. Il conclut ainsi la discussion sur « l'ouvrage par lequel il a conquis une place distinguée parmi les philosophes de la Renaissance », le *De inventione dialectica* : « En résumé, Agricola était humaniste plus que philosophe, et c'est par ses qualités d'homme et d'écrivain, plus que par les mérites sérieux de sa dialectique, qu'il contribua à préparer une ère nouvelle, celle de la Renaissance »,

des deux entrées biographiques sommaires rédigées par Franck et parues non signées en 1844. On retrouve inchangées les entrées rédigées par Waddington pour la première édition du *Dictionnaire* : « Ramus », « Opinion », « Sénèque » et « Simplicius », à l'exception de quelques mises à jour bibliographiques.[104] Enfin, en sa qualité d'auteur des *Essais de logique*, Waddington rédige l'entrée « Proposition » qui remplace celle d'Adolphe Hatzfeld dans la première édition du *Dictionnaire*.

### 3.1     *La Philosophie de la Renaissance (8 janvier 1872)*

Dans son discours d'ouverture à la Sorbonne, Waddington reste dans le cadre cousinien d'une lecture de l'histoire de la philosophie ordonnée à l'intelligibilité du temps présent, qui prend chez lui un tour édifiant. Il soumet ainsi aux « méditations patriotiques » de ses jeunes auditeurs cette « époque de réveil dans toute l'Europe ; pour la France en particulier, [qui] a succédé aux désastres de la guerre de Cent Ans, et [...] a abouti au plus grand siècle de notre histoire nationale »,[105] le XVIIe siècle.

Waddington insiste sur la différence entre ses précédentes leçons à la Sorbonne, en 1850, et celles de 1872 :

> Je vous propose, Messieurs, un sujet moins sévère [que les *Analytiques* d'Aristote] et, à beaucoup d'égards, plus actuel : la philosophie de la Renaissance. La Renaissance ! Ce mot n'est-il pas à lui seul un programme, et quoi de plus urgent, je vous prie, que de parler de renaissance à une génération qui est l'espoir prochain de la patrie ?[106]

Ici, les leçons de l'histoire sont celles des « luttes de l'esprit [...] qui enseignent au philosophe, beaucoup mieux que les récits de batailles, comment se relève une grande nation ».[107]

---

Ch. Waddington, « Agricola (Rodolphe) », dans : Franck (éd.), *Dictionnaire des sciences philosophiques*, vol. 1, pp. 13–14, ici p. 14. Waddington conclut sur la fortune d'Agricola en Allemagne et en Italie et sur celle du *De inventione dialectica* dans la Faculté des arts de l'Université de Paris. *Ibid.* : « Ainsi ce dernier eut le privilège de préluder en France, aussi bien qu'en Allemagne, aux essais plus hardis et plus efficaces de Mélanchthon et de Ramus ».

104    Ch. Waddington, « Ramée (Pierre de la) », dans : Franck (éd.), *Dictionnaire des sciences philosophiques*, vol. 2, pp. 1452–1456. Waddington substitue notamment le renvoi à l'édition française de sa thèse, concernant le catalogue des écrits de Ramus, à celui à l'édition latine, *ibid.*, p. 1456 (voir aussi *Dictionnaire des sciences philosophiques, par une Société de professeurs de philosophie*, vol. 5, Paris 1851, p. 356).

105    Waddington, *La Philosophie de la Renaissance*, p. 19.
106    *Ibid.*
107    *Ibid.*

Waddington commence par retracer « l'histoire générale » de deux siècles, correspondant à l'époque appelée « la Renaissance ».[108] Sa justification de l'appellation de « Renaissance » sonne comme une prise de distance avec Cousin,[109] sans qu'il accorde pour autant une véritable autonomie à la période, qu'il définit comme dernière étape du Moyen Âge et transition vers les temps modernes.[110] Il partage avec Cousin la réhabilitation du Moyen Âge et l'insistance sur sa continuité avec la modernité. Il conserve la tripartition cousinienne de la philosophie médiévale, mais propose de la « réviser », en distinguant des constantes (liberté de l'esprit et subordination de la philosophie à la théologie) et des variables (la « possession de ressources intellectuelles de plus en plus considérables ») qui structurent les trois périodes, en lieu et place de ce qui les structurait chez Cousin : le passage, de la subordination de la philosophie à la théologie, à la sécularisation complète de la philosophie.[111] Ces variables sont les trois étapes successives de l'élargissement de la connaissance des textes aristotéliciens, et en général de l'antiquité ;[112] Waddington se contente d'égratigner Cousin au passage :

---

108    *Ibid.*, pp. 2–4 : « [...] L'époque que l'on est convenu d'appeler la Renaissance, et avec raison : car on y trouve tout à la fois une renaissance politique et sociale, une renaissance religieuse [...], une renaissance des sciences, des arts, de l'industrie, du commerce, enfin une renaissance littéraire et philosophique, celle dont je dois vous parler plus spécialement ».

109    Meliadò, « Géopolitique de la raison », p. 173 : « Cousin évite soigneusement le terme de Renaissance, au moins dans les leçons des années 1828–1829 ». Voir également *ibid.*, p. 182. Il l'adopte en 1843, dans son étude sur Vanini, mais il s'agit tout au plus d'une « concession lexicale » (Meliadò, « Machiavel à Paris », p. 66). Il reprend finalement le terme dans l'*Histoire générale de la philosophie*, en 1863.

110    Waddington, *La Philosophie de la Renaissance*, p. 4 : « Dans l'ordre des idées, comme dans l'ordre social et politique, la Renaissance est la transition du moyen âge aux temps modernes ou, plus exactement peut-être, l'achèvement du moyen âge compris dans son idée essentielle, comme une époque d'enfantement et de laborieuse éducation où l'esprit moderne, issu du christianisme et implanté dans des nations barbares, s'élève et grandit à l'école de la civilisation grecque et romaine : école d'abord très pauvre en livres et en maîtres, puis un peu moins pauvre et s'enrichissant peu à peu, jusqu'à ce qu'elle voit affluer tous les chefs-d'œuvre de l'antiquité. Voilà en quelques mots l'histoire des lettres, des sciences et de la philosophie, du neuvième au seizième siècle, d'Alcuin à Gerson et de Gerson à Descartes ». Waddington résume ici une histoire qu'il développera dans son discours de décembre 1872.

111    Voir G. Piaia, « Rinascimento e identità nazionale nella storiografia filosofica italiana e francese del primo Ottocento », dans : R. Ragghianti, A. Savorelli (éds), *Rinascimento mito e concetto*, Pisa 2005 (Seminari e convegni, 2), pp. 109–134, ici p. 129, repris dans id., *Sapienza e follia. Per una storia intellettuale del Rinascimento europeo*, Pisa 2015 (Clavis, 2), pp. 285–308.

112    *Ibid.*, pp. 4–5.

> La Renaissance est le dernier pas dans cette voie de conquêtes et de découvertes rétrospectives, où l'esprit humain ressaisit son passé et renoue la chaîne de ses traditions. Alors en effet la pensée des anciens se dévoile tout entière, et la philosophie qui depuis longtemps, quoi qu'on en ait dit, n'était plus "captive dans le cercle de la théologie",[113] voit s'ouvrir des sentiers nouveaux où elle se précipite avec un véritable enthousiasme [...].[114]

La Renaissance n'est donc que la dernière étape du Moyen-Âge. Pour autant, elle ne doit pas son origine au hasard. Sur ce point, Waddington se démarque ouvertement de Cousin et se trouve en accord avec Ferrari :

> Quand commença ce mouvement puissant d'imitation et d'assimilation ? S'il est une vérité facile à démontrer, j'ose le dire, c'est que la renaissance de la philosophie grecque en Occident ne s'est pas produite tout d'un coup et comme par l'effet d'un heureux hasard. Je regrette de lire dans ce beau volume d'*Histoire générale de la philosophie* qui, parmi les œuvres de M. Cousin, fait en quelque sorte le pendant du livre *Du vrai, du beau et du bien*, la phrase suivante : "La philosophie du quinzième et du seizième siècle doit son caractère comme son origine à un accident".[115] Il s'agit, vous le savez, Messieurs, de la prise de Constantinople. Un tel langage me paraît assez peu conforme à l'histoire et je n'ai besoin, pour le rectifier, que de lui appliquer des principes puisés à l'école de M. Cousin lui-même. Non, il n'appartient pas à un conquérant de créer, par une victoire qui n'est le plus souvent qu'un malheur pour l'humanité, un vaste mouvement intellectuel. Les idées ont leur origine dans l'esprit, non ailleurs [...].[116]

---

113   Cousin, *Histoire générale de la philosophie*, sixième leçon, p. 249 : « Il en est de même de la philosophie de cet âge. Longtemps captive dans le cercle de la théologie, elle en sort de toutes parts avec une ardeur admirable, mais sans aucune règle ».
114   Waddington, *La Philosophie de la Renaissance*, p. 5.
115   Cousin, *Histoire générale de la philosophie*, sixième leçon, p. 249.
116   Waddington, *La Philosophie de la* Renaissance, pp. 5–6. Voir G. Ferrari, « Discours sur l'histoire de la philosophie à l'époque de la Renaissance », dans : id., *Idées sur la politique de Platon et d'Aristote exposées en quatre leçons à la Faculté des lettres de Strasbourg, suivies d'un Discours sur l'histoire de la philosophie à l'époque de la Renaissance*, Paris 1842, pp. 67–100, ici p. 73 : « [...] Les découvertes de la presse, ou de l'Amérique, ou des livres anciens, ne sont pas des hasards heureux ; [...] c'est l'esprit humain qui les appelle [...] ». *Ibid.*, p. 90 : « C'est là ce qui fait dire aux historiens que la Renaissance commence à la prise de Constantinople, à l'instant où les savants de Byzance nous apportent les livres classiques, comme si une vieille bibliothèque pouvait enfanter les arts, la science, le mouvement de la Renaissance ». Je remercie Mario Meliadò pour cette information.

Waddington applique ici à Cousin l'analyse que Ramus et ses contemporains faisaient d'Aristote, en le contredisant au nom de ses propres principes. Et en vertu de la spontanéité de l'esprit humain et de la continuité de son effort, il va jusqu'à affirmer que « [...] sans la prise de Constantinople, la Renaissance se serait faite à l'époque et dans les pays où elle a eu lieu ».[117] Giuseppe Ferrari énonce plus radicalement encore le caractère « idéal » d'une histoire scientifique de la philosophie.[118]

Contre la « condamnation sommaire » de l'œuvre philosophique de la Renaissance par les historiens de la philosophie et la « confusion » qui règne dans l'histoire de la philosophie – et non dans son objet, comme le pensait Cousin –, Waddington propose de « rétablir la vérité historique ».[119] Il part de la constatation suivante : « Lorsqu'on passe en revue dans cette intention les philosophes et les écoles philosophiques qui remplissent l'intervalle de Gerson à Descartes, on remarque tout d'abord qu'il y a là deux siècles qui sont loin d'avoir la même physionomie, et qui admettent plus d'une subdivision ».[120] Le rétablissement de la vérité historique passe par une division chronologique en quatre périodes correspondant à des déplacements géographiques qui confèrent à la philosophie des dimensions nationales : après des tâtonnements disséminés géographiquement pendant une première période qui occupe la première moitié du XVe siècle, la philosophie passe en Italie, connaît une période française interrompue par la terreur religieuse, et se réfugie ensuite dans le Nord de l'Europe, surtout en Allemagne.[121]

Waddington critique ensuite la division cousinienne en quatre systèmes philosophiques fondés a priori dans la psychologie humaine, qu'il juge anhistorique et propre à niveler les différents systèmes, tandis qu'il marque sa différence par une attention d'historien aux conditions matérielles de la production des idées.[122] On comprend que pour lui, la Renaissance a été,

---

117　*Ibid.*, p. 6.
118　Ferrari, « Discours sur l'histoire de la philosophie à l'époque de la Renaissance », p. 94 : « L'histoire scientifique doit être idéale, c'est-à-dire qu'elle doit faire abstraction des temps, des lieux et des hommes, ou plutôt elle doit avoir une chronologie, une géographie et une anthropologie idéales ». Voir *ibid.*, pp. 92–99.
119　Waddington, *La Philosophie de la Renaissance*, pp. 7–8. Voir Cousin, *Histoire générale de la philosophie*, sixième leçon, p. 252 : « Le spectacle que présente au premier aspect la philosophie du quinzième et du seizième siècle est celui d'une extrême confusion ».
120　Waddington, *La Philosophie de la Renaissance*, p. 8.
121　Victor Cousin considérait déjà les quatre « systèmes » d'un point de vue géographique et national. Voir Piaia, « Rinascimento e identità nazionale », pp. 132–134.
122　Waddington, *La Philosophie de la Renaissance*, p. 13 : « Je n'ai garde d'oublier que, lorsqu'il s'agit de philosophie, une bonne classification ne doit pas seulement tenir compte des pays et des dates, mais encore et avant tout des méthodes et des doctrines. Mais quand

d'un bout à l'autre, un temps de réveil religieux où domine le « mysticisme », comme le pensait aussi Ferrari.[123] Tous les deux restent sur ce point dans la lignée de Cousin qui fait débuter le courant mystique au XIVe siècle, avec la *Theologia mystica* de Gerson,[124] et distingue un « premier mysticisme » au XVe siècle d'un « nouveau mysticisme » au XVIe siècle, selon la loi de production des systèmes.[125] La classification provisoire que propose Waddington : « d'une part quatre périodes distinctes [...], de l'autre huit ou dix écoles, dont la plupart empruntent leurs doctrines à l'antiquité, mais dont quelques-unes ont un caractère tout moderne », reflète « la riche matière que nous offre la philosophie de la Renaissance »,[126] où dominent les ferments de nouveauté – notamment en logique, en morale et en politique.[127]

---

on a mis de côté les conditions dans lesquelles se développent ces doctrines, le moyen, je vous prie, qu'on en puisse apprécier la valeur relative ? Pour moi, je l'avoue, je me défie de toute division a priori, et je vous demande la permission d'écarter à ce titre celle qui est usitée parmi nous et qui réduit le travail philosophique de la Renaissance, comme de toute époque, à quatre systèmes d'égale importance, ou à peu près, savoir : 1° l'idéalisme platonicien ou néoplatonicien ; 2° le péripatétisme, identifié à tort avec le sensualisme ; 3° le scepticisme ; 4° le mysticisme, qui est placé en dernier lieu, quoique les doctrines désignées sous ce nom se montrent tout d'abord et occupent la plus grande place dans toute cette époque de réveil religieux ». Voir Cousin, *Histoire générale de la philosophie*, première leçon : « Origine et classification des systèmes », pp. 1–35 ; sixième leçon : « Philosophie de la Renaissance », pp. 248–302 ; sur les quatre systèmes comme résolution philosophique du chaos, *ibid.*, p. 256. Sur la continuité entre Royer-Collard et Cousin sur ce point et le rapport entre histoire et système chez Cousin, voir Yuva, « Was heißt und zu welchem Ende », pp. 224–228.

123 Selon Ferrari, le mysticisme domine au XVe siècle. « Discours sur l'histoire de la philosophie à l'époque de la Renaissance », p. 75. *Ibid.*, p. 91 : « La prépondérance de l'école mystique et le peu de développement de l'école sceptique est aussi une particularité de la Renaissance ».

124 Voir G. Piaia, « "Petrarca an inter philosophos referendus". Francesco Petrarca nella storiografia filosofica del Sette-Ottocento », dans id., *Sapienza e follia*, pp. 271–284, en particulier pp. 280–281, précédemment dans : L. Secchi Tarugi (éd.), *Francesco Petrarca. L'opera latina : tradizione e fortuna*, Firenze 2006 (Quaderni della Rassegna, 46), pp. 611–622.

125 Piaia, « Rinascimento e identità nazionale », pp. 130–131.

126 Waddington, *La Philosophie de la Renaissance*, p. 14.

127 *Ibid.*, pp. 13–14. La liste établie par Waddington est la suivante : « 1° les scolastiques attardés [...] ; 2° les nouveaux péripatéticiens [...] ; 3° les hellénistes qui mettent Platon au-dessus d'Aristote ; 4° les érudits et les humanistes, la plupart cicéroniens, qui travaillent surtout à améliorer la langue de la philosophie ; 5° les novateurs plus hardis, dont les uns, fort modestes encore, s'occupent de réformer la logique, tandis que d'autres, en dignes successeurs d'Occam, font invasion en morale et en politique et mettent en lumière les premiers principes du droit naturel, ou rêvent une société idéale [...] ; 6° les mystiques et tous ceux qui [...] sont entraînés dans le courant si puissant alors de la philosophie religieuse. [...] ». Il complète l'énumération par « trois petites écoles qui ne paraissent que vers la fin

Waddington s'attaque ensuite à la représentation de la Renaissance comme « époque secondaire » de l'histoire de la philosophie, liée selon lui au « préjugé » de sa naissance fortuite, tout en s'inscrivant dans une vision continuiste du rapport entre Moyen-Âge et Renaissance : « Si la Renaissance réagit contre le moyen âge, elle le continue aussi », avec une admiration accrue pour l'antiquité, pour sa nouveauté et aussi « parce qu'elle est belle ». Les Renaissants en dressent l'inventaire, au service d'une imitation indépendante, animée par le goût et la critique, avec une prédilection pour la religion et la politique, au détriment des « spéculations abstraites ».[128] Il conclut sur les « mérites philosophiques » de « cette grande époque » :[129] (I) La philosophie moderne lui doit « sa puissance sociale », au-delà de l'enceinte des écoles, venue du goût et de la critique, de l'union des sciences et des lettres et de l'usage des langues vulgaires. (II) Outre le patriotisme, la philosophie doit à la Renaissance « la liberté de penser ». Sur ce point, Waddington affirme son accord avec le principe de l'éclectisme énoncé par Cousin.[130] (III) Il conclut que « les philosophes de la Renaissance [...] ont plus fait que leurs devanciers pour les sciences philosophiques » : « c'est alors que commencent dans l'Europe civilisée l'invention philosophique et l'art de penser ».[131]

On pouvait en effet, comme Cousin, reconnaître aux philosophes de la Renaissance la revendication de la liberté de penser. Leur reconnaître celui de l'invention philosophique, c'est dire que l'imitation de l'antiquité n'était pas une imitation pure et simple et que l'usage participait de l'invention.[132] Quant à l'art de penser, il donne droit de cité à une méthode avant Descartes. L'argument de Waddington est : Si les lettres, les arts et les sciences ont progressé, « la philosophie seule serait-elle demeurée étrangère au progrès général » ?[133] Enfin, il revendique Bacon comme « le dernier et le plus illustre » des

---

du seizième siècle : 1° quelques partisans de Démocrite et d'Épicure ; 2° le groupe plus important des admirateurs du stoïcisme ; 3° les beaux esprits [qui] pren[nent] le doute pour oreiller ».

128   *Ibid.*, p. 15.
129   *Ibid.*
130   *Ibid.*, p. 16 : « J'en appelle ici à M. Cousin, que l'on ne saurait accuser de trop d'indulgence envers les philosophes du quinzième et du seizième siècle : "Sans eux, dit-il, jamais le bill des droits de la pensée n'eût été possible… Ils ont brisé l'ancienne servitude. La plupart ont souffert, plusieurs sont morts pour nous donner la liberté dont nous jouissons" ». Cousin, « Vanini. Ses écrits, sa vie et sa mort », p. 675.
131   Waddington, *La Philosophie de la Renaissance*, p. 17.
132   Sur ce point, Waddington est en accord avec Ferrari. Voir Meliadò, « Machiavel à Paris », p. 64.
133   Waddington, *La Philosophie de la Renaissance*, p. 17.

Renaissants, alors que, des leçons de 1829 à l'*Histoire générale de la philosophie*, en 1863, Cousin avait fait de Bacon et Descartes les pères de la philosophie moderne.[134]

En annexant Bacon à la Renaissance, Waddington fait une prise de choix ; mais il accentue aussi par là le caractère national de la modernité, attribuée au seul Descartes, en ce siècle qu'il considère comme « le plus grand [...] de notre histoire nationale ». En dépit d'un jugement beaucoup plus favorable que celui de Cousin, la philosophie de la Renaissance demeure pour lui un sujet « moins sévère » que les *Analytiques* d'Aristote dont il n'a pas pris en considération les développements chez Ramus ; une époque d'érudition laborieuse, « l'achèvement du moyen âge compris dans son idée essentielle ».[135]

### 3.2 Les Antécédents de la philosophie de la Renaissance (5 décembre 1872)

Waddington précise sa vision continuiste dans le discours de décembre 1872 qu'il consacre aux *Antécédents de la philosophie de la Renaissance*.[136] Au terme d'une année d'enseignement, il repart sur les bases du discours précédent : la Renaissance n'est pas « un événement soudain [...] après la chute de Constantinople », ni « un épisode sans lien avec ce qui le précède et ce qui le suit », une « interruption entre deux âges d'activité philosophique [...]. La société européenne achève à l'école de l'antiquité classique une éducation commencée à cette même école durant les siècles précédents ».[137] Cette continuité s'incarne dans la persistance de Constantinople, puis dans les deux « héros civilisateurs », Haroun al Rashid pour l'Orient et Charlemagne pour l'Occident,

---

134   *Ibid.*, p. 19 : « [...] Et Bacon lui-même, si dur pour ses prédécesseurs, n'a guère fait que résumer sur tous ces points les travaux de ces philosophes de la Renaissance, dont il est le dernier et le plus illustre. Vienne maintenant Descartes, avec le *Discours de la Méthode* et les *Méditations* : la philosophie n'attend plus que lui pour donner enfin au monde le spectacle d'une liberté qui se gouverne et se règle elle-même ». Chez Ferrari, Descartes lui-même ne fait plus que résumer les conquêtes de la Renaissance. Voir Meliadò, « Machiavel à Paris », pp. 64–65. Sur le couple Bacon-Descartes, voir Cousin, *Histoire générale de la philosophie*, pp. 193, 301 et 307 ; et le *Dictionnaire des sciences philosophiques*, 6 vols, Paris 1844–1852, vol. 6, Paris 1852, p. 1039 ; 2ᵉ édition 1875, vol. 2, p. 1802 : dans la « Table synthétique des matières » (deuxième partie, « Histoire et critique »), après la « Philosophie de la Renaissance » figure la « Philosophie moderne, ses caractères généraux », avec deux auteurs : Bacon et Descartes.

135   *Ibid.*, passage cité *supra*, note 110.

136   Voir l'analyse de ce discours et du suivant par R. Ragghianti, « Immagini del Rinascimento nell'Ottocento francese », dans : Ragghianti, Savorelli (éds), *Rinascimento : mito e concetto*, pp. 135–177, en particulier pp. 149–150.

137   Ch. Waddington, *Les Antécédents de la philosophie de la Renaissance. Discours d'ouverture prononcé à la Sorbonne* [...] *le 5 décembre 1872*, Paris 1873, pp. 1–2.

« centre de [la] civilisation chrétienne ».[138] Waddington énonce alors une série de renaissances : une première renaissance dans la seconde moitié du IXe siècle (Scot Érigène),[139] puis, avec le « second âge de la scolastique », « une seconde renaissance, [...] », plus longue, qui s'étend du XIe au XIIe siècle, de Gerbert à Pierre Lombard, marquée par Anselme et Abélard. Mais alors que la scolastique semble fixée,

> Voilà que des idées nouvelles font irruption de toutes parts [...]. Cette révolution, qui marque la principale étape de l'Europe vers la Renaissance, s'opéra, tout le monde le sait, sous l'influence des Arabes, élèves intelligents des Grecs et admirateurs enthousiastes d'Aristote, dont ils possédaient toutes les œuvres [en particulier Avicenne et Averroès].[140]

La multiplication des renaissances médiévales relève d'une stratégie historiographique inverse de celle de Cousin, qui a pour effet de désenclaver la Renaissance historique en réduisant le Moyen-Âge à autant de renaissances, correspondant aux différentes étapes de son processus de formation, sans pour autant faire d'elle l'aboutissement du processus général. La stratégie de Waddington semble reposer sur une identification partielle entre « renaissance » et « révolution », et sur une distinction entre périodes de grandeur et de décadence.

Comme le montre la « révolution » avicennienne et averroïste, les « renaissances » sont aussi des naissances que Waddington désigne par le terme de « révolution ».[141] En se focalisant sur la réception française des écrits des Arabes traduits en latin, qui auraient suscité des productions marquées par le panthéisme (Amaury de Chartres, David de Dinant),[142] Waddington évoque certainement une querelle récurrente qui s'est répétée dans les années 1840 ; mais il distingue surtout deux formes de réaction : d'un côté la répression brutale, et de l'autre « le noble enseignement d'Albert le Grand et de Thomas d'Aquin »[143] – ce qui lui permet d'établir un parallèle entre le XIIIe siècle et un autre « grand siècle » d'un point de vue inséparablement philosophique

---

138    *Ibid.*, p. 3.
139    *Ibid.*, p. 4.
140    *Ibid.*, p. 6.
141    Sur « Renaissance » et « révolution », voir König-Pralong, « La Renaissance dans l'histoire », pp. 20, 25–34.
142    Waddington, *Les Antécédents de la philosophie de la Renaissance*, pp. 6–8.
143    *Ibid.*, p. 9.

et politique, le XVIIe.[144] Or on ne peut s'empêcher d'établir un autre parallèle entre les deux « périodes tourmentées » doctrinalement et politiquement – révolutionnaires – que sont la fin du XIIe siècle, ferment du panthéisme, et le XVIe siècle, ferment de doctrines décadentes. De sorte que l'on retombe dans le séquençage cousinien de l'histoire entre Moyen-Âge (ici, le XIIIe siècle) et XVIIe siècle, et Renaissance et XVIIIe siècle révolutionnaire.[145] Pour Renzo Ragghianti, outre qu'elle « dissout cette catégorie historiographique » de Renaissance, « l'aboutissement de cette succession pluriséculaire de "renaissances" est à rechercher dans la conciliation entre Descartes et Richelieu », champions du spiritualisme.[146] Sur Descartes et Richelieu, Waddington ne fait que reprendre Cousin.[147]

L'attachement de Waddington à l'éclectisme spiritualiste correspond à une lecture de l'histoire comme succession de « grands siècles » et de périodes de décadence qui placent la Renaissance dans une position ambiguë. Le point culminant de la période médiévale est, selon lui, le XIIIe siècle, « l'âge classique de la scolastique, celui qui exprime le mieux l'esprit de la société catholique et féodale ».[148] Il situe son déclin au XIVe siècle, marqué par les désaccords et

---

144   *Ibid.* : « Mais l'histoire nous offre ici une leçon qu'il importe de recueillir et qui me paraît sortir avec évidence d'un rapprochement d'ailleurs tout naturel entre le treizième siècle, le plus grand du moyen âge, et le dix-septième, le plus grand des temps modernes, au moins pour la France. Ces deux siècles ont succédé l'un et l'autre à une époque tourmentée, à des essais d'indépendance violemment refoulés, à des hérésies repoussées par le fer et par le feu, et noyées dans des flots de sang. Serait-ce donc là pour une nation le chemin de la vraie grandeur ? À Dieu ne plaise ! Non, il n'en est pas ainsi : car l'Espagne, sous Philippe II, a usé à outrance de ces moyens-là, et sa grandeur y a péri. Quant aux splendeurs du dix-septième siècle, ce n'est certes pas à la Saint-Barthélemy, à la Ligue, ou aux guerres de religion que nous en sommes redevables : tant d'horreurs et de crimes ne pouvaient que ruiner le sens moral, affaiblir les intelligences en abaissant les caractères et préparer le règne des doctrines de décadence, le scepticisme et le matérialisme. C'est Descartes, avec son *Discours de la méthode*, et aussi Richelieu, avec une certaine réforme du catholicisme français et une instruction supérieure donnée à son clergé, qui ont coupé court à ces funestes tendances et ramené les esprits aux saines traditions du spiritualisme ».
145   Waddington se prononce plus loin sur ce qui fait la grandeur du XVIIIe siècle, dans des termes où apparaît sa proximité avec la Renaissance, y compris la rareté du génie. *Ibid.*, p. 13.
146   Ragghianti, « Immagini del Rinascimento nell'Ottocento francese », p. 150.
147   Voir Waddington, « Un grand homme et son secrétaire », p. 22.
148   Waddington, *Les antécédents de la philosophie de la Renaissance*, p. 12. Waddington emploie le terme de « scolastique » pour désigner « la philosophie des écoles » (*ibid.*, pp. 3–4) ; il parle de « second âge de la scolastique », à propos des XIe et XIIe siècles (*ibid.*, p. 4), avec notamment « cet autre platonicien, ce professeur incomparable, Abélard, qui, en appliquant hardiment la dialectique à la théologie, fixa pour plusieurs siècles la forme, sinon le fond de la scolastique » (*ibid.*, p. 5). « La scolastique proprement dite [est] l'enseignement d'après Aristote » (*ibid.*, p. 12).

l'agitation : « une révolution se prépare »,[149] avec Guillaume d'Ockham, défenseur et théoricien de l'État laïque et du nominalisme, qui fraye la route à la Réforme.[150] Les principaux « dissidents » de la scolastique sont les mystiques. Waddington consacre une longue analyse au mysticisme, « système » ou « disposition intime » « qui semble tenir au fond même de la nature humaine » et qui est une constante dans la société européenne, « du neuvième au quatorzième siècle »,[151] où il domine partout dans la seconde moitié du siècle.[152]

Or au nombre des autres adversaires de la scolastique figurent Pétrarque et Boccace.[153] C'est ici que Waddington énonce sa thèse sur l'origine de la Renaissance : il l'antidate de « près d'un demi-siècle avant l'arrivée des premiers savants émigrés de Constantinople en Italie »,[154] en situant chez Pétrarque la renaissance des lettres latines qui remet à l'honneur Virgile et Cicéron, et chez Boccace la renaissance des lettres grecques. Une double renaissance, donc, latine et grecque. « C'est Pétrarque qui a émis ce doute révolutionnaire : "Si Aristote est intelligible à ceux qui ne savent pas le grec, et si le vrai Aristote a pensé ou écrit tout ce que la scolastique lui a fait dire" ».[155] La renaissance réside donc dans un « doute révolutionnaire » peut-être annonciateur du doute méthodique de Descartes. En 1878, Waddington fera de Pétrarque « le premier philosophe de la renaissance »,[156] remplaçant Gerson qui servait chez

---

149   *Ibid.*, p. 13. Voir pp. 9–12.
150   *Ibid.*, pp. 13–15.
151   *Ibid.*, pp. 16–17. Voir aussi *ibid.*, pp. 15–16 : « Le mysticisme se rencontre à toutes les époques de l'histoire et en tous lieux comme en tous temps [...]. C'est une erreur, si l'on veut, mais qui semble tenir au fond même de la nature humaine ; c'est l'excès de quelque chose d'admirable et d'excellent en nous, je veux dire la faculté du divin, de l'infini, de la perfection, dans un être qui se sait borné, contingent et imparfait. Ces deux aspects de l'homme se rencontrent toujours dans le système ou, si vous l'aimez mieux, dans la disposition intime qu'on appelle mysticisme ». Pour la définition du mysticisme par Cousin, voir Victor Cousin, *Du Vrai, du Beau et du Bien*, 2e édition, Paris 1854, cinquième leçon : « Du mysticisme », pp. 105–132 ; *Histoire générale de la philosophie*, première leçon, pp. 25–27.
152   *Ibid.*, p. 18.
153   *Ibid.*, pp. 19–20.
154   *Ibid.*
155   *Ibid.*, p. 19.
156   Ch. Waddington, *La Renaissance des lettres et de la philosophie au XVe siècle*, extrait du *Compte rendu de l'Académie des sciences morales et politiques*, rédigé par M. Ch. Vergé, 38è année, nouvelle série, vol. 10, 110, 1878, 2è semestre, pp. 400–422 ; 562–576 ; 690–704 ; 883–949 ; ici, p. 418. Publié aussi séparément (Paris, Alphonse Picard, 1878). Membre correspondant depuis 1863, Waddington deviendra membre de l'Académie en 1888. Sur la réception historiographique de Pétrarque, voir Piaia, « "Petrarca, an inter philosophos referendus" », pp. 611–622 ; É. Anheim, « Dedans et dehors. Pétrarque entre littérature et philosophie (XVIIIe–XIXe siècles) », dans : König-Pralong, Meliadò, Radeva (éds), *'Outsiders' and 'Forerunners'*, pp. 301–328.

Cousin à baliser la période (de Gerson à Descartes). Il précise que l'arme de cette « révolution » fut « l'érudition » – la tradition antique de l'enseignement des arts libéraux qui s'est perpétuée pendant l'époque médiévale ayant fourni à l'esprit humain les instruments de son émancipation.[157]

La multiplication des renaissances conduit bien à une dissolution de la catégorie historique de Renaissance. Ni « grand siècle » philosophique et politique, ni moment d'entière décadence, la Renaissance garde le statut ambigu de période de transition, dont le rôle semble être surtout d'exprimer le dynamisme dialectique à l'œuvre dans l'histoire. Si le XVIe siècle français est inférieur – voire dangereux – philosophiquement, une véritable réhabilitation de la Renaissance n'est envisageable que si elle porte sur le siècle précédent et hors de France : le XVe siècle italien.

### 3.3 *La Renaissance des lettres et de la philosophie au Quinzième siècle (1878)*

En 1878, Waddington présente devant l'Académie des sciences morales et politiques un projet intitulé : *La Renaissance des lettres et de la philosophie au Quinzième siècle (pour servir d'introduction à une histoire de l'Académie platonicienne de Florence)*. Il réitère les thèses énoncées dans son premier discours à la Sorbonne : la Renaissance est à la fois l'« achèvement du moyen âge » et la « transition du moyen âge aux temps modernes ».[158] Elle n'est pas un accident : la réforme des lettres, des sciences et de la philosophie, entamée antérieurement, se généralise au début du XVe siècle ; le goût et la critique enseignent l'union des sciences et des arts ; l'usage des langues vulgaires introduit un élément de patriotisme ; enfin, la philosophie de la Renaissance, de nature érudite, doit tenir compte des progrès de l'érudition dans l'étude de la renaissance du latin, puis du grec.[159]

---

157   Waddington, *Les Antécédents de la philosophie de la Renaissance*, p. 20 : « C'est alors que l'érudition, évoquant les souvenirs classiques de la Grèce et de Rome, en fit une arme redoutable pour battre en brèche le moyen âge sur le terrain des idées, et, sous le nom de Renaissance, préluda glorieusement à la philosophie moderne. Une double renaissance, latine et grecque, préparée comme on l'a vu par des aspirations séculaires, bientôt secondée par l'invention de l'imprimerie et par l'émigration des Grecs chassés de Constantinople, fut l'instrument de cette révolution mémorable et décisive par laquelle l'infatigable activité de l'esprit humain secoua la double tutelle d'Aristote et de l'Église en matière de science et de philosophie, et, dans le commerce assidu des anciens, s'éleva à la pleine possession de soi-même et à la recherche indépendante et raisonnée de la vérité ».
158   Waddington, *La Renaissance des lettres et de la philosophie au XVe siècle*, p. 401.
159   *Ibid.*, pp. 404–408.

Pourquoi le choix de l'Italie qui correspond au second moment de la Renaissance dans la périodisation de Waddington ? C'est que l'oubli des études en France est contemporain, en Italie, d'un mouvement inverse d'étude des langues et de deux renaissances correspondantes, latine et grecque. Les successeurs de Dante et de Pétrarque ont fait œuvre philosophique en déclarant « la guerre à la barbarie et aux barbarismes ». L'avantage de l'Italie sur la France est le caractère national de sa renaissance latine et l'inspiration philosophique de sa renaissance grecque :

> Les Italiens du XIVe et du XVe siècle, mieux que nous encore pouvaient profiter à cette école, parce qu'ils avaient pour eux sous cette forme latine quelque chose de plus que pour nous [...] : l'amour de la patrie, lié au culte des ancêtres, tel fut chez eux le point de départ de la renaissance latine ; leur réveil littéraire procéda d'un réveil national.[160]

La thèse développée ici par Waddington est qu'il a manqué à Pétrarque, à Nicolas de Cues et à Lorenzo Valla « la grande inspiration philosophique » qui ne pouvait leur venir de Rome.[161] Les deux seules écoles célèbres de philosophie qu'ait produites le XVe siècle, sous l'incontestable influence des Grecs, sont l'Académie platonicienne de Florence et l'École péripatéticienne de Padoue et de Bologne qui occupent la seconde moitié du XVe siècle et les premières années du XVIe.[162] Mais elles ont été « préparées par une période de travaux et de luttes dont l'Italie fut le principal, sinon l'unique théâtre »,[163] correspondant à la « renaissance grecque ». On retrouve ici une de ces périodes doctrinalement et politiquement tourmentées, théorisées par Waddington dans *Les Antécédents de la philosophie de la Renaissance*.

Si l'étude de l'antiquité grecque a progressé plus lentement que celle de l'antiquité latine chez les Italiens, c'est, selon Waddington, outre l'ignorance de la langue et la rareté des sources, que « leur patriotisme n'y était pas engagé ».[164] Ces tentatives italiennes ont été « fécondées » par la venue des Grecs de Constantinople en Italie, à la faveur de « deux événements mémorables » :[165] le concile de Bâle-Ferrare-Florence (1427–1439) et la prise de Constantinople.

---

160   *Ibid.*, p. 414.
161   *Ibid.*, pp. 421–422.
162   *Ibid.*, p. 422.
163   *Ibid.*, p. 422.
164   *Ibid.*, p. 562.
165   *Ibid.*, p. 564.

Waddington majore le premier, dont l'ampleur des conséquences est corrélative de la durée : « C'était, on le voit, une véritable invasion ».[166] De sorte qu'au regard des lettres et de la philosophie, la prise de Constantinople ne fait que renforcer un mouvement déjà largement entamé : « le branle était donné, quand la prise de Constantinople détermina une émigration de tous ceux qui désespéraient de l'avenir des lettres et des sciences en Orient »[167] – avec des conséquences philosophiques décisives :

> Ce flot d'émigration savante n'eut pas seulement pour effet d'accélérer le mouvement de la renaissance : il en changea le cours, en imprimant aux études grecques, qui étaient les moins avancées, un élan si puissant que bientôt elles prédominèrent sur les études latines, et surtout en appelant l'attention des esprits les plus curieux sur les systèmes de la philosophie.[168]

Waddington prend la défense de l'hellénisme décadent qui se distingue par le culte du passé, et dont la grammaire, le droit, l'histoire et surtout la théologie soutiennent la comparaison avec l'Occident ; mais il déplore la stérilité de ses travaux philosophiques, comparés à « l'ingénieuse hardiesse de ces barbares de l'Occident qui, avec quelques bribes de l'antiquité, avaient construit des systèmes ».[169] Et du haut du tribunal de l'histoire, il conclut : « N'est-il pas vrai, quand on y songe, que le triomphe final appartient à ces Grecs fugitifs, et qu'ils ont eu le dernier mot devant l'histoire ? ».[170]

Waddington se concentre alors sur Georges Gémiste Pléthon, qui fut à l'origine de « la renaissance du platonisme » et du « réveil de [l'] esprit païen ».[171] Il étudie ensuite « la controverse qui inaugura au milieu du XVe siècle la renaissance de la philosophie grecque en Europe »[172] et qui fut, selon lui, « le grand événement philosophique du XVe siècle »,[173] comme il l'affirmait déjà dans son premier discours sur *La philosophie de la Renaissance*.[174] Mais s'il rejoint Cousin sur l'importance de la controverse,[175] il s'éloigne de lui, en dotant cet

---

166 *Ibid.*, p. 565.
167 *Ibid.*
168 *Ibid.*, p. 566.
169 *Ibid.*, p. 570.
170 *Ibid.*, pp. 575–576.
171 *Ibid.*, pp. 703–704.
172 *Ibid.*, p. 704.
173 *Ibid.*, p. 885.
174 Waddington, *La philosophie de la Renaissance*, p. 8.
175 Voir Cousin, *Histoire générale de la philosophie*, pp. 256–259.

événement historique d'un sens et de conséquences philosophiques.[176] Il analyse « l'histoire extérieure » de la controverse comme un drame en trois actes (qui passe de Grèce en Italie, en langue grecque, pour se conclure en Italie, en latin) doté d'une unité d'action.[177] Le sens émane de l'intrigue, et non de la succession chronologique des faits, selon la distinction bien connue de la *Poétique* d'Aristote, reprise, via Polybe, par les historiens de la Renaissance, pour définir une histoire « universelle ».[178] L'enjeu de la controverse était de « savoir quel était le meilleur des deux systèmes [*sc.* le platonisme ou l'aristotélisme] au point de vue religieux, c'est-à-dire lequel avait le plus d'analogie ou d'affinité avec la religion chrétienne. Or de ce point de vue », poursuit Waddington, « il paraît impossible, au premier abord, de ne pas donner l'avantage au platonisme ».[179] Son jugement est sévère sur un aristotélisme infidèle et un platonisme « dégénéré »,[180] mais le problème soulevé par la controverse est bien interne au platonisme : c'est celui du choix entre Pléthon et Bessarion ; Pierre de Calabre et Marsile Ficin ; bref, entre un Platon anti-chrétien et un Platon christianisé.[181]

L'« histoire de l'Académie platonicienne de Florence » n'a jamais vu le jour. Enfin élu professeur à la Sorbonne, Waddington a enseigné encore pendant treize ans (1879–91) et publié sur l'histoire de la philosophie ancienne, dans

---

176   Waddington, *La Renaissance des lettres et de la philosophie au XV<sup>e</sup> siècle*, p. 891 : « On le voit, cette longue et ardente controverse mérite d'être regardée comme un véritable événement historique, soit à cause des noms qui y figurent, soit à cause de sa durée exceptionnelle : car elle commença en 1440 au plus tard et ne prit fin qu'en 1469, plus de quinze ans après la mort de celui qui y avait donné naissance. Mais il importe surtout d'en dégager le sens et de considérer les questions qu'elle souleva et les directions qu'elle donna aux esprits en philosophie ».

177   *Ibid.*, p. 885.

178   Aristote, *Poétique*, 23, 1459a 17–28 ; Polybe, *Histoires*, 1, 1–4 ; Francesco Guicciardini, *Histoire d'Italie (1492–1534)*, éd. J.-L. Fournel, J.-Cl. Zancarini, vol. 1 : 1492–1513, Paris 1996, livre I, chap. 1, p. 3 ; chap. 6, p. 40 (Guicciardini commence son *Histoire* en 1494 qui marque le début des guerres d'Italie et l'unification du théâtre du conflit européen) ; voir également D. Couzinet, *Histoire et méthode à la Renaissance, une lecture de la* Methodus ad facilem historiarum cognitionem *de Jean Bodin*, Paris 1996 (Philologie et Mercure), pp. 195–204.

179   Waddington, *La Renaissance des lettres et de la philosophie au XV<sup>e</sup> siècle*, p. 900.

180   *Ibid.*, p. 902.

181   *Ibid.*, pp. 902–903 : « Il restait donc à savoir si ceux qui prendraient véritablement Platon pour maître en philosophie partageraient la manière de voir de Bessarion ou celle de Pléthon, s'ils christianiseraient Platon comme on avait fait d'Aristote dans les siècles précédents, ou s'ils l'interpréteraient dans un sens hostile à la philosophie issue du christianisme. Ces deux solutions, dernier mot de la philosophie du XV<sup>e</sup> siècle, sont personnifiées dans l'histoire par deux hommes d'un mérite très inégal, Pierre de Calabre et Marsile Ficin ».

le strict périmètre du profil de son poste. Waddington avait pris sa revanche ; celle de la Renaissance devait en rester là. Cette consécration universitaire tardive sanctionne l'impossibilité de concilier le spiritualisme philosophique et l'éclectisme cousinien avec une reconnaissance universitaire qui reposerait sur la réhabilitation de la philosophie de la Renaissance. Elle est plus largement emblématique de l'ambiguïté fondamentale qui préside au rapport entre l'institution philosophique française et la Renaissance dans le temps long, du fait de l'emprise souterraine qu'a continué à exercer Victor Cousin.[182]

## 4    Épilogue

Plusieurs éléments ont contribué à faire de Waddington, à son corps défendant, un dissident de fait du cousinisme. Dès la publication de sa thèse sur Ramus, il a fait l'objet d'importantes réserves de la part de ses « amis » cousiniens, tandis que le compte rendu élogieux de Renan le ralliait de fait, avec son héros, à la cause du Collège de France. Dans sa correspondance avec Cousin, il a pris soin de se démarquer du « Renanisme ».[183] Son séjour à Strasbourg, dans une institution que Cousin affectait de confondre avec un lycée, lui a valu des reproches directs de la part du maître, liés cette fois au rapport entre philosophie et religion.[184] Enfin, dans les *Essais de logique*, Cousin s'est senti attaqué et Waddington obligé de préciser : « Pas un de vos adversaires n'est loué dans tout le volume ; pas un n'aura lieu d'en être satisfait ».[185] Dans la même lettre, les protestations d'orthodoxie cousinienne de Waddington témoignent de l'emprise que Cousin exerçait sur certains de ses disciples, bien au-delà de l'objet « Renaissance » proprement dit.[186]

---

182    Voir P. Macherey, *Histoire de dinosaure. Faire de la philosophie (1965–1997)*, Paris 1999, chap. 7, chronique n° 5 : « Victor, ou comment s'en débarrasser ? », pp. 195–197, p. 198 : « Être philosophe dans la France d'aujourd'hui, c'est être cousinien, et aussi à des degrés divers rebelle au cousinisme, sans le savoir ». *Ibid.*, note 1 : « Comme l'ont été presque tous les élèves de Cousin, alors qu'ils lui devaient tout, et pas seulement leur position sociale ».

183    Lettre de Waddington à Cousin, Strasbourg, 10 décembre 1858, f. 1$^r$. Dans la lettre du 31 décembre 1859, f. 2$^v$, parmi les « Sujets non encore retenus » par les membres de la Société philosophique des étudiants du séminaire protestant que Waddington dirige avec Matter, figure une « Analyse du dédain et du sentiment du ridicule (à propos d'un mot de M. Renan) ».

184    Lettre de Waddington à Cousin, Strasbourg, 28 janvier 1858, f. 2$^v$.

185    *Ibid.*, f. 1$^v$.

186    *Ibid.*, f. 2$^r$ : « Enfin, je m'assure que personne n'apercevra la moindre hostilité ni la moindre trahison à votre égard dans un livre où votre éloge se lit de la première page à la

Disciple sujet à caution, Waddington avait pourtant entamé sa carrière académique sous les meilleurs auspices, comme on peut le mesurer si l'on compare son traitement avec celui de Giuseppe Ferrari, candidat comme lui à l'agrégation de philosophie des lycées, puis des universités, en 1843 et 1848, devenu un dissident avéré du cousinisme.

Ferrari se présente au concours de l'agrégation de philosophie en 1843, devant un jury présidé par Cousin. Il est reçu quatrième et dernier, alors que Waddington (sous le nom de Kastus) est reçu premier.[187] Pour Waddington, ancien normalien, ancien secrétaire de Cousin, alors suppléant de Jules Simon à l'École normale, l'agrégation représente une étape naturelle dans sa carrière professionnelle. Pour Ferrari qui est déjà titulaire d'un doctorat, il s'agit d'une régularisation, dans l'espoir d'être réintégré dans l'Université, à la suite de « l'affaire » qui a entraîné la suspension de son enseignement à la Faculté des lettres de Strasbourg. Contrairement à son condisciple, Ferrari n'obtient pas de poste au collège. Il est tenu éloigné de l'enseignement jusqu'à la Révolution de février 1848, où lui est offerte la possibilité d'obtenir sa réintégration et de retrouver sa suppléance à Strasbourg, à condition de passer le concours de l'agrégation des facultés dont les candidats doivent être docteurs. Il se retrouve ainsi pour la seconde fois en compétition avec Waddington au concours de 1848, toujours présidé par Cousin.

Sur les cinq candidats, trois sont retenus : Kastus (Waddington) est classé premier et il a le droit de choisir la meilleure place ; il est donc déclaré, à l'unanimité, agrégé près la Faculté des Lettres de Paris. Janet et Jourdain sont pour leur part déclarés agrégés auprès des Facultés des départements.[188] Paul Janet

---

dernière [...] ». Voir J. Pommier, « Victor Cousin et ses élèves vers 1840 », *Revue d'histoire et de philosophie religieuses* 11 (1931), pp. 386–408.

187   Voir Ch. Pfister, « Un épisode de l'histoire de la Faculté des lettres de Strasbourg : l'affaire Ferrari », *Revue internationale de l'enseignement* 80 1926, pp. 334–355, p. 349. Sur « l'affaire Ferrari », voir également S. Douailler et P. Vermeren, « Préface », dans : Ferrari, *Les philosophes salariés*, pp. 12–21.

188   Voir le *Rapport adressé à M. le Ministre de l'Instruction publique et des cultes par M. Cousin, conseiller titulaire de l'Université, président du concours d'agrégation de philosophie, suivi des compositions de MM. Jourdain et Janet* (6 décembre 1848), Ministère de l'Instruction publique et des cultes, 1849. Il est très instructif sur la nature et les objectifs du concours. Ainsi les sujets des deux épreuves de composition : [1] Question de philosophie. *Ibid.*, p. 3 : « Quelle est la doctrine philosophique la plus appropriée aux principes et aux mœurs d'un peuple libre ? » ; [2] Question d'histoire de la philosophie : « Quel a été le rôle de la France, en philosophie, à toutes les époques, et particulièrement au moyen âge et au dix-septième siècle ? ». *Ibid.*, p. 5 : parmi les sujets de leçon, l'une, échue à Janet, consiste à « Faire connaître l'esprit, la méthode et les grands principes de la philosophie de Descartes ; en quoi Descartes continue l'œuvre des réformateurs du 16e siècle, et en quoi il est original, et mérite le titre de fondateur de la philosophie moderne ».

reçoit la chaire de Strasbourg ; quant à Charles Jourdain, il deviendra chef de cabinet du ministre de l'instruction publique. Ferrari, qui a échoué, mais est agrégé des lycées, reçoit comme lot de consolation une nomination au lycée de Bourges, sur le poste de Janet autrefois délaissé par Waddington. Il se vengera de Cousin l'année suivante, en publiant *Les Philosophes salariés*.[189]

Quant à Waddington, il enchaîne les suppléances à l'École normale (celle de Jules Simon), puis au Lycée Napoléon (celle d'Émile Saisset), enfin au Lycée Louis-le-Grand, qu'il cumule avec un cours complémentaire à la Faculté des lettres de Paris – ce qui n'est pas en contradiction avec les vœux formulés pour lui par Cousin dans son rapport.[190] Mais il a dû attendre trente ans avant d'obtenir un poste de professeur à la Faculté des lettres de Paris. Christian Pfister s'en étonne ; Ernest Seillière l'attribue au détour de Waddington par Strasbourg.[191] Son interprétation semble corroborée par le fait qu'à Paris, Waddington a enchaîné le même type de postes avant et après son séjour à Strasbourg : suppléant dans les lycées parisiens et chargé de cours à la Faculté des lettres de Paris. Comment la succession de Bartholmèss au Séminaire protestant s'inscrivait-elle sur l'échiquier cousinien, l'année même où Paul Janet quittait sa chaire à l'Université de Strasbourg pour venir enseigner à Paris, au Lycée Louis-le-Grand ? On peut en tout cas émettre l'hypothèse que, rentré en grâce auprès de Cousin dont le soutien lui a valu le statut de membre correspondant de l'Académie des sciences morales dans la section de philosophie en 1863,[192] Waddington soit rentré enseigner à Paris dès l'année suivante pour se plier aux exigences que lui imposait son statut d'agrégé près la Faculté des Lettres de Paris, mettant fin à ce qui apparaît comme une interruption de carrière. La

---

189   Voir le rapport assassin de Cousin, *ibid.*, p. 7 : « Si nous n'avons pu citer dans aucune des épreuves le sixième concurrent, ce n'est point assurément qu'il soit dépourvu de mérite ; c'est, nous le savons, qu'il s'est présenté à ces luttes difficiles sans aucune préparation. M. Ferrari a de l'esprit, de l'imagination, des connaissances générales ; mais pour s'asseoir parmi les maîtres, il faut des études spéciales et approfondies, il y faut mettre sa vie tout entière ».

190   *Ibid.*, p. 9 : « Et je m'assure que M. Kastus, déjà cher à la Faculté des lettres de Paris par une thèse du premier ordre, y tiendra un jour honorablement sa place à la suite de ces agrégés de philosophie qui sont déjà des maîtres pleins d'autorité, M. Jules Simon, M. Franck, M. Saisset ».

191   Pfister, « Un épisode de l'histoire de la Faculté des lettres de Strasbourg », p. 351 : « Chose curieuse ! Kastus désigné comme agrégé près la Faculté des Lettres de Paris ne devait enseigner à la Sorbonne que longtemps après ». Seillière, « Notice sur la vie et les travaux de M. Charles Waddington », p. 124 : « Les sept années qu'il passa dans la métropole alsacienne furent un temps de repos relatif, au cours de son existence laborieuse, mais sa carrière en souffrit quelque peu, puisqu'il dut attendre près de trente ans une chaire de professeur en titre à la Sorbonne ».

192   Lettre de Waddington à Cousin, Strasbourg, 23 juin 1863, f. 1ʳ.

dissidence de Waddington aurait-elle été avant tout de nature institutionnelle ? Enfin, on ne peut exclure que Waddington ait aussi été victime du déclin du règne de Cousin après la révolution de 1848 et de sa retraite de l'Université sous le second Empire qui cantonnait son activité aux seules Académies, sans pour autant se soustraire à son emprise intellectuelle.[193]

Waddington n'a assumé des éléments de dissidence qu'après la mort de Cousin, dans son entreprise de promotion de la Renaissance qui le ramenait sur un terrain commun avec certains adversaires du cousinisme. Avec Ferrari, il partage le même objet d'étude et la dépendance à l'égard des codes de la philosophie universitaire et de l'éclectisme.[194] Il partage la thèse de Michelet sur le réveil de l'Allemagne au XVIe siècle.[195] Alors que pour Cousin, le Protestantisme n'était pas un marqueur important, comme chez Brucker, et que l'Allemagne du XVIe siècle n'était pas philosophique,[196] Waddington considère l'école mystique allemande comme un facteur de progrès et l'Allemagne comme le pays d'Europe où la philosophie s'est le plus développée à la fin du XVIe siècle.[197]

---

[193]  Voir J. Simon, *Victor Cousin*, Paris 1887, pp. 116–117 : « M. Damiron exalte, comme M. Janet, la grande liberté que Cousin laissait à ses élèves. Je pense bien que Damiron et ses amis, élèves à l'École normale de leur ancien condisciple qui enseignait la philosophie avant d'en avoir une, n'étaient pas astreints à une trop forte discipline. Il n'en fut pas ainsi au bout de quelques années. On n'avait que la liberté de se casser le cou. M. Janet peut se renseigner auprès de nos deux collègues MM. Waddington et Hatzfeld. Quand la révolution de Février est venue mettre un terme à la domination de Cousin, ils étaient occupés, sous sa direction, à composer un Manuel de philosophie élémentaire, où il n'entrait que des passages de ses différents livres, bien coordonnés entre eux pour constituer un système régulier, complet et irréprochable. Ce manuel aurait été autorisé officiellement, et imposé officieusement. La philosophie aurait eu son catéchisme. Elle avait déjà son évêque ».

[194]  Meliadò, « Machiavel à Paris », p. 63 : « Ferrari a conçu son interprétation de la Renaissance comme une contestation organique des dogmes du cousinisme, contestation qui adoptait pourtant les règles du discours philosophique imposées par le cousinisme. [...] La dissidence de Ferrari ne relève dès lors que de la portion de passé qu'il sélectionne comme objet d'étude et de la manière spécifique dont il considère l'interaction entre le passé de la philosophie et le présent politique ».

[195]  Sur Michelet, voir König-Pralong, en référence au volume VIII de *L'histoire de France*, « La Renaissance dans l'histoire », p. 37.

[196]  Cousin, *Histoire générale de la philosophie*, pp. 271–272 : « L'Allemagne au seizième siècle ne compte aucun philosophe d'une grande renommée. On ne peut s'empêcher de sourire quand on entend des protestants nous donner Luther comme un des promoteurs de la raison humaine : tout au contraire, il en était l'adversaire déclaré [...]. Il est ouvertement mystique ».

[197]  Waddington, *La philosophie de la Renaissance*, p. 12 : « l'Allemagne est, à la fin du seizième siècle et au commencement du dix-septième, le pays de l'Europe où la philosophie se développe avec le plus d'originalité et de puissance ». Cela correspond à la quatrième période qu'il distingue dans l'histoire générale de la philosophie de la Renaissance. *Ibid.*, p. 13.

Prisonnier du dilemme énoncé par Ritter dans sa thèse latine sur Ramus, Waddington ne s'en est pas affranchi dans la version française. Les discours de 1872–1878 représentent sans doute une tentative de réhabilitation de lui-même et de la Renaissance comme âge philosophique ; ils restent néanmoins dépendants du cadre cousinien d'une lecture de l'histoire de la philosophie au prisme de l'éclectisme spiritualiste. En vertu de cette vision téléologique, Waddington établit une hiérarchie entre les « grands siècles » philosophiques et politiques (le XIIIe et le XVIIe siècle) et ceux qui les ont préparés (le XIVe et le XVIe siècle). Il reste ainsi cantonné dans la vision cousinienne de la Renaissance comme période intermédiaire – achèvement du Moyen-Âge et transition vers les temps modernes – dont il se limite à accentuer le second volet : le mysticisme devient chez lui un axe porteur de la continuité entre Moyen-Âge et Renaissance, au même titre que l'érudition, née de la continuité de l'éducation antique, tandis que l'invention philosophique et l'art de penser constituent l'identité philosophique de la Renaissance comme rupture, dans un arc élargi qui va de Pétrarque à Bacon inclus, dont l'aboutissement reste Descartes, modèle de philosophie nationale.

CHAPITRE 5

# Négocier la coupure. La légende spiritualiste de Giordano Bruno au cœur de la transaction entre philosophie et théologie

*Delphine Antoine-Mahut*
ENS de Lyon IHRIM, LabEx COMOD

> « La philosophie qui a précédé Descartes était la théologie. La philosophie de Descartes est la séparation de la philosophie et de la théologie ; c'est, pour ainsi parler, l'introduction de la philosophie sur la scène du monde, en son nom propre ».[1]

∴

Dans la conjoncture politique très changeante qui caractérise le dix-neuvième siècle en France, l'histoire de la philosophie, envisagée comme exposition « sévère » et « impartiale »[2] de systèmes philosophiques passés préalable à leur évaluation informée, désigne un moyen jugé efficace, parce qu'apparemment inoffensif, de prendre position dans les débats présents.

L'historien de la philosophie mobilise ainsi des *figures*, qui lui servent de références ou de repoussoirs pour développer ses propres thèses, s'affilier à telle école ou se démarquer de telle autre. On peut distinguer trois caractéristiques essentielles d'une figure philosophique.[3] Premièrement, son lien avec un ou, en

---

1 V. Cousin, *Cours de l'histoire de la philosophie. Introduction à l'histoire de la philosophie*, nouvelle édition revue et corrigée, Paris 1841 (1re éd. 1829), 13e leçon, p. 405.
2 Ces qualificatifs reviennent constamment sous les plumes de Cousin et de son entourage. Pour une analyse de la constitution, des représentations et des transformations du « self » de l'historien de la philosophie dans le nouveau paysage des savoirs modernes en Europe, voir C. König-Pralong, *La colonie philosophique. Écrire l'histoire de la philosophie aux XVIIIe et XIXe siècles*, Paris 2019 (En temps & lieux, 83), en particulier pp. 25–80.
3 Je propose une application de cette définition aux usages de Descartes chez Degérando et Cousin dans D. Antoine-Mahut, « Philosophizing with a Historiographical Figure. Descartes in Degérando's *Histoire comparée des systèmes de philosophie* (1804 and 1847) », *British Journal of the History of Philosophy* 28/3 (2020), pp. 533–552.

tout cas, avec un nombre restreint de philosophèmes ; deuxièmement, son lien avec d'autres figures du passé ; troisièmement et enfin, son lien avec les interlocuteurs présents, ou ce que nous pourrions désigner comme son actualisation.[4]

Prenons le cas, décisif pour la période parce qu'il a très vite été érigé en père du spiritualisme français et atteste en cela de la dimension éminemment philosophique de cette historiographie, du « Descartes » de Cousin. Le philosophème sélectionné consiste en une interprétation de l'enthymème « je pense, donc je suis » comme vérité à la fois expérimentale et rationnelle, fondant une conception spiritualiste et française de la philosophie en rupture avec le sensualisme antérieur, mais reprenant la méthode que Bacon mobilisait pour étudier la physique afin d'en focaliser l'application sur l'âme humaine.[5] Ainsi, bien que Cousin ait édité les œuvres complètes de Descartes en onze volumes entre 1824 et 1826, « son » Descartes est essentiellement celui des quatre premières parties du *Discours de la méthode* et des cinq premières *Méditations métaphysiques*. Il consiste en un peu de métaphysique, un peu de logique et un peu de morale.[6] En ce qui concerne les relations familiales, Descartes est relié en amont au Platon des idées innées[7] et perverti en aval par Spinoza, qui a méprisé les enseignements de la conscience et de l'expérience et outré le géométrisme jusqu'à sombrer dans le nécessitarisme. En toile de fond transparaissent le Malebranche de l'étendue intelligible, qui est un peu trop proche de Spinoza ; et celui de la vision en Dieu, qui s'égare dans le mysticisme ; le Locke qui se focalise sur les sens externes perd de vue la réflexion et amorce en cela le virage sensualiste du second Condillac du *Traité des sensations* ; et le Leibniz qui peut certes servir à corriger les excès spinozistes de Descartes, mais reste au bout du compte trop immanentiste. Finalement, le Descartes de Cousin lui sert aussi bien, au présent, à se distinguer, sur sa gauche, des positivistes et de tous ceux qui présentent une forme d'appétence pour le matérialisme ; qu'à

---

4   Le moindre changement en 1 se répercute bien sûr sur 2 et 3. C'est ainsi que peuvent s'écrire des histoires de la philosophie concurrentes, se donnant d'autres pères fondateurs, ayant engendré d'autres familles et diffusant au présent une autre conception de l'homme et de son rôle dans la société.
5   J'étudie cette application dans D. Antoine-Mahut, « Experimental Method and the Spiritualist Soul. The Case of Victor Cousin », *Perspectives on Science* 27/5 (2019), pp. 680–703.
6   C'est ainsi qu'Adolphe Garnier caractérise la conception de la philosophie qui prévaut en France à la fin des années 1830 et qui, sur ce point, contraste avec l'idée que Bacon, Descartes et leurs contemporains s'en faisaient. Cf. A. Garnier, « Avertissement », dans : *Œuvres philosophiques de Descartes*, éd. A. Garnier, vol. 1, Paris 1835, p. iii.
7   Voir M. Narcy, « Le Platon libéral de Victor Cousin », *Revue française d'Histoire des Idées Politiques* 37 (2013), pp. 35–57 ; et Ch. Mauve, M. Narcy, R. Ragghianti, P. Vermeren, « Introduction », dans : V. Cousin, *Platon*, Paris 2016 (Bibliothèque d'Histoire de la Philosophie), pp. 9–56.

se démarquer, sur sa droite, de ceux qui s'en remettent à la Raison divine et défendent une forme théologique de spiritualisme.

Giordano Bruno occupe de ce point de vue une place tout à fait singulière. D'abord parce que sa figure n'est pas tant reliée à un philosophème précis qu'à une question polémique structurant le règne de Cousin : celle du panthéisme, et que cette question désigne alternativement ou en même temps deux philosophèmes pourtant distincts : l'absorption de Dieu dans le monde et l'absorption du monde en Dieu. Ensuite, parce que les relations de famille que cela engage avec les autres philosophes, au passé et au présent, s'emboîtent alors comme des poupées russes. Bruno est lié à Spinoza versus Descartes, à Aristote versus Platon et à Schelling versus Cousin. Et selon l'interprétation qu'on se fait du panthéisme, il retrouve, sur sa gauche, des sympathisants matérialistes ou, sur sa droite, des adeptes de différentes formes de mysticisme. Son panthéisme avant la lettre, et en ce sens très actuel, est en somme « à double face » ; il mêle « d'une façon étrange, le spiritualisme et le matérialisme ».[8]

Afin de restituer les enjeux du recours à la figure de Bruno par Cousin et les siens, je propose d'envisager le trio formé par Victor Cousin, Émile Saisset (1814–1863) et Théophile Desdouits (1836–1898). Chacun des trois se revendique en effet comme « spiritualiste ». En tant que chef de clan, Cousin pose un cadre dans lequel Bruno sert une conception forte de la démarcation nécessaire entre philosophie et théologie. Mais alors que Saisset, son fidèle élève, se focalise sur la tyrannie potentielle de la seconde envers la première, Desdouits, qui intervient dans le débat presque vingt ans après la mort de Cousin, inverse le curseur et retourne l'accusation de tyrannie contre le *modus operandi* du Cousin historien de la philosophie. La focalisation sur ce trio au travail permet ainsi de montrer, sur une quarantaine d'années, en quoi la mobilisation de Bruno est un moyen pour les spiritualistes de se démarquer entre eux, à partir de leurs prises de positions à l'égard de l'athéisme philosophique, d'une part, et de l'autorité dogmatique romaine, symbolisée historiquement par l'Inquisition, d'autre part.

Le cas Bruno devient alors partie prenante d'une réflexion, décisive pour l'intelligence de notre modernité philosophique, sur les limites (étendue et bornes) de la philosophie elle-même, par rapport à la théologie, et sur les enjeux pratiques et politiques de cette définition, dans une conjoncture

---

8   Selon l'expression de J.-B. Bordas-Demoulin, *Le cartésianisme ou la véritable rénovation des sciences. Suivi de la théorie de la substance et de celle de l'infini*, vol. 1, Paris 1843, pp. 9–10.

politique nous amenant aux lois Ferry et en particulier à celle du 28 mars 1882 sur la laïcité de l'enseignement.[9]

## 1 Démarquer la philosophie de la religion

Les analyses que Cousin consacre à Giordano Bruno paraissent d'abord dans le *Cours de l'histoire de la philosophie. Histoire de la philosophie du XVIIIe siècle*, paru chez Pichon et Didier en 1829 (leçons 2e et 10e), puis dans La *Revue des deux mondes* en novembre 1843, où elles sont suivies par celles sur Vanini dans le numéro de décembre. On les trouve ensuite dans les *Fragments de philosophie cartésienne* en 1845, dans la partie intitulée : « Vanini ou la philosophie avant Descartes ». Enfin, dans un Rapport lu lors de la séance du 23 janvier 1847[10] à l'Académie des sciences morales et politiques, Cousin fait connaître l'ouvrage en deux tomes de Christian Bartholmèss : *Jordano Bruno*.[11] Le premier tome porte sur la vie de Bruno et le second, sur ses travaux. Cousin recommande la publication de l'ouvrage dans le tome 2 du *Recueil des savants étrangers*. Après avoir identifié, dans ces différents textes, les composantes philosophiques et politiques principales de la poupée russe brunienne, je restituerai les étapes charnières de la dissociation opérée par Cousin entre une philosophie spiritualiste, orthodoxe et laïque, susceptible d'admettre des degrés de panthéisme, d'une part ; et une autorité religieuse institutionnellement représentée par une Inquisition prétendant statuer sur la philosophie et réduisant toute forme de panthéisme à un athéisme, d'autre part. Cette dissociation d'avec la « droite catholique » permet du même coup, en toile de fond, de mieux préciser sa position par rapport à la « gauche socialiste ».

### 1.1 *La poupée russe brunienne*
Le court paragraphe consacré à Bruno dans le cours de 1829 en présente une image largement positive. Après avoir rappelé que Bruno fut condamné à

---

9  Sur la période la plus importante du magistère de Cousin, voir S. Milbach, *Les Chaires ennemies. L'Église, l'État et la liberté d'enseignement secondaire dans la France des notables (1830–1850)*, Paris 2015 (Bibliothèque d'études des mondes chrétiens).
10  V. Cousin, « Rapport sur un ouvrage de M. Bartholmès intitulé : Jordano Bruno (1847) », dans : *Séances et travaux de l'Académie des sciences morales et politiques*, vol. 1, Paris 1847, pp. 177–180.
11  Ch. Bartholmèss, *Jordano Bruno*, 2 vols, Paris 1846–1847.

Rome « comme violateur de ses vœux et comme hérétique, et brûlé le 17 février 1600 »,[12] Cousin le décrit en effet comme :

> [...] un esprit très étendu, une imagination forte et brillante, un homme d'esprit, un écrivain distingué. Il renouvela la théorie des nombres, et donna une explication détaillée du système décadaire. Dieu est pour lui la grande unité qui se développe dans le monde et dans l'humanité, comme l'unité se développe dans la série indéfinie des nombres. Il a aussi pris en main la défense du système de Copernic. Le temps me manque pour vous faire connaître plus au long son système ; je me contente de vous dire qu'il me paraît tout à fait digne de l'attention qu'il a excitée dans ces derniers temps en Allemagne, et qu'il a porté l'idéalisme à peu près au point de perfection auquel il pouvait atteindre au seizième siècle, avant la connaissance de la véritable méthode philosophique. Jordano Bruno, s'il n'a pas établi un système durable, a au moins laissé dans l'histoire de la philosophie une trace lumineuse et sanglante, qui n'a pas été perdue pour le dix-septième siècle.[13]

Il ajoute en note que ses « ouvrages les plus remarquables » sont : « *Della causa, principio e uno*. Venet. (Paris), 1584. – *Dell'infinito universo e mondi*. Venet. (Paris), 1584. – *De monade, numero et figura*, etc., Francf. 1591. »[14] Quatre enseignements majeurs peuvent ainsi être tirés de ce passage. Premièrement, Cousin y présente comme un fait non discuté la mise à mort de Bruno sur le bûcher romain et les raisons pour lesquelles il le fut (son hérésie). Deuxièmement, Cousin ne revient pas sur la philosophie brunienne proprement dite, à deux exceptions près : le lien entre la représentation mathématique que Bruno se fait du monde et sa conception de Dieu (qui n'est pas ici qualifiée de panthéisme), d'une part ; et la référence générale aux trois ouvrages majeurs, disponibles au moment où Cousin écrit, traitant de cette relation, d'autre part. Troisièmement, Cousin voit d'un très bon œil le réinvestissement de la philosophie de Bruno par ses collègues allemands, dans la perspective de fonder l'idéalisme nouveau auquel ils travaillent. Quatrièmement et enfin, ces différents points suffisent à attester de l'intérêt de la vie et de la philosophie de Bruno qui, pour ce qui concerne la France, ne peut être que propédeutique à

---

12   V. Cousin, *Cours de l'histoire de la philosophie. Histoire de la philosophie du XVIIIe siècle*, vol. 1, Paris 1829, p. 410.
13   *Ibid.*, p. 411.
14   *Ibid.*, pp. 411–412.

l'avènement de la méthode cartésienne. Or cette perspective s'infléchit et se développe différemment dans les textes ultérieurs.

Dans la présentation des *Fragments de philosophie cartésienne* et sur une échelle graduée allant du moins au plus athée, Bruno occupe une place intermédiaire entre Campanella et Vanini qui n'a, « ni la vaste imagination » de Bruno, « ni l'enthousiasme énergique » de Campanella.[15] Le critère essentiel d'appréciation de Cousin réside dans les capacités respectives de ces trois philosophes à incarner les « martyrs de cet esprit nouveau », qui soufflera au XVIIe siècle et que la Renaissance, coincée entre les génies antiques et modernes, n'a pu au mieux qu'annoncer. Dans ce volume, l'« esprit nouveau » désigne une forme d'« émancipation » révolutionnaire, qui commence en 1637 avec le *Discours de la méthode* et promeut la raison contre l'imagination. Or la philosophie de la Renaissance est privée du moyen nécessaire à cette émancipation : une méthode analytique pour bien conduire sa raison. Derrière cette opposition entre imagination et raison, ou entre Bruno et Descartes, se joue ainsi la démarcation d'une forme rationnelle de spiritualisme par rapport à une forme plus mystique ou dogmatique se réclamant notamment des travaux de Louis de Bonald (1754–1840). Louis Eugène Marie Bautain,[16] qui fut l'élève de Cousin mais revendiqua assez vite, contre ce dernier, une forme théologique de spiritualisme, pourrait de ce point de vue se retrouver affilié, au présent de Cousin, à la figure brunienne.

Si l'esprit nouveau d'émancipation caractérise le XVIIe et non le XVIe siècle, qui n'a fait que l'annoncer, cela signifie que le maintien de cette émancipation suppose de se situer dans la continuité du XVIIe siècle, et non de revendiquer un retour à la Renaissance dans l'objectif de nous faire croire qu'on y trouvera ce dont on a besoin pour une révolution qui resterait à faire. Cette fois, la démarcation vise les « philosophes » du XVIIIe siècle et leurs héritiers sensualistes. Cousin entend se distinguer des apologistes de Bruno en héros de la *libertas philosophandi*, comme Diderot dans l'*Encyclopédie*.[17]

---

15    V. Cousin, « Vanini ou la philosophie avant Descartes », dans : id, *Fragments de philosophie cartésienne*, Paris 1845, pp. 1–98, ici p. 15.

16    Voir notamment L. Bautain, *La morale de l'Évangile comparée à la morale des philosophes*, Strasbourg 1827 et id., *De l'enseignement de la philosophie en France, au dix-neuvième siècle*, Strasbourg-Paris 1833.

17    Sur Diderot, voir D. Foucault, « Diderot, Vanini, le jugement socratique et le jugement de la postérité », *Anabases* 13 (2011), pp. 121–129. Sur la réception historiographique de Bruno aux XVIIIe et XIXe siècle, voir S. Ricci, *Dal* Brunus redivivus *al* Bruno degli italiani. Metamorfosi della nolana filosofia tra Sette e Ottocento, Roma 2009 (Studi e testi del Rinascimento europeo, 37). Ricci ne s'occupe pas ici directement du Bruno spiritualiste. Il a toutefois dédié le chapitre 1 à Bruno dans la France des *lumières* (« Tra erudizione e *Lumières* »,

Comme l'a souligné un grand adversaire de Cousin, Giuseppe Ferrari, dans *Vico et l'Italie*,[18] la particularité de Bruno consiste en effet à représenter le panthéisme sous sa forme « la plus grandiose », ce qui le fait « presque » toucher au panthéisme de Schelling.[19] Autrement dit, la figure de Bruno est un concentré de la querelle du panthéisme venue d'Allemagne et dans laquelle Cousin se trouve pris au moment où il rédige les *Fragments*. De cette querelle complexe, qui a déjà fait l'objet de plusieurs travaux de référence,[20] nous retiendrons deux caractéristiques majeures. Elles concernent, d'une part, la genèse et les modalités de l'implication de Cousin et, d'autre part, le renouveau des publications sur Bruno au même moment.

Jean-Pierre Cotten a montré qu'avant les années 1830, durant lesquelles la « philosophie de la nature » est assimilée au panthéisme, il « ne faut pas [...] chercher à mettre en relation directement conceptions philosophiques et finalités pratiques-idéologiques »[21] chez Cousin. Le lien devient en revanche central dans l'introduction de 1838 aux *Fragments philosophiques* où, comme

---

pp. 1–25) ; et le chapitre 3 au Bruno allemand (« Romantik, Spinoza-Renaissance e idealismo », pp. 45–92). Voir aussi id., « La ricezione del pensiero di Giordano Bruno in Francia e in Germania. Da Diderot a Schelling », *Giornale critico della filosofia italiana* 70 (1991), pp. 431–465.

18  J. Ferrari, *Vico et l'Italie*, Paris 1839, pp. 23–24. Sur Ferrari, voir M. Meliadò, « Machiavel à Paris : l'historiographie philosophique sur la Renaissance et la dissidence idéologique contre l'éclectisme (1829–1843) », dans : D. Antoine-Mahut, D. Whistler (éds), *Une arme philosophique : l'éclectisme de Victor Cousin*, Paris 2019 (Actualité des classiques), pp. 53–68 ; P. Vermeren, « Joseph Ferrari, l'insurrection péripatéticienne contre le christianisme, et l'impiété de la Renaissance devenue système par le cartésianisme », dans : Antoine-Mahut, Whistler (éds), *Une arme philosophique*, pp. 71–80. Voir aussi, pour la comparaison du Vanini de Ferrari et de celui de Cousin, dans ce volume, la contribution de G. Piaia, « Deux portraits de la Renaissance en compétition. L'*Encyclopédie nouvelle* (1836–1843) et le *Dictionnaire des science philosophique* (1844–1852) », pp. 44–57.

19  Voir L. Fedi, « Schelling en France au XIXe siècle », *Les Cahiers philosophiques de Strasbourg* 43 (2018), pp. 13–80.

20  Voir notamment P. Vermeren, *Victor Cousin. Le jeu de la philosophie et de l'État*, Paris 1995 (La philosophie en commun), pp. 223–244 ; et R. Ragghianti, « Victor Cousin et la querelle du panthéisme », dans : V. Cousin, *Nouvelle théodicée d'après la méthode psychologique*, éd. R. Ragghianti, Paris 2001, pp. 7–51. Ces deux études insistent entre autres sur l'importance de l'abbé Maret dans la querelle.

21  J.-P. Cotten, « Victor Cousin et la "philosophie de la nature" (1810–1820) », *Romantisme* 98 (1995), pp. 35–47, ici 35. J.-P. Cotten était l'invité de la séance du 15 octobre 2020 du séminaire « La 'philosophie française' au XIXe siècle », que je co-dirige avec Samuel Lézé à l'ENS de Lyon. Il est revenu sur la question du panthéisme en insistant notamment sur l'importance, encore sous-estimée, de l'édition de Proclus par Cousin.

l'a récemment explicité Daniel Whistler,[22] Cousin développe un empirisme spéculatif post-kantien en interaction directe avec celui de Schelling et en vient à affirmer que Dieu est dans la nature aussi bien que dans l'homme. Or la philosophie de Schelling est, au même moment, reliée à une forme athée de spinozisme, structurée sur la distinction entre *natura naturans* et *natura naturata*. Par un effet de ricochet assez commun en histoire des idées, Cousin se retrouve donc à son tour accusé de panthéisme et de tous les maux philosophiques susceptibles d'être contenus dans cette boîte de Pandore.[23]

C'est dans ce contexte que se renouvellent les publications sur Bruno; les éditions et traductions de ses œuvres, d'abord, par rapport à celles qui étaient disponibles au moment du cours de 1829. Dans les *Fragments de philosophie cartésienne*, Cousin se réfère ainsi à la publication à Leipzig, en deux volumes et en 1830, des œuvres italiennes de Bruno par Adolph Wagner.[24] Et en 1845 paraît à Paris chez Ladrange la traduction de *Bruno ou du principe divin et naturel des choses, par F.-W.-J. de Schelling*, par Claude Husson; les publications sur la philosophie et sur la vie de Bruno ensuite, parmi lesquelles, surtout, la contribution de Christian Bartholmèss, que nous retrouverons plus loin.

De ce fait, le retour à un Descartes nettoyé de ses potentialités spinozistes, dans les *Fragments de philosophie cartésienne*, devient le moyen de se disculper au présent de tout excès germaniste,[25] que cet excès soit tiré dans un sens idéaliste ou dans un sens matérialiste. À un Giordano Bruno potentiellement novateur au bon sens du terme mais qui, confondant Dieu dans la nature ou inversement, perd du même coup l'homme et toute possibilité pour ce dernier de s'émanciper rationnellement, on peut ainsi opposer le Descartes des

---

22  D. Whistler, « 'True Empiricism' : the Stakes of the Cousin-Schelling Controversy », *Perspectives on Science* 27/5 (2019), pp. 739–765.

23  Voir E. Roques, *M. V. Cousin et ses adversaires ou Examen des doctrines philosophiques en conflit au XIXe siècle*, Paris/Toulouse 1858, chap. 4 : « Doctrine de M. Cousin accusée de panthéisme », pp. 118–163.

24  *Opere di Giordano Bruno Nolano*, éd. A. Wagner, 2 vols, Leipzig 1830. Cousin ajoute : « Il [sc. Wagner] devait aussi donner une édition de ses écrits latins : il l'a commencée, mais non terminée » (Cousin, « Vanini ou la philosophie avant Descartes », p. 9, n. 1).

25  Par-là, on ne désigne pas seulement les autres philosophes outre-Rhin mais, aussi, les autres historiens de la philosophie. Dès 1829 ainsi, Cousin traduit le *Manuel* de Tennemann (*Manuel de l'histoire de la philosophie*, traduit de l'allemand de Tennemann, par Victor Cousin, 2 vols, Paris 1829). Or après avoir désigné Bruno comme un des hommes de la Renaissance « dont le souvenir est le plus intéressant » (*ibid.*, vol. 1, p. 40), Tennemann relie directement le panthéisme de ce dernier au « spinozisme », au « système de Schelling » et à sa « philosophie de la nature » (*ibid.*, p. 47). Les § 299 et 300 reviennent sur les principaux points de sa théologie *natura naturans* et *natura naturata* et concluent que la doctrine de Bruno est « un panthéisme qu'on a souvent donné à tort pour un athéisme, développé avec une force entraînante de conviction » (*ibid.*, pp. 46–47).

preuves de l'existence de Dieu et de l'immortalité de l'âme, que Cousin brandit à la tribune en 1844, contre les théologiens désireux de supprimer l'enseignement de l'histoire de la philosophie des programmes[26] et qui mobilisent, en guise d'arme théorique la plus efficace dans ce combat, le doute contre l'orthodoxie du spiritualisme en chaire.

### 1.2 L'effet Bruno

Voyons maintenant comment le Cousin historien de la philosophie mobilise à cette fin la figure de Bruno dans les *Fragments*. On procédera en comparant les traitements respectifs des cas Vanini, Campanella et Bruno, à partir de deux indicateurs : ce que Cousin retient des philosophies (des écrits donc) de chacun d'eux, d'une part, et la manière dont il se rapporte aux archives et aux récits de leurs procès respectifs, d'autre part. Ce faisant, on conservera à l'esprit l'objectif explicite de Cousin : mobiliser des preuves irréfutables afin de répondre définitivement à la question de savoir pourquoi ils ont été condamnés et s'ils l'ont ou non été à juste titre. Mais on n'oubliera pas son objectif implicite : en tirer des enseignements sur l'interprétation du contexte dans lequel il se trouve lui-même pris, pour mieux y agir.

S'agissant de Campanella, Cousin rappelle que le dernier historien en date qui s'en est occupé, Michele Baldacchini,[27] a en vain cherché le procès de ce dernier dans toutes les archives napolitaines. Tout semble avoir disparu « et nous en sommes réduits au témoignage de ses ennemis », c'est-à-dire à des témoignages sans contradicteur et uniquement à charge.[28] D'autre part, dans son ouvrage *L'athéisme vaincu* (*Atheismus triumphatus*), publié à Rome en 1631, Campanella défend une pensée « toujours chrétienne ». Cousin cite ainsi Campanella lui-même décrivant la torture, l'absurdité des accusations contre lui, notamment celle d'hérésie, et le lien arbitraire établi par ses accusateurs

---

26   Voir notamment, le discours à la Chambre des Pairs en réponse au duc de Broglie (séance du 2 mai 1844), dans : V. Cousin, *Défense de l'université et de la philosophie. Discours prononcés à la Chambre des Pairs dans la discussion de la loi sur l'Instruction secondaire (avril et mai 1844)*, Paris 1845, pp. 101–134 ; ainsi que L. Rey, *Les enjeux de l'histoire de la philosophie en France au XIXe siècle. Pierre Leroux contre Victor Cousin*, Paris 2012 (La philosophie en commune), en particulier pp. 157–178.

27   M. Baldacchini, *Vita di Tommaso Campanella*, Napoli 1840 (réédition 1847) ; et id., *Vita e filosofia di Tommaso Campanella*, Napoli 1843.

28   On dispose maintenant des archives éditées par L. Firpo, *Il processo di Giordano Bruno*, éd. D. Quaglioni, Roma 1993 (Profili, 15/1) ; et id., *I processi di Tommaso Campanella*, éd. E. Canone, Rome 1998 (Profili, 15/2). Pour une mise au point sur l'historiographie de l'Inquisition à l'époque moderne, voir R.M. Carvacho, J.-P. Dedieu, « Entre histoire et mémoire. L'Inquisition à l'époque moderne : dix ans d'historiographie », *Annales. Histoire, Sciences Sociales* 57 (2002), pp. 349–372.

entre hérésie et anti-aristotélisme. La partialité du point de vue critique (celui des ennemis) et la consistance de l'attachement revendiqué de Campanella au christianisme en font ainsi, au moins potentiellement, un martyr authentique, c'est-à-dire accusé à tort.[29]

S'agissant de Vanini, tout le monde est également d'accord pour condamner « le bûcher infâme dressé à Toulouse au commencement du XVIIe siècle. On maudit les bourreaux, on plaint la victime ». Mais le Parlement de Toulouse n'a jamais publié les actes du procès. Tout ce qu'on pouvait en dire jusqu'ici relevait donc de « conjectures arbitraires », d'« anecdotes qui ne reposent sur aucun fondement » et de « bruits mensongers » qui, « répandus par la crédulité, finissent, au bout de quelque temps, par composer la tradition et l'histoire ».[30] Mais Cousin affirme s'être procuré « une pièce officielle, la pièce décisive, qui nous permettra de voir un peu plus clair dans ces ténèbres sanglantes ».[31] Et ce que montre ce témoignage, c'est que Vanini est bien mort « comme une brute »,[32] avec la langue arrachée. Afin de compléter ce qui peut désormais assurer un jugement éclairé, il faut aussi regarder de près les

---

29   On peut s'étonner de cette souplesse de Cousin à l'égard d'une des références phares de Diderot ou de Leroux, largement critiquée par son propre camp. Un élément d'explication biographico-philosophique peut nous éclairer. Il s'agit du traitement réservé par Louise Colet à Campanella dans son édition de 1844, qui avait été précédée d'une publication intitulée « Campanella », le 13 février 1842 dans la *Revue de Paris* et qui contient essentiellement un choix de poésies et la *Cité du Soleil* (*Œuvres choisies de Campanella*, précédées d'une notice, par L. Colet, Paris 1844). Louise Colet fait de Campanella, associé sur ce point à Bruno, un étonnant rénovateur issu du cloître et influencé par la *Somme théologique* de Thomas d'Aquin, au point que ce qu'il y a « de plus hardi et de plus généreux », chez Saint-Simon et Fourier, en termes de réforme sociale, « a été emprunté à Campanella » (L. Colet, « Notice sur Thomas Campanella », dans : *Œuvres choisies de Campanella*, p. 28). Mais surtout, elle dénonce le dédain dans lequel Descartes, dont Campanella a en vain recherché le contact, a tenu le philosophe napolitain. Elle conclut, d'une part, que « si Campanella ne fut pas un des grands fondateurs de la philosophie moderne, on ne peut oublier qu'il a souffert pour elle, et qu'il a droit à l'admiration et au respect » et, d'autre part, que si Descartes sut pour lui-même éviter la persécution, il aurait au moins dû donner « sa sympathie à ceux qui furent persécutés pour avoir annoncé cette philosophie que ses ouvrages font triompher » (*ibid.*, pp. 45–46). Une des explications vraisemblables de la position conciliante d'un Cousin aimant se dépeindre lui-même comme persécuté, à l'égard de Campanella, pourrait ainsi s'expliquer par son souci de rendre à Campanella, au nom du cartésianisme et peut-être pour être agréable à Louise Colet, la justice que Descartes ne lui a pas rendue.
30   Cousin, « Vanini ou la philosophie avant Descartes », pp. 67–68.
31   *Ibid.*, p. 16. Concernant les documents mobilisés par Cousin, voir, dans ce volume, la contribution de M. Meliadò, « Le cas Vanini et l'historiographie sur la Renaissance à l'école de Victor Cousin », pp. 127–150.
32   Cousin, « Vanini ou la philosophie avant Descartes », p. 91.

ouvrages de Vanini. Et il convient ici d'opérer une distinction. D'une part, c'est l'*Amphithéâtre* (*Amphitheatrum æternæ Providentiæ divino-magicum*), publié en 1615 à Lyon, qui suscite les plus vives critiques pour impiété. Or, de multiples témoignages fondés sur « les théologiens les plus autorisés »[33] affirment que Vanini n'y dit rien de contraire à la foi catholique. Cousin n'affirme pas que ces théologiens ont raison ; il soupçonne même plutôt, de son côté, une « ironie mal dissimulée »[34] dans l'ouvrage de Vanini. Mais il laisse ouverte la possibilité de prendre avec eux, au pied de la lettre, ce que Vanini lui-même y affirme : être le défenseur de la religion et même « le fils de la sainte mère l'Église catholique ».[35] En revanche, aucun doute n'est possible au sujet des quatre livres du *De admirandis naturae arcanis,* parus à Paris en 1616. Vanini s'y livre à une sorte de « déification de la nature [...] qu'on appellerait aujourd'hui à bon droit le panthéisme »,[36] qui nie sans ambiguïté l'immatérialité et l'immortalité de l'âme et qui se traduit dans une morale hédoniste. En distinguant ces deux « faces »[37] de Vanini, une qui se montre masquée et une qui apparaît à visage découvert, on peut alors expliquer le partage de ses réceptions entre des « extrêmes apologistes » et des « extrêmes adversaires ».[38] Par rapport à Campanella, le Vanini de Cousin est donc clairement plus athée, ce qui peut philosophiquement justifier qu'on le critique. Mais on a par ailleurs aussi, à présent, la preuve irréfutable de ce que l'Inquisition l'a traité d'une manière inacceptable. On a donc eu raison de le traiter d'athée, car son panthéisme était excessif. Mais on a eu tort de le brûler. Ce lien problématique entre philosophie et religion est au cœur du traitement du cas Bruno.

Comme pour Campanella, aucune pièce du procès et du supplice de Bruno n'a été publiée à l'époque de Cousin : « elles ont [toutes] été détruites, ou elles reposent encore dans les archives du saint-office ou dans un coin du Vatican avec les actes du procès de Galilée ».[39] Mais comme pour Vanini, Cousin soutient qu'on peut se fonder sur un document très précis pour se faire un jugement. Il s'agit d'une lettre, datée du 17 février 1600 et adressée par Caspar Schoppe (Scioppius), savant allemand contemporain de Bruno, à son ami Conrad Rittershausen, « un de ses compatriotes luthériens ».[40] Contrairement

---

33  *Ibid.*, p. 18.
34  *Ibid.*, p. 19.
35  *Ibid.*, p. 18.
36  *Ibid.*, p. 61.
37  *Ibid.*, p. 62.
38  *Ibid.*, p. 63.
39  *Ibid.*, p. 9.
40  *Ibid.*, p. 10. Cousin souligne que ce document serait paru pour la première fois en 1701, dans les *Acta litteraria* de Struve, fasc. V, p. 64. Ce en quoi il se trompe : le volume 5 des

aux témoignages biaisés sur Campanella, mais conformément à celui de Gramond sur Vanini, nous avons ici affaire à des « érudits et des critiques distingués »,[41] donc à des interlocuteurs auxquels on peut se fier. Cousin traduit en français quelques morceaux choisis de la lettre. Il s'applique surtout à montrer que ce document « prouve que Giordano Bruno a été mis à mort, non comme protestant, mais comme impie, non pour tel ou tel acte de sa vie, sa fuite de son couvent ou l'abjuration de la foi catholique, mais pour la doctrine philosophique qu'il répandait par ses ouvrages et par ses discours ».[42] Lorsqu'on regarde par ailleurs les œuvres de Bruno, on se rend compte qu' « il n'est pas une erreur des philosophes païens et de nos hérétiques anciens ou modernes qu'il n'ait soutenue ».[43] Dans la continuité des Alexandrins, d'un certain Pythagore et d'un Platon défiguré, Bruno s'est perdu dans l'abîme d'une unité absolue, destituée des caractères intellectuels et moraux de la divinité et intérieurs à l'humanité elle-même. La philosophie de Bruno est donc mauvaise et dangereuse en ce qu'elle mène au panthéisme, compris comme matérialisme et athéisme. C'est pour cette raison philosophique, et non pour des raisons religieuses, liées ici à son luthéranisme, que Bruno a été condamné, et à juste titre. Mais il en résulte du même coup une conséquence implicite : en suppliciant et en brûlant en Bruno le philosophe, l'Église catholique romaine

---

Acta date de 1707 et non de 1701. Il existe une édition partielle antérieure, en 1621. Voir l'édition de la lettre dans Firpo, *Il processo di Giordano Bruno*, p. 498, n. 71. La discussion sur les raisons de la condamnation de Bruno (pour athéisme ou pour luthéranisme) est un lieu classique de l'historiographie brunienne au moins à partir du débat entre Maturin Veyssière de La Croze (1661–1739) et Christoph August Heumann (1681–1764). À ce propos, voir W. Schmidt-Biggemann, « Aspekte der Rezeptionsgeschichte Brunos im 18. Jahrhundert », *Zeitsprünge. Forschungen zur Frühen Neuzeit* 3 (1999), pp. 65–87.

41 Cousin, « Vanini ou la philosophie avant Descartes », p. 11, n. 2. Dans sa préface aux *Œuvres choisies de Campanella*, Louise Colet, sans se référer à ce document, n'émet elle non plus aucun doute sur ce qu'il est supposé nous enseigner : Bruno « fut livré, en 1598, à l'Inquisition, transféré à Rome, condamné comme hérétique, et brûlé le 17 février 1600 » (Colet, « Notice sur Thomas Campanella », p. 21, n. 1). Elle suit sur ce point le cours de 1829.

42 Cousin, « Vanini ou la philosophie avant Descartes », p. 10. Voir D. Quaglioni, « L'autodéfense de Giordano Bruno », dans : T. Dagron, H. Védrine (éds), *Mondes, formes et société selon Giordano Bruno*, Paris 2003 (De Pétrarque à Descartes, 57), pp. 29–46. Dans le même volume, voir aussi les deux articles sur Schelling et Bruno : S. Otto, « Le "symbole de la vraie philosophie". La *nolana philosophia* et sa transmission à Schelling par Jacobi », dans : Dagron, Védrine (éds), *Mondes, formes et société*, pp. 177–196 ; et M. Boenke, « Giordano Bruno dans la philosophie de l'identité de Schelling », dans : Dagron, Védrine (éds), *Mondes, formes et société*, pp. 197–208.

43 Cousin, « Vanini ou la philosophie avant Descartes », p. 11.

s'est montrée tyrannique[44] au sens pascalien. Elle est sortie de son ordre : le théologique a statué sur le philosophique, de manière totalement illégitime.

De ce point de vue, Bruno peut être relié à Descartes et, par Descartes, au Cousin des années 1840. Derrière la condamnation religieuse de la philosophie de Bruno se dessine la figure d'un Cousin injustement persécuté par les catholiques Ultras en raison de son spiritualisme trop rationnel et qui, de ce fait, considère comme un acte politique le rappel final, dans ces analyses consacrées à la Renaissance, des deux faces indissociables de la philosophie de Descartes. D'abord, Descartes « sépare la philosophie de la théologie ; dans les limites de la philosophie, il rejette toute autorité [...] et déclare nettement ne relever que de la raison ». Ensuite, en fondant une méthode immédiatement adoptée dans toute l'Europe, « Descartes n'est plus seulement un révolutionnaire, c'est un législateur », qui n'a pas pour cela « invoqué les parlements, le bras séculier, les supplices : il a écrit le *Discours de la méthode* et le livre des *Méditations* ».[45]

Le rapport lu à l'Académie le 23 janvier 1847, sur l'ouvrage de Christian Bartholmèss,[46] se situe dans la continuité de ces prises de position. Dans cette « vaste narration » de Bartholmèss, remplie d'allusions et de digressions présentant « toute une histoire »,[47] Cousin se concentre tout particulièrement sur les « documents qui concernent la fin tragique de Bruno, documents en partie neufs, ou non encore mis en œuvre »,[48] parmi lesquels figure la lettre de Schoppe. Alors que Bartholmèss s'attarde longuement sur la philosophie de Bruno, au point de produire un « abrégé systématique » des idées de ce dernier, Cousin n'en dit quasiment rien. Il se contente de reprendre ce qui recoupe ses propres analyses dans « Vanini ou la philosophie avant Descartes », à savoir, la description de Bruno comme « disciple extrême et excessif »[49] de Platon. Car pour Cousin, le problème du travail de Bartholmèss est le luxe de détails, d'anecdotes, d'érudition et d'affects, se délectant à forger la légende

---

44  Ce terme, que l'on retrouvera dans le texte de Saisset, est mobilisé par Cousin à propos de Vanini, *ibid.*, p. 66 : « Au début du XVIIe siècle, entre le bûcher de Bruno et le cachot de Campanella, sous une insupportable tyrannie, il passa sa vie dans une agitation perpétuelle ».

45  *Ibid.*, p. 98.

46  Bartholmèss fut professeur de philosophie au séminaire protestant de Strasbourg. Il est titulaire d'un doctorat ès-lettres, avec une thèse intitulée *Huet, évêque d'Avranches ou le scepticisme théologique* (Paris, 1849). Il fut correspondant de l'Académie des sciences morales et politiques, pour la section de philosophie.

47  Cousin, « Rapport sur un ouvrage de M. Bartholmès », p. 178.

48  *Ibid.*, p. 179.

49  *Ibid.*

d'un « héros » et perdant du même coup le but véritable de la démarche. Ne point trop en dire sur la philosophie séduisante de Bruno, d'une part et se montrer sélectif des détails pertinents engageant l'attitude de l'Église à son égard, d'autre part est ainsi la condition de production d'un discours philosophique se voulant à la fois orthodoxe et laïque[50] et se révélant de ce fait comme le plus à même de former les jeunes esprits.

Cette particulière propension de la figure de Bruno à bousculer les limites du spiritualisme est décisive pour ceux qui se prévalent de cette philosophie, mais en des sens parfois très différents. En tant que proche disciple de Cousin, Émile Saisset radicalise les voies ouvertes par son maître. Et en tant que détracteur, Théophile Desdouits non seulement les ferme, mais les retourne contre Cousin. Au cœur même de cette historiographie philosophique, le statut accordé au *document d'archive* (en l'occurrence, à la seule lettre de Schoppe) revêt progressivement une importance décisive. La définition de la méthode critique conditionnant l'impartialité de l'historien de la philosophie devient la clef d'intelligibilité des frontières concrètes entre philosophie et théologie et le rempart explicite brandi contre les risques bien réels d'instrumentalisation idéologique. L'interprétation du cas Bruno, en somme, devient un moyen de déplacer le curseur d'un pôle à l'autre d'une double tyrannie potentielle.

## 2 Récuser une double tyrannie. De la philosophie à la théologie, et retour

### 2.1 *Défendre un spiritualisme à la fois catholique et laïque contre la tyrannie religieuse* (*Émile Saisset*)

Saisset a enseigné à l'École Normale et à la Sorbonne, il a traduit *La cité de Dieu* d'Augustin, édité Euler (les *Lettres à une princesse d'Allemagne*) et dirigé une édition de Platon. Il est l'auteur d'une histoire du scepticisme dans l'Antiquité. Mais surtout, c'est le traducteur de Spinoza. La première édition paraît en 1842, la seconde en 1860 et la troisième (posthume) en 1872.[51] Dans l'introduction à

---

50   On pourrait dire qu'ici, et dans la continuité d'un certain Descartes, Cousin se montre plus attentif à ne pas être en contradiction avec la religion qu'à lui être conforme et, *a fortiori*, à s'y soumettre. C'est ce caractère a-théologique qui assure son orthodoxie minimale en fondant du même coup sa laïcité.

51   Sur Saisset et Spinoza, voir P.-F. Moreau, « Traduire Spinoza. L'exemple d'Émile Saisset », dans : A. Tosel, P.-F. Moreau, J. Salem (éds), *Spinoza au XIXe siècle*, Paris 2014, pp. 221–230 ; et id., « Saisset lecteur de Spinoza », *Recherches sur le XVIIe siècle* 4 (1980), pp. 85–98. Sur Spinoza et le panthéisme, voir id., « Autour du spinozisme en France au XIXe siècle : panthéisme, spiritualisme, positivisme », *Philosophia Osaka* 15 (2020), pp. 1–13.

la deuxième édition, Saisset explique pourquoi et en quoi Spinoza et le panthéisme ont été sa plus constante occupation.[52] Or en 1847, Saisset publie un article intitulé « Giordano Bruno et la philosophie au seizième siècle ».[53] Il s'agit d'une recension, ou de ce que nous appellerions plutôt aujourd'hui une longue note critique, sur l'ouvrage de Bartholmèss. Mais Saisset n'y fait explicitement référence qu'au bout d'une quinzaine de pages, attestant en cela de ce que Bruno, qui occupe « une grande place dans le XVIe siècle, offre [surtout] un sujet très intéressant d'études à la philosophie du nôtre »,[54] le dix-neuvième. Le retour sur Bruno et les défigurations emboîtées qu'il a contribué à susciter, d'une part, et sur celles dont il fut la victime, d'autre part, sont un excellent moyen de faire valoir « cette haute impartialité qui est l'âme de la vraie critique »[55] contre la calomnie dans la querelle du panthéisme. Dès les premières lignes, Saisset soutient ainsi que ce qui rend Bruno digne d'intérêt est d'avoir secoué le joug d'une « double tyrannie » :[56] celle de Rome dans le domaine de la religion et celle de la scolastique dans le domaine de la philosophie.[57] Saisset explicite ainsi ce qui, chez Cousin, restait parfois entre les lignes. Bruno permet à Saisset de poser un miroir grossissant sur les dissensions internes au spiritualisme et de spécifier la stratégie qu'il convient selon lui d'adopter à l'égard du matérialisme et du mysticisme. Il lui permet de revenir sur les limites de ce qui doit à ses yeux constituer la version officielle de ce spiritualisme. Trois dimensions de la démarche de Saisset dans ce texte intéressent à ce titre notre propos : le retour sur la généalogie polémique de la relation entre Platon et Aristote, à partir de Bruno ; ses enjeux contemporains franco-français, à travers les références à Jules Barthélemy-Saint Hilaire (1805–1895) et à Félix Ravaisson (1813–1900), et ses enjeux contemporains franco-allemands.

Premièrement, Saisset revient sur les « deux machines de guerre » mobilisées durant la Renaissance pour combattre « la philosophie de l'église » : Platon et Aristote.[58] Il montre qu'en substituant au « faux » Aristote orthodoxe

---

52   É. Saisset, « Vie de Spinoza », dans : *Œuvres de Spinoza*, traduites par É. Saisset, avec une introduction critique. Nouvelle édition revue et augmentée, Paris 1861, pp. xxvi–xxviii.
53   É. Saisset, « Giordano Bruno et la philosophie au seizième siècle », *Revue des deux mondes*, 15 juin 1847, pp. 1071–110.
54   *Ibid.*, p. 1086.
55   *Ibid.*, p. 1078.
56   *Ibid.*, p. 1071.
57   Ce Saisset a un visage un peu différent de celui qui est étudié par S. Milbach, « "L'homme vit sur terre mais pense au ciel". Spiritualisme et catholicisme. Le cas d'Émile Saisset », *Revue des Sciences Philosophiques et Théologiques* 103 (2019), pp. 439–464. Car sans en faire évidemment un athée, j'insiste davantage, pour ma part, sur le souci manifesté par Saisset d'intégrer une démarche laïque au catholicisme bien compris.
58   Saisset, « Giordano Bruno », p. 1072.

et chrétien de la scolastique l'Aristote « véritable »,[59] Bruno a également remplacé le « vrai » Platon chrétien par le Platon mystique et panthéiste de l'école d'Alexandrie.[60] Les longs développements érudits sur cette genèse croisée et romancée,[61] notamment sur l'« Aristote des Arabes, bien plus près du vrai Aristote que celui du XIIe siècle », et « par cela-même beaucoup plus éloigné du dogme chrétien »,[62] permettent ainsi à Saisset d'expliquer que depuis Descartes surtout, on se soit accoutumé à voir dans Aristote l'adversaire de Platon et le père du sensualisme, ce pour quoi Aristote a été glorifié par les matérialistes du XVIIIe siècle et des temps présents. Par réaction, le renouveau des études aristotéliciennes, ces vingt dernières années, a construit la figure d'un Aristote représentant le plus profond et le plus pur spiritualiste de l'Antiquité, entraînant alors de nouveau Platon dans la chute opposée. Or en faisant de la publicité à ce Platon mêlé de Plotin[63] et de nouveau relié au mysticisme, au panthéisme, au fatalisme et à toutes ces folies, on porte aujourd'hui atteinte au spiritualisme cartésiano-cousinien.

C'est pourquoi, deuxièmement, Saisset revient sur les enjeux contemporains franco-français des travaux sur Aristote. En se référant à la traduction du *Traité de l'âme* par un autre fidèle de Cousin : Barthélemy-Saint Hilaire, il rappelle d'abord qu'Aristote a démontré l'immatérialité de la pensée et ne peut en ce sens être identifié à un matérialiste.[64] Aristote est « encore moins »[65] un athée, car l'idée qui fonde sa physiologie et sa théodicée, c'est celle de cause finale. Sans valider jusqu'au bout une philosophie dans laquelle la pensée, d'essence divine, tient un peu trop au corps en l'homme, la sévère impartialité de l'historien de la philosophie doit donc reconnaître à Aristote quelques affinités avec un spiritualisme bien compris.

Pour autant, on ne peut sans sourciller laisser des contemporains se réclamant d'un nouveau spiritualisme défendre des interprétations fantaisistes d'Aristote. Il faut ainsi attirer l'attention, dans le texte de Saisset, sur ce qui ne

---

59  Saisset ne le qualifie par d'hétérodoxe, mais les termes de la comparaison avec Platon peuvent ici permettre de le déduire.
60  *Ibid.*, pp. 1073–1074.
61  L'analyse des évolutions croisées de ce couple est au cœur de l'ouvrage d'Eva Del Soldato, *Early Modern Aristotle. On the Making and Unmaking of Authority*, Philadelphia 2020.
62  Saisset, « Giordano Bruno », p. 1076.
63  Saisset (*ibid.*, p. 1103, n. 1) renvoie à « un remarquable chapitre de M. Jules Simon sur la différence de Plotin et de Proclus », cf. J. Simon, *Histoire de l'école d'Alexandrie*, vol. 2, Paris 1845, pp. 404–452. Il se réfère aussi à É. Vacherot, *Histoire critique de l'école d'Alexandrie*, vol. 2, Paris 1846, p. 235 ; et à F. Ravaisson, *Essai sur la Métaphysique d'Aristote*, vol. 2, Paris 1846, p. 503.
64  Cf. J. Barthélemy-Saint Hilaire (éd.), *Psychologie d'Aristote. Traité de l'âme*, Paris 1846. Barthélemy-Saint Hilaire obtient le prix du concours sur la *Logique* et l'*Organon* en 1837.
65  Saisset, « Giordano Bruno », p. 1078.

prend place que dans une note et revêt pourtant une importance décisive. Il s'agit d'une allusion à Ravaisson :

> M. Ravaisson, que nous avons particulièrement en vue dans tout ce qui précède, a exposé avec beaucoup de force et de talent le système d'Aristote dans la première partie de son savant ouvrage. Il est malheureux que l'Aristote du second volume ne soit pas semblable en tout à celui du premier. M. Lerminier, avec sa sagacité et sa justesse ordinaires, a déjà touché un mot de cette contradiction. (Voyez la *Revue des Deux Mondes*, livraison du 1er mai 1846.)[66]

Pourquoi Ravaisson, dont Saisset affirme qu'il le vise « particulièrement » tout au long de ce texte, n'a-t-il alors pas sa place dans le corps de ce texte, aux côtés de Barthélemy-Saint Hilaire ?

L'ouvrage auquel se réfère Saisset : *Essai sur la métaphysique d'Aristote*, paru à Paris en 1837 pour le premier volume et en 1845 pour le deuxième volume, est issu du mémoire qui valut à Ravaisson le prix du concours proposé en 1833 par l'Académie des sciences morales et politiques. Le sujet demandait de faire connaître *La Métaphysique* d'Aristote, d'en faire l'histoire et d'en signaler l'influence sur les systèmes ultérieurs, pour enfin « rechercher et discuter la part d'erreur et la part de vérité qui s'y trouvent ».[67] Or au début des années 1830, relever Aristote du discrédit métaphysique dans lequel il était tombé en France revenait à se tourner vers l'Allemagne, ce à quoi Cousin lui-même invitait d'ailleurs ses sympathisants. L'Aristote de Ravaisson qui obtint le prix était en ce sens un Aristote schellingien, ce qu'il n'est plus bon de rappeler en des temps ultérieurs fleurant un peu trop le panthéisme.[68] La deuxième raison justifiant que Ravaisson reste caché dans une note est l'évolution qu'il

---

66    *Ibid.*, p. 1077, n. 1.
67    F. Ravaisson, *Essai sur la Métaphysique d'Aristote*, vol. 1, Paris 1837, p. ii.
68    Voir P. Aubenque, « Ravaisson interprète d'Aristote », dans : D. Thouard (éd.), *Aristote au XIXe siècle*, Villeneuve d'Ascq 2005 (Cahiers de philologie, 21), pp. 157–170, ici pp. 157–158 : « En Allemagne, le discrédit n'avait jamais été aussi général, et c'est un Aristote très tôt dépouillé des voiles de la scolastique qui avait servi de fondement à l'enseignement de la philosophie dans les Universités protestantes. Hegel ne dédaignait pas de faire des cours sur Aristote, qu'il citait en guise d'apothéose à la fin de son *Encyclopédie*, et Schelling, qui connaissait bien *la Métaphysique*, s'appuyait volontiers sur la philosophie aristotélicienne de la nature. Il ne faut donc pas s'étonner si un disciple et éditeur de Hegel, Carl Ludwig Michelet obtint le prix concurremment à Ravaisson. Comme Ravaisson était influencé dès cette époque par la philosophie de Schelling, c'est un Aristote fortement imprégné d'idéalisme allemand que couronna doublement en 1835 l'Académie parisienne, ce qui n'était pas pour déplaire à V. Cousin ». Cf. Ch.L. Michelet, *Examen critique de l'ouvrage d'Aristote intitulé Métaphysique*, Paris 1836.

manifeste entre le premier et le second volume de l'*Essai*. Alors que dans le premier, Ravaisson ne semble pas voir de contradiction entre la séparation et l'immobilité du Premier Moteur, d'une part, et son action sur le monde, de l'autre, dans le second, il interprète cette séparation comme une contradiction ne pouvant se résorber que par la reconnaissance d'une différence de degré et non de nature entre Dieu et le monde. Comme l'explique Pierre Aubenque, le terrain est alors « mûr pour le matérialisme épicurien, mais aussi pour l'immanentisme stoïcien, à l'égard duquel le Ravaisson de 1845 ne dissimule pas une certaine sympathie ».[69] On peut trouver chez un fidèle de Cousin : Barthélemy-Saint Hilaire, les matériaux requis pour ne pas caricaturer Aristote, sans pour autant lui donner la prévalence sur Platon. Et on doit ainsi prendre conscience de ce qu'un spiritualiste catholique un peu trop soucieux de prendre la place de Cousin : Ravaisson, penche en réalité de plus en plus dangereusement du côté d'un précipice que Cousin a pour sa part su éviter.

Troisièmement et enfin, à partir du travail de Christian Bartholmèss qui, depuis Strasbourg, fut en quelque sorte une charnière entre la France et l'Allemagne, Saisset peut revenir sur les enjeux contemporains franco-allemands de l'intérêt pour Bruno. À la suite de Cousin, il rappelle que celui qui, parmi les spiritualistes, est « destiné à devenir l'historien de la philosophie de la Renaissance »,[70] sympathise un peu trop avec son objet. Mais à partir de là, il grossit trois traits qu'on apercevait seulement en filigrane chez Cousin.

Tout d'abord, il montre comment l'Allemagne a construit la légende d'un Bruno père de l'école panthéiste qui a produit Spinoza, Schelling et Hegel et comment la perpétuation de cette « physionomie » par les historiens allemands de la philosophie (Brucker, Tennemann et Buhle) constitue une chaîne permettant en réalité à l'Allemagne de se glorifier elle-même. Ainsi, se distinguer de ce Bruno-là, c'est revendiquer l'originalité et l'indépendance philosophique de la France et démarquer cette philosophie française de toute philosophie qui s'inspirerait de l'Allemagne : celle du premier Cousin et à présent, de Ravaisson ou d'un certain Bartholmèss.

Ensuite, de façon plus directe voire brutale que Cousin, Saisset charge la philosophie de Bruno de tous les excès condamnables de celle de Spinoza :

> [...] le souffle qui de bonne heure a passé sur l'âme de Bruno, ce n'est pas celui de la religieuse et mystique Allemagne, c'est le souffle sec et brûlant de l'incrédulité italienne.[71]

---

69  Aubenque, « Ravaisson interprète d'Aristote », p. 162.
70  Saisset, « Giordano Bruno », p. 1078.
71  *Ibid.*, p. 1088.

Ce qu'apporte Bruno dans ses bagages en substituant la logique de Lulle à celle d'Aristote, l'astronomie de Copernic et Pythagore à celle de Ptolémée, un monde infini et livré à une évolution universelle à la physique d'Aristote, c'est la religion de la nature, expliquant le surnaturel par la physique. Il convient donc, plus directement encore que ne l'a fait Cousin et pour éviter la séduction de certaines analyses de Bartholmèss, de dire et de redire à quel point, philosophiquement, Bruno mérite d'être condamné.

Enfin, Saisset revient sur les questions religieuses. En comparant les interprétations, selon lui fallacieuses, d'éventuelles conversions de Bruno au luthéranisme et de Spinoza au catholicisme, il affirme, d'une part, que Bruno n'est justement pas devenu luthérien en arrivant en Allemagne. De façon beaucoup plus nette que chez Cousin, on comprend ainsi que la condamnation de Bruno par les autorités religieuses ne pourra en aucune façon être justifiée par son luthéranisme. D'autre part, Saisset revient sur les archives du procès. Il se réfère au nouveau document découvert par l'historien Léopold Ranke et publié pour la première fois par Bartholmèss sous la désignation de « document de Venise ». Ce document donne la date exacte de l'arrestation de Bruno : septembre 1592. Il montre que Bruno était considéré par ses contemporains non seulement comme hérétique mais comme hérésiarque, qu'il fut pour cela condamné à la prison indéfinie, extradé en 1598, interrogé brutalement et en vain, excommunié et dégradé, pour finalement mourir sur le bûcher le 17 février 1605 [*sic* !], en une « horrible immolation ».[72] Saisset se réfère seulement de manière allusive au « témoin oculaire Scioppius ». Il s'en explique dans la note de la page 1095 :

> On a contesté récemment l'authenticité de la lettre de Scioppius : on a voulu révoquer en doute le supplice et même la prison de Bruno. La découverte du document de Venise réduit à néant ces vaines dénégations de l'esprit de parti, que M. Bartholmess nous paraît avoir définitivement mises hors de cause.[73]

Contrairement à Cousin, Saisset n'accorde donc pas à la lettre de Schoppe une place centrale. Contrairement à Cousin encore, il évoque un ou des doutes sur l'authenticité de cette lettre, en poussant jusqu'au bout la mise en doute du fait même de l'emprisonnement et les conséquences de cette remise en cause.

---

72 *Ibid.*, p. 1095. Pour une présentation détaillée des documents relatifs au procès, voir Firpo, *Il processo di Giordano Bruno*. L'arrestation y est datée de mai 1592 et le bûcher, du 17 février 1600.

73 Saisset, « Giordano Bruno », p. 1095.

Mais il le fait seulement en note, sans mentionner les noms du ou des auteurs en question et en les excluant de toute façon du cercle autorisé des historiens impartiaux de la philosophie, représentés ici par Bartholmèss. Pour finir, il se sert du document de Venise pour invalider ces critiques sur l'authenticité de la lettre. Bruno a donc, sans aucun doute, été torturé et brûlé par l'Église romaine, mais pour des raisons qui n'avaient rien à voir avec son prétendu luthérianisme. Or il ne méritait ni le bûcher, ni les élans d'enthousiasme de l'Allemagne.

L'effet produit par le texte de Saisset est de ce fait encore plus radical que celui de Cousin. Il montre qu'en ouvrant la voie à Galilée, à Bacon et à Descartes, Bruno, et à travers lui la philosophie de la Renaissance, ont au moins poursuivi un but légitime : la rénovation du sentiment religieux et la conquête de la liberté philosophique. Ainsi, tous ceux qui, aujourd'hui et dans toute l'Europe, s'acharnent à opposer le mouvement religieux de la société et son mouvement philosophique, en confondant toute philosophie se réclamant de la raison avec un athéisme, feraient bien de méditer la leçon du procès de Bruno, de prendre la métaphysique d'un peu moins haut que les philosophes allemands et de se souvenir que le premier maître du spiritualisme français : Maine de Biran, fonda sa philosophie sur la séparation stricte des phénomènes physiques et psychiques et n'eut pour sa part jamais à répondre à aucune de ces accusations inadéquates de panthéisme venues, et de manière calomnieuse donc, d'Allemagne.[74]

Voyons pour finir comment Desdouits rebat à son tour ces cartes bruniennes afin de réhabiliter un spiritualisme pleinement catholique.

## 2.2 *Défendre le véritable spiritualisme catholique contre la tyrannie philosophique* (*Théophile Desdouits*)

Ancien élève de l'École Normale et agrégé de philosophie (1858), Théophile Desdouits est l'auteur d'une thèse soutenue à Paris en 1868, alors qu'il était professeur à Bourges, sur le sujet *De la Liberté et des lois de la nature, discussion*

---

[74] Saisset développe particulièrement cette question dans É. Saisset, « La philosophie et la renaissance religieuse », *Revue des deux mondes*, 15 mars 1853, pp. 1115–1129. Sur le rôle écrasant de Schelling dans la réhabilitation croisée de Bruno et Spinoza, voir aussi travail de Ch. Bartholmèss, *Histoire critique des doctrines religieuses de la philosophie moderne*, vol. 2, Paris 1855, livre VIII : « Renaissance du spinozisme », p. 30 ; pour la caractérisation de « l'empire exercé par Spinoza » comme « un des phénomènes les plus importants de l'histoire morale des temps modernes » (*ibid.*, p. 62) ; et livre IX : « Schelling », pp. 84–85 et 122 pour son travail sur Bruno. Le travail de Bartholmèss mériterait une contribution spécifique, qui excède le cadre de ce chapitre où l'on se concentre sur une partie de sa réception.

*des théories panthéistes et positivistes sur la volonté*.[75] Il est aussi un des vainqueurs avec Joseph Tissot, le traducteur de la *Critique de la raison pure*, du concours mis au programme par l'Académie des sciences morales et politiques sur la philosophie de Kant, en 1866. L'ouvrage fut publié sous le titre *La philosophie de Kant d'après les trois critiques* à Paris, chez Ernest Thorin, en 1876.[76] Desdouits y apparaît comme un spiritualiste réhabilitant la partie dogmatique du kantisme et combattant les lectures sceptiques de la *Critique* (parmi lesquelles celle de Cousin, donc). Il défend une « ferme foi à la certitude de la métaphysique et des sciences philosophiques » contre « les sceptiques modernes » et contre « les positivistes »,[77] afin de réaffirmer l'âme, la liberté et Dieu, idée qu'il développe dans *La Métaphysique et ses rapports avec les autres sciences* (1880).

Le texte qui va plus spécifiquement retenir notre attention s'intitule *La légende tragique de Giordano Bruno, comment elle a été formée, son origine suspecte, son invraisemblance*. Il parut en 1885 à Paris, alors que Desdouits était en poste au lycée de Versailles[78] et que fleurissaient, en Italie notamment, les nouveaux travaux sur Bruno. C'est une période durant laquelle Desdouits, en tant que spiritualiste catholique assumé, contribue régulièrement au journal *La Croix* et s'affilie à la Ligue nationale contre l'athéisme,[79] où ne se retrouvent pas seulement les défenseurs cléricaux des intérêts de l'Église catholique, mais aussi des spiritualistes comme Adolphe Franck, Jules Simon[80] (qui s'est opposé au Sénat aux lois de laïcisation et devient président d'honneur de l'Association en 1889) et Charles Waddington. C'est à la lumière de cet engagement qu'on peut mieux comprendre les raisons pour lesquelles, dans ce texte,

---

75   Th. Desdouits, *De la Liberté et des lois de la nature. Discussion des théories panthéistes et positivistes sur la volonté*, Paris 1869. Il fit une thèse complémentaire en latin sur la philosophie de Nicolas de Cues. Cf. id., *De Nicolai Cusani Philosophia, thesim offerebat Facultati Litterarum*, Paris 1868.

76   Paul Janet le mentionne rapidement dans P. Janet, *La philosophie française contemporaine*, Paris 1879, p. 269, signe de ce que cet ouvrage eut une importance, mais toute relative, pour les spiritualistes cousiniens.

77   Th. Desdouits, *La philosophie de Kant d'après les trois critiques*, Paris 1876, p. 2.

78   Sur l'implication active des Versaillais dans les débats opposant l'Église à l'Université, voir R. Durand, *La politique de l'enseignement au XIXe siècle. L'exemple de Versailles*, Paris 2001.

79   Créée en 1886, elle est constituée de protestants, de juifs, de catholiques et de déistes issus des milieux académiques, du monde politique et du barreau. Voir J. Lalouette, « De quelques aspects de l'athéisme en France au XIXe siècle », *Cahiers d'histoire. Revue d'histoire critique* 87 (2002), pp. 81–100, où l'on souligne l'importance des traductions et des réinterprétations, y compris chrétiennes, de Lucrèce, dans ces débats.

80   Ce n'est plus le Simon qui représentait la gauche cousinienne et publiait la *Liberté de penser*.

il se focalise sur la lettre de Schoppe et l'importance que Cousin lui a donnée.[81] Trois aspects de son travail importent pour notre propos : la remise en cause systématique de la fiabilité du témoignage de Schoppe, la dénonciation de la chaîne de répétition et de transmission de ce témoignage, et la remise en cause finale de la fiabilité du travail de Cousin en tant qu'historien de la philosophie et dernier maillon significatif de cette chaîne.

L'objectif de Desdouits est de montrer en quoi le témoignage de Schoppe est un « récit incertain et invérifiable ».[82] Pour cela, il exhume les sources, passées sous silence par les partisans aveugles de l'authenticité, émettant des réserves sur celle-ci. Chronologiquement, c'est le témoignage de Nicodemus, cité par Bayle dans l'article « Brunus » du *Dictionnaire historique et critique* (1702) lettre B, qui paraît être le premier.[83] Puis Haymius qui,

---

[81]  Les documents vénitiens (sur lesquels Leopold Ranke avait attiré l'attention) et romains du procès de Bruno ont étés publiés pour la première fois par Domenico Berti, respectivement dans D. Berti, *Vita di Giordano Bruno da Nola*, Firenze/Torino/Milano 1868, et dans id., *Copernico e le vicende del sistema copernicano in Italia nella seconda metà del secolo XVI e nella prima del XVII*, Roma 1876. Sur ce point, voir E. Canone, « Introduzione », dans : id. (éd.), *Brunus Redivivus. Momenti della fortuna di Giordano Bruno nel XIX secolo*, Pisa/Roma 1998, pp. xxxiv–xliii. Cela signifie que, avant la publication de l'article de Desdouits, la discussion historiographique sur le procès de Bruno reposait sur une nouvelle base documentaire que Desdouits semble tout à fait ignorer.

[82]  Th. Desdouits, *La légende tragique de Jordano Bruno. Comment elle a été formée. – Son origine suspecte. – Son invraisemblance*, Paris 1885, p. 3.

[83]  Desdouits se réfère seulement à l'article « Brunus » du *Dictionnaire historique et critique* de Pierre Bayle (*ibid.*, p. 3, note 1 ; p. 4, note 2) et il rapporte le témoignage de Nicodème dans le corps du texte, *ibid.* p. 11. Cf. P. Bayle, « Brunus (Jordanus), » dans : id., *Dictionnaire historique et critique. Seconde édition, revuë, corrigée & augmentée par l'auteur*, vol. 1, Rotterdam 1702, pp. 712–713, ici p. 712, note B : « On prétend qu'il fit des livres où il soutenoit, qu'il y avoit un très-grand nombre de mondes, tous éternels ; qu'il n'y avoit que les Juifs qui descendissent d'Adam et d'Eve, & que les autres hommes sortoient d'une race que Dieu avoit faite long temps auparavant ; que tous les miracles de Moïse étoient un effet de la Magie, & qu'ils ne furent supérieurs à ceux des autres Magiciens, que parce qu'il avoit fait plus de progrès qu'eux dans la Magie ; qu'il avoit forgé lui-même les loix qu'il donna aux Israélites ; que l'Écriture sainte n'est qu'un songe, &c. Jean Henri Ursin qui m'aprend cela ajoûte (*b*) que Brunus, pour ces impietez, fût brûlé à Rome, au Champ de Flore, le 9. de Fevrier 1600. Il rapporte toutes ces choses sur la foi de Scioppius, qui en avoit fait la relation dans une certaine lettre. Le Sieur Nicodeme dans ses additions à la Bibliotheque de Naples, dit qu'on ne sait point certainement si tout ce que Jean Henri Ursin debite est véritable. Voilà qui est singulier. On ne sait point au bout de 80 ans, si un (*c*) Jacobin [Ursin dit que Brunus était *professione Dominicanus*] a été brûlé à Rome en place publique pour ses blasphèmes. Il n'y a pas loin de l'incertitude à la fausseté dans des faits de cette nature ». Il faut souligner que la structure particulière de cette dernière phrase fait qu'on peut la comprendre de deux manières. Le doute peut porter, soit sur le fait même du supplice de Bruno (il a été brûlé), soit sur le motif de ce supplice

dans un ouvrage sur les *livres rares de l'Italie*,[84] rapporte que Bruno n'aurait été brûlé qu'en effigie. Et enfin Moréri qui, dans l'article « Bruno » de son *Dictionnaire,* utilise une tournure pour le moins réservée : « Bruno fut, dit-on, brûlé à Rome ».[85] En se référant en note à l'article de Saisset, qui relègue du côté de « l'esprit de parti » le ou les inconnus qui auraient récemment contesté l'authenticité de la lettre, Desdouits affirme « ignor[er] quel est le critique auquel M. Saisset adresse ce reproche ».[86] Cela revient à dire que s'affilier à ce « parti », ou peut-être le créer, c'est faire valoir la véritable impartialité contre celle que revendique faussement le camp Saisset. C'est récupérer à bon droit le monopole de la critique historique authentique. La lettre de Schoppe devient donc un point décisif de démarcation intra-spiritualiste entre ceux qui en reconnaissent l'authenticité et ceux qui la mettent en doute. Par là, Desdouits remet au centre du débat, non le contenu et la portée de la philosophie de Bruno, non la vie de Bruno (de tout cela il n'est point question ici), mais l'attitude de l'Église romaine à son endroit. Le spiritualisme bien compris passe par un retour circonstancié sur ce que Saisset désignait comme une action « tyrannique » de Rome et sur la dénonciation de la partialité de la chaîne philosophique de répétition et de transmission du témoignage de Schoppe.

---

(les blasphèmes). Bayle renvoie à l'ouvrage de J.H. Ursinus, *De Zoroastre Bactriano, Hermete Trismegisto, Sanchoniathone Phoenicio*, Norimbergæ 1661, pp. 4–5. Mais Ursinus ne donne pas le texte intégral de la lettre.

84  S'agissant de ses références, Desdouits renvoie souvent à Brucker (*ibid.*, p. 12, note 2). Il est fort probable qu'il n'ait de ces textes qu'une connaissance de seconde main. Pour la référence dans l'ouvrage original de Haym, cf. *Biblioteca Italiana o sia notizia de libri rari nella lingua italiana. Divisa in quattro Parti principali ; cioe* ISTORIA, POESIA, PROSE, ARTI, *e* SCIENZE..., Venezia/Milano 1741, p. 147 : « * GIORDANO BRUNO Nolano, spaccio dela Bestia Trionfante. In Parigi 1584. in 8. *Libro Ateistico, ma rarissimo ; L'Autore di esso fu bruciato in effigie* ».

85  Desdouits cite Moreri *ibid.*, p. 4, note 3. Cf. L. Moreri, *Le grand Dictionnaire historique ou le mélange curieux de l'histoire sacrée et profane. Qui contient en abrégé l'histoire fabuleuse des Dieux et des Héros de l'Antiquité Païenne* [...], vol. 2, Paris 1759, p. 342 : « BRUNUS (Jordanus) natif de Nole, au royaume de Naples, était un homme de beaucoup d'esprit, mais il employa mal ses lumières ; car non-seulement il attaqua la philosophie d'Aristote, dans un temps où on ne pouvait le faire sans exciter mille troubles, et sans s'exposer à mille persécutions, mais il attaqua aussi les vérités les plus importantes de la foi. On l'avait chassé d'Italie, et il s'était retiré dans un pays moins dangereux pour les philosophes de son caractère. Il avait couru l'Allemagne, la France, et il n'aurait pas mal fait de continuer ; car ayant rebroussé chemin, pour s'en retourner en Italie, il y fut brûlé, dit-on, comme un impie l'an 1600. Il y a d'habiles gens qui prétendent que M. Descartes a pris de lui quelques-unes de ses idées. Bayle *dans son dictionnaire critique*, rapporte le titre de quelques-uns de ses ouvrages ».

86  Desdouits, *La légende tragique de Jordano Bruno*, p. 5, note 1.

Cette chaîne commence avec le pasteur luthérien Jean-Henri Ursin. Elle se poursuit avec la publication de la lettre par Struvius dans les *Actes littéraires*, Sturvius étant ensuite relayé par Toland en Angleterre,[87] par Mathurin Veyssière de la Croze, moine apostat réfugié en Allemagne, et par Nicéron en France. Ainsi, « Chacun répète ce qui s'est dit avant lui, et toutes les histoires de la philosophie, tous les dictionnaires biographiques, nous donnent, avec une assurance absolue, la date, le lieu, les circonstances du supplice de Bruno ».[88] En reprenant les termes de la critique cousinienne du caractère affectif et douteux des anecdotes auxquels une histoire spiritualiste de la philosophie rigoureuse prétend suppléer, Desdouits retourne ainsi contre eux-mêmes les spiritualistes se prétendant rationnels.

Afin de promouvoir une véritable méthode critique et d'opposer des preuves extrinsèques et intrinsèques au « roman historique », Desdouits revient enfin au texte de Schoppe dans la traduction de Cousin. Il montre que Schoppe n'eut rien d'une personnalité fiable. Il s'agit d'un esprit versatile qui finit athée dans une version fanatique. Lui donner du crédit ou simplement la parole, c'est en un sens prendre ce fanatisme pour norme. A partir de là, on peut au moins émettre l'hypothèse que Schoppe ait inventé de toutes parts un récit destiné à « irriter les luthériens d'Allemagne » et à « leur fournir une arme contre la cour de Rome »[89] et que cette lettre, dont curieusement aucun contemporain de Bruno ne parle, pour exciter la haine contre Rome ou pour justifier au contraire l'exécution, soit finalement l'œuvre d'un luthérien d'Allemagne. La conclusion de Desdouits est lapidaire : « Si les pièces du procès de Bruno nous manquent, c'est très probablement qu'il n'y a pas eu de procès ».[90] Il n'y a, du même coup, « *aucune raison de croire à la fin tragique de ce philosophe* ».[91]

---

[87] Cf. B. Begley (éd.), « John Toland's On the Manner, Place and Time of the Death of Giordano Bruno of Nola », *Journal of Early Modern Studies* 3 (2014), pp. 103–115. En se référant au *Dictionnaire* de Bayle, Toland montre que la découverte de Schoppe lève tout doute sur les modalités de la mort de Bruno. Il souligne les endroits où Schoppe et les Inquisiteurs ont mal compris ou volontairement travesti la pensée de Bruno. Puis il présente une brève exposition et un exposé critique de certaines idées de Bruno. Voir J. Toland, « De genere, loco et tempore mortis Jordani Bruni Nolani », dans : *A Collection of Several Pieces of Mr. John Toland*, éd. P. des Maizeaux, vol. 1, London 1726, pp. 304–328.

[88] Desdouits, *La légende tragique de Jordano Bruno*, p. 4.

[89] *Ibid.*, p. 9.

[90] *Ibid.*, p. 23.

[91] *Ibid.*, p. 20. Les italiques sont de Desdouits.

## 3  Conclusion

Cette analyse des réinvestissements spiritualistes de la figure de Giordano Bruno rappelle à qui pourrait être tenté de l'oublier que la manière dont on écrit l'histoire de la philosophie est liée à la conception qu'on se fait de la philosophie et de son utilité dans l'espace public. Cousin dénonce l'absence de preuves, la partialité des témoignages, la propagation des rumeurs et des affects qui construisent des héros et des martyrs pour mieux dénoncer en fin de compte la tyrannie de Rome et tenter d'asseoir son propre magistère philosophique. Saisset y ajoute la tyrannie de l'Allemagne et d'un renouveau religieux qui confond spiritualisme rationnel et athéisme et se prive du même coup de toute possibilité de concilier la philosophie et la religion. Desdouits, enfin, réinvestit ces arguments pour les retourner contre le clan Cousin et dédouaner Rome au nom d'une méthode historique plus probe et rigoureuse. Mais ce faisant, il met aussi les pieds sur un seuil très glissant : celui du négationnisme. Il montre ce que la recherche historiographique risque fort de devenir lorsqu'elle est mise au service d'une propagande, d'un combat idéologique ou de l'« esprit de parti ».

Il est finalement significatif que la figure de Bruno, dans un tel combat, soit largement lestée de son intérêt philosophique. A l'inverse de Bartholmèss, Cousin, Saisset et Desdouits[92] ne se soucient guère de transmettre sur ce point à leurs lecteurs un message détaillé et informé. Ils évitent ou annexent cette philosophie, d'une manière singulièrement directe et brutale. On peut y voir l'indice de ce que, par-delà leurs positions divergentes sur les frontières entre la philosophie et la théologie, les spiritualistes de tous bords ne sortent jamais indemnes du « souffle sec et brûlant de l'incrédulité italienne ».[93]

---

92  Avec malgré tout un léger avantage de Saisset, commentant Bartholmèss.

93  Cette contribution a fait l'objet d'un exposé en novembre 2020 dans le séminaire sur « La 'philosophie française' au XIXᵉ siècle », que je co-dirige depuis 2017 avec Samuel Lézé à l'ENS de Lyon et qui est un programme de recherche structurant du LabEx COMOD. Je suis redevable aux étudiants et collègues qui y ont participé, en particulier à Sarah Bernard-Granger, Pierre-François Moreau, Renzo Ragghianti et Patrice Vermeren, de riches discussions. Mes remerciements s'adressent en outre à Tristan Dagron, pour avoir relu et annoté une première mouture, à Mario Meliadò et à Marie-Dominique Couzinet, pour leur travail éditorial et leur relecture rigoureux, et à Antony McKenna et Gianluca Mori, pour nos discussions bayliennes et les précieuses références à Bruno dans les textes rares cités par Desdouits.

CHAPITRE 6

# Le cas Vanini et l'historiographie philosophique sur la Renaissance à l'école de Victor Cousin

*Mario Meliadò*
Universität Siegen[1]

« Il ne faut ni s'en étonner ni même s'en plaindre. […] La renaissance n'est venue et ne devait venir que la dernière ».
ÉMILE SAISSET

∴

Pendant sa longue carrière, Victor Cousin produit, par le biais de ses études érudites, une occupation idéologique presque intégrale du champ intellectuel de l'histoire de la philosophie.[2] Cette occupation découle de deux stratégies complémentaires. Au niveau macroscopique de l'histoire générale de la philosophie, Cousin inscrit le récit du chemin millénaire de la raison humaine dans une téléologie s'accomplissant dans son éclectisme et se réalisant dans la France post-révolutionnaire. Selon cette perspective, l'éclectisme serait l'aboutissement de la modernité philosophique et la monarchie constitutionnelle française l'espace géopolitique naturel de son apparition.[3] Au niveau de la narration particulière, Cousin construit et installe, pour chaque époque de la philosophie, une référence symbolique, une figure tutélaire supposée incarner l'éclectisme *dans l'histoire* et

---

[1] Je remercie Dominique Couzinet et Zornitsa Radeva pour la lecture attentive d'une première version de cette contribution et pour leurs suggestions. Mes remerciements s'adressent en outre à Gisèle Gambin qui a revu le texte français.

[2] Pour une relecture politique de la pensée et de l'activité académique de Cousin, voir les études désormais classiques de J.-P. Cotten, *Autour de Victor Cousin. Une politique de la philosophie*, Paris 1992 (Annales littéraires de l'Université de Besançon) ; et P. Vermeren, *Victor Cousin. Le jeu de la philosophie et de l'État*, Paris 1995 (La philosophie en commun).

[3] Sur la vision géopolitique qui influence la réécriture cousinienne de l'histoire de la philosophie, je me permets de renvoyer à M. Meliadò, « Géopolitique de la raison. Sur la pratique de l'histoire de la philosophie à l'école de Victor Cousin », dans : C. König-Pralong, M. Meliadò, Z. Radeva (éds), *The Territories of Philosophy in Modern Historiography*, Turnhout/Bari 2019 (Ad Argumenta, 1), pp. 169–186.

© MARIO MELIADÒ, 2022 | DOI:10.1163/9789004513211_007

soutenir sa légitimation culturelle et théorique *dans le présent*. Sous cet aspect, le geste d'appropriation du passé philosophique est par excellence chez Cousin l'édition des sources. Concernant l'antiquité, les travaux sur Proclus et la monumentale traduction de Platon ont une valeur exemplaire.[4] La redécouverte et l'édition des œuvres d'Abélard jouent un rôle tout à fait similaire pour le moyen âge.[5] Pour la modernité, c'est bien connu, il est question des écrits de Descartes.[6] Rendre disponibles les textes d'un auteur ou d'une tradition philosophique équivaut, dans la logique historiographique du cousinisme, à disposer *du* texte et à en acquérir le patrimoine symbolique. De plus, les études monographiques de Cousin renforcent et étendent l'action colonisatrice de la philologie. Les livres, les articles et les recensions définissent la valeur idéologique des sources en l'adaptant aux exigences contingentes du débat intellectuel et politique.

Dans ce cadre, la Renaissance constitue une exception considérable. Elle reste une sorte de champ vide ou de territoire inhabité. En effet, Cousin s'abstient de toute appropriation positive de la Renaissance et, pendant longtemps, il l'efface même de sa nomenclature historiographique. Cette marginalisation n'est pas étonnante, si l'on considère le grand récit de l'histoire de la philosophie que fait Cousin dans son célèbre *Cours* de 1829 et auquel il restera fidèle dans les grandes lignes. La pensée des XVe et XVIe siècles y est décrite comme une époque confuse de la philosophie, dont la seule fonction historiographique consiste à clarifier la distinction entre le moyen âge et la modernité, ou plutôt à rendre pensable la transition de l'une à l'autre période.[7]

---

[4] Sur l'enjeu politique des traductions platoniciennes de Cousin, voir M. Narcy, « Le Platon libéral de Victor Cousin », *Revue française d'Histoire des Idées Politiques* 37 (2013), pp. 35–57 ; et Ch. Mauve, M. Narcy, R. Ragghianti, P. Vermeren, « Introduction », dans : V. Cousin, *Platon*, Paris 2016 (Bibliothèque d'Histoire de la Philosophie), pp. 9–56.

[5] C. König-Pralong a étudié en détail et situé dans le contexte de l'historiographie européenne la construction cousinienne du mythe d'Abélard, cf. C. König-Pralong, *Médiévisme philosophique et raison moderne. De Pierre Bayle à Ernest Renan*, Paris 2016 (Conférences Pierre Abélard), pp. 131–163. Sur l'usage polémique de la figure d'Abélard dans les débats avec les catholiques, voir M. Meliadò, « Die Verwandlungen der Methode : Victor Cousin und die scholastische Genealogie der cartesischen Vernunft », dans : U. Zahnd (éd.), *Language and Method. Historical and Historiographical Reflections on Medieval Thought*, Freiburg i.Br./Berlin/Wien 2017 (Paradeigmata, 41), pp. 309–335.

[6] Voir F. Azouvi, *Descartes et la France. Histoire d'une passion nationale*, Paris 2002 (L'esprit de la cité), en particulier pp. 177–211 ; D. Antoine-Mahut, « Philosophizing with a historical figure : Descartes in Degérando's *Histoire comparée des systèmes de philosophie* (1804 and 1847) », *British Journal for the History of Philosophy* 28 (2020), pp. 533–552.

[7] V. Cousin, *Cours de l'histoire de la philosophie. Histoire de la philosophie du XVIIIe siècle*, vol. 1, Paris 1829, p. 394 : « […] à mon sens, dans l'économie de l'histoire générale de l'esprit humain, la philosophie du quinzième et du seizième siècle a été une transition nécessaire et utile de l'absolu esclavage du moyen âge à l'absolue indépendance de la philosophie moderne. Le spectacle que présente au premier aspect la philosophie du quinzième et du seizième siècle est une extrême confusion. »

Cependant, Cousin consacre en 1843 une étude très circonstanciée à la figure de Jules-César Vanini, le philosophe italien condamné pour athéisme par le Parlement de Toulouse en 1619.[8] Cet article, paru dans la *Revue des deux mondes* sous le titre : « Vanini. Ses écrits, sa vie et sa mort », représente la seule publication que Cousin ait accordée explicitement à la philosophie de la Renaissance et probablement la première dans laquelle il se sert du terme « Renaissance ». Mais la nouveauté lexicale n'implique pas une révision interprétative : Vanini, au contraire de Platon, Abélard ou Descartes, ressortira de l'historiographie cousinienne plutôt comme un anti-héros. On peut néanmoins se demander pour quelles raisons Cousin a choisi en 1843 de rompre son silence sur la Renaissance et pourquoi précisément avec une étude sur Vanini. Le but de la présente contribution est de reconstruire la genèse de ce cas historiographique et de montrer comment il a posé le paradigme interprétatif à partir duquel l'école de Victor Cousin a conçu et développé, dans les années suivantes, le discours sur la philosophie de la Renaissance.

Giuseppe Ferrari (1811–1876) avait déjà suggéré en 1849, dans le style animé et polémique qui lui est propre, l'hypothèse selon laquelle Cousin aurait proposé une identification idéologique de la Renaissance avec la figure de Vanini. Dans son pamphlet célèbre contre les philosophes salariés, Ferrari affirmait que : « [p]our mieux déconsidérer la Renaissance, M. Cousin la personnifie dans le plus faible de ses penseurs, Jules-César Vanini »,[9] et encore, plus loin, qu'« il personnifia le XVIe siècle dans Vanini, pour le vouer à l'exécration des dévots ».[10] En prenant comme point de départ cette provocation de Ferrari, je me propose de mettre en évidence, dans un premier temps, les interlocuteurs implicites de Cousin et le champ polémique dans lequel il prend position à travers l'article sur Vanini de 1843 (2). Ensuite, j'essayerai d'analyser plus en détail la construction historiographique du cas Vanini dans l'article de Cousin (3). Pour finir, j'explorerai les effets du cas Vanini en montrant comment il a déterminé les catégories et la méthode des recherches érudites sur la Renaissance au sein de l'école de Cousin (4). Avant de développer ce plan de travail, il me semble utile de préciser la signification que je donne au terme « école » dans ce contexte (1).

---

8   V. Cousin, « Vanini. Ses écrits, sa vie et sa mort », *Revue des deux mondes*, 1er décembre 1843, pp. 673–728. Pour un aperçu de la fortune historiographique de Vanini aux XVIIIe et XIXe siècles, voir G. Papuli, « La fortuna del Vanini », dans : id. (éd.), *Le interpretazioni di G.C. Vanini*, Galatina 1975 (Collana di saggi e testi, 2), pp. 5–52 ; repris dans : id., *Studi vaniniani*, Galatina 2006, pp. 143–186.
9   J. Ferrari, *Les philosophes salariés*, Paris 1849, p. 95.
10  *Ibid.*, p. 161.

## 1  Une école cousinienne ?

À travers la notion d'école je ne suppose pas une adhésion dogmatique à la doctrine cousinienne ou à l'autorité du maître qui exclurait une variété de positions, la discussion et même la dissidence. J'utilise plutôt le terme d'école dans un sens qui est proche de l'idée de « constellation philosophique » décrite par Martin Mulsow.[11] En effet, il se forme autour de Cousin un réseau intellectuel dans lequel entrent en vigueur certaines règles du discours philosophique et certains rituels d'interactions sociales qui sont mis en place par l'activité philosophique de Cousin. L'école, dans le sens large d'une constellation philosophique, définit ainsi l'horizon de la pensée et l'horizon pratique (parcours de carrière, attentes professionnelles) de ses acteurs, de telle façon que seule l'analyse de cet ensemble relationnel et dynamique permette une compréhension correcte des efforts individuels, de leur genèse et de leur résonance. Deux éléments semblent caractériser le cercle de Cousin. Le premier désigne l'acceptation de la primauté de l'historiographie comme pratique philosophique et comme lieu spécifique du positionnement idéologique du philosophe ;[12] le deuxième définit la reconnaissance des institutions académiques comme espace d'actions sociales et professionnelles et établit la figure de Cousin comme incarnation plus ou moins légitime du pouvoir universitaire. La correspondance cousinienne, aujourd'hui conservée dans le fonds Victor-Cousin à la Bibliothèque interuniversitaire de la Sorbonne, fournit une cartographie détaillée des rapports de l'école et documente bien la culture épistémique qui la caractérise.

J'illustrerai cet aspect à l'aide de deux exemples strictement liés à l'historiographie philosophique, concernant les deux spécialistes de la Renaissance issus de la constellation cousinienne et sur lesquels je reviendrai plus en détail dans la dernière partie de cette contribution. Le 7 décembre 1846, Christian Bartholmèss (1815–1856) envoie à Victor Cousin, le premier exemplaire de son volume sur Giordano Bruno accompagné d'une lettre.[13] Bartholmèss a une formation éloignée de celle de Cousin. Il a étudié à Strasbourg dans un milieu protestant et ses recherches sur Bruno résultent de l'influence de la culture

---

11   M. Mulsow, « Qu'est-ce qu'une constellation philosophique ? Propositions pour une analyse des réseaux intellectuels », *Annales. Histoire, Sciences sociales* 64 (2009), pp. 81–109. Voir aussi M. Mulsow, M. Stamm (éds), *Konstellationsforschung*, Frankfurt am Main 2005 (Wissenschaft, 1736).

12   À ce sujet voir L. Rey, *Les enjeux de l'histoire de la philosophie en France au XIX$^e$ siècle. Pierre Leroux contre Victor Cousin*, Paris 2012 (La philosophie en commun).

13   Ch. Bartholmèss, *Jordano Bruno*, vol. 1, Paris 1846.

philosophique allemande.[14] Sa thèse ès lettre en latin sur Bernardino Telesio, publiée en 1849, est dédiée à Alexander von Humboldt.[15] Toutefois, Bartholmèss conçoit explicitement son travail dans une communauté d'esprit idéale avec l'œuvre de Cousin. « Puissiez-vous y reconnaître » – lui écrit-il – « l'esprit que respirent vos admirables écrits, et dont, en disciple fidèle, je cherche de plus en plus à me pénétrer. »[16] La correspondance montre aussi clairement la quête de légitimation qui anime Bartholmèss. Un message du 5 janvier prie, par exemple, Cousin de présenter positivement son livre sur Bruno devant l'Académie des sciences morales et politiques : « [J]e viens vous supplier de vous apitoyer sur ce pauvre "mécréant de *Jordan Brun*", et de l'honorer d'un nécrologe favorable, dans la séance de Samedi prochain, si vous le jugez à propos. »[17] Nous ne possédons pas la réponse de Cousin, mais les mémoires de l'Académie témoignent que Cousin satisfit cette prière. Il le fit toutefois sans cacher sa méfiance envers la Renaissance et envers la valeur excessive que Bartholmèss avait octroyée à son objet d'étude. « Je ne suis pas un grand admirateur du XVIe siècle », confesse Cousin au début de son discours. « C'est un âge de transition, et, en cette qualité, il manque d'une vraie originalité et d'un caractère décidé ».[18] Et plus loin, il commente le travail de Bartholmèss en ces termes : « Peut-être accorde-t-il trop d'importance à des essais philosophiques ingénieux et brillants, mais dépourvus de maturité et de vraie grandeur. Mais l'auteur est jeune, il a une belle âme, il est épris d'un généreux enthousiasme pour les travaux sérieux de l'histoire philosophique ».[19] Dans la constellation cousinienne, la pratique historiographique (« les travaux sérieux de l'histoire philosophique » selon son expression récurrente) et les liturgies

---

14  Concernant le profil biographique et intellectuel de Bartholmèss voir R. Jaquel, « Le philosophe Christian Bartholmèss (1815–1856), spécialiste en France au milieu du XIXe siècle de la pensée allemande, et sa conception de la liberté », dans : *Le concept de la liberté de 1815 à 1914 dans l'espace rhénan supérieur : actes du colloque international*, Mulhouse 1976, pp. 123–139 ; L. Spach, « Christian Bartholmèss », dans : id., *Biographies alsaciennes*, vol. 2, Paris 1866, pp. 389–426 ; et A.-J. Matter, *La vie et les travaux de Christian Bartholmess. Discours prononcé le 11 novembre 1856*, Paris/Strasbourg 1856.

15  Ch. Bartholmèss, *De Bernardino Telesio*, Paris 1849.

16  Lettre de Christian Bartholmèss à Victor Cousin, 7 décembre 1846, Paris, Bibliothèque interuniversitaire de la Sorbonne, MS VC 215, n. 289, f. 1r. Pour l'édition de la correspondance voir dans ce volume M. Meliadò, « Les lettres de Christian Bartholmèss à Victor Cousin (1846–1856) », pp. 201–220.

17  Lettre de Christian Bartholmèss à Victor Cousin, 5 janvier 1847, MS VC 215, n. 291, f. 1r.

18  V. Cousin, « Rapport sur un ouvrage de M. Bartholmès intitulé : Jordano Bruno (1847) », dans : *Séances et travaux de l'Académie des sciences morales et politiques*, vol. 1, Paris 1847, pp. 177–180, ici p. 177.

19  *Ibid.*, p. 180.

académiques règlent les mécanismes d'inclusion et d'exclusion intellectuelle. En même temps, la représentation du passé historiographique circonscrit le périmètre dans lequel le débat se développe et les positions se différencient.

Le cas de Charles Waddington (1819–1914), spécialiste de Pierre de la Ramée, est encore plus éloquent en raison de sa relation étroite avec Cousin, dont il fut disciple direct et jeune secrétaire.[20] Comme Dominique Couzinet l'a montré dans son analyse des lettres de Waddington à Cousin, les travaux de Waddington furent conduits sous le patronage intellectuel du maître, même lorsque l'objet d'étude n'était pas immédiatement conforme à l'agenda historiographique de Cousin.[21] Waddington informe Cousin au cours de toute sa carrière de l'évolution de ses recherches et partage avec lui ses décisions académiques les plus importantes. Même le choix du sujet de la thèse latine sur Ramus procède d'une suggestion de Cousin. La correspondance révèle en même temps que Waddington avait clairement conscience que son intérêt pour la Renaissance l'avait placé aux marges du cousinisme et lui avait coûté l'obtention d'une pleine reconnaissance académique. Toutefois, le désaccord ouvert ou la dissidence implicite des disciples envers le maître se déroulent, comme on le verra en détail, dans le cadre d'une adhésion à son autorité intellectuelle et d'une acceptation des procédures historiographique et universitaires qu'il a supervisées.[22]

## 2   Renaissance philosophique et révolution sociale

Pour comprendre la genèse de l'opération Vanini, il est nécessaire de situer le travail de Cousin dans la stricte chronologie de la polémique historiographique

---

20   Sur Waddington et ses travaux sur la philosophie de la Renaissance, voir dans ce volume la contribution de D. Couzinet, « Charles Waddington : de la thèse sur Ramus aux discours sur la philosophie de la Renaissance ». pp. 61–101.

21   La correspondance de Waddington avec Cousin est publiée dans ce volume par D. Couzinet, « Les lettres de Charles Waddington à Victor Cousin », pp. 221–248, d'où je tire l'extrait cité dans la note suivante.

22   Une critique explicite de Waddington à Cousin dans les *Essais de logique* avait suscité une réaction vibrante du maître bien documentée dans la correspondance. Waddington écrit à ce propos, *ibid.*, p. 237 : « [M]on cher et honoré maître, la vivacité même de vos reproches m'a réjoui, si je l'ose dire, en me faisant supposer qu'il y avait encore de l'amitié dans cette impatience à supporter de ma part un dissentiment de détail sur un point de méthode, au point d'en faire la partie la plus importante de mes *Essais*. [...] Il me semble impossible de moins abuser de la juste indépendance que vous laissez à vos disciples, et je persiste à me compter parmi eux ». Lettre de Charles Waddington à Victor Cousin, 28 janvier 1858, Paris, Bibliothèque interuniversitaire de la Sorbonne, MS VC 252, n. 5218, f. 1r.

et idéologique du début des années quarante. Dans ce contexte, je me limite à quelques références fondamentales. En 1841, Ferrari donne à la Faculté des Lettres de Strasbourg ce qui pourrait être considéré comme le premier cours d'histoire de la philosophie de la Renaissance dans une université française.[23] Cette initiative suit d'un an les célèbres leçons de Jules Michelet au Collège de France et en trahit sans doute l'inspiration.[24] En opposition ouverte avec le schéma de l'éclectisme cousinien, Ferrari présente la Renaissance comme le vrai début de la modernité philosophique et situe dans la Renaissance l'origine d'un mouvement d'émancipation à l'égard de l'autorité religieuse et politique qui s'accomplit dans l'idéal révolutionnaire du XVIIIe siècle. La construction d'une filiation conceptuelle entre la Renaissance et la Révolution française constitue en effet un écho évident du récit de Michelet. De même, Ferrari met l'accent sur le lien que la Renaissance aurait institué entre visée scientifique et finalité sociale et que l'historiographie philosophique n'aurait pas encore pleinement reconnu.[25] Les inventions de cette

---

23   Pour une discussion de la conception de la Renaissance selon Ferrari et de ses implications politiques, je me permets de renvoyer à : M. Meliadò, « Machiavel à Paris : l'historiographie philosophique sur la Renaissance et la dissidence idéologique contre l'éclectisme (1829–1843) », dans : D. Antoine-Mahut, D. Whistler (éds), *Une arme philosophique : l'éclectisme de Victor Cousin*, Paris 2019 (Actualité des classiques), pp. 53–68, dont le présent article représente une continuation. Autour de Ferrari voir aussi A. Savorelli, « Rinascimento e modernità nel *Discours sur l'histoire de la Philosophie à l'époque de la Renaissance* di Giuseppe Ferrari », dans : R. Ragghianti, A. Savorelli (éds), *Rinascimento mito e concetto*, Pisa 2005 (Seminari e convegni, 2), pp. 109–134 ; et P. Vermeren, « Joseph Ferrari, l'insurrection péripatéticienne contre le christianisme, et l'impiété de la Renaissance devenue système par le cartésianisme », dans : Antoine-Mahut, Whistler (éds), *Une arme philosophique*, pp. 71–80.

24   Les leçons de Jules Michelet, auxquelles Ferrari avait très probablement assisté (cf. S. Rota Ghibaudi, *Giuseppe Ferrari. L'evoluzione del suo pensiero (1838–1860)*, Firenze 1969, p. 49) furent consacrées en 1840 et 1841 respectivement à la « Renaissance » et à l'« Éternelle Renaissance ». Cf. J. Michelet, *Cours au Collège de France 1838–1851*, vol. 1 : 1838–1844, Paris 1995, pp. 341–464. Sur l'enjeu idéologique de la réhabilitation de la Renaissance dans les salles du Collège de France voir J.B. Bullen, *The Myth of the Renaissance in Nineteenth-Century Writing*, Oxford 1994, pp. 156–182. Sur Michelet et Cousin cf. R. Ragghianti, « Le *Renaissances* tra Cousin e Michelet », *Rinascimento*, ser. 2, 40 (2000), pp. 297–316 ; et dans ce volume C. König-Pralong, « La Renaissance dans l'histoire. L'historiographie française du XIXe siècle », pp. 11–43.

25   Les raisons de la mauvaise compréhension de cette époque philosophique sont liées selon Ferrari au fait qu'on l'a séparée « du but pratique qu'elle se propose » et, d'une façon plus générale, qu'on a exclu la pensée politique du mécanisme conceptuel qui décrit le cours historique de la philosophie. Il s'agit bien évidemment d'une critique implicite adressée à Cousin. Cf. J. Ferrari, « Discours sur l'Histoire de la Philosophie à l'époque de la Renaissance », dans : id., *Idées sur la politique de Platon et d'Aristote exposées en quatre leçons à*

époque naissent, selon Ferrari, d'une « double lutte contre la barbarie sociale et philosophique » du « système théologico-féodal ».[26] Cette conception historiographique, qui se rapproche des idées socialistes et présuppose une vision progressiste de l'histoire, est défendue par Ferrari aussi dans sa thèse de doctorat sur la doctrine religieuse de Campanella (1840) et dans l'article « Vanini » publié en 1842 dans l'*Encyclopédie Nouvelle* dirigée par Pierre Leroux et Jean Reynaud.[27] En développant une relecture de la Renaissance dans les termes d'une critique philosophique de la religion, Ferrari revendique en particulier la fonction émancipatrice que la philosophie a exercée dans la communauté humaine. Il voit, par exemple, dans la pensée de Vanini un effort de dévoiler la religion comme instrument de pouvoir. Résumant les arguments principaux du *De admirandis naturae arcanis*, Ferrari écrit que : « le christianisme comme les autres religions n'est qu'une *fiction pédagogique* inventée pour intimider les hommes et pour les gouverner. [...] Donc, les religions ne sont que des chimères, des superstitions inventées tantôt pour effrayer le peuple, tantôt pour inspirer de grandes actions [...]. Les penseurs de la renaissance paraissaient croire à la religion en chrétiens et l'attaquaient en philosophes : Vanini poussa à l'excès cette méthode. »[28] Selon Ferrari, la philosophie de Vanini annonce alors un esprit révolutionnaire qui n'est pas encore méthodiquement fondé, mais qui portera ses fruits dans l'histoire de la pensée et de la société des siècles suivants.[29]

Il est notoire que le cours de Strasbourg fut suspendu à la suite d'une campagne orchestrée par la presse catholique, sous prétexte que Ferrari diffusait une propagande athée et matérialiste. La contestation contre Ferrari à

---

    *la Faculté des Lettres de Strasbourg, Suivies d'un Discours sur l'Histoire de la Philosophie à l'époque de la Renaissance*, Paris 1842, p. 68.

26   *Ibid.*, p. 72.

27   G. Ferrari, *De religiosis Campanellae opinionibus*, Paris 1840 ; id., « Vanini (Lucile) », dans : P. Leroux, J. Reynaud (éds), *Encyclopédie nouvelle, ou Dictionnaire philosophique, scientifique, littéraire et industriel, offrant le tableau des connaissances humaines au XIXe siècle*, vol. 8, Paris 1842, pp. 588a–592a. Voir sur cela, dans ce volume, la contribution de G. Piaia, « Deux portraits de la Renaissance en compétition. L'*Encyclopédie nouvelle* (1836–1843) et le *Dictionnaire des science philosophique* (1844–1852) », pp. 44–57.

28   Ferrari, « Vanini (Lucile) », p. 591a.

29   *Ibid.*, p. 592a : « [T]ous ses efforts [*sc.* de Vanini] pour changer les croyances ne font que marquer le commencement d'une révolution qu'il est incapable d'accomplir ». En clôturant le discours d'ouverture du cours de Strasbourg, Ferrari souligne que la « révolution intellectuelle » de la Renaissance fut digne « de la grandeur des événements politiques contemporains », et, que la philosophie du XIXe siècle peut « s'éclairer au spectacle des héroïques travaux de la renaissance ». Cf. Ferrari, « Discours sur l'Histoire de la Philosophie à l'époque de la Renaissance », p. 100.

Strasbourg n'est qu'un épisode d'une bataille plus vaste conduite par le parti clérical *du dehors* et *contre* l'institution philosophique française – une bataille qui était pourtant aussi et surtout menée contre Cousin et dont l'enjeu politique concernait le monopole universitaire de l'instruction publique et de la laïcité de l'enseignement.[30] Ce conflit idéologique, aujourd'hui connu sous le nom de « querelle du panthéisme », culmina en 1840, en concomitance avec la publication du célèbre *Essai sur le panthéisme dans les sociétés modernes* de l'Abbé Maret (1805–1884).[31] Sur un plan strictement doctrinal et historiographique, les accusations du traditionalisme catholique s'expriment par la construction d'une histoire négative du rationalisme, selon laquelle la philosophie moderne, élaborée en dehors de la révélation, a conduit à la confusion entre Dieu et le monde et constitue en cela une menace pour la morale et la conservation de l'ordre social. Ce n'est pas par hasard que la naissance du panthéisme moderne coïncide, d'après l'Abbé Maret, avec la redécouverte des systèmes philosophiques de la Grèce ancienne à l'époque de la Renaissance, et notamment avec le renouvellement de la tradition néoplatonicienne et alexandrine.[32] Alors que la philosophie médiévale se serait développée fermement sous l'égide du christianisme et de la papauté,[33] la « liberté de la renaissance » et « la licence de la réforme » auraient permis à la pensée panthéiste de se relever.[34] La réappropriation graduelle des philosophèmes païens durant le XVe et XVIe siècles fut donc à l'origine, selon Maret, d'une chaîne d'or du panthéisme qui trouva en Bruno sa figure tutélaire et qui, à travers Spinoza et l'idéalisme allemand de Fichte, Schelling et Hegel, s'installa enfin en France avec l'éclectisme de Cousin.[35]

---

30   Cf. S. Milbach, *Les Chaires ennemies. L'Église, l'État et la liberté d'enseignement secondaire dans la France des notables*, Paris 2015 (Bibliothèque d'études des mondes chrétiens).

31   H. Maret, *Essai sur le panthéisme dans les sociétés modernes*, Paris 1840. Sur la querelle, cf. R. Ragghianti, « Victor Cousin et la querelle du panthéisme », dans : V. Cousin, *Nouvelle théodicée d'après la méthode psychologique*, éd. R. Ragghianti, Paris 2001, pp. 7–51.

32   Maret, *Essai sur le panthéisme*, p. 146 : « [T]ous les systèmes philosophiques des Grecs furent étudiés et renouvelés ; plusieurs écoles nouvelles se formèrent. Au milieu de cette fermentation philosophique, l'ancien panthéisme se reproduisit. Plusieurs essais furent tentés dans cette direction. Ils devaient leur origine à l'étude des Éléates et des néoplatoniciens. Patrizzi ressuscita la théorie de l'émanation ; mais il était réservé au Napolitain Jordano Bruno de présenter à cette époque le système le plus complet de panthéisme. »

33   Maret, *Essai sur le panthéisme*, p. 144 : « La philosophie, la littérature, les arts du moyen âge, se formèrent et se développèrent peu à peu sous l'influence et la direction de la papauté. Durant cet âge éminemment chrétien, le panthéisme ne fit que de rares apparitions ».

34   *Ibid.*, p. 174.

35   Pour la critique adressée à l'éclectisme de Cousin et sa dépendance de l'idéalisme de Hegel, cf. *ibid.*, pp. 1–20. Autour de la triade fondamentale du panthéisme

La condamnation catholique de la Renaissance est sans appel, dans l'ouvrage monumental du polémiste ultramontain Joseph Gaume (1802–1879) publié en douze volumes sous le titre significatif de *La Révolution, recherches historiques sur l'origine et la propagation du mal en Europe, depuis la Renaissance jusqu'à nos jours* (1856–1859). Dans le huitième tome dédié à l'histoire du rationalisme moderne, Gaume se propose d'illustrer trois thèses qui exemplifient bien la fonction destructive attribuée à la Renaissance dans la généalogie des maux des temps modernes élaborée en France par les partisans d'une vision théocratique et contre-révolutionnaire de la société : « 1º Avant la Renaissance, il n'y avait point de Rationalistes en Europe ; 2º Depuis la Renaissance, on en trouve partout et en grand nombre ; 3º C'est la Renaissance qui les a produits, et produits aussi naturellement que l'arbre produit son fruit ».[36]

L'étude de Cousin sur Vanini se révèlera être une réaction directe, bien qu'implicite, aux leçons de Ferrari, dont le but authentique est toutefois d'élaborer une apologie de l'éclectisme. Pour cela, il reporte sur la Renaissance (et sur ses épigones contemporains) les accusations que les catholiques adressent à la philosophie moderne dans son ensemble et à l'institution philosophique française qu'ils supposent en être l'héritière. Cousin tente alors de montrer l'inconsistance, la stérilité et l'impiété de la Renaissance face à une tradition cartésienne de la philosophie moderne qui se serait développée en conformité avec la religion et dont Cousin lui-même se présente comme le véritable continuateur.

## 3     « Nous déclarons celui-ci coupable » : Cousin, Vanini et l'historiographie 'judiciaire' de la Renaissance

L'apparition de la Renaissance comme catégorie historiographique dans les écrits de Cousin est liée à l'élaboration d'une ontologie spéciale qui confère à cet objet d'étude un statut exclusivement négatif. Au début de l'article sur Vanini, Cousin soutient que la Renaissance n'a généré « aucun monument qui ait duré » et qu'elle ne compte « aucun homme de génie ».[37] Tout ce que Cousin attribue à la Renaissance dérive d'une comparaison péjorative avec les

---

moderne : Bruno-Spinoza-les Allemands (Fichte, Schelling, Hegel), voir *ibid.*, pp. 146–174.

36   J. Gaume, *La Révolution, recherches historiques sur l'origine et la propagation du mal en Europe, depuis la Renaissance jusqu'à nos jours*, 12 vols, Paris/Bruxelles 1856–1859, vol. 8 : *Le Rationalisme*, Paris/Bruxelles 1857, pp. 1–2.

37   Cousin, « Vanini », p. 675.

autres époques philosophiques : l'imitation aveugle de l'antiquité ; le reniement stérile de la scolastique médiévale ; l'incapacité de fonder la modernité en raison d'une absence chronique de méthode.[38] De cette ontologie 'négative', Cousin déduit une exception significative au niveau de la méthode de la recherche historiographique. L'approche cousinienne de la philosophie de la Renaissance déplace l'attention de l'analyse doctrinale à la biographie, des œuvres à la vie des philosophes. La formulation de ce principe est explicite : « nous croyons être équitable en faisant peu de cas des travaux philosophiques de cet âge et en honorant leurs auteurs : ce ne sont pas leurs écrits qui nous intéressent, mais leur destinée tout entière, leur vie et surtout leur mort ».[39] En particulier, sous la plume de Cousin, la Renaissance se trouve illustrée, et d'une certaine manière épuisée, dans le destin tragique de Bruno, Campanella et Vanini.[40] Cette triade « napolitaine » constitue l'archétype d'une philosophie dominée par l'esprit d'imagination, l'enthousiasme et une révolte contre le pouvoir religieux et politique s'achevant dans le martyre.[41] C'est la raison pour laquelle la philologie cousinienne de la Renaissance ne s'effectue pas en restituant les écrits des philosophes, mais plutôt à travers la récupération des documents qui concernent leurs conflits avec l'autorité, la persécution et surtout les procès. De cette philologie des actes judiciaires, qui n'est évidemment pas dépourvue

---

38  *Ibid.*, pp. 673–674 : « Du moins, à la place du moyen-âge, que l'on rejette, et faute de l'esprit nouveau, qui n'est pas venu encore, on a devant soi cette admirable antiquité païenne, sortant alors de ses ruines. On l'imite [...] avec liberté, avec esprit, avec imagination, mais sans vraie grandeur ; car toute imitation ou tout effort sans un but et sans une direction bien marquée ne conduit à rien de grand. Le génie, pour se déployer à son aise, a besoin d'un ordre de choses défini et déterminé, qui l'inspire et qu'il représente. Il s'agite en vain dans le vide, et ne produit que des œuvres d'un caractère indécis et d'une beauté douteuse ». Et plus loin, le caractère de la philosophie de la Renaissance « est presque entièrement négatif : elle rejette la scolastique ; elle aspire à quelque chose de nouveau, et fait du nouveau avec l'antiquité retrouvée ». Déjà dans le cours de 1829, Cousin s'était exprimé de manière similaire, voir par exemple Cousin, *Cours de l'histoire de la philosophie*, p. 434 : « Le mal est dans la prédominance de l'esprit d'imitation qui engendre une immense confusion, et se trahit par l'absence de méthode. L'absence de méthode, tel est le vice fondamental de la philosophie du quinzième et du seizième siècle ».

39  Cousin, « Vanini », p. 675.

40  Sur le Bruno des cousiniens, voir *supra*, dans ce volume, D. Antoine-Mahut, « Négocier la coupure. La légende spiritualiste de Giordano Bruno au cœur de la transaction entre philosophie et théologie », pp. 102–126.

41  On retrouve aussi le portrait de Vanini et Bruno en tant que « martyrs de la philosophie » dans les leçons de Hegel sur l'histoire de la philosophie. Voir G.W.F. Hegel, *Vorlesungen über die Geschichte der Philosophie*, vol. 3, Frankfurt am Main 1971 (Werke, 20), p. 39 : « Er [Vanini] hat viele Ähnlichkeiten mit Bruno, ist ebenso ein Märtyrer der Philosophie geworden wie Bruno, hatte auch das Schicksal, auf dem Scheiterhaufen verbrannt zu werden ».

d'implications idéologiques, découle la seule perspective selon laquelle l'historien peut aborder d'une manière sensée les doctrines philosophiques.

L'article sur Vanini illustre fidèlement cette pratique historiographique. Dans le texte, Cousin met en scène un double procès : le premier relève de l'analyse des actes judiciaires et des témoignages historiques. Le deuxième est le procès que l'historien, nouveau juge, intente à l'œuvre dans le but d'évaluer, sur un plan philosophique, la légitimité du chef d'accusation.

Dans son *Cours de l'histoire de la philosophie* de 1829, Cousin ne s'était pas prononcé sur la culpabilité de Vanini, car il n'en avait pas encore lu les écrits, ceux-ci étant, comme il l'admet, assez rares et difficiles d'accès. Cousin s'était cependant déclaré enclin à absoudre Vanini des accusations d'athéisme sur la base d'informations tirées principalement de l'historiographie allemande.[42] Les années suivantes, la figure de Vanini suscite toutefois de l'intérêt sur la scène savante française. Xavier Rousselot (1805–1895), professeur au collège de Troyes et historien de la philosophie intellectuellement proche de l'école de Cousin, publie en 1842 la première traduction française des œuvres de Vanini (intégrale pour l'*Amphithéâtre de l'éternelle providence* et partielle pour les *Dialogues sur les secrets de la nature*).[43]

Le manuscrit 52 du fonds Victor-Cousin, conservé aujourd'hui à la Bibliothèque Interuniversitaire de la Sorbonne, recueille les lettres et le matériel préliminaire à la réalisation de l'article sur Vanini.[44] Il documente de manière détaillée les lectures et les recherches d'archives que conduisit Cousin pour assembler le dossier sur la condamnation de Vanini. Dans son étude de 1843, Cousin n'est pas seulement en mesure de produire une analyse de première main des écrits de Vanini, mais aussi et surtout de publier pour la première fois

---

42   Cousin, *Cours de l'histoire de la philosophie*, p. 418 : « Jules-César Vanini a été condamné à Toulouse comme athée, et brûlé comme tel. L'était-il, ne l'était-il pas, je ne devrais pas me prononcer à cet égard, puisque j'avoue n'avoir jamais lu les deux ouvrages de Vanini, qui sont assez rares. Cependant j'incline fort à la négative d'abord d'après différents passages que j'ai trouvés dans les auteurs, et qui me paraissent décisifs ».

43   *Œuvres philosophiques de Vanini,* traduites pour la première fois par M.X. Rousselot, Paris 1842. Le jugement de Rousselot, qui ne dispose pas encore des actes du procès de Vanini publiés l'année suivante par Cousin, n'est pas trop dur avec le philosophe italien. Il fait de Vanini un sceptique avec une certaine tendance au panthéisme, mais conteste l'accusation d'athéisme. Cf. X. Rousselot, « Notice sur la vie et les ouvrages de J.C. Vanini », dans : *Œuvres philosophiques de Vanini*, pp. v–xvi. Sur la représentation de la Renaissance chez Rousselot voir, dans ce volume, König-Pralong, « La Renaissance dans l'histoire », p. 17.

44   Notes et documents concernant Giulio Cesare Vanini, compilés par Victor Cousin, Bibliothèque interuniversitaire de la Sorbonne, MS VC 52, ff. 287$^r$-315$^v$. Numérisation disponible en ligne sur NuBIS : <https://nubis.univ-paris1.fr/ark:/15733/45pk>.

trois documents inédits concernant l'affaire de Toulouse : la sentence émise par le Parlement de la ville ; le procès-verbal de l'administration municipale ; et enfin ce qu'il estime être un extrait des mémoires manuscrites d'un certain Malenfant, le greffier du Parlement de Toulouse. En recoupant les informations tirées de ces sources et en utilisant aussi le témoignage déjà connu de l'historien Gramond (contemporain des faits et devenu plus tard président du Parlement de Toulouse),[45] Cousin rédige un scénario en trois actes : procès, sentence et exécution. Quelle est l'intention de cette reconstruction ? La stratégie adoptée est en effet ambiguë et repose entièrement sur une projection du champ de bataille intellectuel contemporain sur le passé historique et sur ses acteurs. Dans cette projection, on peut distinguer une double intention polémique.

(a) Cousin vise à illustrer l'impiété de Vanini et à mettre l'accent sur le lien entre son immoralité présumée et la profession philosophique d'athéisme. Il défend la thèse d'une continuité directe entre la doctrine exposée dans l'ouvrage et la conduite de vie dissolue qui aurait été à l'origine de l'arrestation de Vanini.[46] D'après Cousin, l'élan d'une liberté philosophique sans freins ni règles, qui aurait inspiré la pensée de Vanini (et celle de la Renaissance dans son ensemble), s'accompagne de conséquences nocives pour l'ordre moral et social. « Il faut le dire, ce nouveau document est accablant contre les mœurs de Vanini »,[47] souligne Cousin en commentant le rapport du greffier du Parlement de Toulouse. Il est intéressant de noter à ce propos que l'extrait des mémoires de Malenfant que Cousin utilise ici pour discréditer Vanini en lui attribuant, par exemple, la corruption des jeunes, la sodomie et le blasphème,[48] sera reconnu par l'historiographie suivante comme un faux historique rédigé à Toulouse par un polémiste catholique du XIXe siècle.[49] C'est Adolphe Franck (1810–1893),

---

45   Gabriel Bartholomaeus Gramondus, *Historiarum Galliae ab excessu Henrici IV libri XVIII. Quibus rerum per Gallos tota Europa gestarum accurata narratio continetur*, apud Arnaldum Colomerium, Tolosae 1643, pp. 208–210 (sur l'affaire Vanini).

46   Voir par exemple Cousin, « Vanini », p. 714 : « Ce récit en lui-même, et dégagé des réflexions de l'auteur, [Cousin se réfère ici au texte de Gramond, dans lequel on dit que Vanini menait une vie déréglée et cherchait avidement les voluptés] semble bien de la plus parfaite exactitude. Il n'y a rien qui soit contraire, ou plutôt qui ne soit conforme à ce que nous-même nous avons déjà vu dans les ouvrages de Vanini. Gramond, qui l'avait connu dans le monde avant qu'il fût arrêté, lui reproche le goût effréné des plaisirs et des mœurs déréglées : qu'on se rappelle tant de passages des *Dialogues*, et ceux que nous avons cités et ceux auxquels à peine nous avons osé faire allusion ».

47   *Ibid.*, p. 717.

48   *Ibid.*, pp. 717–718.

49   Sur la fabrication de ce document, voir É. Namer, *La vie et l'œuvre de J.C. Vanini*, Paris 1980, pp. 221–226 ; D. Foucault, *Un philosophe libertin dans l'Europe baroque. Giulio Cesare*

philosophe du judaïsme et disciple de Cousin, qui avait procuré à son maître une copie de ce document pendant son séjour d'étude à Toulouse.[50] Il ne semble pas que Cousin et Franck aient été conscients du faux, mais il est symptomatique que Cousin se soit servi de ces mémoires avec la même intention de dénigrement avec laquelle ils avaient été probablement conçus par la propagande catholique.

Par ailleurs, l'interprétation des écrits de Vanini que nous livre Cousin dans l'article est aussi mise au service de cette disqualification morale et intellectuelle. Sur la base d'une relecture critique des dialogues *De admirandis naturae*

---

*Vanini (1585–1619)*, Paris 2003, pp. 676–678 ; et M. Leopizzi, *Les sources documentaires du courant libertin français. Giulio Cesare Vanini*, Paris 2004, pp. 218–221. Plus précisément, les mémoires du greffier Malenfant ne sont pas en soi un faux, mais ils ne contiennent, dans leur rédaction authentique, aucune référence à l'affaire Vanini. C'est plutôt l'extrait concernant Vanini qui doit être considéré comme un faux, que l'archiviste Badouin a attribué au polémiste toulousain Dumège. Cf. A. Badouin, *Histoire critique de Jules César Vanini dit Lucilio*, Toulouse 1904, pp. 6–7 : « Le greffier Malenfant le [*sc.* l'arrêt de Vanini] passe sous silence dans son journal du Palais, qu'on nomme improprement ses Mémoires. Lui, qui rapporte si curieusement les principales affaires criminelles, ne dit pas un mot de Vanini. Je sais bien que M. Cousin a publié, dans la *Revue des Deux-Mondes* de décembre 1842, une relation qu'on lui avait donnée comme extraite de ces prétendus mémoires. Mais, je l'avoue, j'en suis encore à comprendre comment un appréciateur si délicat & si passionné des choses du dix-septième siècle ne s'est pas méfié de ce document bâtard, de ce pastiche grossier qui s'évertue à imiter le style de Rabelais & même celui de Froissart plutôt qu'il ne rappelle la langue d'un contemporain de Mme de Longueville. Il faut se hâter de déclarer que cette pièce est de l'invention d'un faussaire que Toulouse connait trop bien [...] M. Dumège, car c'est lui, y renouvelle avec de grands développements & des flots de couleur locale l'accusation infâme portée par le P. Mersenne contre le philosophe napolitain ». Des doutes sur la provenance de l'extrait avaient déjà été exprimés par É. Vaïsse, « Lucilio Vanini, sa vie, sa doctrine, sa mort, 1585–1619 », *Mémoires de l'Académie impériale des sciences, inscriptions et belles-lettres de Toulouse*, sixième série, vol. 2, Toulouse 1864, pp. 313–355, en particulier p. 316, n. 1 : « Les Mémoires de Malenfant, dont s'est servi M. Cousin (*Revue des Deux-Mondes*, 1er décembre 1843), n'existent pas dans nos dépôts publics, et l'illustre historien ne nous dit pas d'où il a tiré les extraits qui lui servent à édifier son récit. Je n'ai garde de dire qu'ils ne soient pas authentiques ; mais j'ignore leur provenance. Cette incertitude m'a déterminé à ne point en faire usage ».

50 Cf. Cousin, « Vanini », p. 716, n. 1 : « Je dois cette copie à M. Franck, auteur du savant livre *de la Cabale*, aujourd'hui professeur de philosophie au collège Charlemagne, et qui étudiait alors à Toulouse ». Cette note nous permet de déduire que l'intérêt de Cousin pour la figure et le destin de Vanini remonte déjà au début des années trente. Concernant les circonstances dans lesquelles Franck a procuré cet extrait à Cousin voir G. Arnoult, « Note pour servir à une étude sur Vanini », *Mémoires de l'Académie impériale des sciences, inscriptions et belles-lettres de Toulouse*, sixième série, tome v, Toulouse 1867, pp. 281–294, en particulier pp. 291–293.

*arcanis*,[51] Cousin arrive à formuler ce qui ressemble à une véritable sentence judiciaire.

> [...] nous déclarons celui-ci coupable. Il est coupable envers le christianisme, envers Dieu, envers la morale. Nous pouvons dire aujourd'hui la vérité tout entière : nous ne témoignons pas devant le parlement de Toulouse, mais devant l'histoire [...]. Disons-le donc sans hésiter : oui, dans les *Dialogues*, Vanini est un ennemi mal dissimulé du christianisme.[52]

Le verdict est fondé sur une série d'erreurs doctrinales que Cousin prend soin de relever dans les textes vaniniens et de réfuter : la négation de la causalité créatrice de Dieu, de sa volonté et providence ;[53] la doctrine de l'éternité du monde et une déification de la nature proche de « ce qu'on appellerait aujourd'hui le panthéisme » ;[54] un nécessitarisme moral qui abolit la liberté humaine et la distinction essentielle du bien et du mal.[55] L'enjeu contemporain de l'enquête est bien évident. D'un côté, Cousin censure chez Vanini précisément ce que le parti catholique, et l'Abbé Maret en particulier, lui avaient reproché. La critique adressée à Vanini n'est alors, au fond, rien de plus qu'une déclaration implicite d'orthodoxie de la part de l'historien et un moyen pour afficher l'adhésion de l'éclectisme cousinien aux enseignements du christianisme. De l'autre côté, la condamnation de Vanini sert à Cousin pour interdire la référence symbolique positive à la Renaissance dans le débat historiographique. « Il y a encore aujourd'hui » – écrit-il – « des brouillons et des utopistes qui, confondant une révolution à maintenir avec une révolution à faire, nous ramènent, dans leur audace rétrospective, au berceau même des temps modernes, et nous proposent pour modèles les entreprises déréglées où s'est consumée l'énergie du XVIe siècle ».[56] Ainsi Cousin discrédite l'agenda académique de Ferrari et établit une distinction claire entre l'historiographie

---

51   Selon Cousin, l'autre œuvre connue de Vanini, l'*Amphitheatrum aeternae providentiae*, bien qu'elle propose une « théodicée très imparfaite » (*ibid.*, p. 686), ne peut pas être accusé d'athéisme, car sa doctrine est encore « dominée et contenue par la fois chrétienne » (*ibid.*, p. 709). Toutefois, d'après Cousin, c'est dans les dialogues *De admirandis naturae arcanis* qu'il faut chercher la vraie pensée de Vanini, alors que l'*Amphithéâtre* serait le résultat d'une dissimulation. « En un mot, les deux ouvrages sont évidemment du même auteur, qui tantôt a mis un masque, et tantôt paraît à visage découvert » (*ibid.*).
52   *Ibid.*, pp. 699–700.
53   *Ibid.*, pp. 701–703.
54   *Ibid.*, pp. 708–709.
55   *Ibid.*, pp. 705–706, 708.
56   *Ibid.*, p. 675.

éclectique et une historiographie « utopiste » qui idéalise la Renaissance dans le but de prolonger au XIXe siècle son esprit révolutionnaire et antireligieux.

(b) Cousin entend dénoncer fermement le fanatisme des accusateurs de Vanini et relever la cruauté de la persécution ainsi que son inefficacité dans la lutte contre les excès de l'indépendance philosophique. Aux formulations sévères du juge-historien fait alors place la rhétorique enflammée du procureur.

> Justice impie ! sanguinaire fanatisme ! tyrannie à la fois odieuse et impuissante ! Croyez-vous donc que c'est avec des tenailles qu'on arrache l'esprit humain à l'erreur ? Et ne voyez-vous pas que ces flammes que vous allumez, en soulevant d'horreur toutes les âmes généreuses, protègent et répandent les doctrines même que vous persécutez ? Vanini a été brûlé à Toulouse le 9 février 1619. Cet autodafé a-t-il donc consumé l'impiété et ranimé la foi ? Non : chaque jour a vu éclore en France des écrits ou sceptiques ou impies qui dominaient sur l'opinion.[57]

Ici encore, on n'a pas de mal à reconnaître dans le conflit qui oppose une philosophie déréglée et intolérante à l'autorité (Vanini) et une autorité oppressive et intolérante à la philosophie (ses accusateurs) une transposition historiographique de la polarité fondamentale qui domine le débat politique à l'époque de Cousin. Il s'agit de l'antagonisme entre la gauche socialiste et révolutionnaire, dans les rangs desquels on peut compter Ferrari, et la droite catholique, partisane de l'ordre ancien. Mais cette opposition sert de toile de fond à la représentation d'un idéal cartésien de philosophie – ou pour mieux dire à une autoreprésentation de Cousin dans la figure de Descartes – visant à légitimer la position intermédiaire et médiatrice que l'éclectisme cousinien se propose de défendre dans la France postrévolutionnaire. Descartes incarne en fait pour Cousin la vertu épistémique de la modération[58] et définit un modèle de savoir 'bifrons', qui est au service de la religion sans pour autant renoncer à l'autonomie de la raison et qui réalise la liberté philosophique à l'aide d'une méthode capable aussi de démontrer les vérités de la foi.[59] Pour Cousin, seule la pensée

---

57 *Ibid.*, p. 725.
58 Pour un éloge de la prudence et de la modération cartésienne, voir aussi Cousin, *Cours de l'histoire de la philosophie*, pp. 67–69.
59 Cousin, « Vanini », pp. 726–727 : « Cette grande philosophie [sc. la philosophie cartésienne] fleurit d'accord avec la religion ; elle se répand de Paris dans toutes les provinces, pénètre dans les ordres religieux eux-mêmes, [...] substitue à l'esprit de révolte une sage indépendance, une doctrine ferme et solide à des systèmes désordonnés [...]. *Descartes avait créé une philosophie qui la servait* [sc. la religion] *sans en dépendre, et consacrait les droits de la raison sans entreprendre sur ceux de la foi.* Descartes avait entrevu par un

cartésienne, et non la violence de la persécution, aurait été dès lors en mesure de mettre fin historiquement à l'athéisme de la Renaissance. « Pour cela » – conclut Cousin dans la dernière phrase de l'article sur Vanini – « Descartes n'a pas invoqué les parlements, le bras séculier, les supplices : il a écrit le *Discours de la Méthode* et le livre des *Méditations* ».[60] En s'adressant à la culture catholique de son temps, Cousin défend à travers cette allégorie cartésienne la validité du paradigme intellectuel et politique de l'éclectisme, qui revendiquait la liberté de l'institution universitaire tout en admettant sa fidélité à l'Église. Édifié et rallié par Cousin à la doctrine officielle de la monarchie constitutionnelle issue de la Révolution de juillet (1830), l'éclectisme est ainsi désigné comme le dispositif qualifié pour dépasser les extrémismes idéologiques et assurer à la France un avenir en accord avec sa tradition.

## 4  Christian Bartholmèss et Charles Waddington, ou la Renaissance à la périphérie de l'école

Dans les années suivantes, l'exclusion de la Renaissance du patrimoine symbolique de l'éclectisme marque le caractère marginal des recherches historiographiques dédiées à cette époque dans le cadre de l'institution philosophique française sous l'égide de Cousin. Nous notons que la Renaissance est absente des concours annoncés à l'Académie des sciences morales et politiques, alors que des investigations sur les autres époques sont régulièrement promues. Les élèves les plus fidèles et proches de Cousin se prodiguent, d'un côté, dans l'étude de la pensée ancienne et médiévale et, de l'autre, dans celle de la modernité inaugurée par Descartes. Dans les écrits d'Émile Saisset (1814–1863) et de Francisque Bouillier (1813–1899), par exemple, l'intérêt envers la Renaissance est complètement absorbé dans le discours sur la préhistoire du cartésianisme.[61] Comme leur maître, ils voient dans la Renaissance une affirmation de la liberté de la raison qui, encore dépourvue de méthode, se consume dans

---

instinct sublime et admirablement résolu le problème de ce temps : ce problème était de donner *une satisfaction nécessaire à l'esprit nouveau*, et en même temps *de rassurer les anciens pouvoirs légitimes* » (je souligne). Il est intéressant de relever que Cousin, dans la deuxième édition de cet article, publié avec des modifications en 1845, corrigera cette section de texte en omettant de souligner que la philosophie de Descartes « servait » la religion. Cf. V. Cousin, « Vanini, ou la philosophie avant Descartes », dans : id., *Fragments de philosophie cartésienne*, Paris 1845, pp. 1–99, ici p. 97.

60  Cousin, « Vanini », p. 728.
61  Cf. F. Bouillier, *Histoire et critique de la révolution cartésienne*, Lyon 1842, pp. 1–78 ; É. Saisset, *Précurseurs et disciples de Descartes*, 2e édition, Paris 1862.

un conflit tragique et stérile avec la religion.[62] De manière similaire, dans les œuvres de Barthélemy Hauréau (1812–1896), le grand historien de la scolastique, l'avènement de la Renaissance détermine la crise de la pensée analytique et de la rigueur logique qui a caractérisé la philosophie médiévale. Lorsqu'il caractérise la Renaissance, une réprimande morale, qui fait écho à la condamnation vaninienne, s'accompagne d'une comparaison par défaut avec les autres époques : « Il n'y a plus d'écoles, il n'y a plus de discipline – écrit-il – on philosophe en pleine liberté : c'est le commencement de la licence. La licence vient à son tour, et produit la plus grande confusion, la plus étrange anarchie ».[63]

Cependant, deux figures de l'école de Cousin se distinguent par d'importants travaux érudits sur la philosophie de la Renaissance et s'emploient à sa réévaluation. Ce sont Christian Bartholmèss, cité auparavant pour ses volumes sur Bruno, et Charles Waddington, l'auteur d'une thèse de doctorat en latin sur Pierre de la Ramée ainsi que d'une monographie en français sur le même sujet, publiée plus tard en 1855. Ce n'est pas par hasard que les deux, comme il en avait été de même pour Ferrari, enseigneront à Strasbourg, donc loin du centre parisien (et cousinien) du savoir philosophique. Plus précisément, après le décès prématuré de Bartholmèss en 1856, Waddington prend sa place à la chaire de philosophie du séminaire protestant de Strasbourg. On peut observer que, dans la constellation cousinienne, à la marginalité conceptuelle de la Renaissance correspond une dimension périphérique en termes de géographie institutionnelle.

Se distinguant par sa situation frontalière, en tant que lieu de médiation entre la culture française et allemande, et par une configuration institutionnelle et confessionnelle tout à fait exceptionnelle en France, en vertu de sa

---

62 Voir par exemple Bouillier, *Histoire et critique de la révolution cartésienne*, pp. 17, 19–20 : « Dans le cours du XVe et du XVe siècle, se succèdent en philosophie d'audacieux réformateurs qui sont comme les précurseurs de Descartes. [...] Cette hostilité contre le christianisme me semble, sauf de rares exceptions, un caractère général des philosophes de cette période. Les philosophes du XVIIe siècle, plus prudents et plus habiles, assureront le triomphe de la révolution philosophique en la séparant avec plus de soin de la révolution religieuse. [...] Voilà bien le portrait des précurseurs de Descartes. La soif de la vérité les consume, et pour l'éteindre leur esprit fougueux se précipite dans toutes les directions sans règle ni méthode. [...] Enfin les inquisiteurs les persécutent ; l'exil, la prison, les tortures, le bucher, voilà leur lot et leur partage. Ainsi ont vécu, ainsi sont morts Giordano Bruno, Ramus, Vanini, Campanella. Leur vie est une tragique histoire dont on voit à l'avance, à travers une foule de persécutions, le dénouement fatal se préparer ».

63 B. Hauréau, « Sciences philosophiques », dans : P. Lacroix, F. Seré (éds), *Le Moyen Âge et la Renaissance. Histoire et description des mœurs et usages, du commerce et de l'industrie, des sciences, des arts, des littératures et des beaux-arts en Europe*, vol. 2, Paris 1849, f. xiii[r].

Faculté de théologie protestante, Strasbourg devient donc aussi l'espace académique qui accueille ceux qui semblent s'écarter de la ligne historiographique dominante de l'éclectisme et de la politique culturelle centralisatrice de son patron. D'ailleurs, la commune adhésion au protestantisme, luthérien dans le cas de Bartholmèss et calviniste pour Waddington, offre aux deux historiens non seulement une perspective différente sur les siècles de la Réforme, mais les rend aussi étrangers à la profession de catholicité affichée qui fut propre au cousinisme au lendemain de la querelle du panthéisme.

Les travaux de Bartholmèss et Waddington témoignent pourtant d'une sorte de conflit intérieur. D'un côté, ils s'efforcent de réhabiliter la pensée de la Renaissance. En cela, la sensibilité philosophique de Bartholmèss est évidemment influencée par l'image positive de Bruno élaborée outre Rhin dans le milieu idéaliste allemand. Elle découle, comme il est notoire, du dialogue homonyme de Schelling *Bruno oder über das göttliche und natürliche Princip der Philosophie* (1802).[64] Waddington, quant à lui, ose avancer une interprétation de Ramus qui, dans le tableau historique cousinien, énonce plutôt une impossibilité conceptuelle : la découverte d'une méthode philosophique qui anticipe celle de Descartes.[65] D'un autre côté, les études de Bartholmèss et Waddington restent un produit de l'école éclectique et leur effort de réhabilitation s'effectue conformément aux catégories opératoires établies par Cousin. L'article sur Vanini avait exprimé clairement les conditions de possibilité d'un

---

64   Il est intéressant de relever que Bartholmèss enverra à Schelling le premier volume de son Bruno accompagné d'une lettre datée du 23 Décembre 1846, et conservée aujourd'hui dans le Schelling-Nachlass de l'Académie des sciences de Berlin. Je reproduis ici le contenu de la lettre (Berlin, Bibliothek der Berlin-Brandenburgischen Akademie der Wissenschaften, Schelling-Nachlass, n. 184, f. 1r) : « Monsieur le Conseiller, Puisque je n'ai pas l'honneur d'être connu de Vous, je sollicite de votre bienveillance la grâce de vous présenter un exemplaire de *Jordano Bruno*, comme un faible témoignage de ma vive admiration pour votre beau génie, & comme une marque de ma profonde vénération pour votre noble caractère. Veuillez agréer cet hommage légitime avec un indulgence bienveillante et n'y voir que le désir sincère de vous exprimer les sentiments de respectueuse déférence, que je nourris pour vous, Monsieur, depuis longues années, et avec lesquels je demeurerai tout ma vie, Votre dévoué serviteur, Christian Bartholmèss ». Une lettre successive du 28 Octobre 1851 témoigne que Bartholmèss et Schelling se rencontreront aussi personnellement à Berlin.

65   Ch. Waddington, *Ramus (Pierre de la Ramée). Sa vie, ses écrits et ses opinions*, Paris 1855, p. 10 : « On peut le dire en toute assurance, Ramus est le plus grand philosophe français du XVIe siècle, l'un des plus brillants et des plus utiles précurseurs des temps modernes. Sa philosophie, longtemps florissante en plusieurs pays de l'Europe, était l'expression la plus complète de la renaissance ; sa méthode fut comme un pressentiment de celle de Descartes ; sa Dialectique servit de guide et souvent de modèle à Gassendi et aux auteurs de la Logique de Port-Royal ».

discours historiographique sur la Renaissance, à savoir la primauté de la biographie sur l'analyse des œuvres comme modèle de recherche, et la primauté de la vie du philosophe sur sa doctrine comme clé interprétative. Une brève analyse des préfaces des volumes sur Bruno et Ramus montre bien l'acceptation pleine du schéma cousinien.

Bartholmèss présente les deux volumes sur Bruno comme la première étape d'un vaste programme de recherche dédié à la redécouverte de la pensée du XVIe siècle. En fait, Bartholmèss envisage de réaliser plusieurs études analogues, parmi d'autres, celles sur Melanchthon, Pierre de la Ramée, Bernardino Telesio et Tommaso Campanella.[66] Ce projet ambitieux est lié dès le début à un choix méthodologique très clair, qui présuppose à son tour un point de vue précis sur la nature spécifique de la philosophie de la Renaissance. « La forme qui m'a semblé convenir le plus à ce genre d'exploration, c'est la biographie. [...] Toutefois, ce qui m'y a décidé, c'est la nature des esprits et des travaux que je désirais faire connaître, c'est l'état philosophique de la Renaissance ».[67] Pour Bartholmèss, la pensée du XVIe siècle ne se réalise dans aucune doctrine destinée à durer.[68] La grandeur de l'époque se révèle surtout à travers la passion réformatrice des hommes de science et dans la parabole héroïque de leur existence. « Ces hommes devaient préférer l'action à la pensée : c'étaient des soldats plutôt que des académiciens. Leurs principes, militants comme leurs jours, devaient produire plus de héros et de martyrs que de livres et d'écoles ; leurs écrits en font foi, car ce sont moins des ouvrages que des actes ».[69] Bartholmèss applique alors à Bruno le même paradigme que Cousin avait utilisé pour Vanini. Et quoique Bartholmèss, à la différence de Cousin, sympathise sincèrement avec son héros philosophique et prenne son parti, il s'empresse de

---

66 Bartholmèss, *Jordano Bruno*, vol. 1, pp. i–ii : « *Jordano Bruno* est un coup d'essai ; mais, s'il était favorablement accueilli [on note ici la conditionnelle !], je m'empresserais d'y faire succéder des recherches analogues sur *Mélanchton*, sur *Pierre de la Ramée*, sur *Bernardino Telesio*, ainsi que sur cette austère galerie de publicistes, où figurent *Ulrich de Hutten, Thomas Morus, La Boëtie, François Hotman, Languet, Buchanan, Campanella* ». Voir à ce propos *infra* Meliadò, « Les lettres de Christian Bartholmèss à Victor Cousin », pp. 201–203.

67 Bartholmèss, *Jordano Bruno*, vol. 1, p. ii.

68 Bartholmèss semble adopter en effet, du moins dans la déclaration programmatique de la préface, aussi l'ontologie négative cousinienne, *ibid.*, p. ii : « nulle doctrine ne pouvait acquérir un crédit étendu ou une influence profonde » ; et plus loin : « il ne pouvait s'élever aucun monument qui fût capable de défier l'avenir ». Cette déclaration est toutefois complètement désavouée par l'exécution même du travail, et en particulier par l'effort de Bartholmèss pour reconstruire en détail la postérité de la pensée de Bruno ainsi que par l'analyse très détaillée de son œuvre et de sa doctrine dans le deuxième volume, cf. Ch. Bartholmèss, *Jordano Bruno*, vol. 2, Paris 1847.

69 Bartholmèss, *Jordano Bruno*, vol. 1, p. iii.

conjurer à travers un questionnement (qui ressemble toutefois à une *excusatio non petita*), la possibilité de s'approprier au présent l'idéal philosophique de la Renaissance : « Quant au philosophe du XIXe siècle, il ne saurait non plus ressembler au philosophe du XVIe. Celui-ci combattait Aristote et s'attaquait parfois au christianisme. Où, de nos jours, se trouve le philosophe digne de ce titre, qui n'honore et ne consulte Aristote, qui ne révère et ne chérisse le christianisme ? ».[70]

La déclaration d'intentions de Waddington est tout à fait spéculaire. Le travail en français sur Ramus, qui est d'ailleurs dédié à Cousin, commence par une longue citation de l'article sur Vanini qui atteste le ralliement de Waddington au paradigme historiographique de l'éclectisme.[71] Nous retrouvons de nouveau au centre des intérêts la biographie du philosophe et son conflit intellectuel et politique avec l'autorité constituée, qui en marque le destin : « c'est l'homme surtout qu'il serait intéressant de faire revivre, » – écrit Waddington dans la préface, à propos du but de son travail – « cet homme [...] qui, après avoir été le jouet de la fortune, tantôt dans l'élévation et tantôt dans l'abaissement, termina une carrière de luttes et de persécutions par une mort affreuse, qu'on peut appeler sans exagération un martyre ».[72] Pour Bartholmèss comme pour Waddington, reconstruire la persécution des penseurs et de leur fin tragique constitue le vrai pivot de l'analyse historiographique, sa condition de possibilité. En comparant le cas Vanini aux études successives sur Bruno et Ramus, on peut conclure que le martyrologe ou, si on préfère, la *thanatographie philosophique*, est le trait distinctif de l'historiographie éclectique concernant la Renaissance. Cette mise en scène de la mort du philosophe est au service d'une politique du savoir historique qui, comme très souvent à l'école de Cousin, est adressée à la société française du XIXe siècle. Elle veut montrer le rejet du fanatisme religieux et théocratique et, en même temps, le dépassement d'une philosophie révolutionnaire qui se refuse de payer un tribut à la religion et à la tradition chrétienne.

∴

Les biographies de Bruno et Ramus reçurent une attention internationale considérable et s'imposèrent bientôt comme ouvrages de référence dans leur champ. La recherche de Waddington, déjà dans sa version latine, sera recensée

---

70   *Ibid.*, p. x.
71   Waddington, *Ramus*, pp. 7–8. Waddington soutient même que « l'idée première » de tout son travail est contenue dans le *Vanini* de Cousin.
72   *Ibid.*, pp. 12–13.

positivement dans les pages des *Göttingische gelehrte Anzeigen* par Heinrich Ritter (1791–1869), représentant éminent de l'École historique allemande de Berlin et élève de Friedrich Schleiermacher.[73] Un long compte-rendu du travail de Bartholmèss sera publié en 1849 par l'historien de la philosophie anglais George Henry Lewes (1817–1878) dans le *British Quarterly Review*.[74] En Italie, Bartholmèss sera élu membre correspondant de l'Académie des sciences de Turin à peine quelque mois après la parution du premier volume de son *Bruno*.[75] En 1861 encore, Francesco Fiorentino (1834–1884) célèbrera le savant alsacien comme « benemerito degli Italiani per la solerzia posta nel raccogliere i casi di Bruno ».[76] Une reconnaissance analogue lui sera accordée en Allemagne. Son livre sera accueilli favorablement par le théologien protestant Albert Schwegler (1819–1857), qui lui dédiera un compte-rendu pour la *Zeitschrift für Philosophie und philosophische Kritik*.[77] En 1847, Bartholmèss rencontrera à Paris Moriz Carrière (1817–1895), professeur de philosophie à Gießen, disciple de Hegel et spécialiste de Bruno. En approuvant l'interprétation brunienne de Bartholmèss, Carrière s'emploiera à en promouvoir les écrits en Allemagne.[78] Le succès du travail sur Bruno vaudra à Bartholmèss, dans la même année, l'élection comme membre correspondant de l'Académie des sciences de Berlin, proposé par le célèbre philologue de l'antiquité August Boeckh.[79] En comparaison de

---

[73] Cf. H. Ritter, compte rendu de « Ch. Waddington-Kastus, *De Petri Rami vita, scriptis, philosophia*, Paris 1848 », *Göttingische gelehrte Anzeigen* 2 (1849), pp. 1268–1271. Concernant la réception du travail de Waddington, voir dans ce volume l'analyse de Couzinet, « Charles Waddington », pp. 72–76.

[74] Il sera publié anonymement : *British Quarterly Review* 9 (1849), pp. 540–563. À ce propos voir H. Gatti, « Bruno nella cultura inglese dell'Ottocento », dans : E. Canone (éd.), *Brunus redivivus. Momenti della fortuna di Giordano Bruno nel XIX secolo*, Pisa/Roma 1998 (Bruniana & Campanelliana. Supplementi – Studi, 1), pp. 19–66.

[75] Voir à ce propos aussi Jaquel, « Le philosophe Christian Bartholmèss », p. 137.

[76] F. Fiorentino, *Il panteismo di Giordano Bruno*, Napoli 1861, p. 10.

[77] A. Schwegler, « Die neueste Literatur über Giordano Bruno », *Zeitschrift für Philosophie und philosophische Kritik* 18 (1847), pp. 248–264.

[78] Cf. M. Carrière, *Die philosophische Weltanschauung der Reformationszeit in ihren Beziehungen zur Gegenwart*, 2ᵉ édition, Leipzig 1887, vol. 2, p. 186 : « Gleichzeitig mit meinem Buch erschien zu Paris das zweibändige Werk von Christian Bartolmeß : 'Jordano Bruno'. [...] Wir lernten uns 1847 in Paris kennen, fanden daß wir im Wesentlichen übereinstimmten, empfahlen gegenseitig unsere Arbeiten in Deutschland und Frankreich ». Dans cette note, Carrière se réfère à la première parution de son ouvrage monumental sur la philosophie de la Renaissance (1847), qui voit dans Bruno et Boehme les deux figures principales. Voir à ce propos aussi la lettre de Bartholmèss à Cousin, cf. Meliadò, « Les lettres de Christian Bartholmèss à Victor Cousin (1846–1856) », pp. 210–211.

[79] Bartholmèss deviendra aussi l'historien de cette académie, cf. Ch. Bartholmèss, *Histoire philosophique de l'Académie de Prusse depuis Leibniz jusqu'à Schelling, particulièrement sous Frédéric-le-Grand*, 2 vols, Paris 1850–1851.

cet accueil international, la réception en France des travaux de Bartholmèss et Waddington fut indubitablement plus prudente, sinon ambiguë. On trouve l'illustration la plus limpide de cette ambiguïté – paradoxalement mais sans surprise – dans les comptes-rendus issus de l'école qui avait produit ces mêmes travaux. Émile Saisset, qui fut probablement le disciple le plus fidèle de Cousin et son vaillant apologiste pendant la querelle du panthéisme, discutera largement les monographies sur Bruno et Ramus dans les pages de la *Revue des deux mondes*.[80] Tout en louant les mérites de Bartholmèss et Waddington en matière d'érudition, Saisset a soumis leurs recherches à une censure ferme sur le plan philosophique. Saisset souhaite au jeune Bartholmèss d'affermir son esprit critique « pour résister à la séduction des faux systèmes et pour les dominer en les expliquant ».[81] D'après Saisset, il n'y a en effet dans les écrits de Bruno que deux choses : « des souvenirs et des pressentiments, rien par conséquent de ce qui constitue une philosophie véritablement organisée ».[82] Pour cette raison, Bruno ne méritait pas à ses yeux l'attention et l'enthousiasme « que lui a adressés l'Allemagne contemporaine »,[83] à savoir l'enthousiasme qui avait inspiré, parmi les autres, la recherche même de Bartholmèss et lui avait aussi assuré une résonance internationale. De même, alors que l'acribie philologique de Waddington est appréciée par Saisset,[84] il refuse entièrement la valorisation philosophique qu'il fait de Ramus et le rapprochement de Ramus avec Descartes. Saisset voit en Ramus un « humaniste » qui a réalisé tout au plus « une réforme pédagogique, littéraire, morale », mais qui n'a jamais été « ni un grand philosophe, ni un grand logicien ».[85]

On peut se demander enfin quelles ont été les répercussions académiques de cette nouvelle disqualification de la Renaissance, cette fois intestine à l'école. Il est remarquable, dans le cas de Bartholmèss, qu'il ait abandonné brusquement son ambitieux projet de recherche sur la philosophie du XVIe siècle, bien avant que la mort n'interrompe prématurément sa carrière. De son programme, Bartholmèss achèvera seulement sa brève thèse latine sur Bernardino Telesio en 1849, pour se consacrer ensuite à une biographie de Huet

---

[80] Cf. É. Saisset, « Giordano Bruno et la philosophie au seizième siècle », *Revue des deux mondes*, 15 juin 1847, pp. 1071–1105 ; id., « La philosophie moderne depuis Ramus jusqu'à Hegel », *Revue des deux mondes*, 1er mars 1856, pp. 50–72, en particulier pp. 52–60 ; repris dans : id., *Précurseurs et disciples de Descartes*, pp. 61–79.
[81] Saisset, « Giordano Bruno », p. 1083.
[82] *Ibid.*, p. 1102.
[83] *Ibid.*, p. 1101. Sur Saisset interprète de Bruno voir, dans ce volume, la contribution de Antoine-Mahut, « Négocier la coupure », en particulier pp. 115–121.
[84] Saisset, « La philosophie moderne depuis Ramus », p. 52.
[85] *Ibid.*, pp. 58–59.

(1850) et à la volumineuse *Histoire critique des doctrines religieuses de la philosophie moderne* (1855).[86] Le parcours de Waddington, reconstruit en détail par Couzinet, est peut-être encore plus symptomatique. Après la publication de son *Ramus* (1855), il commencera une pérégrination longue de quinze ans. Il s'occupera de logique et psychologie, d'athéisme et spiritualisme cartésien.[87] Il reviendra à Renaissance finalement en 1872, après la mort de Cousin (1867), avec le discours d'ouverture de son cours à la Sorbonne sous le titre *La philosophie de la Renaissance*.[88] Ce retour de Waddington à Paris, après sept ans d'activité au Séminaire de la Confession d'Augsbourg de Strasbourg et huit ans au lycée Saint-Louis de Paris, ne marque pas seulement l'entrée de l'enseignement de la Renaissance au cœur de l'institution philosophique française, avec un déplacement de la périphérie vers le centre, elle témoigne aussi, et surtout, d'une tardive émancipation du maître et de la lente dissolution de son école.

---

86  Ce n'est pas un hasard si Bartholmèss s'est vu attribuer la plupart des nouvelles entrées sur les philosophes de la Renaissance dans la deuxième édition du *Dictionnaire* dirigé par Adolphe Franck. Cf. A. Franck (éd.), *Dictionnaire des sciences philosophiques par une société de professeurs et de savants*, 2 vols, 2ᵉ éd., Paris 1875.

87  Voir, parmi les autres, Ch. Waddington, *Essais de logique. Leçons faites à la Sorbonne de 1848 à 1856*, Paris 1857 ; id., *De l'idée de Dieu et de l'athéisme contemporain*, Paris 1858 ; id., *De l'âme humaine. Études de psychologie*, Paris 1862 ; id., *Descartes et le spiritualisme*, Paris 1868 ; id., *Dieu et la conscience*, Paris 1870.

88  Id., *La Philosophie de la Renaissance. Discours d'ouverture prononcé à la Sorbonne, le lundi 8 janvier 1872*, Paris 1872. Les leçons sur *Les antécédents de la philosophie de la Renaissance* suivront la même année, cf. id., *Les antécédents de la philosophie de la Renaissance. Discours d'ouverture prononcé à la Sorbonne le jeudi 5 décembre 1872*, Paris 1873. Au sujet du parcours académique de Waddington, de son enseignement de 1872 et de sa critique au schéma historiographique de Cousin, voir dans ce volume Couzinet, « Charles Waddington », en particulier pp. 81–97.

CHAPITRE 7

# Donner et recevoir la modernité : Vico entre la France et l'Italie

*Rocco Rubini*
 The University of Chicago

> « La sorte di Vico sia un avvertimento per ogni italiano »
> GIUSEPPE FERRARI

∴

## 1   Ressusciter Vico : Michelet

Il est admis que Giambattista Vico a accédé au premier plan de la scène internationale de l'histoire intellectuelle dans les années 1820 et 1830, lorsque, au lendemain de la Révolution, la culture libérale française a entrepris d'affirmer « une nouvelle science historique ».[1] C'était là un effort générationnel, impulsé par Augustin Thierry (1795–1856), Pierre-Simon Ballanche (1776–1847), François Guizot (1787–1874), Adolphe Thiers (1797–1877) et François Mignet (1796–1884), entre autres.[2] On peut attribuer le culte intense mais éphémère de Vico qui a fleuri en France aux sentiments romantiques partagés envers la terre d'origine du penseur napolitain. En effet, l'Italie (et tout particulièrement l'Italie du Sud) a conservé une aura mythique, comme lieu où les structures politiques et sociales d'un passé révolu semblaient survivre, intactes.[3] L'idée que Vico a suscité un nouveau rationalisme historiciste, comme critique et autocritique

---

1   Cet essai propose en traduction française des éléments à paraître prochainement dans R. Rubini, *Posterity : Inventing Tradition from Petrarch to Gramsci*, Chicago 2022. J'ai déjà présenté certains aspects de cette recherche dans : id., « The Vichian 'Renaissance' between Giuseppe Ferrari and Jules Michelet », *Intellectual History Review* 26 (2016), pp. 9–15. Voir C. D'Amato, *Il mito di Vico e la filosofia della storia in Francia nella prima metà dell'Ottocento*, Napoli 1977 (Athenaeum, 23), p. 31.
2   La même idée se trouve chez A. Verri, *Vico e Herder nella Francia della Restaurazione*, Ravenna 1984 (Agorà, 10), p. 14.
3   D'Amato, *Il mito di Vico*, pp. 47–48.

du rationalisme jacobin, vaut autant en Italie qu'en France.[4] Par exemple, deux œuvres très différentes, le *Saggio storico sulla rivoluzione di Napoli* de Vincenzo Cuoco (1801) et les *Essais de palingénésie sociale* de Ballanche (1827–9) ont respectivement contribué à l'émergence du vichianisme italien et français et ont toutes les deux eu recours à Vico pour adoucir les excès de la révolution.[5]

Jules Michelet (1798–1874) est bien évidemment une figure marquante parmi les premiers adeptes français de Vico. C'est lui qui, en 1827, s'est donné pour mission d'exhumer Vico dans sa première publication, une traduction libre en français de la *Scienza nuova* de 1744, intitulée significativement *Principes de la philosophie de l'histoire*. Cet ouvrage, annoncé pour la première fois dans *Le Globe* le 2 septembre 1826, comme un « exposé du système et des doctrines » de Vico, était une adaptation consciente plutôt qu'une traduction, destinée à populariser Vico en France et par conséquent à l'échelle internationale.[6] De plus, l'introduction qui l'accompagnait, le *Discours sur le système et la vie de Vico*, proposait en conclusion un modèle d'étude sur le penseur italien négligé, selon lequel Vico aurait toujours besoin d'être longuement introduit et réintroduit à un nouveau lectorat, à côté du recueil et de la traduction de ses œuvres.[7] En fait, le mérite du *Discours* de Michelet – qui lui a conféré une résonance durable – est d'avoir consolidé le mythe déjà largement répandu du « génie prophétique » de Vico, son statut d'éternel précurseur : « La *Science nouvelle* n'a été si négligée pendant le dernier siècle, que parce qu'elle s'adressait au nôtre ».[8]

Il faut remarquer la stratégie qui a présidé à la déclaration par Michelet de ce qu'il a invariablement décrit comme son « incroyable ivresse » pour la pensée de Vico.[9] En lisant le discours protreptique de Vico, *De mente heroica*, dans sa jeunesse, en 1824, Michelet a immédiatement vu en Vico un porte-drapeau. Il a compris qu'il était bon de faire ouvertement état de sa dette intellectuelle, en

---

4 Voir E. Garin, *Storia della filosofia italiana*, vol. 3, Torino 1966, p. 1021. Pour une étude sur le premier vichianisme italien, voir G. Cospito, *Il « Gran Vico ». Presenza, immagini e suggestioni vichiane nei testi della cultura italiana pre-risorgimentale (1799–1839)*, Genova 2002.

5 La monographie de Cuoco a été traduite en français en 1807, alors que seuls deux des essais de Ballanche ont été publiés de son vivant : *Prolégomènes* (1827) et *Orphée* (1829).

6 Pour le contexte et l'arrière-plan historique de l'émergence du vichianisme français, voir S. Mastellone, *Victor Cousin e il Risorgimento italiano*, Firenze 1955.

7 Ceci continua pendant une bonne partie du XXe siècle. Par exemple, l'introduction de Max H. Fisch à la première traduction anglaise de l'autobiographie de Vico suscita de l'intérêt pour Vico aux États-Unis. Voir *The Autobiography of Giambattista Vico*, trad. M.H. Fisch, Th.G. Bergin, New York 1944, pp. 1–107.

8 J. Michelet, « Discours sur le système et la vie de Vico », dans : id., *Œuvres complètes. 1798–1827*, éd. P. Viallaneix, Paris 1971 (Œuvres complètes, 1), p. 283.

9 P. Viallaneix, *La Voie Royale. Essai sur l'idée de peuple dans l'œuvre de Michelet*, Paris 1959, p. 224.

particulier envers quelqu'un d'aussi peu reconnu et apprécié que l'était Vico : maniée à propos, cette reconnaissance serait une réitération, une application même, de la compréhension de Soi à travers l'Autre de Vico. En d'autres termes, les affinités électives, ou la sympathie, sont une pratique vichienne. De plus, en concluant son *Discours* par la citation du plaidoyer de Vico pour une postérité sympathique, Michelet semble avoir compris que la récupération herméneutique de Vico était la meilleure façon de se justifier.

Et pourtant, un tel sentiment d'appartenance et de complicité, et la tâche de perpétuer de vieilles idées sous une forme nouvelle, ne sont pas évidents, et c'est une tâche qui doit être abordée avec humilité. C'est ce qu'a reconnu Michelet dans le *Discours* où il décrit l'emprise exercée par la pensée cartésienne sur l'Europe qu'elle prenait en otage au temps de Vico et affirme qu'il est « naturel » qu'une « protestation » advienne en Italie et non ailleurs. Michelet avançait que l'anti-cartésianisme était une seconde nature dans l'esprit italien parce qu'il « conservait ce goût d'universalité qui avait caractérisé le Génie de la Grande-Grèce » ; le penchant de l'école pythagoricienne pour l'alliance de « la métaphysique et la géométrie, la morale et la politique, la musique et la poésie ; » et les luttes de la scolastique « pour accorder les doctrines d'Aristote avec celles de l'Église. » De sorte que la science était restée entière seulement en Italie : « scientia rerum divinarum atque humanarum ».[10] C'est pourquoi la perspective ou la différence intellectuelle italienne, s'agissant d'un phénomène indigène, ne pouvait être comprise que par une adaptation, plutôt que par une simple traduction. Comme Michelet le disait lui-même : « La traduction, c'est une imitation dans laquelle on invente, une invention dans laquelle on imite ».[11] En ce qui concerne Vico en particulier, l'édition synthétique de 1744 de la *Scienza nuova* a dû être reformulée dans la forme et la langue plus « analytique » et plus claire (et donc plus adaptée à l'esprit français) de ses versions antérieures (1725, 1730).[12]

Et pourtant, le principal mérite de Vico est d'avoir résisté au conformisme et de s'en être résolument tenu à la manière italienne. Dans les termes de Michelet :

> C'est que les peuples, pas plus que les individus, n'abdiquent impunément leur originalité. Le génie italien voulait suivre l'impulsion philosophique de la France et de l'Angleterre, et il s'annulait lui-même. Un esprit vrai-

---

10   Michelet, « Discours », p. 284.
11   Cité dans M. Donzelli, « La conception de l'histoire de J.-B. Vico et son interprétation par J. Michelet », *Annales historiques de la Révolution française* 53 (1981), pp. 633–658, ici pp. 652–653.
12   Michelet, « Discours », p. 285.

> ment italien ne pouvait se soumettre à cette autre invasion de l'Italie par les étrangers. Tandis que tout le siècle tournait des yeux avides vers l'avenir, et se précipitait dans les routes nouvelles que lui ouvrait la philosophie, Vico eut le courage de remonter vers cette antiquité si dédaignée, et de s'identifier avec elle. Il ferma les commentateurs et les critiques, et se mit à étudier les originaux, comme on l'avait fait à la renaissance des lettres.[13]

En Italie, pays longtemps soumis à un pouvoir politique étranger, Vico avait, à sa propre façon, résisté à la colonisation de l'esprit, et ce faisant, il préservait la possibilité de construire l'avenir sur le passé selon l'exemple fourni par l'humanisme de la Renaissance, autre produit autochtone italien selon Michelet. Le défi pour Michelet était de prouver qu'en méprisant la France du passé, le génie de Vico était prophétique au sens où il pourrait être perçu comme annonciateur de la France du futur, celle-là même que Michelet s'est proposé de raconter et donc de créer, en accord avec la formule préférée de Vico : « [P]erché, ove avvenga che chi fa le cose esso stesso le narri, ivi non può essere più certa l'istoria ».[14]

On le sait, Michelet a adopté cette devise avec la ferveur d'un véritable démiurge, surtout dans ce qu'il considérait à juste titre comme l'*opus magnum* d'une carrière très prolifique, les dix-sept volumes de l'*Histoire de France*. Dans sa Préface autobiographique, écrite en 1869, Michelet présente l'*Histoire* comme « conçue d'un moment, de l'éclair de Juillet ». Ce fut alors seulement que, le premier et le seul parmi ses illustres collègues, généralement respectés, il commença à percevoir la France « comme une âme et une personne ». Cette épiphanie était loin d'être une simple métaphore. Elle permit à Michelet de comprendre l'histoire selon l'étalon biologique de la vie, qui n'a qu'une « condition souveraine et bien exigeante. Elle n'est véritablement la vie qu'autant qu'elle est complète. Ses organes sont tous solidaires et ils n'agissent que d'ensemble ».[15]

Michelet présente ici un aperçu de son herméneutique corporelle. Selon Roland Barthes, qui a, à juste titre, fait grand cas de l'historiographie « sensuelle » unique de Michelet :

> C'est l'instance du corps qui unifie toute son œuvre, du corps médiéval – ce corps qui avait le goût des larmes – au corps gracile de la Sorcière : la

---

13   *Ibid.*, p. 287.
14   Giambattista Vico, *Scienza nuova* (1744), dans : id., *Opere*, éd. A. Battistini, vol. 1, Milano 1990, p. 552.
15   J. Michelet, « Préface de 1869 », dans : id., *Histoire de France* (Livres 1-4), éd. P. Viallaneix, Paris 1974 (Œuvres complètes, 4), p. 1.

> Nature elle-même, mer, montagne, animalité, ce n'est jamais que le corps humain en expansion, et, si l'on peut dire, en contact. Son œuvre correspond à un niveau de perception inédit qui est encore largement occulté par les sciences dites humaines. Cette façon de déporter l'intelligible historique reste très singulière, car elle contredit la croyance qui continue à nous dire que pour comprendre il faut abstraire, et, en quelque sorte, décorporer la connaissance.[16]

Cette historiographie incarnée, à la fois vichienne et anti-cartésienne, appelle un impératif herméneutique : sa mission suprême, avoue Michelet, sera la « *résurrection* de la vie intégrale ».[17]

En effet, comme Michelet l'a déclaré dans *Le Peuple*, si Thierry appelait l'histoire « narration » et Guizot « analyse », alors lui, Michelet, appellerait sa méthode historiographique empathique « résurrection », avec la certitude que ce nom durerait.[18]

Si une nation est un organe vivant, il en découle que le livre racontant son histoire devrait en être un aussi. Le livre crée ce qu'il raconte, engendrant à son tour la vie de l'auteur lui-même. « Ma vie fut en ce livre », répète Michelet dans la préface de 1869 :

> [...] elle a passé en lui. Il a été mon seul événement. Mais cette identité du livre et de l'auteur n'a-t-elle pas un danger ? L'œuvre n'est-elle pas colorée des sentiments, du temps, de celui qui l'a faite ? [...]. Mon livre m'a créé. C'est moi qui fus son œuvre. Ce fils a fait son père. [...] Si nous nous ressemblons, C'est bien. Les traits qu'il a de moi sont en grande partie ceux que je lui devais, que j'ai tenus de lui. [...] Je n'eus de maître que Vico. Son principe de la force vive, *de l'humanité qui se crée*, fit et mon livre et mon enseignement.[19]

La déclaration de Michelet met en évidence une consubstantialité dynamique entre l'auteur et le livre ; elle fait même allusion à l'identification de Vico lui-même avec sa *Scienza nuova*, précisément la revendication que Michelet a citée à la fin du *Discours* qui a inauguré sa carrière. Michelet était convaincu que pour réinventer sa discipline, l'histoire devait être incarnée avec la nation dont

---

16 R. Barthes, « Modernité de Michelet », *Revue d'Histoire littéraire de la France* 74/5 (1974), pp. 804–808, ici pp. 803–804.
17 Michelet, « Préface de 1869 », p. 12.
18 J. Michelet, *Le peuple,* Paris 1846, p. 37.
19 Michelet, « Préface de 1869 », p. 14.

on racontait l'auto-détermination. Les critiques ont avancé que la transmutation était nécessairement absolue. « L'Histoire existe parce que quelqu'un la raconte », dit Vivian Kogan. « La façon dont on raconte cette histoire est l'histoire dans la mise en scène et l'interprétation unique du passé par Michelet. Son autoreprésentation en tant que 'moi' de l'Histoire ('moi-histoire') prend forme en tant que personnification rhétorique de la France ».[20]

Dans ce cadre, la connaissance n'est atteignable que rétrospectivement et ne peut se communiquer que par la sympathie. On ne sait que ce que l'on refait soi-même, par l'acte de la résurrection qui nomme : « Que ce soit là ma part dans l'avenir, d'avoir non pas atteint, mais marqué le but de l'histoire, de l'avoir nommée d'un nom que personne n'avait dit ».[21] Mais qu'est ce que Michelet a-t-il effectivement nommé ? Par ailleurs, comment son épopée nationale, sa fusion incarnée de l'identité personnelle et collective française, pouvait-elle reposer aussi fondamentalement sur Vico ? Après tout, c'était là un philosophe que Michelet présentait avec insistance au monde comme essentiellement étranger – inassimilable à son époque et à celle de Michelet, et à l'esprit français surtout, en raison de son *italianità* primordiale. C'est peut-être en tentant de répondre à cette énigme que Michelet a réussi l'un de ses coups de maître : un alignement détaillé, et pas seulement proclamé de manière générale, entre son parcours personnel et celui de la France que son corpus historiographique voulait incarner. Si la pensée de Vico a directement conduit à sa renaissance personnelle en tant qu'intellectuel, clairvoyant sur son héritage (« Mon Vico, mon Juillet, mon principe héroïque », écrit-il dans une note de 1854), il devait en être de même pour la France dans son ensemble, et maintenant l'héritage moderne de la France et la Révolution qu'elle a engendrée devaient être rattachés à un événement précurseur, une réalisation entièrement italienne qui, comme la philosophie de Vico, attendait encore d'être déchiffrée et justifiée. Cet événement était bien sûr la Renaissance italienne.[22]

Il est bien connu que la 'Renaissance' a été inventée peu à peu, c'est-à-dire dessinée et modelée progressivement à partir d'un amas chaotique de sources, par des historiographes parmi les plus éminents du XIXe siècle. S'il est communément admis que parmi eux, Jacob Burckhardt a fondé seul le champ des études sur la Renaissance avec son portrait de l'époque, *Die Kultur der Renaissance in Italien* (1860), et si, comme je l'ai soutenu ailleurs, son contemporain et ancien collègue, Francesco De Sanctis, a tenté de corriger

---

20  V. Kogan, *The 'I' of History : Self-Fashioning and National Consciousness in Jules Michelet*, Chapel Hill 2006, p. 12.
21  Michelet, *Le peuple*, p. 37.
22  Viallaneix, *La voie royale*, p. 224.

ce portrait enthousiaste dans sa *Storia della letteratura italiana* (1870–1871), le mérite en revient tout de même à Michelet. C'est lui qui a mis un "r" majuscule à « l'aimable mot de Renaissance » à la première ligne du septième volume, *Renaissance*, de son *Histoire de France*.[23] Si le « mythe » de la Renaissance est antérieur à cette manœuvre, elle représente néanmoins un tournant, puisqu'elle a effectivement inversé le dénigrement de la période par les historiographes précédents : la Renaissance de Michelet fut sans doute la première Renaissance inconditionnellement « triomphante ».[24]

En fait, pour Michelet, Vico n'était pas un fugace engouement de jeunesse, mais une pierre de touche à laquelle il ne cessera de retourner au cours de sa vie marquée de crises personnelles, notamment en 1824, 1830 et 1854.[25] La dernière étant, bien sûr, l'année menant à la publication du septième volume de son *Histoire*, alors que le projet, qui visait en premier lieu à ériger un monument à la France médiévale, menaçait de rester tristement incomplet. Je voudrais montrer que l'exploit de Michelet – son invention, ou mieux sa résurrection vichienne de la Renaissance – a été plus qu'on ne le reconnaît généralement un événement collaboratif. Vico ressuscité inspirait une dévotion partagée, autoréférentielle et transnationale envers l'historiographie, en France, mais aussi en Italie. Plus précisément, je dirais que la Renaissance de Michelet a été substantiellement influencée par une conversation plus vaste (directe et indirecte) entre des intellectuels français et un groupe de vichiens italiens contraints de s'installer en France au début du XIX$^e$ siècle : Giuseppe Mazzini (1805–1872), Cristina Trivulzio di Belgioioso (1808–1871), et surtout Vincenzo Gioberti (1801–1852) et Giuseppe Ferrari (1811–1876), pour n'en citer que quelques-uns.

## 2   Le legs italien : Romagnosi et Ferrari

La réponse italienne officielle à la première entreprise vichienne de Michelet – qui comprend la traduction susmentionnée de la *Scienza Nuova* de 1744, le *Discours* d'introduction et plus tard, une édition des *Œuvres Choisies* de Vico (1834) – est généralement attribuée à Vincenzo Gioberti. Auteur de *Del primato*

---

23    Sur De Sanctis comme lecteur et critique de Burckhardt, voir R. Rubini, *The Other Renaissance : Italian Humanism between Hegel and Heidegger*, Chicago 2014, pp. 73–84.
24    Voir J.B. Bullen, *The Myth of the Renaissance in Nineteenth-Century Writing*, Oxford 1994, pp. 156–157.
25    Sur la signification de ces dates, voir J. Mali, *The Legacy of Vico in Modern Cultural History. From Jules Michelet to Isaiah Berlin*, Cambridge/New York 2012, p. 26.

*morale e civile degli italiani* (1843), souvent considéré comme le manifeste philosophique du Risorgimento, Gioberti fut le plus fervent défenseur des gloires nationales de l'Italie, en particulier de ces réalisations natives, c'est-à-dire primordiales (pythagoriciennes ou « pélasgiques ») de l'esprit italien qu'il voulait protégées et cultivées en Italie par l'église pendant la période médiévale (Gioberti a soutenu un néo-guelfisme, un retour aux valeurs prémodernes dans l'Italie moderne).[26] Inutile de préciser que l'ultra-catholique Gioberti, dont l'immigration en France a été soutenue par Victor Cousin, mentor de Michelet et premier commissaire de sa traduction de la *Scienza nuova* de Vico, n'approuvait aucunement les efforts de Michelet.[27] Son adaptation était un travestissement qui « gallicisait » la pensée de Vico dans la forme comme dans le fond.[28] Dans une lettre de 1846, Gioberti s'est fait l'écho de l'appropriation jubilatoire de Vico par les intellectuels allemands à travers Michelet :

> Ma poiché il male fu fatto, noi saviamente ci riparammo, commettendo a un nostro confratello (cioè al nostro grande Michelet) di darvi un Vico rifatto e attillato alla francese, che voi faceste gran senno di antiporre al vostro genuino compatriota, da che quegl'importuni Alemanni non vi consentirono più di dimenticarlo.[29]

Gioberti, qui s'enorgueillissait d'avoir résisté à la séduisante tentation de la grossièreté intellectuelle française et d'avoir, seul avec Vico parmi les Italiens modernes, continué à penser avec un esprit purement italien, a symbolisé ces sentiments farouchement nationalistes que des patriotes plus complexes tels que Michelet et certains de ses interlocuteurs italiens évitaient. En fait, c'est seulement à travers ces conversations vichiennes que l'on peut entrevoir la complexité de ce qui se définit mieux comme leur patriotisme cosmopolite.

Benedetto Croce a décrit à juste titre les commentaires de Gioberti comme des produits de son « illusion » nationaliste ; néanmoins, les commentaires de Croce étaient injustifiés.[30] Comme nous l'avons vu, Michelet a souligné l'anticartésianisme de Vico et son affinité avec l'ancienne tradition italienne, c'est pourquoi son Vico était à bien des égards celui-là même que défendait Gioberti. Nous pouvons comprendre la réaction de Gioberti, étant donné que

---

26    Sur le nationalisme de Gioberti, voir Rubini, *The Other Renaissance*, pp. 47–61.
27    Sur l'immigration de Gioberti en France, voir Mastellone, *Victor Cousin*, pp. 41–64.
28    La polémique contre la traduction de Michelet a perduré jusqu'à récemment. Voir G. Fassò, « Un presunto discepolo del Vico : Giulio Michelet », dans : *Omaggio a Vico*, Napoli 1968 (Collana di filosofia, 10), pp. 483–550.
29    Cité dans T. Di Scanno, *Bibliographie de Michelet en Italie*, Firenze 1969, p. 175.
30    B. Croce, F. Nicolini, *Bibliografia Vichiana*, vol. 2, Napoli 1948, p. 615.

la première réception de Vico (y compris la lecture de Michelet, dans une certaine mesure) reposait souvent sur le *De antiquissima italorum sapientia* (réédité en France par Ballanche dans la préface de la seule première édition de son *Orphée* [1829]), plus facilement accessible et presque nationaliste, plutôt que sur la *Scienza nuova*, supranationale.[31] En d'autres termes, tout le monde s'accordait sur la quintessence italienne de l'esprit de Vico, mais le problème était sa réception, et la question de savoir si Vico, et implicitement la différence de la pensée italienne, pouvaient être partagés au profit de tous.

Un autre protagoniste encore moins connu du Risorgimento italien a joint ses forces à celles de Michelet dans cette entreprise : Giuseppe Ferrari. Ferrari, l'auteur de *Filosofia della rivoluzione* (1851) attira l'attention de Michelet, l'historien de la Révolution, en qualité de premier éditeur des œuvres complètes de Vico (1835–1837) et auteur d'une longue introduction à celles-ci, *La mente di Giambattista Vico* (1837). En plus d'être clairement calquée sur le *Discours* de Michelet, elle a été traduite et adaptée pour un public français peu après que Ferrari ait immigré à Paris en 1838.[32] Ce qui importe ici est que *Vico et l'Italie* (1839) – son titre en français – a tenté de contextualiser la contribution de Vico dans la tradition de la pensée italienne depuis le XVIe siècle, ce qui constitue une des rares tentatives continues de caractérisation de la Renaissance comme un tout. Est-il possible que Ferrari, redevable à Michelet de son vichianisme, lui ait fait à son tour la faveur de l'inspirer pour sa Renaissance ?

Ferrari, un *infranciosato*, un « français », un traître à sa patrie aux yeux de ses frères émigrés (y compris, bien sûr, Gioberti), était en réalité un intermédiaire astucieux, un médiateur sophistiqué entre l'Italie et la France.[33] Tout

---

31   L'édition 'vichienne' de l'*Orphée* de Ballanche est parue dans le deuxième volume de ses *Essais de palingénésie sociale*.

32   Concernant la biographie et la bibliographie, je me réfère largement ici à S. Rota Ghibaudi, *Giuseppe Ferrari : L'evoluzione del suo pensiero (1830–1860)*, Firenze 1969, et M. Martirano, *Giuseppe Ferrari : Editore e interprete di Vico*, Napoli 2001. Sur Ferrari, voir dans ce volume M. Meliadò, « Le cas Vanini et l'historiographie sur la Renaissance à l'école de Victor Cousin », pp. 127–150.

33   Le manque de patriotisme supposé de Ferrari a suscité le commentaire de son loyal compagnon d'armes, Carlo Cattaneo. Voir C. Cattaneo, « Su la *Scienza Nuova* di Vico », dans : E. Sestan (éd.), *Opere di Giandomenico Romagnosi, Carlo Cattaneo, Giuseppe Ferrari*, Milano 1957, p. 357 : « Avremmo però desiderato in lui meno stoica inflessibilità di giudicii ; poiché non crediamo che un cittadino possa parlare della sua patria con certa crudezza di forme, che applicata alle patrie altrui, potrebbe forse sembrare giustizia. La patria è come la madre, della quale un figlio non può parlare come d'altra donna. E questo diciamo tanto più aperto, perché crediamo che col sacrificio di poche frasi qua e là sparse, il libro di Ferrari sarebbe parso altra cosa ; e mentre lo avrebbe reso più accetto alli stessi stranieri, avanti ai quali pure nobilmente rappresenta il pensiero italiano, gli avrebbe adunato intorno l'amore della nostra gioventù. Intorno a che gli diremo sempre, che, quando voglia conciliarsi meglio li animi, li scritti suoi nulla vi perderanno dell'intrinseco

aussi persuadé de la nécessité d'un renouveau culturel en Italie, Ferrari a mis à contribution Vico – un penseur particulièrement « solitaire », au sein même du camp italien : il voulait que son étude soit l'occasion d'une introspection, qui conduirait à se rendre compte que le génie non partagé, la génialité sans sympathie, avait été la cause des troubles italiens. Dans cette optique, se plier au vichianisme français ne signifiait pas sacrifier sa plus grande ressource nationale, mais représentait un investissement à long terme qui allait se révéler finalement très rentable. L'approche de Vico par Ferrari a été grandement façonnée par la « philosophie civile » de son professeur, Giandomenico Romagnosi (1761–1835). C'était une philosophie consacrée à la notion de perfectibilité humaine ou, dans la conception de Romagnosi, d'*incivilimento*, qui passait par une révision vichienne des préoccupations des Lumières. Il s'agissait de l'étude des processus *dynamiques* (économiques, moraux et politiques), plutôt que des conditions *statiques* de la civilisation. Il y avait au cœur de cette science une préoccupation que Romagnosi partageait avec Victor Cousin, l'étude du génie ou de l'esprit individuel en tant que technique heuristique permettant d'approcher la nature de l'homme collectif et, une fois cette relation établie, l'étude comparative des personnes.

Le célèbre traité de Romagnosi, *Dell'indole e dei fattori dell'incivilimento* (1832), qui comprenait une deuxième partie consacrée spécifiquement à la « résurgence » de la civilisation en Italie, oscillait entre l'affirmation de l'autosuffisance de chaque nation dans ses cheminements progressifs et l'insistance sur leur dépendance ou leur interdépendance vis-à-vis de celles des autres nations – selon les termes de Romagnosi, sur l'interaction entre les facteurs « natifs » et « datifs » de l'*incivilimento*.[34] Cette distinction reposait

---

valore. E al cospetto delli stranieri non si rinoverà l'esempio di quel vizio *tutto italiano*, di dir male del suo paese *quasi per un'escandescenza d'amor patrio* ; vizio di cui tutta la nostra letteratura è contaminata, a cominciare dalla *serva Italia* del padre Dante, fino al *ringraziando accetta* del sommo Alfieri. A noi pare che l'Italia, in confronto di qualsiasi altra terra del globo, sia tal patria, che non sia lecito vilipenderla, nemmeno ad Alfieri e nemmeno a Dante. » Ferrari se considérait sans aucun doute, au moins jusqu'à un certain point, comme un ambassadeur non-officiel de la culture italienne en France. Son ambition de promouvoir sa carrière est évidente dès le début, depuis ses contributions à certains des journaux français les plus prestigieux. Voir L. Compagna, « Giuseppe Ferrari collaboratore della 'Revue des deux mondes' » dans : S. Rota Ghibaudi, R. Ghiringhelli (éds), *Giuseppe Ferrari e il nuovo stato italiano*, Milano 1992, pp. 453–461.

34  Sur la notion d'*incivilimento* chez Romagnosi, voir G. Spanu, *Il pensiero di G. D. Romagnosi. Un'interpretazione politico-giuridica*, Milano 2008 (Temi di storia, 125), pp. 56–67, surtout p. 65. Voir aussi E.A. Albertoni, *La vita degli stati e l'incivilimento dei popoli nel pensiero di G. D. Romagnosi*, Milano 1979 (Studi Romagnosi, 1) ; I. Mereu, *L'antropologia dell'incivilimento in G. D. Romagnosi e C. Cattaneo*, Piacenza 2001 ; R. Alecci, *La dottrina di G. D.*

sur les complexités de la notion de « civilisation », elle-même trop souvent confondue avec celle de « perfectibilité » :

> Altro è la perfettibilità ed altro è l'incivilimento. La perfettibilità altro non è che una capacità di *puro fatto* esistente in gradi diversi nella costituzione stessa dell'umana natura, la quale abbisogna solamente di direzione di mezzi e di motivi speciali per agire piuttosto in un dato modo che in un dato altro. L'*incivilimento* per lo contrario, è propriamente un dato *complesso di funzioni* degli umani consorzii posti in dati luoghi, sotto dati climi e con dati mezzi per cui si vanno effettuando le condizioni di una colta e soddisfacente convivenza.[35]

En fait, Romagnosi refond ici en termes sociologiques la distinction vichienne fondamentale entre les réalisations de Dieu et celles de l'homme. Prenons l'exemple de la terre non labourée : on peut s'attendre à ce que la terre nue se perfectionne jusqu'à un certain degré, comme le pouvoir individuel, mais ce n'est que par l'agriculture et l'association réciproque que l'on parvient à la civilisation.

Romagnosi était un vichien réticent. Il a joué un rôle clé dans le développement des études sur Vico, mais dans une réflexion autobiographique tardive et consciente de ses dettes intellectuelles, il a révélé qu'il considérait son travail comme un complément à celui de Vico, peut-être même assez fortuit, alors que ses étudiants voulaient l'associer plus étroitement à Vico.[36] Selon Romagnosi, Vico « prétend donner les principes de la science nouvelle sur la nature commune des nations, et ce sont justement les principes qui lui manquent le plus ».[37] Née d'un esprit confus et non systématique, la pensée de Vico reposait sur d'anciennes fables, évitait les recherches positives sur les histoires vraies qui lui étaient en fait accessibles et, bien qu'elle ait introduit l'analogie

---

*Romagnosi intorno alla civiltà*, Padova 1966 (Il pensiero moderno, 3) ; et C. De Pascale, *Filosofia e politica nel pensiero italiano fra Sette e ottocento. Francesco Mario Pagano e Gian Domenico Romagnosi*, Napol 2007 (Studi vichiani. Nuova serie, 46), pp. 185–196. Pour un examen des fluctuations de Romagnosi en ce qui concerne l'*incivilimento* natif et datif, voir S. Moravia, *Filosofia e scienze umane nell'età dei lumi*, Firenze 1982, pp. 346–352.

35  Je cite d'après Giandomenico Romagnosi, « Dell'indole e dei fattori dell'incivilimento con esempio del suo Risorgimento in Italia », dans : Sestan (éd.)., *Opere di Giandomenico Romagnosi, Carlo Cattaneo, Giuseppe Ferrari*, pp. 140–141.

36  Le rôle de Romagnosi dans la poursuite de l'étude de Vico par ses élèves reflète celui de Victor Cousin parmi les siens. Voir Martirano, *Ferrari editore e interprete di Vico*, p. 57, n. 118.

37  G. Romagnosi, « Osservazioni su la *Scienza Nuova* di Vico », dans : id., *Scritti filosofici*, éd. S. Moravia, vol. 2, Milano 1974, p. 19 (traduction française des éditeurs).

entre progrès national et progrès individuel, elle était incapable de recouper l'histoire et les différentes étapes de son avancement : jeunesse, maturité et vieillesse.

Romagnosi a trouvé particulièrement déplaisante la façon dont Vico traite l'homme sauvage ou *bestione*, un animal trop solitaire :

> Che se più indietro spingiamo le considerazioni, noi troveremo che nelle origini pare compiacersi di porre tutta la stravaganza. Quel far venire i bambini grossi grossi a furia di merda per creare giganti che non esistettero mai [...] ; quel fare andare li uomini su e giù per le selve in traccia di donne ritrose quasiché le donne non sentissero amore, e più la necessità di vivere unite [...] ; quel far li uomini ricaduti in istato bestiale, quasiché le cose trovate per la necessità della vita e della convivenza non si conservino dallo stesso bisogno sempre rinascente ; queste ed altre tali proposizioni non sono buone né meno per la comedia. Ciò mostra per altro che Vico mancava di que' fondamenti, dai quali doveva sorgere la teoria dell'incivilimento delle nazioni ; e ciò che ne ha detto di vero non sono che ossevazioni isolate, dedotte dall'autorità, e qualche volta tessute su qualche particolare analogia, e nulla più.[38]

Romagnosi s'attaque clairement aux pierres angulaires de l'idéologie de Vico : l'homme est invariablement un animal social, et l'histoire est inexorablement progressive plutôt que circulaire ; la « décadence » et la « résurgence » ne doivent pas être considérées littéralement comme des « morts » et des « renaissances » morales et politiques, mais comme les étapes organiques d'une « métamorphose » historique qui ressemble à celle de la chenille. Rien dans l'histoire, aucune tradition ne recommence jamais à nouveau ; au contraire, tout s'accumule à mesure que le passé et l'avenir s'éloignent l'un de l'autre et deviennent *prima facie* méconnaissables l'un pour l'autre. « À chaque génération, » déclare Romagnosi, « s'instille dans l'individu un pouvoir nouveau et différent, dirai-je, de transmission, de sorte que l'homme d'une postérité transmise ne peut plus être dit moralement et politiquement le même que celui de l'antiquité ».[39] La même chose vaut bien sûr pour les sociétés dans leur ensemble.

On retrouve de semblables pensées dans « Cenni sui limiti e sulla direzione degli studi storici » de Romagnosi, un essai écrit pour introduire un volume, publié en 1832, qui inclut la traduction italienne du *Discours* de Michelet sur Vico de 1827. Ici, Romagnosi accuse Michelet, l'« illustre Écrivain français »

---

38   *Ibid.*, p. 26.
39   Cité dans Moravia, *Filosofia e scienze umane*, p. 348.

par lequel « Vico fut finalement connu en France et immédiatement placé par le public parmi les génies de premier ordre », d'avoir aussi confondu la perfectibilité et la civilisation, en ayant « trop strictement comparé l'humanité à un individu, et il croit qu'elle aura sa vieillesse comme sa jeunesse et sa maturité ».[40] Romagnosi insiste sur l'étude du « positivo incivilimento » et, en ce qui concerne les débuts, sur l'« origine positive » des choses, celles pour lesquelles des preuves concrètes, observables, peuvent être fournies par la nature ou la tradition. À ceux qui souhaitent suivre la voie vichienne, il recommande de renoncer aux principes et aux axiomes abstraits, ainsi qu'à la recherche d'origines insondables, au profit d'une continuité évidente. Par exemple, il appelle à l'étude des colonies, des conquêtes, et des sociétés de Thesmophoroi ou des anciens législateurs et intermédiaires, dont les efforts de connexion et de médiation entre les nations ont conduit au progrès des civilisations. En conclusion de son introduction, Romagnosi écrit :

> Consultando la storia, risulta di fatto che nei progressi della vita delle popolazioni si potè fino ad un certo tratto proseguire con certe instituzioni trasmesse dai primi tesmofori, e che fu necessario per un ulteriore progresso incontrare la fortuna di un altro popolo che portasse le cose ad un ulteriore sviluppamento e ad una più larga diffusione del medesimo.[41]

Les commentaires indirects de Romagnosi sur Michelet, qui soulignent en effet l'importance de ce qui est *datif* ou partagé entre les populations plutôt que de ce qui est *natif* et autodéterminé dans le processus de civilisation, sont particulièrement intéressants. Ils sont repris textuellement d'une section de *Dell'indole* qui traite de la résurgence italienne dans les temps anciens aussi bien que modernes – c'est-à-dire à la Renaissance, une époque que Romagnosi aborde différemment, en se concentrant non pas sur son épanouissement culturel, mais sur ses réalisations techniques et industrielles.[42] Dans le récit de

---

40  G. Romagnosi, « Cenni su i limiti e su la direzione degli studi storici », dans : id., *Scritti filosofici*, vol. 2, pp. 51–53.
41  *Ibid.*, p. 59.
42  Il est intéressant de noter que malgré sa grande réticence à être associé à Vico, la description par Romagnosi du progrès italien dans la voie de l'*incivilimento* est clairement vichienne. Cf. Romagnosi, *Dell'indole e dei fattori dell'incivilimento*, p. 201 : « Tutte queste circostanze, si verificarono in questo primo periodo dell'italico movimento, nel quale si trattò di riassumere l'opera dell'interrotto incivilimento e di riassumerla passando gradualmente dall'Era dell'istinto confuso a quella della ragione illuminata ; dall'Era della nuda autorità a quella del ragionamento, dall'Era delle inconsiderate passioni a quella di un calcolato interesse ». Pour le point de vue particulier de Romagnosi sur la Renaissance,

Romagnosi, la résurgence italienne peut être divisée en trois grandes époques : du VIe au XIe siècle, quand l'« unité vitale » de l'ancienne « civilisation italique » a été sauvegardée face à la domination française ; du XIIe au XVe siècle, période marquée par une lutte entre « le génie de la civilisation » et « la barbarie politique » non résolue, avec pour résultat des invasions à répétition, à commencer par l'invasion française ; puis du XVIe siècle à nos jours, qui a vu le retour d'une civilisation *dative* tantôt contrariée, tantôt favorisée par l'étude humaniste du passé.[43] Les Italiens ont eu beaucoup de mal à prendre conscience de la nécessité d'un art social, d'une « une science qui apprend à connaître en quoi consiste la véritable puissance des États politiques ».[44] Un cadre a été fourni à cet effet par Vico, un penseur « connu en France seulement aujourd'hui grâce à Monsieur le Professeur Michelet, et immédiatement porté dans la sphère des génies de premier ordre ».[45]

À la fin de l'enquête de Romagnosi sur l'histoire de la civilisation occidentale qui reste à poursuivre s'élève une république européenne des lettres, fondée sur une science sociale encore mal définie, et qui, une fois réalisée, n'appartiendra à aucun pays ni culture – « raison pour laquelle, » écrit Romagnosi, « tout ce que j'ai écrit jusqu'ici, si j'ai bien vu, ne sera qu'une introduction, et même que l'esquisse d'une introduction, dans l'ordre temporel, à l'histoire de la civilisation européenne, pour servir de soutien à la philosophie civile universelle dont nous manquons encore ».[46] Dans ce contexte nouveau et élargi, ce qu'apportera l'étude de la culture italienne est une meilleure compréhension des origines lointaines d'une culture *partagée*. Écrivant à la veille du Risorgimento, Romagnosi a recommandé à ses compatriotes ce qui suit :

> [...] vano ed inconveniente il citare glorie passate. I contemporanei osservano e giudicano i contemporanei su i meriti contemporanei ; e con questa sanzione stessa la natura punisce chiunque o non fa valere, o non accresce, potendo, l'eredità de' suoi maggiori. Così la causa della civiltà raccomandata a nazioni diverse indipendenti, suscita e mantiene fra gli ingegni un'emulazione per cui da una parte sono incitati a giovarsi anche delle scoperte straniere, e dall'altra non possono rimaner indietro senza vergogna e senza detrimento. Questo serva di avviso anche per le nazioni le più celebrate, onde non abbandonarsi ad una boria nazionale che fa

---

voir M. Ciliberto, « Balbo e Romagnosi interpreti del Rinascimento » : dans : id., *Figure in chiaroscuro. Filosofia e storiografia nel Novecento*, Roma 2001 (Storia e letteratura, 207), pp. 63–90.

43   Romagnosi, *Dell'indole e dei fattori dell'incivilimento*, pp. 184–186, 233 et 247.
44   *Ibid.*, p. 257.
45   *Ibid.*, p. 275.
46   *Ibid.*, p. 285.

> trascurare l'altrui sapere, e le fa poi retrocedere. Esiste una nazione della quale si può dire ciò che Cicerone diceva dei Greci : « vestra solum legitis, vestra amatis, coeteros causa incognita condemnatis ». Ne esiste un'altra alla quale per l'addietro si poteva applicare lo stesso testo in senso contrario *vestra solum non legitis, vestra non amatis ; coeteros causa incognita celebratis*. Ringraziamo il cielo che lungi da un cieco orgoglio sprezzatore degli altri e da una mal intesa disistima di sé stessa quest'ultima nazione cammini ora per quella via di mezzo che forma un ottimo segnale di un elevato incivilimento. Possa in questa nazione sorgere qualche anima privilegiata, la quale mediti e svolga il tema proposto in questo scritto, e che raccomando come legato lasciato alla mia patria.[47]

Cet appel qui exprime l'alternative éclairée, positiviste, laïque et politiquement fédéraliste, qui finirait par succomber, pendant le Risorgimento, à l'appel nationaliste, centraliste et catholique associé à Vincenzo Gioberti, sera maintenu en vie, au moins comme une option méthodologiquement viable, par les élèves de Romagnosi. Au premier rang de ceux-ci, Carlo Cattaneo (1801–1869), dont les travaux ont cherché collectivement à établir une « philosophie comparée » des personnes, et Ferrari, qui a mis les leçons de Romagnosi au service d'une confrontation totalement « dative » avec la France, par l'intermédiaire de Vico.[48]

D'ailleurs, Ferrari s'est immédiatement penché sur la philosophie (ou la psychologie) civile de son professeur, faisant de Romagnosi un cas d'école dans sa première publication, *La mente di Giandomenico Romagnosi* (1835). Cet ouvrage, qui est une répétition de *La mente di Giambattista Vico*, était censé combler le gouffre entre la science du génie individuel et la science d'une civilisation, un exploit qui selon Ferrari nécessitait un genre spécifique, la biographie philosophique. En effet, on peut supposer que Ferrari a traduit en termes académiques ce qu'il avait appris de l'autobiographie de Vico : que le récit de la vie d'hommes exceptionnels peut refléter l'histoire intellectuelle de nombreux siècles. La première préoccupation de Ferrari était de contextualiser et ainsi de corriger la critique sévère de Romagnosi à l'égard de Vico, qui était en fait un esprit apparenté et sans aucun doute un précurseur, dans cette science sociale

---

47    *Ibid.*, pp. 285-286.
48    Pour les œuvres de Cattaneo, voir au moins « La città considerata come principio ideale delle istorie italiane », dans : Sestan (éd.), *Opere di Giandomenico Romagnosi, Carlo Cattaneo, Giuseppe Ferrari*, pp. 997-1040, qui, en suggérant que la vie urbaine est le principe unificateur fondamental de la recherche de l'histoire universelle de l'Italie, plaide en faveur de l'« immanence » du fédéralisme dans l'histoire italienne.

visant à « donner forme au chaos des peuples sauvages ».[49] En effet, Romagnosi avait traduit en termes modernes et rendu pertinent ce que Ballanche dans sa *Palingénésie sociale* appelait le « somnambulisme du génie » de Vico, ou l'anachronisme essentiel qu'il représentait. Dans l'idée de rattacher son professeur à Vico, Ferrari a consacré sa thèse de doctorat française (1840) à la dialectique inhérente à des traditions affines.[50] L'erreur, affirmait-il, est inhérente à la vérité. Cette théorie faisait la paix avec la philosophie passée : elle transformait les anciens concepts universels en idées annonciatrices du renouveau, une continuité incarnée à la fois par Vico, le penseur solitaire, et par Romagnosi, le penseur de la vie *dative* et associée.

On voit dans la réception de Vico l'application et la confirmation de ces principes. Si le génie individuel est considéré comme l'expression adéquate des exigences collectives de son temps, alors le désintérêt pour Vico indique un infléchissement collectif, à l'origine de cette inadéquation : « le génie sans le peuple n'est qu'une énergie sans but, il lui manque une mission, il ne représente rien ; sans se confronter à l'infaillibilité populaire, il dévie par l'excès de ses forces ».[51] En d'autres termes, en France, même si ce n'est que rétrospectivement, comme ailleurs, un Vico *traduit* ou naturalisé pourrait enfin se confronter à une nouvelle collectivité et manifester sa *popularité*. Ainsi, l'obscurité de Vico ne doit pas être comprise comme simplement démodée, mais plutôt comme un problème historique dont la solution implique le destin de la propre science de Vico. « Vico est mort », et pourtant son sort pourrait se résumer à un avertissement pour des Italiens prêts à tirer les leçons de l'histoire : « Que le sort de Vico serve d'avertissement à tout Italien ». Comme l'a explicité Ferrari, au grand dam de ses lecteurs italiens :

> Vi sono due vie dinanzi all'uomo di genio che nasce in Italia : bisogna o seguire la Francia, meditare i suoi scrittori, appoggiarsi alla potenza logica delle sue masse, della sua situazione, de' suoi partiti, abbandonare la tradizione e il carattere del proprio paese ; – o difendersi contro le idee straniere, internarsi nelle tradizioni nazionali, rinforzarsi nella potenza solitaria del carattere italiano, e slanciarsi a tutta l'altezza che

---

49   G. Ferrari, *La mente di Giandomenico Romagnosi*, Milano 1835, p. 33. Sur la tentative de Ferrari pour combler le gouffre entre Vico et Romagnosi, voir C.G. Lacaita, « Il problema della storia in Ferrari giovane », dans : Rota Ghibaudi, Ghiringhelli (éds), *Giuseppe Ferrari*, pp. 131–166 ; et R. Ghiringhelli, « Romagnosi e Ferrari », dans : Rota Ghibaudi, Ghiringhelli (éds), *Giuseppe Ferrari*, pp. 209–223.
50   G. Ferrari, *De l'erreur*, Paris 1840.
51   G. Ferrari, « La mente di Giambattista Vico », dans : *Opere di Giambattista Vico*, vol. 1, Milano 1852, p. 248.

> può raggiungere l'individualità di un Campanella o di un Vico [...] ; ecco le due alternative ; bisogna scegliere l'una o l'altra, a meno di non perdersi come la mediocrità nelle pallide degradazioni di questi due estremi.[52]

Ferrari n'avait aucun doute sur la voie à suivre. Dans un élan rare mais cohérent de vichianisme existentiel appliqué, il partit immédiatement pour Paris, se présentant à la cour de Cousin, son Vico italien à la main – une action qui délivra Vico (et Ferrari lui-même) d'un destin italien obscur, nécessairement isolé.

Le départ de Ferrari s'est avéré avantageux pour sa carrière, car il a obtenu un poste d'enseignement à Strasbourg grâce à l'influence de Cousin. Jusqu'alors, il travaillait à la traduction de son introduction au recueil des œuvres de Vico, tout en assistant aux conférences de Michelet et de Claude Fauriel (1772–1844). *Vico et l'Italie* équivaut à une version française de l'original italien ; elle a enrichi de façon significative la section Renaissance en mettant un tout nouvel accent sur les invasions destinées à donner un sens au mélange de nouveautés et d'aberrations monstrueuses dans l'œuvre de Vico. « La *Science nouvelle* n'est qu'un dernier résultat », déclare Ferrari dans sa préface, elle doit être lue dans son contexte historiographique : « isolément considérée, elle est souvent incompréhensible ; si on la sépare de ses antécédents, elle n'est qu'une anomalie obscure et inexplicable dans l'histoire de l'esprit humain ».[53] Ici, comme toujours, dans sa tentative d'établir une continuité, Ferrari théorise immédiatement l'anachronisme. L'Italie des XVIIe–XVIIIe siècles étant une terre d'exception, et intellectuellement sans continuité, il affirme que l'œuvre de Vico « puise sa sève et sa vie parmi les contemporains de Machiavel ».[54] Vico est un homme du XVIe siècle : « Vico est la dernière production de l'époque de Léon X ».[55]

Il semblerait qu'à la fin des années 1830, tous ceux qui, en Italie et en France, s'intéressaient à Vico, aient fait de lui un anachronisme proleptique ; ils l'avaient déjà sorti de son siècle et en avaient fait un contemporain ou, en quelque sorte, un précurseur de leur propre pensée. Ferrari diffère en ce qu'il a tenté de contextualiser Vico dans le cadre d'une tradition italienne précédente et en a fait ainsi le dernier homme de la Renaissance, un anachronisme analeptique. Il y avait deux possibilités : 1) En diffusant Vico, on pourrait transmettre l'intégralité de l'héritage de la Renaissance italienne, et 2) si Vico était le dernier

---

52   *Ibid.*, p. 228.
53   G. Ferrari, *Vico et l'Italie,* Paris 1839, p. ix.
54   *Ibid.*, p. x.
55   *Ibid.*, p. 376.

génie italien authentique, alors l'Italie du début du XIXe siècle n'était pour l'essentiel que le début de la modernité – ce qui n'était pas un compliment. Dans le récit remarquablement imaginatif de Ferrari, la Renaissance était incomplète, magnifiquement désordonnée peut-être, mais nourrissant la décadence en son sein, et partout incohérente et présentant des vitesses inégales, des anachronismes, entre ses composantes politiques, linguistiques et intellectuelles. L'époque pouvait être sauvée dans une certaine mesure par ses génies, mais si personne ne pouvait contester la grandeur de figures comme Bruno, Telesio et Pomponazzi, personne ne pouvait détecter une continuité entre les penseurs italiens. En outre, aucun penseur italien ne semblait capable d'envisager cette unité politique qui avait germé dans l'esprit de Machiavel (et seulement comme résultat de la descente de Charles VIII en Italie).

Les thèmes qui dominent la version de la Renaissance par Ferrari sont premièrement l'invasion et deuxièmement l'incapacité italienne à faire face à l'ingérence des envahisseurs (et par envahisseur, il entend le Français). Au XVIIe siècle, « désormais, les problèmes de la civilisation se résolvent dans le reste de l'Europe ; les Italiens se laissent entraîner par un mouvement qu'ils ne comprennent plus ».[56] Les réflexions amères de Ferrari sur le retard de développement de l'Italie semblent inspirées de la doctrine de Romagnosi concernant la « datità » ou le caractère « datif » (par opposition au caractère « natif ») de l'*incivilimento*, le donnant-donnant qui se produit lorsque deux ou plusieurs personnes se rencontrent. En d'autres termes, Ferrari attribue le problème italien à l'enracinement réactif (ou natif) de la pensée italienne, en l'occurrence à la résistance purement intellectuelle des Italiens face à l'invasion territoriale. Cela nous autorise à voir *Vico et l'Italie* comme présentant un Vico stratégiquement provincial, et de même une Renaissance stratégiquement provinciale. Il s'agit d'un appel à une réinterprétation *dative* et proactive de l'héritage italien et à une seconde chance de fusionner les horizons – une chance qui cette fois portera ses fruits. Ferrari amène littéralement un Vico trop italien au-delà des frontières et propose à la place, comme figure du « Thesmophoros » décrite par Romagnosi, une modernité et une civilisation *partagées*.

## 3   La Renaissance, une co-invention

Nous pouvons à présent nous demander ce que Michelet à fait de l'interprétation de la Renaissance par Ferrari. Après tout, Ferrari avait assisté aux cours

---

56   *Ibid.*, p. 75.

de Michelet, et son interprétation s'appuyait sur Romagnosi, qui avait soutenu la traduction italienne du *Discours* de Michelet (la même année où son *Dell'indole* a été publié), comme Michelet devait le savoir. Est-ce un hasard si, en 1840–1841, après sa rencontre avec Ferrari et la publication de *Vico et l'Italie*, Michelet se tourne davantage vers la Renaissance dans ses conférences ? Le volume de Michelet sur la Renaissance est un argument solide en faveur de l'hypothèse selon laquelle Ferrari a joué un rôle important, bien que non exclusif. Et lorsqu'on regarde la célèbre caractérisation de la Renaissance par Michelet au prisme de Ferrari, l'on se rend compte que Michelet a transformé cette époque en un événement profondément *datif* et énergisant.

Si l'on se penche sur les notes récemment publiées de Michelet pour ses leçons au Collège de France en 1840–1841 – leçons auxquelles Ferrari aurait pu assister et qui suivirent de quelques mois la publication de *Vico et L'Italie* – on peut voir ces éléments *datifs*. Michelet inaugure son cycle de cours (Leçon 1) par une revendication de « solidarité » de la part du monde moderne et un appel à transcender les histoires nationales. Il poursuit en identifiant le début de la modernité avec la « découverte » française de l'Italie au XVe siècle, qui constitue une « révélation » plus grande, dit-il, que la découverte de l'Amérique par Christophe Colomb, car ce que les Français ont retrouvé de l'autre côté des Alpes n'était autre que la « liberté, car l'Italie croyait à la liberté et à l'homme, et non pas tellement à Dieu. »[57] Dans la Leçon 2, il déclare qu'en conséquence de cet humanisme, les nations parvinrent à une meilleure compréhension de leur individualité, contrastant avec la « fausse unité » du Moyen-Âge religieux.[58] Dans la troisième leçon, Michelet soutient que la compréhension de la Renaissance est essentielle pour celle du présent, puisque ce moment est intimement lié à la Révolution française, qui « a commencé bien plus tôt qu'on ne croit, bien avant Voltaire et Rousseau, qui ne sont pas les seuls coupables ».[59] Michelet consacre ensuite les Leçons 4 et 5 à l'introduction de sa « méthode vitale » en historiographie, une méthode destinée à revitaliser l'histoire à travers la connaissance intime des grands personnages. Cette méthode trouve une confirmation parfaite en Napoléon, qui est présenté à ce stade comme l'incarnation vivante d'une modernité dont la nature est dédoublée : « Dans chaque vie d'homme il y a plusieurs hommes. Napoléon, c'est un Italien devenu Français. Les premiers portraits sont tout ce qu'il y a de plus italien ; le dernier est le plus français des Français. La civilisation peut

---

57   J. Michelet, *Cours au Collège de France*, éd. P. Viallaneix, vol. 1, Paris 1995, pp. 351–352.
58   *Ibid.*, p. 355.
59   *Ibid.*, p. 357.

supprimer les races ».[60] Cette assertion, déjà présente dans l'*Introduction* à *l'Histoire Universelle* de Michelet en 1831, est l'affirmation audacieuse d'un profil italo-français de l'époque moderne.

Par conséquent, quiconque veut se plonger dans le destin du genre humain devra étudier les génies de l'Italie et de la France ; dans la deuxième partie du cours (Leçons 10–15), Michelet présente à ses étudiants les différents génies des nations (Allemands, Autrichiens, Espagnols et Italiens) : « [...] plus les nations sont différentes, plus elles éprouvent le besoin de se complémenter ».[61] C'est particulièrement vrai de l'Italie envers les nations du Nord, qui sont irrésistiblement attirées par elle. « Nous, hommes du Nord, avons tendance à céder à l'attraction de l'Italie ».[62] Ce que Michelet comprenait personnellement du fait de son amour pour l'Italie devient un dicton Delphique :

> « Connais-toi, » non seulement comme homme, mais comme humanité ; non seulement comme citoyen, mais comme partie de la cité du monde ; « Connais-toi, » non comme être éphémère, borné à un point de l'espace et du temps, mais dans ton rapport aux peuples lointains et aux générations écoulées. Il ne s'agit pas ici d'une connaissance solitaire, comme les prêtres dans leurs sanctuaires, les philosophes dans leur retraite peuvent l'acquérir. Il s'agit d'une connaissance sociale, d'une science de la société par la société même.[63]

Dans un cours complémentaire de 1841, intitulé « Éternelle Renaissance », Michelet décrit l'Italie et la France comme se « complétant » et comme l'ayant toujours fait, depuis la découverte de la Gaule par César jusqu'au don français de la scolastique aux Italiens qui, avec Thomas d'Aquin, a retrouvé sa forme parfaite.[64] Et pourtant, malgré une certaine réciprocité, Michelet ne peut pas nier qu'en fin de compte, la France y a gagné aux dépens de l'Italie. La « comédie-italienne » caractéristique ou l'événement politique risible – « demand[er] l'étranger » et son soutien – s'est soldée par un dernier marchandage peu rentable : l'échange de Léonard de Vinci, « l'esprit le plus complet », contre Charles VIII, « le rois le plus incapable ».[65] Tel est toutefois le destin des « 'peuples supérieurs' qui doivent être mangés », car leur « substance nourrit

---

60 *Ibid.*, p. 360.
61 *Ibid.*, p. 374.
62 *Ibid.*, p. 373.
63 *Ibid.*, p. 399.
64 *Ibid.*, p. 420.
65 *Ibid.*, p. 424.

le genre humain ».[66] Si Michelet, rejoignant l'armée régénérée de Charles sur le chemin du retour, prend congé de son Italie bien-aimée avec un froid réconfort – par ses hommes de la Renaissance et Vico, elle nourrissait une nouvelle modernité – on ne sait toujours pas vraiment comment il a pris congé de son ancien moi médiéval. Mais l'a-t-il seulement fait ? Michelet a de nouveau recours à son herméneutique autobiographique – selon ses propres termes, la biographisation de l'histoire ou mieux, son autobiographisation (« Biographer l'histoire, comme d'un homme, comme de moi ») – pour transformer une rupture brutale en une continuité organique et psychologique. Il doit plus précisément retrouver l'organe central du « Moyen Age, d'autant plus difficile à tuer qu'il est mort depuis longtemps ». La nouveauté historique, l'effacement de l'ancien, advient par la revivification et non par l'homicide : « Pour être tué, il faut vivre ».[67] Et cet organe n'est ni l'art ni la littérature, mais la scolastique, à savoir ces écoles du vide dans lesquelles « [d]es têtes nourries de telles pensées, sans aucune étude de faits, parfaitement préservées des lumières de l'expérience, grossissaient étonnamment, soufflées de vent et de vide ».[68] Il n'était donc pas surprenant que le renouveau intellectuel ait été déclenché par des hommes d'action, ces explorateurs non-philosophes qui formaient la « jeune armée [française], un jeune roi, qui, dans leur parfaite ignorance et d'eux-mêmes et de l'ennemi, ont traversé l'Italie au galop, touché barre au détroit, puis, non moins vite et sans avoir rien fait [...], sont revenus conter l'histoire aux dames ».[69] Les Alpes avaient été traversées plusieurs fois auparavant, mais jusque-là personne n'avait pris le temps de faire l'expérience de l'Italie et d'en revenir avec une vision qui était une révélation.

Dans le septième volume de son *Histoire de France*, Michelet donne sa description célèbre de la rencontre entre la France et l'Italie à l'époque de la campagne italienne de Charles VIII, à la fin du XVe siècle, comme un choc entre deux civilisations *incommensurables*. Une palingénésie historique s'est produite dans la collision de deux époques différentes, le Moyen Âge français et la modernité italienne :

> Rare et singulier phénomène ! la France arriérée en tout (sauf un point, le matériel de la guerre), la France était moins avancée pour les arts de la paix qu'au quatorzième siècle. L'Italie, au contraire, profondément

---

66  *Ibid.*, p. 434.
67  J. Michelet, *Histoire de France au seizième siècle. Renaissance. Réforme*, éd. R. Casanova, Paris 1978 (Œuvres complètes, 7), p. 52.
68  *Ibid.*, p. 66.
69  *Ibid.*, p. 139.

mûrie par ses souffrances mêmes, ses factions, ses révolutions, était déjà en plein seizième siècle, même au delà, par ses prophètes (Vinci et Michel-Ange). Cette barbarie étourdiment heurte un matin cette haute civilisation ; c'est le choc de deux mondes, mais bien plus, de deux âges qui semblaient si loin l'un de l'autre ; le choc et l'étincelle ; et de cette étincelle, la colonne de feu qu'on appela la Renaissance.[70]

Michelet a avoué que son volume sur la Renaissance avait été écrit d'un point de vue plus italien que français. Lucien Febvre remarque que c'est peut-être paradoxal pour une histoire de France, mais la Renaissance de Michelet était-elle vraiment, comme le dit Febvre, « une Renaissance italienne tout d'abord [...] »?[71] L'Italie devenant française était certainement un exemple de don. Pourtant si cela n'était pas arrivé – si la France n'était pas devenue un organe vivant (comme le dit Michelet), un porte-parole pour cette civilisation incommensurablement étrangère – l'héritage de la Renaissance aurait pu mourir étouffé dans les confins sans air de la péninsule italienne. Et en tant que réanimateur officiel de Vico, Michelet était autorisé, avec la bénédiction de Ferrari si nécessaire, à ressusciter – ou, pour le dire autrement, à traduire ou à transmettre – cette version de la Renaissance italienne qui permettait à la France de redécouvrir « quelque chose de sa nature originaire » et, par ce contact, « elle y reprit la faculté du grand ».[72]

La *translatio* de la Renaissance par Michelet, son transfert de la Renaissance italienne en France, qui était, on s'en rend compte à présent, intimement lié à sa traduction de Vico, a été longue à réaliser (dix ans selon Michelet), et elle a suivi sa désillusion à l'égard du Moyen Age qu'il avait jadis tant chéri. L'« invention » de la Renaissance par Michelet n'était pas seulement un exploit historiographique, mais aussi et de façon très consciente, un service tardif rendu à l'Italie, le plus grand créancier de la France. Ainsi, d'une certaine manière, « Michelet, traducteur de Vico », comme il signait lui-même, a suivi le mythe héroïque de l'autocréation collective de Vico dans sa mise en scène de la Renaissance. L'on voit en même temps comment une dette personnelle, celle du jeune Michelet envers Vico, a influencé cette lecture hybride, « native » et « dative », de l'*incivilimento* occidental et a rendu possible une herméneutique qui pourrait être maintenant utilisée pour révéler la France et l'Italie à elles-mêmes, dans une illumination mutuelle.

---

70  *Ibid.*
71  L. Febvre, *Michelet et la Renaissance*, Paris 1992, p. 130.
72  Michelet, *Histoire de France au seizième siècle. Renaissance*, p. 140.

CHAPITRE 8

# Glisson-Leibniz-Reid-Maine de Biran : la force de la vie et sa trajectoire dans l'*Histoire de la philosophie* de Victor Cousin

*Guido Giglioni*
Università di Macerata[1]

1      Introduction : Leibniz a été le premier (ou peut-être pas)

Dans l'*Histoire générale de la philosophie*, Victor Cousin présente Leibniz comme le penseur qui, malgré quelques défauts non négligeables, a joué un rôle crucial dans la diffusion de la philosophie de Descartes en Europe entre les XVIIe et XVIIIe siècles.[2] La plus grande réussite de Leibniz, selon Cousin, a été d'affiner et de polir la notion moderne de force, de lever les ambiguïtés de la théorie scolastique des formes substantielles, tout en transposant dans la sphère de l'énergie naturelle les significations d'autonomie et d'activité qui étaient l'héritage caractéristique de l'idée cartésienne de moi intérieur :

> le premier, *ou à peu près* le premier, [Leibniz] a essayé de déterminer la nature de la forme substantielle, et il l'a expliquée par la force. La force attribuée à la matière, comme principe interne de l'organisation des corps, de leur unité et de leur vie, ainsi que déjà elle était attribuée à l'homme dans la vive conscience de son activité volontaire et libre, voilà le titre véritable et immortel de Leibniz. Ce titre, obscurci par le temps et

---

[1] Je tiens à remercier Delphine Antoine-Mahut, Carla Canullo, Dominique Couzinet, Paolo Godani et Mario Meliadò pour leurs commentaires et suggestions. Un remerciement spécial à Couzinet pour la traduction de ce chapitre en français.

[2] V. Cousin, *Histoire générale de la philosophie*, Paris 1864. Dans ce chapitre (à l'exception de la note 40), j'utiliserai toujours l'édition de l'*Histoire générale de la philosophie* publiée en 1864. Sur Cousin en tant qu'historien de la philosophie, voir G. Piaia, « Storicismo ed eclettismo : L'età di Victor Cousin », dans : G. Santinello, G. Piaia (éds), *Storia delle storie generali della filosofia*, vol. 4/II : *L'età hegeliana*, Roma/Padova 2004, pp. 89–200. Sur l'interprétation de la philosophie de Leibniz par Cousin, voir D. Antoine-Mahut, « Revivre le spiritualisme avec les monades. La mission impossible de Francisque Bouillier (1839–1864) », *British Journal for the History of Philosophy* 23 (2015), pp. 1106–1127 ; J. Dunham, « A Universal and Absolute Spiritualism, Maine de Biran's Leibniz », dans : Maine de Biran, *The Relationship between the Physical and the Moral in Man*, éd. D. Meacham, J. Spadola, London 2016, pp. 157–192.

comme perdu sous un amas d'erreurs, a été retrouvé de nos jours, remis en honneur et en lumière par un de nos compatriotes, bien digne de servir d'interprète à Leibniz, M. de Biran, dont je ne puis prononcer le nom sans une émotion respectueuse, quand je songe à ce que je lui dois, à tous les services qu'il a rendus à la philosophie française.[3]

Dans ce passage, Cousin reconnaît deux choses : Leibniz a découvert l'idée philosophique de force et Maine de Biran (1766–1824), après avoir dissipé un « amas d'erreurs » concernant la réception philosophique de Leibniz, a découvert la valeur historique de la contribution de celui-ci. Ce sont là deux points importants. Avec réticence mais sans équivoque, Cousin concède que Leibniz doit être honoré comme le philosophe qui a compris ce qu'est véritablement une force (« le premier, *ou à peu près* le premier »). Quant à Biran, Cousin lui-même le reconnaît ici comme une source des plus fiables dans cette série particulière d'événements philosophiques, malgré toutes les rumeurs et les critiques de l'époque suggérant que Cousin aurait pu entraver ou même saboter la progression du spiritualisme biranien.[4] Selon Cousin, dans l'histoire des opinions sur l'interaction entre la matière, la vie et la conscience dans la première modernité, Leibniz et Biran méritent d'être salués comme des pionniers dans les domaines de la métaphysique et des récits historiques des développements métaphysiques.[5] Nous verrons que dans cette histoire, pour mieux élucider les contributions de Leibniz et Biran, Cousin se fonde sur les travaux du philosophe écossais Thomas Reid (1710–1796), tout en attribuant un rôle mineur

---

3 Cousin, *Histoire générale de la philosophie*, pp. 472–475. L'italique est de moi.
4 Sur la relation entre le spiritualisme de Cousin et la physiologie française contemporaine, voir C. Canullo, « The Body and the Self-Identification of Conscious Life : The Science of Man between Physiology and Psychology in Maine de Biran », *Analecta Husserliana* 66 (2000), pp. 203–223 ; D. Vincenti, *La spontaneità malata. Fisiologia, patologia e alienazione mentale nel pensiero di Félix Ravaisson*, Pisa 2012 (Mefisto, 20), pp. 25–34 ; P. Godani, « L'affermazione del carattere nell'età di Bichat », *Aut aut* 378 (2018), pp. 155–175 ; L.S. McGrath, *Making Spirit Matter : Neurology, Psychology, and Selfhood in Modern France*, Chicago 2020, pp. 19–46.
5 Sur Maine de Biran interprète de Leibniz, voir É. Naert, « Maine de Biran lecteur de Leibniz », *Revue de Métaphysique et de Morale* 88 (1983), pp. 499–513 ; P. Vermeren, « Les aventures de la force active en France. Leibniz et Maine de Biran sur la route philosophique menant à l'éclectisme de Victor Cousin (1810–1845) », *Exercices de la patience* 8 (1987), pp. 147–168, partiellement repris dans id., *Victor Cousin. Le jeu de la philosophie et de l'État*, Paris 1995 (La philosophie en commun), pp. 35–45 ; M. Parmentier, « Maine de Biran, Leibniz et le virtuel », *Methodos : Savoirs et Textes*, 16 (2016), mis en ligne le 25 janvier 2016, consulté le 10 avril 2021 : <http://journals.openedition.org/methodos/4529>; D. Antoine-Mahut, « Maine de Biran's Places in French Spiritualism: Occultation, Reduction and Demarcation », dans : Maine de Biran, *The Relationship between the Physical and the Moral in Man*, pp. 157–192.

mais décisif au médecin et philosophe anglais Francis Glisson (1599–1677), qui avait publié en 1672 une somme philosophique pour démontrer la nature active de la matière, *De natura substantiae energetica*.[6]

Cet épisode dans l'examen approfondi de siècles d'historiographie philosophique par Cousin constitue le cœur de ce chapitre. Comme nous le verrons, l'histoire est en effet pertinente à de nombreux égards – philosophiques, historiques et culturels – car elle produit une coupe transversale dans un artefact philosophique particulièrement stratifié – le concept de force – concernant la relation entre la nature, la vie et l'esprit. Afin de démêler de manière fine les nombreuses couches de signification, j'exposerai d'abord, dans la métaphysique et la philosophie de l'histoire de Cousin, les idées plus spécifiquement pertinentes pour comprendre la vision particulière de Cousin sur Glisson, Leibniz, Reid et Biran. Puisque Cousin agit à la fois en métaphysicien et en historien lorsqu'il raconte cette histoire sur le sort des formes vitales dans la première modernité, je commenterai les vues de Cousin en précisant la relation entre l'histoire et la philosophie. Il apparaîtra que le traitement des relations entre l'histoire et la philosophie par Cousin devient un sujet particulièrement sensible lorsqu'il se concentre sur la question des relations entre la Renaissance et l'*Âge classique*, car l'origine de la notion moderne de force est une question qui, selon lui, peut être revendiquée à la fois par les savants de la Renaissance et par les penseurs ultérieurs. Enfin, je reviendrai sur le passage par lequel j'ai ouvert ce chapitre et je montrerai que c'est en particulier lorsqu'on observe la manière dont Cousin a utilisé le *De natura substantiae energetica* de Glisson que beaucoup de questions examinées dans ce chapitre convergent : la contribution philosophique de la Renaissance décrite comme une réflexion hasardeuse et désordonnée sur la vie, la force et la liberté ; la persistance du schéma cartésien utilisé comme une lentille grossissante de l'évolution des idées du XVe au XVIIe siècle (une lentille qu'il faudrait peut-être plutôt décrire comme un miroir déformant) ; et enfin la relation ambivalente entre le spiritualisme de Cousin et la variante propre à Biran.

---

6  Francis Glisson, *Tractatus de natura substantiae energetica, seu de vita naturae, eiusque tribus primis facultatibus naturalibus, I. perceptiva, II. appetitiva, et III. motiva*, Londini 1672. Sur la place de Glisson dans l'histoire de la matière vivante du début des temps modernes, voir G. Giglioni, « What Ever Happened to Francis Glisson ? Albrecht Haller and the Fate of Eighteenth-Century Irritability », *Science in Context* 21 (2008), pp. 465–493 ; id., « Glisson, Francis, and the Irritable Life of Nature », dans : D. Jalobeanu, Ch. T. Wolfe (éds), *Encyclopedia of Early Modern Philosophy and the Sciences*, mis en ligne le 23 Octobre 2020, consulté le 11 Avril 2021 <https://doi.org/10.1007/978-3-319-20791-9_620-1>.

## 2 Les principes de l'historiographie philosophique de Cousin et l'anomalie de la pensée de la Renaissance

Entre le XVIIe et le XVIIIe siècle, la force est devenue une catégorie métaphysique, un élément essentiel de la physique et de l'astronomie, et un concept central des sciences naissantes que sont la biologie et la psychologie. Dans son *Histoire générale de la philosophie*, mais aussi dans d'autres ouvrages d'une majeure ambition théorique, Cousin a parcouru l'évolution du débat sur la notion de force au début de l'époque moderne et il a situé ce concept entre ceux de matière et d'esprit. En particulier, le traitement de la théorie leibnizienne de la force en tant qu'entité métaphysique a donné à Cousin l'occasion de plonger au cœur même de sa propre philosophie : la conscience, précisément cette « vive conscience » de l'« activité volontaire et libre » qu'il mentionne dans l'extrait cité dans la section précédente.[7]

On peut ajouter que l'intérêt de Cousin pour la catégorie philosophique de force trahit ses sentiments mitigés – d'attraction et de répulsion – à l'égard de la philosophie de la Renaissance, car, comme on le verra, la force peut signifier la source d'énergie qui est immédiatement et principalement révélée par l'exercice autonome de la réflexion consciente, mais elle peut être également synonyme de puissance incontrôlable de l'imagination débridée. La contrepartie ontologique de cette dichotomie est l'oscillation de Cousin entre la conviction que la réalité des choses exige un principe d'activité substantiel et la perception d'une menace intellectuelle venant de l'attribution d'une source de vie interne à la matière. Dans toutes ces questions intimement liées, Cousin oscille entre deux attitudes : considérer les XVe et XVIe siècles comme un laboratoire philosophique d'idées modernes ou rejeter purement et simplement cette époque comme un gaspillage d'énergies philosophiques.[8]

---

7   Cousin, *Histoire générale de la philosophie*, pp. 472–475.
8   R. Ragghianti, « Immagini del Rinascimento nell'Ottocento francese », dans : R. Ragghianti, A. Savorelli (éds), *Rinascimento mito e concetto,* Pisa 2005 (Seminari e convegni, 2), pp. 135–178, repris dans R. Ragghianti, *Filosofia, storiografia e vita civile. L'eclettismo francese tra Cousin e Bergson,* Pisa 2014 (Studi), pp. 113–161. Il faut également souligner que la question du vitalisme de la Renaissance est également imbriquée avec celle du panthéisme. Voir dans ce volume le chapitre de D. Antoine-Mahut, « Négocier la coupure. La légende spiritualiste de Giordano Bruno au cœur de la transaction entre philosophie et théologie », *supra* pp. 102–126, dans lequel elle traite de l'héritage de Bruno chez Cousin.

La conscience est le fondement de la philosophie de Cousin : « Le moi est l'élément nécessaire de toute pensée ».[9] Comme instance de 'l'esprit' dans son processus incessant d'auto-perception et d'auto-réflexion, *le moi* produit « ce qu'on appelle la conscience ».[10] Le *cogito* de Descartes – c'est-à-dire « la conscience dans notre langage moderne » – est donc « le point de départ de toute saine recherche philosophique ».[11] À cette « étude de l'esprit humain » fondée sur « la réflexion » au sens cartésien, Cousin donne le nom de « psychologie ».[12] Mais avant la réflexion, il y a le vaste – voire l'immense – domaine de la connaissance non réfléchie. Dans l'*Histoire générale de la philosophie*, Cousin introduit « la grande et féconde distinction du développement spontané et du développement réfléchi de la connaissance ». Si le développement spontané de la connaissance est représenté par « le savoir commun », le développement réfléchi de la connaissance est la philosophie, que Cousin définit comme « réflexion travaillant sur la connaissance naturelle et poursuivant à travers les siècles un idéal qui s'agrandit sans cesse devant elle ».[13]

---

9 V. Cousin, *Premiers essais de philosophie*, Paris 1862, p. 298. Dans la préface de la deuxième édition de 1845, Cousin présente cet ouvrage comme « ce qui subsiste des premiers temps de notre carrière de professeur, les débris des leçons que nous avons faites de 1815 à 1824 à la Faculté des lettres, comme suppléant de M. Royer-Collard, dans la chaire de l'Histoire de la philosophie moderne » (p. 1). Dans l'*Avertissement* de la troisième édition de 1855, Cousin explique que « ces *Premiers Essais* marquent les divers degrés par lesquels nous en sommes arrivés là, et il faut les considérer comme une préparation laborieuse à notre livre *du Vrai, du Beau et du Bien* » (p. viii). Sur la philosophie de Cousin centrée sur l'identité du moi, voir J. Goldstein, *The Post-Revolutionary Self : Politics and Psyche in France, 1750–1850*, Cambridge, MA/London 2005, pp. 139–181.

10 Cousin, *Premiers essais de philosophie*, p. 299.

11 V. Cousin, *Fragments philosophiques pour faire suite aux cours de l'histoire de la philosophie*, vol. 4, Paris 1847, pp. 303–304.

12 Cousin, *Histoire générale de la philosophie*, p. 6. Voir aussi V. Cousin, *Du vrai, du beau et du bien*, 2e édition, Paris 1854 [1836], p. ii : « la psychologie, placée par nous à la tête de la philosophie tout entière ». Cet ouvrage a été initialement publié en 1836 par Adolphe Garnier comme une version revue et corrigée du « Cours de Philosophie » tenu par Cousin en 1818 à la Faculté des Lettres. Dans l'« Avant-propos », Cousin décrit *Du vrai, du beau et du bien* comme une tentative de « rassembler en un corps de doctrine les théories dispersées dans nos différents ouvrages, et de résumer, en de justes proportions, ce qu'on veut bien appeler notre philosophie ».

13 Cousin, *Histoire générale de la philosophie*, p. 7 : « Avant la réflexion et tout essai de psychologie, l'homme possède des sentiments, des idées, des notions, des croyances de toute sorte ; et ici intervient cet autre principe avec lequel vous devez être familiers, la grande et féconde distinction du développement spontané et du développement réfléchi de la connaissance ; l'un qui précède et est l'ouvrage de la nature, l'autre qui suit et atteste un art qui a ses degrés et ses progrès. La connaissance spontanée a été donnée à l'humanité

C'est par « la réflexion » que les philosophes extraient des idées et des systèmes de la pensée brute et naturelle de l'humanité. Les matériaux de construction de la métaphysique de Cousin sont des faits de conscience « découverts » grâce à l'outil analytique de l'examen autoréflexif, tout en se confrontant aux archives de la pensée humaine. « La réflexion », soutient Cousin, « est à la conscience ce que le microscope est à la simple vue ».[14] C'est une image efficace qui empêche Cousin de retomber dans les apories caractéristiques de l'idéalisme post-kantien, car le microscope qu'est la conscience « ne fait ni ne change les objets », mais « éclaircit ce qui était obscur » et « développe ce qui était enveloppé ».[15] Cousin appelle les matières premières de la réflexion philosophique la « synthèse primitive de la conscience », c'est-à-dire « l'ample et confuse synthèse de la connaissance naturelle attestée par la conscience ».[16] Par cette analyse, l'esprit décompose toute synthèse donnée de la pensée ordinaire et la recompose dans l'ordre propre d'une synthèse philosophique.[17]

Dans les *Premiers essais de philosophie*, Cousin précise la nature du lien qui unit la réflexion philosophique à la pensée naturelle de l'humanité. Ce lien se trouve dans l'histoire. Cousin soutient que « la philosophie est l'expression de la pensée de l'homme ».[18] En tant que phénomène culturel (« expression »), la philosophie démontre, premièrement, que la « pensée de l'homme » est un processus réel, institutionnalisé comme une des disciplines universitaires ;

---

tout entière ; la réflexion appartient à quelques hommes, qui entreprennent de se rendre compte du savoir commun, et en rêvent un autre plus hasardeux mais plus relevé, qu'ils ne prétendent pas posséder, mais qu'ils aiment et qu'ils cherchent, et c'est pour cela qu'on les appelle philosophes. Ainsi la philosophie n'est pas autre chose, comme tant de fois nous vous l'avons dit, que la réflexion travaillant sur la connaissance naturelle et poursuivant à travers les siècles un idéal qui s'agrandit sans cesse devant elle ». Sur ce point, Delphine Antoine-Mahut fait remarquer qu'il faudrait relier la notion de connaissance spontanée discutée par Cousin dans ce contexte au concept de « sensation », que Cousin fait remonter à Locke et au premier Condillac. Paolo Godani suggère qu'ici, Cousin semble regrouper de manière originale la notion biranienne d'affectivité comme sphère de ce qui précède la réflexion consciente et le *moi* émergent avec le concept de *Gemüt*, compris comme système des conditions naturelles qui façonnent la vie intérieure d'un être humain, tel que le définit Kant dans l'*Anthropologie d'un point de vue pragmatique* (1798) (communications personnelles des deux auteurs).

14   *Ibid.*, p. 8.
15   *Ibid.*
16   *Ibid.*, p. 9.
17   Sur l'éclectisme dans la philosophie de Cousin, voir D.R. Kelley, *The Descent of Ideas : The History of Intellectual History*, London/New York 2002, p. 9–29 ; D. Antoine-Mahut, « Une philosophie *française* sans *philosophie* française. L'éclectisme de Victor Cousin », dans : C. König-Pralong, M. Meliadò, Z. Radeva (éds), *The Territories of Philosophy in Modern Historiography*, Turnhout/Bari 2019 (Ad Argumenta, 1), pp. 149–168.
18   Cousin, *Premiers essais de philosophie*, p. 207.

deuxièmement, que la philosophie, en tant document actuel et évolutif sur la pensée humaine, est historique, c'est-à-dire qu'elle se produit à différentes époques et reflète différentes conditions matérielles et temporelles ; et enfin, que, précisément parce que la philosophie est historiquement conditionnée, elle est un témoignage précieux de la pensée humaine à un moment particulier de son développement temporel. Toutes les tentatives philosophiques dans l'histoire de l'humanité pensante sont donc nécessaires et pertinentes. Il n'y a pas de philosophie qui soit « absolument fausse », car « l'auteur d'une pareille philosophie aurait dû se placer hors de sa propre pensée, c'est-à-dire hors de l'humanité ».[19]

Dans la mesure où l'histoire de la philosophie précède la philosophie de l'histoire, Cousin évite les pièges de l'idéalisme. Cependant, puisque la conscience reste le pivot de la philosophie de Cousin, son histoire de la philosophie est ouvertement téléologique (en ce qu'elle suit la trajectoire du spiritualisme), holiste (car le sens du tout explique le sens des parties) et systématique (en ce que les significations ont tendance à se regrouper autour de systèmes d'idées qui deviennent plus cohérents et plus simples avec le temps). Selon Cousin, l'historien de la philosophie devrait tracer les lignes principales du développement philosophique, en suivant la tendance de l'*esprit* vers des synthèses d'idées toujours plus systématiques. Inévitablement, la loi téléologique qui régit ce processus de systématisation progressive conduit à une polarisation accrue entre des conceptions de plus en plus générales de la réalité. En fin de compte, comme l'affirme Cousin dans le traité *Du vrai, du beau et du bien* (1836), cette polarisation se cristallise en deux systèmes de pensée universels régis respectivement par 'la sensibilité' et 'la raison'. Au cours des XVIIe et XVIIIe siècles, les deux tendances se transforment en deux écoles principales : « l'école empirique, dont le père ou plutôt le représentant le plus sage est Locke et Condillac le représentant extrême », et « l'école spiritualiste ou rationaliste, comme on voudra l'appeler, qui compte à son tour d'illustres interprètes, Reid, le plus irréprochable, et Kant le plus systématique ».[20] L'approche sensualiste de la philosophie – le système du *sensualisme* – a eu le mérite de porter les tensions caractéristiques de l'idéalisme cartésien à un point de rupture. Ce point est atteint avec Reid, qui, selon Cousin, a compris qu'une véritable conscience ne peut jamais se débarrasser de la matière ou l'annihiler. La distinction entre perception et sensation était une façon pour Reid de reconnaître qu'il ne pouvait

---

19   *Ibid.* Sur les vues de Cousin concernant l'histoire de la philosophie, voir R. Ragghianti, « Fra etica e politica : la storiografia filosofica di Victor Cousin », dans : id., *Filosofia, storiografia e vita civile*, pp. 15–79 ; P.-F. Moreau, « Victor Cousin, la philosophie et son histoire », *Le Télémaque* 54 (2018), pp. 57–66.

20   Cousin, *Du vrai, du beau et du bien*, p. 13.

y avoir de véritable réflexion que lorsqu'un sujet sensible était frappé par un objet sensible.[21]

Ainsi, si la philosophie nourrit sa pensée au réservoir de l'histoire, l'histoire de la philosophie emprunte à la philosophie la lumière qu'elle répand sur la succession temporelle des idées. Il serait cependant erroné de penser qu'il s'agit d'une relation entre égaux. Les rapports de force entre l'histoire et la philosophie sont asymétriques et la balance penche du côté de la philosophie, qui exigera toujours la restitution du sens emprunté avec intérêts : « la critique des systèmes exige presque un système, et l'histoire de la philosophie est contrainte d'emprunter d'abord à la philosophie la lumière qu'elle doit lui rendre un jour avec usure ».[22] C'est pourquoi l'histoire ne peut être une répétition assommante des traditions passées, car la logique du sens philosophique est exigeante. Cela devient encore plus clair lorsque Cousin confirme le rôle instrumental de l'histoire de la philosophie par rapport à la philosophie. Tandis que la philosophie est une science, l'histoire de la philosophie est un outil pour élargir le champ de la compréhension philosophique. L'objectif du philosophe qui étudie le développement des systèmes philosophiques est la recherche de la vérité (*l'amour de la vérité*). Les historiens de la philosophie s'intéressent donc en premier lieu à la philosophie, et en second lieu seulement à l'histoire (qui est, dans ce cas, « le savoir commun » ou « la synthèse primitive de la conscience »).[23]

En raison des critères historiographiques de téléologie, de holisme et de systématicité, la pensée de la Renaissance occupe une place extrêmement

---

21   Sur l'influence de Thomas Reid sur Cousin, voir *Victor Cousin, les Idéologues et les Écossais*, Paris 1985 ; J.W. Manns, *Reid and his French Disciples : Aesthetics and Metaphysics*, Leiden/Boston 1994 (Brill's Studies in Intellectual History, 45), pp. 59–106 ; D. Schulthess, « Maine de Biran, interprète et critique de Thomas Reid », dans : E. Arosio, M. Malherbe (éds), *Philosophie française et philosophie écossaise 1750–1850*, Paris 2007 (Analyse et philosophie), pp. 39–51 ; G.E. Davie, « Victor Cousin and the Scottish Philosophers », *Journal of Scottish Philosophy* 7 (2009), pp. 193–214. Sur la distinction de Reid entre sensation et perception, voir P.-P. Royer-Collard, *Fragments philosophiques*, éd. A. Schimberg, Paris 1913, pp. 20–30. Sur les vicissitudes du sensualisme en général dans le panorama de la philosophie française de la première modernité, voir P.F. Daled, *Le matérialisme occulté et la genèse du sensualisme. Écrire l'histoire de la philosophie en France*, Paris 2005 (Pour demain).

22   Cousin, *Du vrai, du beau et du bien*, p. 15.

23   *Ibid.*, p. 16 : « L'histoire de la philosophie n'est qu'une branche ou plutôt un instrument de la science philosophique. Évidemment c'est l'intérêt que nous portons à la philosophie qui seul nous attache à son histoire ; c'est l'amour de la vérité qui nous fait poursuivre partout ses vestiges, et interroger avec une curiosité passionnée ceux qui avant nous ont aimé aussi et cherché la vérité. Ainsi la philosophie est à la fois l'objet suprême et le flambeau de l'histoire de la philosophie. A ce double titre, il lui appartient de présider à notre enseignement ».

précaire dans l'histoire générale de la philosophie de Cousin. Pour Cousin, la Renaissance est une époque de théorisations téméraires et d'expérimentations désordonnées, tant en termes de doctrines que de genres. En ce qui concerne le sujet de ce chapitre, il ne fait aucun doute que certaines de ces théorisations et expérimentations étaient censées explorer la nature de la conscience et de la force. Malheureusement, Cousin pense qu'entre le XV$^e$ et le XVI$^e$ siècle, le « savoir commun » et la « synthèse primitive de la conscience » n'ont pas produit des esprits à même d'extraire des idées et des systèmes de la pensée ordinaire d'une époque particulière. Dans une définition exhaustive mais très parlante de la pensée de la Renaissance, Cousin reconnaît les réalisations pédagogiques de cette époque, mais il exclut toute forme d'originalité philosophique :

> La philosophie de la Renaissance se peut définir l'éducation de la pensée moderne par la pensée antique. Son caractère est une imitation ardente et souvent aveugle ; son résultat nécessaire a été une fermentation universelle, qui portait dans son sein une révolution. Cette révolution est la philosophie moderne proprement dite.[24]

On ne trouve pas de philosophie ou de philosophes véritables au XV$^e$ et au XVI$^e$ siècle. La Renaissance représente un moment de l'histoire des idées où l'esprit a promu le savoir humain en faisant fond sur la récupération de vastes portions de la pensée antique. Ce type d'apprentissage s'est fait par le biais d'imitations non critiques, motivées par des émotions fortes plutôt que par des réflexions méditées. Le résultat est une « fermentation universelle » qui a jeté les bases de la révolution de la philosophie moderne. Dans les meilleurs cas, la culture de la Renaissance a produit édification et culture, dans les pires, elle a déclenché des troubles sociaux ou de la routine intellectuelle. La Renaissance est ce moment particulier de l'histoire de la conscience européenne – « l'intervalle de Gerson à Descartes » – où la raison s'est absentée pendant environ deux siècles et où la folie a prévalu.[25] « Un peu de vérité, beaucoup de folie » : telle est la formule par laquelle Cousin résume l'esprit de la pensée de la Renaissance.[26] En outre, tous les défauts déjà énumérés sont accentués « par l'influence du génie italien, où l'imagination prévaut sur

---

24　Cousin, *Histoire générale de la philosophie*, p. 303.
25　V. Cousin, « Vanini. Ses écrits, sa vie et sa mort », *Revue des deux mondes*, 1$^{er}$ décembre 1843, pp. 673–728, ici p. 676.
26　*Ibid.*, p. 674.

l'entendement et le sens commun ».[27] Les « deux vices essentiels » de la philosophie de la Renaissance sont donc le manque d'unité systématique et le manque d'attitude critique. La révolution n'a pu commencer en philosophie qu'au XVIIe siècle, car c'est seulement à ce moment-là que les philosophes ont compris qu'ils avaient besoin d'une méthode pour dégager l'or de la conscience des nombreux courants de la pensée spontanée.

Dans la vaste enquête de Cousin sur les entrelacements philosophiques et historiques, la transition de la Renaissance à Descartes représente un moment clé. L'approche sélective rigoureusement exigée par sa conception éclectique de l'histoire philosophique était ici motivée par l'idée fondatrice du spiritualisme cousinien : le *cogito*. La fin de la Renaissance coïncide donc avec le début de la véritable méthode philosophique, la « psychologie » comme science de la pensée consciente d'elle-même. Comme nous l'avons déjà dit, l'intérêt de Cousin pour l'histoire de la philosophie vient de son désir de retrouver dans « l'esprit humain » les racines de la compréhension toujours plus large et toujours plus systématique de la réalité :

> Après la chute de la scholastique et les déchirements douloureux de [*sic*] XVIe siècle, le premier objet que se proposa le bon sens hardi de Descartes fut de rendre la philosophie une science humaine, comme l'astronomie, la physiologie, la médecine, soumise aux mêmes incertitudes et aux mêmes égarements, mais capable aussi des mêmes progrès.[28]

Pour Cousin, la pensée de la Renaissance représente une interruption dans l'évolution de la philosophie humaine, du Moyen Âge (« la subordination de la philosophie à la théologie ») à l'Âge classique (« la sécularisation de la philosophie »).[29] Alors que « les déchirements douloureux du XVIe siècle » ont arrêté le flux des idées philosophiques, l'intervention de Descartes a rectifié les tribulations d'une époque confuse. Au sein de la grande chaîne des idées philosophiques, le XVIIe siècle marque la naissance des nouvelles sciences, et Descartes a contribué à la science de la philosophie autant qu'il a contribué à fonder les disciplines des mathématiques et de la physique modernes.[30] Par contraste, l'héritage que la culture de la Renaissance a légué à la pensée

---

27   Cousin, *Histoire générale de la philosophie*, p. 301.
28   Cousin, *Du vrai, du beau et du bien*, pp. 2–3.
29   Cousin, *Histoire générale de la philosophie*, p. 249.
30   Cousin, *Premiers essais de philosophie*, p. 9 : « Nous ne donnons point à la philosophie nouvelle des guides étrangers, fût-ce même le sage Reid ou le profond et vertueux philosophe de Kœnigsberg : de bonne heure nous l'avons placée sous l'invocation de Descartes ».

moderne est plutôt troublant : animation universelle de la nature, panthéisme et incapacité à traiter de la liberté.

Et pourtant, bien qu'elle représente une condition transitoire « sans originalité et sans grandeur », la folie de la Renaissance était utile et nécessaire dans l'économie plus large de la pensée moderne. Le chaos et l'anarchie étaient nécessaires à l'émergence d'un nouveau modèle. Dans ce schéma interprétatif, l'humanisme signifiait la sécularisation comprise comme un comportement arbitraire et amoral, une étape de l'histoire de l'humanité nécessaire à la redécouverte de la nouvelle loi morale.[31] Voilà, en termes très brefs, comment Cousin illustre la contribution philosophique de la Renaissance dans l'histoire plus vaste de la pensée européenne. Dans ce contexte historiographique, l'interprétation par Cousin de la relation présumée entre Glisson et Leibniz devient particulièrement intéressante, car elle semble mettre en question les raisons mêmes de sa décision de présenter la Renaissance comme une période philosophiquement stérile. Comme nous le verrons dans la section suivante, Cousin a reconnu que la théorie de la substance de Glisson anticipait Leibniz en ramenant à la vie des idées déjà discutées par des penseurs de la Renaissance tels que Jacopo Zabarella (1533–1589), Francisco Suárez (1548–1617) et Sébastien Basson (c. 1573–après 1625).

## 3  Un diable dans la boîte vitaliste : Francis Glisson dans l'*Histoire générale de la philosophie* de Cousin.

Dans l'interprétation que fait Cousin des principaux développements de la pensée moderne, le XVIIe siècle inaugure la philosophie de la liberté et de l'émancipation. Ce but est atteint par la compréhension correcte de la signification spéculative de la force comme « la vive conscience » d'une volonté libre. Comme on l'a vu dans la section précédente, Descartes plus que quiconque, selon l'analyse de Cousin, a montré à ses frères humains comment se libérer à la fois de l'autorité du passé (en mettant fin au « culte de l'antiquité ») et de celle de l'Église (en préparant le terrain pour « la sécularisation progressive de la philosophie »).[32] La raison pour laquelle la philosophie moderne a réussi dans cette nouvelle entreprise de l'esprit (alors que les savants de la Renaissance ont échoué) est que des penseurs tels que Bacon et Descartes ont reconnu l'importance de trouver une méthode pour contrôler l'activité mentale. Cousin décrit

---

31   Cousin, *Histoire générale de la philosophie*, pp. 251–252.
32   *Ibid.*, pp. 304–305.

la véritable méthode de la philosophie moderne comme un exercice introspectif de maîtrise de soi contrôlé par la force de la conscience de soi :

> Averti par tant de faux pas, le premier soin de l'esprit humain est alors d'élever des barrières contre sa propre impétuosité. Au lieu de marcher en avant, au hasard, à la poursuite de la vérité, il revient sur lui-même, et se demande par où et comment il doit marcher. La méthode ! La méthode ![33]

Dans le compte rendu que fait Cousin du XVIIe siècle philosophique, la méthode et la force sont les deux idées directrices principales. Elles correspondent à des courants de pensée décisifs qui ont façonné respectivement les champs de l'épistémologie et de l'ontologie. Les représentants de la culture de la Renaissance n'ont pas réussi dans cette entreprise, parce qu'ils ont succombé à une compréhension mystique et indisciplinée de la force : la force de l'imagination comme principe de la folie et la force de la nature comme fondement du panthéisme. Pourtant, la position interprétative de Cousin reste ambiguë dans ces circonstances particulières. Comme nous le verrons, dans son effort pour minimiser la découverte par Leibniz de la force comme catégorie métaphysique, Cousin va jusqu'à reconnaître la réalité ontologique de la matière et la nécessité de postuler l'existence d'une puissance réelle inhérente à la matière et à la nature. C'est dans cette délicate opération d'exégèse philosophique que Glisson et Reid viennent au secours de Cousin. En prônant la réalité philosophique de la matière et de la force, Cousin a fait appel à la fois à Glisson et à Reid, mais selon des stratégies interprétatives différentes. Ce faisant, il a évité les conséquences spiritualistes qui lui faisaient le plus horreur chez Leibniz et Maine de Biran : l'effacement de la réalité substantielle des choses, la dérive vers l'opacité du volontarisme et le virage dans les arcanes de la religiosité.

Comme je l'ai déjà mentionné dans l'introduction de ce chapitre, dans son *Histoire générale de la philosophie,* Cousin a soutenu qu'en défendant la notion de forme substantielle, Leibniz a contribué plus que tout autre philosophe de son temps à défendre la signification philosophique du concept de force. Leibniz, dit Cousin, est le penseur qui a réussi à transformer l'idée scolastique de forme substantielle en concept moderne de force. Cousin fait ensuite remarquer que la description de Leibniz comme le philosophe qui a découvert le premier le lien unique entre la force, la vie et le soi doit beaucoup aux efforts d'interprétation de Maine de Biran, en particulier à son traité intitulé *Exposition de la doctrine philosophique de Leibnitz.*[34] Jusqu'ici tout va bien, si ce n'est

---

33   *Ibid.*, p. 306.
34   *Ibid.*, p. 475.

que Cousin a ajouté un autre personnage à ce tableau. Dans une note de bas de page, il explique qu'en ce qui concerne la découverte philosophique de la force, Leibniz avait eu un « précurseur » en la personne de Francis Glisson.[35] Après avoir fourni au lecteur une brève introduction à la vie de Glisson et à son traité métaphysique sur la nature vivante – « énergétique » – de la matière, Cousin a une idée : et si Leibniz s'était inspiré du texte de Glisson pour son système monadologique ? Il n'a pas fallu beaucoup de temps pour que la proposition devienne une véritable théorie du complot :

> Glisson était président du Collège de médecine de Londres et un des membres les plus anciens de la Société royale. Est-il possible que Leibniz, qui en 1675 passa quelque temps à Londres et fréquenta la Société royale et la plupart des hommes célèbres du temps, n'ait pas connu Glisson ou du moins un livre que recommandait le nom de son auteur, et où était agitée avec tant de force et d'originalité la question de la nature de la matière que Leibniz avait trouvée et laissée en France à l'ordre du jour ?[36]

Voilà semés les germes du soupçon. « Descartes avait trouvé la circulation du sang dans Harvey, il le dit et part de là. Leibniz a-t-il aussi trouvé la monadologie dans Glisson ? » Ce que Cousin trouve particulièrement suspect dans cette histoire, c'est que, contrairement à Descartes à propos de Harvey, Leibniz ne dit rien du traité de Glisson. Ce fait paraît d'autant plus louche à Cousin que la théorie de la monadologie « est pourtant » dans le *De natura substantiae energetica* de Glisson, « et exposée d'une telle façon que nous ne voyons guère ce que Leibniz a eu besoin d'y ajouter d'essentiel ».[37] Et c'est ainsi que ce qui n'était au départ qu'une note de bas de page et une conjecture devient une certitude : « Il est certain que la théorie de la substance, que Leibniz donne comme sa découverte capitale en philosophie, qu'il n'a publiée qu'en 1691 et 1694 et dont il n'a pas parlé à qui que ce soit avant 1686, c'est-à-dire neuf ou dix ans après la mort de Glisson, est déjà tout entière dans le livre de ce dernier, imprimé en 1672 ».

La caractérisation de Glisson et de son traité par Cousin est dans l'ensemble exacte. Ce qui ne l'est pas, c'est d'insister sur la nature identique de la théorie de la substance vivante de Glisson et de la monadologie de Leibniz. L'inexactitude concerne également la place des idées de Descartes dans la philosophie de Glisson, qui, selon Cousin, sont à peine visibles dans le *De*

---

35   *Ibid.*, p. 472.
36   *Ibid.*
37   *Ibid.*, pp. 472–473.

*natura substantiae energetica* : « Il est à remarquer que Descartes y est à peine nommé et pour y être réfuté dans sa théorie des lois du mouvement ».[38] Il s'agit là d'une déclaration pour le moins bâclée, car dans la réalité, Glisson a consacré plusieurs sections de son traité à une critique serrée de la vision mécaniste de la nature que Descartes avait défendue dans ses *Principia philosophiae* (1644), sans compter que Descartes est cité au moins vingt-six fois dans l'ouvrage.[39] En effet, dans l'édition de 1861 de son *Histoire*, Cousin avait exclu tout discussion sérieuse avec Descartes de la part de Glisson : « Il est à remarquer que Descartes n'y est pas nommé une seule fois » (une déclaration que Cousin a corrigée dans l'édition de 1864).[40] Par contraste, Cousin préfère souligner la dépendance de Glisson à l'égard des sources de la Renaissance : Bacon et Suárez, en premier lieu, mais aussi Basson, Zabarella, auxquels il faut ajouter Tommaso Campanella (1568–1639) et Jules César Scaliger (1484–1558). Ce sont précisément certains des philosophes auxquels Cousin appliquerait volontiers sa formule sur la culture de la Renaissance : « un peu de vérité, beaucoup de folie ». Mais c'est justement ici que l'ambiguïté de Cousin vis-à-vis de l'évolution historique de la notion de force apparaît au grand jour. D'une part, la philosophie de la Renaissance est un fouillis de suppositions sauvages et désordonnées (ici, l'animisme et la matière vivante) ; de l'autre, cet enchevêtrement conceptuel particulier qui semble caractériser l'une des tendances les plus novatrices de la philosophie du XVIIe siècle – à savoir le jeu de la vie, de la force et du moi, et leur relation avec la matière – atteste un lien important avec la philosophie de la Renaissance, dont témoigne la reconstruction de Cousin. Il pensait pouvoir utiliser la digression sur Glisson comme un cheval de Troie philosophique pour investir la citadelle de la monadologie de Leibniz. Mais au lieu de jeter l'anathème et le doute sur Leibniz, l'utilisation par Cousin du *De natura substantiae energetica* de Glisson a eu pour conséquence involontaire de mettre en évidence la tension entre matière et force. Nous devons donc examiner plus en détail ces tensions dans le dispositif interprétatif de Cousin.

---

38   *Ibid.*, p. 473.
39   Voir Glisson, *De natura substantiae energetica*, pp. 332–356, 506–534.
40   V. Cousin, *Histoire générale de la philosophie*, 4e édition, Paris 1861, p. 498. Delphine Antoine-Mahut souligne que Francisque Bouillier a joué un rôle important pour rappeler à Cousin que l'interaction entre le cartésianisme et le leibnizianisme était particulièrement nuancée dans l'histoire de la philosophie de la première modernité. Voir Antoine-Mahut, « Revivre le spiritualisme avec les monades ».

## 4   Faites entrer Reid

La vision générale que Cousin a de Leibniz est au mieux critique et au pire condescendante. Selon Cousin, Leibniz a tiré parti d'un certain nombre de questions philosophiques qui posaient problème dans la philosophie de Descartes et que d'autres penseurs contemporains avaient élucidées (Leibniz « n'a pas même ici l'honneur de l'invention »).[41] En d'autres termes, Leibniz s'est comporté comme un plagiaire et un opportuniste philosophique. À la limite de la malveillance, il avait mis en doute la sincérité de la foi chrétienne de Descartes et présenté Descartes comme un Spinoza déguisé (« le spinozisme est le cartésianisme poussé à ses légitimes conséquences »).[42] Pour Cousin, cependant, l'accusation la plus grave portée par Leibniz contre la philosophie de Descartes concernait la théorie de la matière. En définissant l'extension comme l'attribut essentiel de la matière, Descartes ne s'est pas rendu compte que la force était en fait la véritable essence de toute substance, qu'elle soit matérielle ou non. Cousin est d'accord avec Leibniz sur ce point, mais il comprend également qu'il s'agit d'un point crucial, non seulement en ce qui concerne la métaphysique en général, mais également en ce qui concerne son propre récit de la philosophie moderne : « Il y a là tant de vrai et tant de faux mêlés ensemble, que pour bien les démêler il y faut apporter une grande attention ».[43]

La conclusion de Cousin, à la fin de ses analyses historiques et philosophiques dans les *Premiers essais de philosophie* et l'*Histoire générale de la philosophie*, était que l'erreur de Leibniz concernant la nature de la matière reflétait le défaut de Descartes lui-même. Alors que Descartes avait nié toute réalité aux forces matérielles, Leibniz considérait la *res extensa* comme une apparence dérivant de la nature substantielle de la force. Cousin s'oppose aux deux points de vue en affirmant que la matière ne peut être réduite ni à une simple activité ni à une simple extension : « Nous admettons sans hésiter que la matière n'est pas tout entière dans l'étendue, mais nous doutons que la matière soit tout entière dans la force ».[44] L'erreur de Descartes était de croire que la matière

---

41  Cousin, *Histoire générale de la philosophie*, p. 467.
42  *Ibid.*, p. 471.
43  *Ibid.*
44  *Ibid.*, p. 476 : « Malheureusement Leibniz ne s'est pas contenté de joindre la force à l'étendue pour constituer la matière : par un excès contraire à celui qu'on reprochait justement à Descartes, il a prétendu que la force est l'essence même de la matière, qu'il n'y a rien de plus dans la matière, et que l'étendue n'est qu'une apparence. Ici commence l'exagération et le point incertain du système, mais ce point-là, remarquez-le bien, est

dérivait de l'extension ; l'erreur complémentaire de Leibniz était de croire que la matière dérivait de la force. Aucun des deux n'a compris que la matière, pour être une réalité, doit être un principe substantiel. C'est la raison pour laquelle, dans ce débat historiographique et philosophique, Glisson vient soudain au secours de Cousin, ne fût-ce que dans une note de bas de page. Si Descartes et Leibniz avaient échoué à reconnaître la réalité substantielle de la matière, Glisson pouvait être tiré de l'oubli philosophique pour montrer premièrement que Leibniz n'était pas le premier ou du moins pas le seul à avoir découvert la notion moderne de force, et deuxièmement que quelqu'un d'autre (Glisson) avait compris cette notion de force en des termes philosophiquement plus corrects.

Cousin s'était déjà penché sur la question de la matière chez Descartes et Leibniz dans ses *Premiers essais de philosophie* et il était arrivé à la conclusion que la matière, peu importe qu'elle soit « un composé de molécules, d'atomes ou de forces », était une « chose réelle » :

> La notion complète de corps ne se compose pas seulement de la notion de cause fournie par le principe de causalité et de la notion d'étendue fournie par la perception ; vous concevez encore que cette étendue, que ces formes sont les qualités d'un sujet, les modifications d'un être, les accidents d'une substance. Vous ne croyez pas que ce corps que vous voyez soit l'étendue, la figure, la dureté, etc. ; vous croyez que ce corps est quelque chose d'étendu, de figuré, de dur, etc. Autre chose est la réunion ou collection de l'étendue, de la dureté, de la figure, autre chose une substance, un être réel, qui possède l'étendue, la dureté, la figure. En un mot, sous la somme des accidents vous concevez un être réel que les métaphysiciens comme les physiciens appellent matière.[45]

Dans le même ouvrage, Cousin s'était référé à Thomas Reid pour montrer qu'il était possible de sauver la réalité de la matière. L'argument reposait sur une

---

précisément le système lui-même, la grande réforme de la philosophie, annoncée avec tant d'éclat en 1694, de la *Primæ philosophiæ emendatione et notione substantiæ*. Selon nous, cette réforme a grand besoin d'être elle-même réformée, ou du moins tempérée. Nous admettons sans hésiter que la matière n'est pas tout entière dans l'étendue, mais nous doutons que la matière soit tout entière dans la force. Et nous en donnons cette raison bien simple, c'est qu'à ce compte il n'y a plus d'étendue réelle, plus de solide, c'est-à-dire plus de matière, plus de corps à proprement parler ; ce ne sont plus là que des noms qu'on peut bien laisser au vulgaire, mais qu'il faut rayer du dictionnaire de la philosophie. »

45 Cousin, *Premiers essais de philosophie*, p. 287.

dialectique spécifique de l'effort et de la résistance, de la « sensation » et de la « perception » que le sens du toucher révélait dans l'expérience personnelle de chacun et, pour ainsi dire, à un niveau primordial :

> Quand je touche un corps, j'éprouve une modification intérieure, agréable ou pénible, c'est la sensation ; et je juge qu'il y a quelque chose hors de moi qui n'est pas moi, et dont l'existence est indépendante de la mienne ; ce jugement instinctif a été appelé perception par Reid et ses disciples. Tout homme capable d'examiner avec un peu d'attention ce qui se passe en lui dans l'opération du toucher, peut reconnaître ces deux phénomènes ; ils sont tous deux réels, mais distincts l'un de l'autre ; il n'y a entre eux aucun lien logique, et le raisonnement ne peut franchir l'abîme qui les sépare. Chacun d'eux a sa vertu qui lui est propre : la sensation révèle l'être sentant ; la perception, le monde sensible.[46]

Dans cette histoire complexe d'idées empruntées et prêtées, Reid a permis à Cousin de rétablir une forme de dualisme tenable contre le monisme monadologique de Leibniz d'une part et le matérialisme vitaliste de Glisson de l'autre. Pour Cousin, le danger qui se cache derrière ces deux points de vue est la menace toujours résurgente du panthéisme de la Renaissance. Deux points méritent d'être soulignés : la matière, selon l'interprétation de Reid par Cousin, est un être réel dans la nature ; cet être a deux façons de se révéler à l'esprit humain, soit par la sensation (et c'est la voie subjective), soit par la perception (et c'est la voie objective). L'une met en évidence l'être *sentant*, l'autre l'être *senti*. Dans l'interprétation de Cousin, alors que Glisson avait consacré tout son traité sur « la nature énergétique de la substance » à démontrer la réalité du principe substantiel de la vie, Reid s'était concentré sur la distinction entre perception et sensation. De manière significative, Glisson, lui aussi avait différencié la *perceptio sensitiva* de la *perceptio naturalis*.[47] Cependant, Cousin n'était pas intéressé par la solution proposée par Glisson, car, contrairement à la distinction post-cartésienne de Reid, l'insistance de Glisson sur la perception naturelle suggérait qu'il était encore acceptable de revenir à la vision renaissante d'une matière active.

---

46  *Ibid.*, p. 33 ; voir aussi *ibid.*, p. 291. Sur la différence entre sentir et percevoir, voir Th. Reid, *Essays on the Intellectual Powers of Man*, éd. A.D. Woozley, London 1941, p. 44. Voir T. J. Duggan, « Thomas Reid's Theory of Sensation », *The Philosophical Review* 69 (1960), pp. 90–100 ; D. McDermid, « The Sensation/Perception Distinction in Reid and Schopenhauer », *Journal of Scottish Philosophy* 16 (2018), pp. 147–161.

47  Glisson, *De natura substantiae energetica*, sig. b2$^{r\text{-}v}$, pp. 208–216.

Il peut être intéressant de souligner ici que Glisson avait relié la perception naturelle à la matière vivante en faisant appel à Bacon (une des sources principales de Glisson) et au galénisme du XVIe siècle (le *De naturalibus facultatibus* de Galien, en particulier, avait fourni à Glisson un cadre général pour sa théorie des facultés vitales). Dans le *De augmentis scientiarum* (1623), Bacon avait déjà fait la distinction entre *sensus* et *perceptio,* précisément pour corroborer l'idée qu'une activité perceptive inconsciente était toujours à l'œuvre dans la matière.[48] Dans le contexte des philosophies naturelles de Bacon et de Glisson, la division établie par Reid entre perception et sensation était une option beaucoup plus sûre pour Cousin. Elle signifiait simplement que la présence réelle de la matière pouvait être saisie à travers le reflet réciproque de l'« être sentant » et du « monde sensible », sans faire allusion à des facultés vitales inhérentes à la matière. Alors que Glisson s'était référé à la matière vivante de Bacon, Reid s'en remet à la théorie de la sensation de Locke. Étant « une de nos facultés naturelles », la « perception » de Reid – comme le rapporte Cousin – nous *persuade* simplement qu'« un monde réel distinct de nous-mêmes » existe.[49] Selon la lecture que Cousin faisait de Reid, les « forces actives, qui produisent tous les changements qui arrivent dans l'univers, qui renouvellent et animent la nature entière », étaient des entités conçues par l'esprit après qu'il ait été instruit par la « perception ». Plus important encore, ces forces n'étaient pas enfoncées dans la matière.[50]

## 5 Maine de Biran et les défauts du spiritualisme leibnizien

D'après ce qui précède, nous pouvons donc dire que, lorsque, dans son *Histoire générale de la philosophie,* Cousin s'est confronté au problème d'inclure Leibniz entre Descartes et Maine de Biran – les deux chefs de file de la philosophie française –, il a également recruté Glisson et Reid, deux penseurs britanniques.[51] La raison en est que, dans le cadre de l'organisation systématique de l'histoire de la philosophie de Cousin, Glisson et Reid ne pouvaient pas être facilement rattachés aux camps des « sensualistes » ou des « idéalistes ». Les deux penseurs avaient distingué la sensation de la perception, à la différence que, comme nous venons de le voir, dans le cas de Glisson, la perception était une

---

48   Francis Bacon, *De dignitate et augmentis scientiarum*, dans : id., *Works*, éd. J. Spedding, R.L. Ellis, D.D. Heath, 14 vols, London 1857–1874, vol. 1, pp. 610–611.
49   Cousin, *Premiers essais de philosophie*, p. 36.
50   *Ibid.*, pp. 38–39.
51   Cousin, *Histoire générale de la philosophie*, pp. 472–475, 541–548.

faculté inhérente à la matière et non une fonction mentale. Alors que Cousin s'appropriait volontiers l'idée de perception de Reid pour amender la notion erronée d'extension de Descartes, il se servait de l'idée de substance active de Glisson pour neutraliser la notion de force de Leibniz. Ces deux utilisations étaient clairement instrumentales, car Cousin restait un cartésien. Malgré les succès reconnus de Leibniz, il n'hésitait pas à déclarer que la « gloire » de Descartes resterait « immortelle ». En outre, dans l'interprétation de Cousin, Reid était plus au fait des innovations métaphysiques de Descartes que Glisson ne l'avait jamais été (en fait, comme nous l'avons vu, il s'agissait d'un défaut d'attention plutôt embarrassant de la part de Cousin, car Glisson, lui aussi, était parfaitement conscient de l'impact de la philosophie de Descartes).[52] En conséquence, dans l'histoire de la philosophie de Cousin, Glisson faisait l'objet d'une note de bas de page, certes longue, tandis que Reid avait l'honneur de relever d'une nouvelle manière de penser, l'école écossaise de philosophie qui, dans le grand atlas philosophique de Cousin, avait un rôle stratégique crucial en ce qu'elle indiquait Kant et l'idéalisme allemand, d'une part, et Maine de Biran de l'autre.[53] C'étaient les deux courants de la philosophie moderne qui, selon Cousin, avaient convergé dans sa propre philosophie.[54] Cependant, d'après Cousin, si Reid avait perfectionné les notions d'espace, de temps, de substance et de cause, Biran (« un de nos compatriotes ») était allé beaucoup plus loin – mais pas aussi loin que Cousin lui-même.[55] Voyons pourquoi.

Cousin, qui décrivait Biran comme un « profond métaphysicien », avait édité et publié plusieurs de ses écrits, à commencer, en 1834, par les *Nouvelles considérations sur les rapports du physique et du moral de l'homme*, puis en 1841, les *Œuvres philosophiques*. Dans l'introduction de ce recueil, Cousin

---

[52] Cousin, *Premiers essais de philosophie*, pp. 35–36 : « Reid est le premier qui ait dégagé la perception de la sensation qui l'enveloppe, et qui l'ait placée au rang de nos facultés primitives. Le règne de Descartes finit à Reid ; je dis son règne, non sa gloire, qui est immortelle. Reid commence une ère nouvelle ». En ce qui concerne la discussion sur la différence entre perception et sensation, Paolo Godani note qu'une nouvelle compréhension de la sensibilité et de l'activité vitale a émergé en France au cours des décennies critiques entre le XVIIIe et le XIXe siècle, plus précisément à l'« époque de Bichat ». Voir P. Godani, « Per un'archeologia del carattere », *Aut aut* 371 (2016), pp. 184–203 (en particulier pp. 196–202).

[53] Dans *Philosophie écossaise*, six conférences sont consacrées à Reid. Voir V. Cousin, *Philosophie écossaise*, Paris 1857, pp. 232–485.

[54] Cousin, *Fragments philosophiques*, p. 293 : « Pour moi, je viens à la fois et de la philosophie écossaise et de la philosophie allemande. M. de Biran seul ne vient que de lui même et de ses propres méditations ».

[55] Cousin, *Premiers essais de philosophie*, p. 39 ; id., *Histoire générale de la philosophie*, pp. 393, 475.

présente la philosophie de Biran comme une étape décisive dans le développement d'une conception moderne de la réflexivité intérieure et du spiritualisme. Selon Cousin, Biran avait découvert que la réceptivité passive des sensations nécessitait une source originelle et plus profonde d'« activité » et que cette *activité* résidait dans « la volonté », que Biran considérait comme la cause première de l'action et le principe du soi, « le moi lui-même ». Une des vertus de la pratique philosophique de Biran était sa capacité à mêler l'abstraction philosophique et l'analyse expérimentale. Il avait trouvé « un seul et même fait » comme fondement ultime de la connaissance de soi et de son progrès dans la nature : « l'effort musculaire ».[56] Grâce à l'effort musculaire, l'esprit humain pouvait prendre conscience de ses volitions en tant que force causale sous-jacente à la substance du soi : « La personne, la volonté, la cause, sont donc identiques entre elles ».[57]

Dans l'interprétation de Cousin, Biran a eu le mérite philosophique de rétablir un principe d'activité dans la nature et de le décrire comme la véritable essence de l'esprit. Ce faisant, il avait surmonté ce que Cousin considérait comme les nombreuses impasses d'une pratique philosophique placée sous l'emprise des idées médicales, responsables selon lui de la transformation de « toute la science de l'homme » en « un appendice de la physiologie ».[58] Biran, poursuit Cousin, a été « le premier et le plus solide adversaire de toute l'école sensualiste et physiologiste, dont il a mis à nu la fausse méthode et les prétentions chimériques ».[59] De plus, si l'on examine les choses du point de vue de l'histoire, Biran avait également été « le premier en France » à redécouvrir « la gloire de Descartes, presque supprimée par le dix-huitième siècle ».[60] Répondant aux dérives théistes et panthéistes respectives de Malebranche et de Spinoza, Biran avait rectifié le cours de la tradition cartésienne. Plutôt que d'interpréter le *cogito* de Descartes dans les termes de l'« âme substance », il avait mis en évidence son « énergie capable de suffire à l'explication de toutes ses opérations ».[61] Pour Cousin enfin, Biran était celui qui avait redécouvert

---

56    Cousin, *Fragments philosophiques*, vol. 4, pp. 295–296. Cf. Maine de Biran, *Exposition de la doctrine philosophique de Leibnitz, composée pour la Biographie universelle*, Paris 1819, p. 14 : « Chaque personne individuelle sait du moins, *certissima scientia et clamante conscientia*, ce qu'elle est comme force qui agit et opère par le vouloir ; elle s'assure par la raison qu'elle n'est autre pour elle-même que telle force ou énergie ; que c'est là le fond de son être, comme c'est celui de sa vie de conscience, ou de son moi ».
57    Cousin, *Fragments philosophiques*, vol. 4, p. 297.
58    *Ibid.*, pp. 295–296.
59    *Ibid.*, p. 303.
60    *Ibid.*, p. 302.
61    *Ibid.*, pp. 303–304.

en France la signification philosophique de Leibniz. Il avait souligné l'importance de traités de Leibniz tels que le *De primae philosophiae emendatione et notione substantiae*, publié en 1694 dans les *Acta eruditorum*, et le *De ipsa natura sive de vi insita*, paru dans la même revue en 1698.

Dans la manière dont Cousin a illustré les réalisations de Biran, l'adjectif « premier » revient souvent : Biran est un véritable pionnier de l'histoire des idées. Pourtant, il avait plusieurs raisons de prendre ses distances avec les positions de Biran. Par exemple, Cousin considérait la monadologie de Leibniz comme la énième simplification unilatérale d'une perspective philosophique particulière, à savoir l'idée selon laquelle la force est l'essence des choses. Pour Cousin, une force a toujours besoin d'une substance pour être réelle, et l'effacement de la nature ontologique de la force était une erreur que Cousin attribuait également à l'approbation de la monadologie par Biran et à sa propre théorie de la substance. L'extension ne pouvait être expliquée par le simple postulat d'une perception immédiate de résistance : « Dès le début de notre enseignement, malgré l'autorité de M. de Biran et de Leibniz, nous nous sommes refusé à absorber la perception de l'étendue dans le simple sentiment de la résistance, comme plus tard à confondre l'idée de cause et de force avec celle de substance ».[62]

Comme nous l'avons vu, dans son *Histoire générale de la philosophie,* Cousin avait émis quelques doutes sur la philosophie de Leibniz. Comme restaurateur de la fortune de Leibniz, Biran avait plus ou moins involontairement contribué à la diffusion des maladresses et des défauts leibniziens, surtout concernant la matière. Dans la stratégie exégétique de Cousin, Glisson pouvait donc être utilisé pour affiner la contribution philosophique de Leibniz et de Biran, c'est-à-dire pour reconfirmer la nature de la matière comme substance réelle et

---

[62] Cousin, *Histoire générale de la philosophie*, p. 476, n. 1. Voir aussi Cousin, *Premiers essais de philosophie*, pp. 232–233. Cousin se réfère ici à Maine de Biran, *Exposition de la doctrine philosophique de Leibnitz*, pp. 14–15 : « Soit que cette résistance se manifeste directement dans l'aperception immédiate de l'effort que le moi exerce hors de lui, soit que l'esprit la conçoive, ou l'induise seulement du sentiment de la force propre, active, qui en est le type ; cette force attribuée à la matière ou aux êtres simples en tant que conçue primitivement à l'instar du moi, et par une sorte d'induction naturelle qui touche à l'instinct, emportera avec elle perception, volonté, et tous les attributs propres de son modèle ; mais en réduisant par analyse la résistance (*antitypia materiae*) à ce qu'elle est, on arrive nécessairement à une notion simple, distincte et adéquate de force absolue ou d'énergie, qui n'a plus rien de sensible ou de déterminé... Dans ce point de vue, en effet, l'étendue n'est que la continuité des points résistants ; un mode de coordination d'unités discrètes, de forces qui agissent ou résistent ensemble, et chacune à part. Ces unités sont les seuls êtres réels ; tout le reste est phénoménique, et dépend de la forme de nos sens et de notre organisation actuelle ».

pour réaffirmer que la perception précède l'appétit. La critique de la métaphysique de Biran par Cousin reposait sur deux présupposés principaux : la matière ne peut être réduite à l'effet provoqué sur le sujet percevant par la sensation de résistance, et la conscience n'est pas assimilable à la volonté. Aux yeux de Cousin, la philosophie de Biran était la preuve qu'une focalisation excessive sur les mouvements involontaires et les fonctions vitales d'un organisme vivant pouvait égarer un philosophe. Par contraste, Glisson avait élaboré le concept de perception naturelle précisément pour sauvegarder la dimension cognitive de la vie et rejeter l'idée que l'appétit précède la cognition. Sans compter que, si l'on présentait la volition comme le modèle ontologique de la causalité, alors « toute idée de cause involontaire » devenait impossible, car toutes les causes dans la nature étaient alors réputées identiques « à celle que nous sommes » : « L'aimant n'attire pas seulement le fer, il veut l'attirer ».[63] Néanmoins, le problème le plus grave posé à Cousin par Biran était son penchant pour le mysticisme. Une première indication sur les tendances mystiques de Biran est « la longue et curieuse note jointe aux *Considérations sur le moral et sur le physique* », où il a recours à des lieux pseudo-platoniciens, à Proclus et à Jan Baptist van Helmont, à l'appui de son idée d'« une révélation non accidentelle, mais universelle, par laquelle Dieu s'unit à l'homme et lui enseigne la vérité ».[64]

Pour récapituler les moments principaux de cette argumentation complexe (tant sur le plan philosophique qu'historiographique), nous pouvons dire que Cousin a accordé à Leibniz une place importante dans l'histoire de la philosophie, parce qu'il a démontré, à travers la notion de force, la fécondité de l'idée cartésienne d'auto-réflexion, « la vive conscience de l'activité volontaire et libre » mentionnée au début de ce chapitre. Leibniz avait développé l'idée de force pour dépasser les limites de la *res extensa* inerte de Descartes. Néanmoins, cette tentative pour sauvegarder la nature active de la substance n'est pas parvenue à sauver la réalité de la matière, laissée par Leibniz dans un état liminal d'apparences sensibles. La même erreur avait été perpétuée par Maine de Biran qui, dans les pas de Leibniz, avait réduit la matière à des perceptions humaines de résistance extérieure et d'effort intérieur. Pour remédier à ces défauts conceptuels, Cousin avait retrouvé le sens de la nature « énergétique » de la substance de Glisson et de la perception de Reid. Néanmoins, dans sa reconstruction historique, Cousin se tenait sur une ligne très étroite, car, afin de sauver la réalité de sa version du spiritualisme, il devait prendre ses distances à l'égard de Leibniz et de Maine le Biran, tout en s'exposant aux

---

63  Cousin, *Fragments philosophiques*, vol. 4, pp. 320–321.
64  *Ibid.* Cousin se réfère à Maine de Biran, *Nouvelles considérations sur les rapports du physique et du moral de l'homme*, éd. V. Cousin, Paris 1834, pp. 147–164.

attraits du matérialisme médical de Glisson et du sensualisme de Reid. On peut se demander si l'acceptation par Cousin du concept philosophique de force valait tous ses tracas historiographiques, étant donné le risque évident de jeter le bébé (le spiritualisme) avec l'eau du bain (l'interprétation de Leibniz par Maine de Biran).

## 6   Conclusion

Ce que j'ai appelé dans le titre de ce chapitre une trajectoire allant de Glisson à Maine de Biran en passant par Leibniz et Reid est une lignée philosophique (un dispositif exégétique vraiment très intéressant) conçue par Cousin pour illustrer les vicissitudes historiques de la notion de force au début de l'époque moderne. Du point de vue de l'une de ces constellations organiques que Cousin avait identifiées dans ses études d'historiographie philosophique (les « systèmes »), l'ensemble conceptuel d'idées regroupées autour de la notion de force est porteur d'un corps de significations qui croise les traditions modernes du sensualisme et de l'idéalisme. Dans le grand schéma de l'histoire philosophique de Cousin, c'est une histoire particulièrement remarquable, car elle lui a permis de montrer qu'une fois correctement interprétée et comprise, la force était le fondement propre du spiritualisme et ne pouvait pas être utilisée pour soutenir des systèmes matérialistes ou idéalistes. En effet, seule une compréhension spiritualiste de la signification de la force pouvait réellement préserver cette signification de la contamination par les sophismes de l'hylozoïsme (Glisson) et du phénoménalisme (Leibniz), d'une part, et par les constructions erronées de l'associationnisme (Reid) et du mysticisme (Maine de Biran), de l'autre.

Dans son *Histoire générale de la philosophie*, Cousin a fourni un argumentaire détaillé pour suggérer que la théorie des monades de Leibniz était en fait redevable à la métaphysique de la substance vitale de Glisson. Dans ce chapitre, j'ai évalué la signification de l'argumentaire de Cousin en le plaçant dans le contexte de son cadre historiographique général et de ses vues spécifiques sur les relations entre les philosophies de la Renaissance et de l'époque moderne. Ainsi, il est apparu à quel point la thèse de Cousin sur la notion de force chez Leibniz est liée à ses vues parallèles sur la philosophie naturelle de la Renaissance. En examinant un panorama vivant et encombré de philosophies médicales, de matérialismes, d'idéalismes et de spiritualismes contemporains, Cousin a suggéré de comparer Leibniz et Glisson pour jeter une lumière bien nécessaire sur la notion contestée de force. Cet exercice de philosophie comparative est rapidement devenu plus élaboré que prévu, car le réseau historiographique de Cousin est remarquablement complexe et étendu. Beaucoup d'autres noms et de références étaient encore évoqués, mais Reid et Biran étaient particulièrement importants en cette circonstance. Résumons ici pour une dernière fois les principales différences entre les auteurs considérés. Pour Leibniz, la matière était un phénomène de représentation créé par l'action d'une force active (la perception), considérée comme incorporelle. Glisson considérait la matière comme une substance réelle dont l'activité dépendait de perceptions naturelles issues du noyau même de la matière. Pour Reid, la matière est une réalité dont l'existence est constamment attestée par une faculté naturelle de l'esprit humain, la faculté de percevoir, que Reid distingue de la sensation. Maine de Biran décrit la matière comme un continuum créé par des centres d'activité infinis et résistants. Pour Cousin enfin, la matière est un être réel qui sous-tend les phénomènes corporels de la nature.

Bien que la matière soit un thème philosophique central de la pensée de la Renaissance, Cousin n'a guère abordé cette question dans les leçons qu'il a consacrées à cette période dans son *Histoire générale de la philosophie*. Il a préféré se concentrer sur le panthéisme, qui était pour lui l'un des phénomènes philosophiques (encore un « tortueux labyrinthe ») associés à la pensée de la Renaissance.[65] Cousin identifie ce panthéisme avec le type de naturalisme aristotélicien pratiqué à l'université de Padoue. Dans les panthéistes padouans, Cousin incluait toutes sortes de penseurs et de maîtres ès arts – Pietro Pomponazzi, Francesco Piccolomini, Cesare Cremonini, Jacopo Zabarella et Giulio Cesare Vanini.[66] Son rejet de la possibilité qu'une enquête philosophique sérieuse sur la matière ait jamais eu lieu pendant la Renaissance (au contraire, la prévalence du panthéisme à cette époque était un signe d'échec spéculatif) était pour lui une preuve supplémentaire que la Renaissance n'avait pas été un âge philosophique. Bien que tous les âges humains aient philosophé, certains ont mieux philosophé que d'autres. Les voix philosophiques des auteurs de la Renaissance étaient étouffées et inarticulées. Leurs énoncés philosophiques étaient une sorte de bruit de fond.

Lorsque Cousin évoque l'attitude des grands penseurs du XVIIe siècle à l'égard de leurs prédécesseurs de la Renaissance, il semble transmettre une impression particulière de gêne et de moralisme. Pour Cousin, Leibniz est l'un des « deux grands philosophes du dix-septième siècle » (l'autre étant Descartes). Et pourtant, en montrant que Glisson pourrait avoir influencé la

---

65  Sur l'attitude de Cousin à l'égard du panthéisme, voir R. Ragghianti, « Victor Cousin e la *querelle* del panteismo », dans : id., *Filosofia, storiografia e vita civile*, pp. 82–111.

66  Cousin, *Histoire générale de la philosophie*, p. 275 : « L'histoire du panthéisme dans l'université de Padoue est encore à faire, et serait d'une utilité infinie ».

monadologie de Leibniz, Cousin semble reconnaître un certain niveau d'emprunt créatif et la possibilité d'un héritage de la Renaissance.[67] L'étude du cas de Glisson telle que la présente Cousin révèle qu'en fait, les recherches philosophiques de Zabarella, Campanella, Suárez et Basson – pour ne mentionner que quelques-unes des sources philosophiques renaissantes de Glisson – ne peuvent pas se réduire à un exercice d'imitation formaliste des modèles grecs. Dans les années 1670, Glisson a sélectionné parmi un certain nombre d'auteurs de la Renaissance, comme l'a dûment reconnu Cousin, des idées clés telles que la force, l'*energeia* et le mouvement, et a produit une vision novatrice de la matière et de la nature. Ainsi, au cœur même de la reconstruction par Cousin des traditions cartésienne et leibnizienne, émerge une compréhension moderne – vraiment scientifique – des présupposés épistémologiques et ontologiques qui sous-tendent l'étude de la matière, centrée sur les notions de méthode et de force. La discussion de Cousin sur le rôle de Glisson dans l'histoire de la philosophie du XVIIe siècle est une note de bas de page dans son vaste et imposant projet d'historiographie philosophique, mais c'est aussi une opportunité herméneutique qui nous alerte sur une possible tension entre la Renaissance et la modernité dans le cadre même du projet philosophique de Cousin, et aussi une manière possible d'identifier ses nombreuses résonances historiographiques.

---

67  Indépendamment du fait que cette interprétation puisse réellement être fondée sur des preuves historiques, je pense personnellement qu'il n'est pas exact – d'un point de vue factuel et philosophique – de dire que Leibniz a été influencé par Glisson, car les deux théories sont très différentes d'un point de vue conceptuel.

**PARTIE 3**

*Documents*

CHAPITRE 9

# Les lettres de Christian Bartholmèss à Victor Cousin (1846–1856)

*Mario Meliadò*
Universität Siegen

« Si j'avais un idéal à proposer à M. Bartholmèss, ou, comme dirait un homme du XVIe siècle, si j'avais à tirer son horoscope, je lui dirais qu'il est destiné à devenir l'historien de la philosophie de la renaissance ».[1] Ces mots d'Émile Saisset, normalien et représentant de premier rang de l'orthodoxie cousinienne, témoignent non seulement de la réputation que les deux volumes sur Giordano Bruno ont rapidement procurée au jeune érudit alsacien Christian Bartholmèss, mais aussi de la mission savante qui lui a été reconnue lors de son accueil au sein de l'école de Victor Cousin. Par ailleurs, Bartholmèss lui-même avait annoncé un vaste projet d'étude visant à une redécouverte systématique de l'héritage intellectuel de la Renaissance – une époque jusqu'alors négligée, sinon marginalisée, dans l'historiographie philosophique française. « *Jordano Bruno* est un coup d'essai ; » déclare Bartholmèss dans la préface de son travail, « mais, s'il était favorablement accueilli, je m'empresserais d'y faire succéder des recherches analogues sur *Mélanchton*, sur *Pierre de la Ramée*, sur *Bernardino Telesio*, ainsi que sur cette austère galerie de publicistes, où figurent *Ulrich de Hutten, Thomas Morus, La Boëtie, François Hotman, Languet, Buchanan, Campanella* ».[2]

Si l'étude sur Bruno ainsi que l'ambitieux programme qui aurait dû s'ensuivre ont été conçus conformément au modèle de recherche historiographique imposé en France par le magistère cousinien, leur inspiration plus intime trahit plutôt la formation allemande et l'éducation protestante de Bartholmèss.[3] En effet, le choix de se concentrer sur le philosophe napolitain était influencé par la culture philosophique de l'idéalisme allemand, qui avait construit une image

---

1   É. Saisset, « Giordano Bruno et la philosophie au seizième siècle », *Revue des deux mondes*, 15 juin 1847, pp. 1071–1105, ici p. 1084.
2   Ch. Bartholmèss, *Jordano Bruno*, vol. 1, Paris 1846, pp. i–ii.
3   Sur le contexte et le schéma interprétatif du travail de Bartholmèss, voir dans ce volume M. Meliadò, « Le cas Vanini et l'historiographie philosophique sur la Renaissance à l'école de Victor Cousin », pp. 127–150.

positive de Bruno, et plus particulièrement par la lecture de Schelling, qui avait fait de Bruno le porte-parole de sa pensée dans un dialogue homonyme.[4] Plus généralement, l'autonomie conceptuelle que Bartholmèss confère à la Renaissance semble découler d'un intérêt spécifique pour les siècles de la Réforme que lui dictait probablement sa confession religieuse luthérienne. En revanche, cette attention pour la Renaissance reste sans équivalent dans l'historiographie cousinienne contemporaine, qui voyait dans cette époque une simple transition entre la scolastique médiévale et la modernité cartésienne.

« Une éducation essentiellement allemande » et « une carrière essentiellement française »[5] : telle est la tension culturelle et linguistique qu'un des maîtres de Bartholmèss, le professeur d'histoire ecclésiastique Jacques Matter, identifie dans le parcours intellectuel de son disciple. Né en 1815, dans le domaine de Geiselbronn près de Haguenau et de langue maternelle allemande, Bartholmèss fréquente d'abord le Paedagogium de Pforzheim et ensuite le gymnase de Strasbourg. À l'université de la même ville, il obtient en 1837 la licence de lettres et présente l'année suivante une thèse sur les preuves de l'immortalité de l'âme pour obtenir le grade de bachelier en théologie.[6] En 1837, Bartholmèss est déjà à Paris où il travaille comme précepteur pour la noble famille du comte Montigny-Jaucourt. Il entre aussi en contact avec le milieu académique de la Sorbonne en y poursuivant ses études universitaires. Les recherches qui le conduiront plus tard à la publication des deux volumes sur Bruno en 1846 et 1847, remontent à ses premières années parisiennes.

Pourtant, l'horoscope de Saisset se révèlera incorrect, car Bartholmèss ne s'imposera pas en tant qu'historien de la philosophie de la Renaissance. Son expertise dans ce domaine sera certainement reconnue. La preuve en est que Bartholmèss s'est vu attribuer un grand nombre des nouvelles entrées sur

---

4   Jacques Matter (1791–1864) mentionne aussi à ce propos, dans sa nécrologie de Bartholmèss, le rôle joué par Louis Bautain (1796–1867), dont Bartholmèss avait suivi les leçons à la Faculté des Lettres de Strasbourg pendant la première moitié des années trente. Cf. A.-J. Matter, *La vie et les travaux de Christian Bartholmess. Discours prononcé le 11 novembre 1856*, Paris/Strasbourg 1856, p. 9 : « En effet, il prit une part très active aux conférences présidées par ce professeur [*scil.* Bautain], alors si attentif aux travaux de la spéculation germanique, toute empreinte du génie de Schelling. Il paraît que, dès lors, quelque connaissance faite avec ce dernier, grand admirateur de Jordan Bruno et auteur d'un dialogue qui porte ce nom, inspira au jeune étudiant l'idée de se retrouver un jour avec le célèbre Napolitain dont la vie et la mort offrent, dans les luttes de la renaissance, un drame si émouvant ». Sur la réception de Schelling en France, voir L. Fedi, « Schelling en France au XIXe siècle », *Les Cahiers philosophiques de Strasbourg*, 43 (2018), pp. 13–80.

5   Matter, *La vie et les travaux de Bartholmèss*, p. 3.

6   Ch. Bartholmèss, *Examen critique des preuves de l'immortalité de l'âme. Thèse philosophique présentée à la Faculté de théologie de Strasbourg et soutenue publiquement le Mercredi 18 April 1838, à 11 heures du Matin, pour obtenir le grade de bachelier en théologie*, Strasbourg 1838.

les auteurs de la Renaissance dans la deuxième édition du *Dictionnaire des sciences philosophiques* dirigé par Adolphe Franck. Il s'agit entre autres de Luther, Machiavel, Montaigne, Thomas Morus, Pétrarque, François Philelphe, Alexandre Piccolomini, François Piccolomini, Ange Politien, Pierre Pomponace, Bernardino Telesio, Laurent Valla et même Jean-Baptiste Vico.[7] Toutefois le grand chantier sur la Renaissance, que Bartholmèss pensait ouvrir avec sa biographie sur Bruno, se résumera à une brève thèse de doctorat en latin sur Bernardino Telesio, publiée en 1849 qui restera dépourvue de réception.[8] On trouve d'autres traces de l'ancien projet dans la correspondance ou dans le journal personnel de Bartholmèss. D'après une lettre adressée à son frère, on peut observer qu'en 1846, il travaillait à une édition des œuvres de Pierre de la Ramée qui toutefois ne verra jamais le jour.[9] En outre, dans les papiers privés de Bartholmèss, Jacques Matter retrouvera après sa mort les notes préparatoires à un plan de recherche qu'il décrira ainsi :

> Dans une histoire complète de la Renaissance, depuis la prise de Constantinople jusqu'à la paix de Westphalie, période de temps qu'il qualifie de longue lutte révolutionnaire, il [*sc.* Bartholmèss] voulait exposer de front la Renaissance philologique, la Renaissance philosophique, la Renaissance religieuse et la Renaissance politique. Mais une vue générale du sujet, en quelques pages, est tout ce qu'il en reste.[10]

S'il est vrai que sa mort soudaine et prématurée en 1856 interrompt brusquement la carrière et les desseins de Bartholmèss, on peut néanmoins observer que la direction qu'il prend dans ses études déjà au lendemain de la parution des livres sur Bruno s'écarte clairement de la Renaissance. Deux raisons peuvent expliquer ce virage. Avant tout, c'est précisément l'aspiration à une 'carrière française' qui poussera Bartholmèss à s'adapter aux canons philosophiques et historiographiques des institutions parisiennes du savoir.

---

7   Cf. A. Franck (éd.), *Dictionnaire des sciences philosophiques par une société de professeurs et de savants*, 2 vols, 2e édition, Paris 1875.
8   Id., *De Bernardino Telesio*, Paris 1849.
9   Le *Journal des débats politiques et littéraires* du 13 mai 1846 (p. 2, col. 2), dans une brève note concernant les travaux de Bartholmèss, mentionne par erreur la publication d'une édition des écrits de Ramus : « M. Bartholmès a publié, il y a trois mois, une édition des œuvres de Ramus. Dans quelques semaines, il doit publier un travail étendu sur *Giordano Bruno* et la philosophie italienne ». Dans une lettre du même jour, Bartholmèss écrit à son frère : « Les Débats vont jusqu'à dire que j'ai déjà publié Ramus. J'en suis fort loin, hélas ! et cela me donne des remords ». Cf. L. Spach, « Christian Bartholmèss », dans : id., *Biographies alsaciennes*, vol. 2, Paris 1866, pp. 389–426, ici p. 403. Quelques extraits de la correspondance privée de Bartholmèss sont publiés dans cet article.
10  Matter, *La vie et les travaux de Bartholmess*, p. 30.

Bartholmèss écrira, par exemple, un très long mémoire sur la certitude pour l'Académie des sciences morales et politiques. Cette dernière avait mis « la certitude » comme sujet au concours en 1845. La dissertation que fit Bartholmèss et qui lui valut le troisième prix, inspira ensuite sa thèse française ès-lettres sur Huet et le scepticisme théologique, soutenue 1849 et publié en 1850.[11] Par ailleurs, l'étude sur Bruno se révèle être, selon les intentions plus personnelles de Bartholmèss, non pas la première étape d'une histoire de la philosophie de la Renaissance, mais plutôt la préparation à une vaste série de recherches sur la pensée allemande moderne et, en particulier, sur le mouvement idéaliste, dont Bruno représenterait une sorte de précurseur.[12] En 1850 et 1851, Bartholmèss publiera en deux volumes une *Histoire philosophique de l'Académie de Prusse depuis Leibniz jusqu'à Schelling*, qui le consacrera comme un des médiateurs de la culture philosophique d'outre-Rhin en France.[13] Ce n'est pas par hasard que Bartholméss sera appelé en 1853 à la chaire de philosophie du Séminaire protestant de Strasbourg, où il succèdera à Joseph Willm (1790–1853), son ancien maître, historien reconnu de la philosophie allemande.[14] La correspondance entre Willm et Cousin nous informe du fait que Willm lui-même avait travaillé, pendant les années de son enseignement à Strasbourg, sur le projet d'une monographie sur Bruno, qu'il n'a jamais achevée. Et s'il est légitime de supposer que Willm a joué un rôle dans la genèse intellectuelle des deux volumes dédiés par Bartholmèss au philosophe de Nola, les mots utilisés par Willm pour décrire la perspective de ses recherches sur Bruno sont également significatifs pour les études bruniennes de Bartholmèss. La lettre à Cousin est du 20 août 1832 :

> Je voudrais surtout faire mieux connaitre en France les travaux de Schelling et de Hegel. Et j'ai pensé qu'une analyse du premier devait être précédée d'un résumé du panthéisme de *Giordano Bruno*. C'est de ce dernier que je m'occupe particulièrement dans ce moment-ci. Une monographie sur ce philosophe original, semblable à celle que M. Michelet a faite sur Vico, me parait en elle-même susceptible d'un haut intérêt. J'y travaille, et si vous approuvez ce projet, j'espère l'exécuter dans le courant de l'année prochaine.[15]

---

11   Ch. Bartholmèss, *Huet, évêque d'Avranches ou le scepticisme théologique*, Paris 1850.
12   Sur la réception de Bruno en Allemagne, voir Bartholmèss, *Jordano Bruno*, vol. 1, pp. 294–316.
13   Id., *Histoire philosophique de l'Académie de Prusse depuis Leibniz jusqu'à Schelling, particulièrement sous Frédéric-le-Grand*, 2 vols, Paris 1850–1851.
14   Cf. J. Willm, *Histoire de la philosophie allemande depuis Kant jusqu'à Hegel*, 4 vols, 1846–1849.
15   Lettre de Joseph Willm à Victor Cousin, 20 août 1832, Paris, Bibliothèque interuniversitaire de la Sorbonne, MS VC 252, n. 5266, f. 1ᵛ.

Les matériaux des cours professés par Bartholmèss à Strasbourg dans la chaire de Willm de 1853 à 1855 seront ensuite réélaborés pour la publication d'une *Histoire critique des doctrines religieuses de la philosophie moderne* qui paraît, en deux tomes, peu avant sa mort. Elle constitue pour la plupart une exposition des systèmes de Kant, Fichte, Schelling et Hegel ainsi que de leurs écoles et de leurs adversaires jusqu'à Schopenhauer.[16] Dans ce contexte, Bartholmèss s'efforce de questionner l'esprit philosophique 'antigermanique' qui était alors très répandu en France, surtout dans la culture catholique, mais pas seulement.[17]

La correspondance entre Bartholmèss et Cousin, dont nous ne disposons malheureusement que d'une voix, celle de l'élève alsacien, illustre bien la position de l'aspirant historien de la philosophie de la Renaissance dans la constellation cousinienne et sa relation avec l'institution philosophique française. Bartholmèss place son action intellectuelle, en tant que passeur, à la frontière franco-allemande. Médiateur de la pensée allemande en France, Bartholmèss s'engage également à faire connaître en Allemagne la culture philosophique française. Élu en 1847 membre correspondant de l'Académie des sciences de Berlin, il devient bientôt, grâce à son réseau de relations personnelles et académiques, un des canaux de diffusion du cousinisme outre-Rhin. La correspondance proposée dans cette contribution donne quelques exemples de cette activité. En même temps, les lettres qu'il adresse à Cousin révèlent la tension centripète constamment présente dans le travail de Bartholmèss. L'érudit alsacien déclare toujours son allégeance au chef d'école parisien et se présente comme loyal défenseur de son orthodoxie. Finalement, Bartholmèss dépend de Cousin sur le plan institutionnel et sur celui de la carrière. La correspondance est rythmée par des événements successifs, à l'occasion desquels Cousin est appelé à soutenir académiquement le disciple. Les dix lettres de Bartholmèss sont aujourd'hui conservées dans le manuscrit 215 du fonds Victor-Cousin de la Bibliothèque interuniversitaire de la Sorbonne (nr. 289–298). Elles couvrent une période de dix ans : la première lettre est écrite en 1846 et accompagne l'envoi du premier exemplaire du livre sur Giordano Bruno. La dernière lettre est postée de Strasbourg quatre mois avant la mort de Bartholmèss, survenue à Nuremberg le 26 Août 1856. Nous reproduisons ici les lettres en respectant l'orthographe originale de l'auteur.

---

16   Ch. Bartholmèss, *Histoire critique des doctrines religieuses de la philosophie moderne*, 2 vols, Paris 1855. Sur le contexte de ce travail, voir M. Espagne, *En deçà du Rhin. L'Allemagne des philosophes français au xix$^e$ siècle*, Paris 2004 (Bibliothèque franco-allemande), pp. 100–102 ; et Spach, « Christian Bartholmèss », pp. 422–423.

17   Bartholmèss, *Histoire critique des doctrines religieuses*, p. viii : « A notre tour, nous confesserons que tout dédain, toute animosité à l'égard de la philosophie allemande, nous semblent, ou des préjugés aveugles, ou des paradoxes frivoles ».

**Nr. 289**

...

le 7 Décembre 1846

Monsieur,

Permettez-moi de vous offrir le premier exemplaire de *Jordano Bruno*[18], comme un témoignage de ma profonde reconnaissance et de mon entier dévoûment.

Puissiez-vous y reconnaître l'esprit que respirent vos admirables écrits, et dont, en disciple fidèle, je cherche de plus en plus à me pénétrer.

Puissiez-vous accueillir l'ouvrage avec l'indulgence bienveillante que vous avez daigné accorder à l'auteur.

J'espère, Monsieur, pouvoir vous faire hommage la semaine prochaine du tome deuxième.[19]

J'ai eu hâte de vous présenter le premier et le moins important, parce que j'éprouve le besoin de vous demander pardon d'un long silence. Il y a six mois, j'ai eu l'honneur de passer à Bellevue plusieurs heures charmantes, dont j'ai encore à vous remercier. Si je ne l'ai pas fait, c'est que je viens seulement de quitter la campagne ; car, quant au souvenir de cette journée, je suis sûr de le garder toujours.

Veuillez donc, Monsieur, agréer, avec l'assurance renouvelée d'un attachement sérieux, l'expression de mes excuses et de mes remercîments, & croire toujours à la gratitude et au respect de

Votre dévoué serviteur
Christian Bartholmès

29, rue de la pépinière.

---

18    Je mets en italiques les mots soulignés par Bartholmèss dans le manuscrit.
19    Ch. Bartholmèss, *Jordano Bruno*, vol. 2, Paris 1847. Le tome premier (paru à la fin de 1846) est dédié à la biographie de Bruno, le deuxième en analyse les ouvrages.

Nr. 290

29, rue de la pépinière.

Monsieur,

En vous faisant hommage du second volume de *J. Bruno*, permettez-mois de vous remercier des paroles pleines de bonté et d'encouragements, par lesquelles vous avez bien voulu répondre à un témoignage d'admiration et de gratitude.

J'espère pouvoir me rendre d'aujourd'hui en huit, à votre aimable invitation, et avoir l'honneur de vous exprimer de vive voix combien j'ai été touché d'une si précieuse marque de bienveillance, et quelle importance j'attache à être considéré toujours par vous, Monsieur, comme

Votre dévoué et reconnaissant disciple
Christian Bartholmès

Ce Samedi, 19 déc. 46.

## Nr. 291

29, rue de la pépinière.

Veuillez me permettre, Monsieur et illustre Maître, de vous rappeler humblement la promesse que vous avez bien voulu me faire avec tant de générosité et d'empressement. Dans la ferme et douce persuasion que vous voudrez bien accueillir ma prière avec la même bonté, dont vous m'avez donné des marques si touchantes dans la soirée charmante de l'autre jour, je viens vous supplier de vous apitoyer sur ce pauvre « mécréant de *Jordan Brun* », et de l'honorer d'un nécrologe favorable, dans la séance de Samedi prochain, si vous le jugez à propos.[20] Je prendrai la liberté, Samedi même, de vous remercier de cette preuve extraordinaire de bienveillance, et de vous dire combien je serai toujours reconnaissant du service que votre puissante et heureuse parole m'aura rendu dans une circonstance, pour moi si importante.

Je prends aussi la liberté de joindre à cette prière l'expression respectueuse des vœux que mon admiration et ma gratitude forment, au renouvellement de l'année, pour les jours de celui dont la vie pleine d'œuvres et de gloire, nous est à tous aussi nécessaire que chère. Puisse le Ciel ajouter de longues années à l'existence de notre révéré et illustre Maître ! Puisse-t-il couvrir de ses bénédictions, et couronner enfin cette activité si infatigable, et tout entière dévouée au progrès des saines lumières et au bien réel des hommes !

M^r de Jaucourt, à qui je n'ai pas osé cacher vos bonnes dispositions envers moi, en a été tellement touché qu'il a désiré vous en remercier à son tour.[21] Il m'a, d'ailleurs, chargé de vous prier de ne pas songer à lui répondre. Il sait combien vos moments sont précieux, et pourvû que vous n'ignoriez pas combien il apprécie votre dévoûment singulier aux moindres de vos admirateurs, il éprouvera une double satisfaction.

---

20  Bartholmèss se réfère ici à la séance de l'Académie des sciences morales et politique. Le rapport de Cousin sera publié la même année, cf. V. Cousin, « Rapport sur un ouvrage de M. Bartholmès intitulé : Jordano Bruno (1847) », dans : *Séances et travaux de l'Académie des sciences morales et politiques*, vol. 1, Paris 1847, pp. 177–180.

21  Arnail-François de Jaucourt (1757–1852) fut général, politicien et pair de France sous la Restauration. En 1838, Bartholmèss fut chargé de l'éducation des enfants de son fils adoptif, le Comte de Montigny ; de cette circonstance naquit une longue et très étroite amitié, cf. Matter, *La vie et les travaux de Bartholmess*, pp. 14–15. Ami et « ancien collègue » de Victor Cousin, le nom du Marquis de Jaucourt est souvent mentionné dans les lettres de Bartholmèss. Pendant sa vieillesse, le Marquis de Jaucourt avait déménagé à Presles (Seine-et-Marne), le lieu d'où Bartholmèss a écrit trois lettres à Cousin (en 1847 et 1851).

Pardonnez-moi, Monsieur, de vous importuner de mes demandes et de mon griffonage. Veuillez agréer avec votre bonté inépuisable mes excuses et mes remercîments, et me croire toujours

Votre bien dévoué & bien reconnaissant<br>Christian Bartholmès

ce Mardi,
5 Janvier 1847.

## Nr. 292

29, rue de la pépinière

Je viens de m'acquitter, Monsieur et illustre maître, de la mission que vous avez daigné me confier. M. Coquerel, naturellement touché d'un empressement si flatteur, m'a chargé à son tour de vous exprimer ses sentiments de déférence et d'admiration.[22] Du reste, il demeure rue Saint-Lazare, 79.

Sans le billet dont vous m'avez honoré Samedi, j'aurais été à la Sorbonne, vous remercier encore une fois du Rapport à l'Académie, dont les *Débats* ont reproduit quelques fragments la semaine dernière.[23] Devant partir demain pour la campagne et y passer peut-être quinze jours, je serai encore dans l'impossibilité de m'acquitter d'un devoir aussi doux que celui de vous remercier.

Je dois faire ce soir la connaissance de M. Carrière. Je viens de parcourir son livre, afin de mettre la conversation sur un terrain agréable au jeune professeur de Giessen. Il y a beaucoup de connaissances et un certain essor métaphysique, qui ne nuit pas trop à la clarté.[24]

Pour moi, je nage à cette heure en pleine Académie de Prusse.[25] Ce sujet a plus d'épines qu'on ne pourrait penser : puisse la manière dont j'essaie de le traiter, obtenir dans quelques mois votre sincère et inappréciable approbation.

---

22   Il s'agit très probablement du pasteur protestant Athanase Laurent Charles Coquerel (1795–1868), élu membre de l'Assemblée constituante après la révolution de 1848. Selon Matter (*ibid.*, p. 14), c'était sur présentation de Coquerel que Bartholmèss a commencé à travailler à Paris comme précepteur des enfants du Comte de Montigny.

23   *Journal des débats politiques et littéraire*, vendredi 19 mars 1847, [p. 3].

24   Moriz Philipp Carrière (1817–1895) fut un des derniers disciples de Hegel à Berlin. Bartholmèss fait ici référence à son travail sur Bruno, Boehme et la philosophie de la réforme : M. Carrière, *Die philosophische Weltanschauung der Reformationszeit in ihren Beziehungen zur Gegenwart*, Stuttgart/Tübingen 1847. Carrière lui même parlera dans la deuxième édition de son ouvrage (vol. 2, Leipzig 1887, p. 186) de son rendez-vous avec Bartholmèss à Paris : « Wir lernten uns 1847 in Paris kennen, fanden daß wir im Wesentlichen übereinstimmten, empfahlen gegenseitig unsere Arbeiten in Deutschland und Frankreich ». Carrière sera plus tard un correspondant direct de Cousin. Quatre lettres de Carrière à Cousin, envoyées de Giessen entre Mai 1847 et Novembre 1849, sont conservées dans le fonds Victor-Cousin de la Bibliothèque interuniversitaire de la Sorbonne, MS VC 221, nr. 1121–1124.

25   Ces recherches conduiront plus tard à la publication d'un ouvrage en deux volumes : Ch. Bartholmèss, *Histoire philosophique de l'Académie de Prusse depuis Leibniz jusqu'à Schelling, particulièrement sous Frédéric-le-Grand*, 2 vols, Paris 1850–1851.

En attendant, veuillez agréer, Monsieur et bienveillant protecteur, l'hommage de mon respectueux dévouement et de ma profonde gratitude.

Christian Bartholmès,

ce Lundi,
22 mars 1847.

## Nr. 293

Presles, p. Tournans,
Seine et Marne
ce 8 Juillet 47.

Monsieur et révéré maître,

Je profite d'une occasion pour Vous envoyer de la campagne un article du *Journal de Francfort*, où Mr Carrière rend compte, très rapidement il est vrai, de la situation philosophique de la France. Il a désiré que je mette ce morceau sous vos yeux.[26] Je lui ai écrit depuis, lui annonçant entr'autres choses votre voyage aux Pyrénées, et p. cons. votre absence au Congrès d'Aix-la-Chapelle. Ledit congrès, d'ailleurs, parait lui-même devoir se résoudre en une absence universelle.

J'ai été surpris, fort agréablement, par une nouvelle de Berlin ces jours derniers. L'Académie a daigné jeter les yeux sur moi, pour m'élire membre correspondant.[27] Cette distinction je l'avoue, me touche beaucoup ; non pas seulement parce que je n'ai rien tenté pour l'obtenir, mais parce que l'Académie « a voulu rendre hommage aux beaux travaux d'histoire philosophique, que la nouvelle philosophie française a produits dans les dernières années » ... C'est donc, à vrai dire, un hommage qui s'adresse à notre Maître illustre, qui depuis quinze ans siège dans cette Académie comme associé étranger.

J'ai suivi avec bien de l'intérêt, Monsieur, les discussions relatives à la loi médicale. J'eusse désiré que vous pussiez, après avoir déployé tant de talent & de verve dans les semaines passées, réaliser enfin le projet qui doit vous conduire à Cauterets.

Mais voici une nouvelle & plus triste raison d'ajourner encore une cure dont vous me paraissiez avoir grand besoin ! ...

---

26 Au sujet de l'article de Carrière sur la philosophie française, voir aussi la lettre que Carrière envoie à Cousin le 9 novembre 1847, Bibliothèque interuniversitaire de la Sorbonne, MS VC 221, n. 1122, ff. 2–3 : « Ich habe [...] einen Aufsatz über Sie und Ihre Stellung in Frankreich unter Anknüpfung an Ihre Vorrede zu Pascal geschrieben, und einen Abdruck dann an Barthomess gesandt, der Ihnen solchen mittheilen sollte, aber damals verreist war ».

27 Bartholmèss fut élu membre correspondant de l'Académie des sciences de Berlin le 10 juin 1847 sur la proposition de son secrétaire perpétuel, le célèbre philologue August Böckh. Voir à ce propos R. Jaquel, « Le philosophe Christian Bartholmèss (1815–1856), spécialiste en France au milieu du XIXe siècle de la pensée allemande, et sa conception de la liberté », dans : *Le concept de la liberté de 1815 à 1914 dans l'espace rhénan supérieur : actes du colloque international*, Mulhouse 1976, pp. 123–139, en particulier pp. 138–139.

Peut-être ce procès déplorable sera-t-il cause que la semaine prochaine j'aurai le bonheur de recevoir de vous-même des nouvelles de votre santé, et de vous exprimer, Monsieur, combien j'attache de prix à me dire

Votre reconnaissant serviteur<br>Christian Bartholmès

Mr de Jaucourt, ayant appris que j'avais l'honneur de vous écrire, vous offre avec empressement ses compliments affectueux, et vous plaint beaucoup de vous acquitter si consciencieusement de vos devoirs de pair.

Nr. 294

Presles, près Tournans (Seine et Marne)<br>ce 12 février 1851.

Monsieur et maître illustre,

M$^r$ Vergé vient de me mander que Vous avez eu la bonté de dire quelques mots, à l'Académie des Sciences morales, en faveur de mon dernier livre. Je m'empresse de vous remercier d'une preuve de bienveillance, que je n'avais pas osé vous demander, mais dont je suis bien touché & bien reconnaissant. L'état de santé où se trouve M$^r$ de Jaucourt est l'unique obstacle qui m'empêche d'aller vous remercier en personne & sur le champ. Je voudrais vous exprimer aussi combien j'ai été charmé des paroles, si pleines d'encouragement et d'indulgence, que vous avez bien voulu m'adresser, il y a dix jours, à la Sorbonne. Je ne les oublierai jamais, et tâcherai de m'en rendre digne. Je vais commencer par suivre vos conseils, relativement aux Concours de l'Académie. Peut-être aurez-vous, à mon prochain retour à Paris, la complaisance de relire les programmes avec moi ? Vos précieuses directions me seraient d'un puissant secours.

Agréez, encore une fois, Monsieur, avec l'hommage d'une vive admiration, l'expression de ma gratitude respectueuse.

Christian Bartholmès

M$^r$ de Jaucourt me charge de ses respectueuses amitiés pour vous, et m'estime heureux d'avoir obtenu de vous cette nouvelle marque de protection affectueuse.

Nr. 295

         Presles, près Tournans (Seine & Marne)
              ce 2 Juin 51.

Monsieur et vénéré Maître,

Me permettez-vous de revenir encore une fois sur ma défunte *Histoire de l'Académie de Prusse* ? Un de vos illustrés Confrères de l'Ac. française vient de m'apprendre qu'il en a été question la semaine passés, et que la discussion sera terminée jeudi, je crois, par un vote décisif. Plusieurs objections ont été présentées, non contre le mérite interne de la docte élucubration, mais contre l'opportunité du prix que la Commission du Concours réclame pour elle.

 La Commission insiste, avec raison, – et je penche fortement vers son avis, – sur la nécessité de produire et de soutenir des ouvrages inspirés par la bonne philosophie, dans un moment où la mauvaise spéculation lève partout sa chauve tête avec une audace des plus comiques. La Commission pense que la cause du *spiritualisme* est aussi celle des *bonnes mœurs* ; et qu'un livre où le matérialisme des La Mettrie & des d'Argens, l'idéalisme sans idée & sans idéal de la postérité de Hegel et de Schelling, le mystique et pesant sensualisme de la moderne idéologie du Nord, sont tour à tour réfutés, opposés entr'eux, et mis à la portée de tout lecteur un peu cultivé ; qu'un livre, placé d'ailleurs sous la protection du pur nom de Leibniz, et consacré également à raconter l'histoire intellectuelle d'une colonie française, d'une fille de l'esprit français, ne s'éloigne pas des conditions du Concours, s'il ne les remplit pas directement : que ce livre, enfin, est indirectement, si l'on veut, mais évidemment *utile aux mœurs*.

 Voilà les raisons principales, avancées spécialement par MM. Flourens, S<sup>te</sup> Beuve et Villemain. Ces Messieurs, toutefois, n'ayant pas réussi à porter la persuasion chez tous leurs auditeurs, m'ont conseillé de solliciter votre appui. Ils sont convaincus que le poids de votre suffrage, que l'autorité de votre parole, que la protection du chef du spiritualisme français, et hélas ! du spiritualisme européen, sera plus puissante que toutes leurs réflexions, si ingénieuses et si solides qu'elles aient pu paraitre.

 Après ce long exposé, me permettez-vous d'ajouter un seul mot encore ? Votre ancien collègue et ami, et l'un de vos plus sincères admirateurs, M. de Jaucourt, se joint à moi pour solliciter ce nouveau service de votre complaisance et de votre intérêt.

J'espère que votre précieuse santé ne mettra point obstacle à l'aimable impulsion d'un cœur dont j'ai si souvent éprouvé les mouvements généreux, et que je pourrai bientôt vous aller exprimer ma reconnaissance, et mon respectueux dévouement.

Christian Bartholmès

## Nr. 296

Monsieur et Maître illustre,

Le fils de mon prédécesseur, M. Willm, licencié-en-droit, désirerait vous présenter ses devoirs, et me demande deux mots d'introduction.[28]

Son nom et le mérite de son père, voilà deux mots qui étaient, je crois, suffisants pour lui procurer l'honneur de vous entretenir quelques instants.

Je n'ai pourtant pas hésité à répondre à sa demande, et je saisis avec empressement l'occasion qu'elle m'offre de me rappeler à votre bienveillant souvenir, et de vous remercier des heures exquises que vous m'avez permis de passer dans votre société, il y a trois mois.

Nous attendons avec une juste impatience, mes jeunes auditeurs et moi, le moment où paraîtra l'édition scolaire de votre bel ouvrage *Du Vrai*, etc., dont je viens de savourer, avec autant de fruit que de plaisir, la seconde édition, et toutes ces additions précieuses dont vous l'avez enrichie en si peu de temps.[29] Le nouveau morceau, consacré à l'art français, me remplit d'étonnement et d'admiration tour à tour. Que de choses curieuses vous avez su faire et voir, durant ce court séjour en Angleterre ! Quel sentiment profond et vif, quel goût sûr et noble, ces pages si riches et si sobres à la fois décèlent en tout ce qui regarde la beauté, les divers genres d'expression esthétique, et la peinture en particulier !

Des qualités, des attraits semblables, et pourtant différents, distinguent la charmante et instructive Notice sur la Marquise de Sablé, dont votre éloquente et infatigable érudition vient d'étrenner les lecteurs reconnaissants de la *Revue des Deux Mondes*, parmi lesquels je vous prie de vouloir bien me compter.[30]

Cette rapide succession de travaux variés me fait espérer que votre santé saura résister aux rigueurs de ce rude hiver, et continuera d'y opposer les solides ressources de cette maturité si vigoureuse et si puissante, dont l'exemple est difficile à suivre pour de plus jeunes et de plus robustes. Je m'estimerai heureux, si, la publication du livre que j'ai sous presse m'amenant à Paris, je puis

---

28 En 1853, Bartholmèss avait succédé à Joseph Willm comme professeur au séminaire de théologie de Strasbourg. Un mois après, le 11 février 1854, il le remplacera aussi comme correspondant de la section de philosophie à l'Académie des sciences morales et politiques. Voir à ce propos la lettre suivante.

29 Cf. V. Cousin, *Du vrai, du beau et du bien*, 2e édition augmentée d'un appendice sur l'art français, Paris 1854.

30 Cf. id., « La marquise de Sablé et les salons littéraires au XVIIe siècle », *Revue des deux mondes*, 1er janvier 1854, pp. 5–36 ; 1er février 1854, pp. 433–472 ; 1er mars 1854, pp. 865–893 ; 1er avril 1854, pp. 5–36. Voir aussi id., *Madame de Sablé : études sur les femmes illustres et la société du XVIIe siècle*, Paris 1854.

avant Pâques avoir l'honneur d'aller demander de vos nouvelles à la Sorbonne même.

Veuillez, Monsieur et protecteur indulgent, agréer avec la bonté dont vous m'avez donné plus d'une marque l'hommage du profond respect de

Votre dévoué & reconnaissant<br>Christian Bartholmès

Strasbourg,
ce 9 Janvier 1854.

Nr. 297

Monsieur et Maître illustre,

Permettez que j'adresse mes premiers remercîments à l'éminent & bienveillant Rapporteur de la Section de philosophie. Je sens vivement tout ce que je dois à Votre indulgente protection, et je suis pénétré de la douce conviction qu'elle seule est cause de l'honneur que l'Académie a daigné me faire.[31] Je m'estime heureux d'avoir de telles obligations à l'homme supérieur, pour qui j'éprouve, depuis longues années, autant d'admiration que de respect affectueux et de dévoûment.

Veuillez agréer, Monsieur, avec la bienveillance dont je viens de recevoir une marque si éclatante, l'expression si incomplète de ma gratitude profonde. Dans quelques semaines, j'essayerai de vous en assurer de vive voix, me considérant plus que jamais comme

Votre<br>
bien dévoué et bien reconnaissant débiteur<br>
Christian Bartholmès

Strasbourg
13/II 54.

---

[31] Bartholmèss se réfère à son élection comme correspondant de la section de philosophie à l'Académie des sciences morales et politiques.

## Nr. 298

29, rue de la pépinière

Monsieur,

Avant de retourner à Strasbourg, je prends la liberté de Vous adresser une question que j'oubliai de Vous soumettre, lorsque j'eus l'honneur de Vous voir chez Vous.

Je me suis chargé, il y a quelque temps déjà, d'appeler l'attention des lecteurs de la *Revue chrétienne* sur Vos dernières publications philosophiques, sur les *Premiers Essais* et sur la *Philosophie sensualiste*.[31] Je me serais acquitté de ma promesse, en ce moment, si une névralgie de plusieurs mois me permettait de travailler plus d'une heure par jour. À la veille de rédiger mes notes, je désirerais savoir s'il y a quelque point qui Vous semble devoir être signalé particulièrement.

La *Revue chrétienne* n'est pas très répandue en France, mais elle compte grand nombre d'abonnés en Hollande & en Suisse, en Angleterre & en Amérique. C'est donc à ce public étranger qu'il faudra surtout songer.

Si vous n'avez pas d'ordre spécial à me donner, à ce sujet, ne veuillez pas, je Vous prie, prendre la peine de me répondre.

Mais veuillez être persuadé, Monsieur, que je m'affirmerai toujours heureux de trouver une occasion de Vous témoigner les sentiments d'admiration & de reconnaissance

de Votre dévoué & obligé
Christian Bartholmès

Je sais que Vous ne manquez pas d'appréciateurs très compétents en Angleterre & aux États-Unis. Il y a cependant à Harrow-on-Hill, près Londres, un de mes amis, rédacteur du *Quarterly Review* et d'autres recueils anglais et américains, Gustave Masson, qui serait capable et charmé de rendre hommage à Vos beaux ouvrages.

Un autre de nos correspondants, Maurice Carrière, aujourd'hui à Munich et gendre de Liebig, se met à Vos ordres dans la *Gazette univ. d'Augsbourg*.

Je me permets d'ajouter que je serais obligé de quitter Paris à la fin de la semaine.

ce 20 Avril 56

---

31 Cf. V. Cousin, *Premiers essais de philosophie*, 3e édition revue et corrigée, Paris 1855 ; id., *Philosophie sensualiste au dix-huitième siècle*, 3e édition revue et corrigée, Paris 1856.

CHAPITRE 10

# Les lettres de Charles Waddington à Victor Cousin (1844–1863)

*Dominique Couzinet*
Université Paris 1 Panthéon-Sorbonne, ISJPS

Je vis M. Cousin chez lui, pour la première fois en septembre 1843, à la suite d'un concours d'agrégation qu'il présidait et où il avait distingué son futur secrétaire. Lui-même m'avait fait prévenir qu'il désirait me voir. J'éprouvais quelque émotion aux approches de cette première entrevue avec le membre du Conseil royal de l'Instruction publique, qui avait la direction de l'enseignement philosophique en France, et de qui allait dépendre mon avenir universitaire. Quant au philosophe, je le connaissais par la lecture et l'étude de plusieurs de ses ouvrages et par les leçons de mes deux premiers maîtres, MM. Vacherot et Jules Simon, qui étaient alors ses fidèles disciples. Le passage de ces deux éminents professeurs dans la chaire de philosophie du collège royal de Versailles, où ils se succédèrent pendant la même année scolaire 1837–1838, avait déterminé ma vocation.[1]

∴

Ainsi débutent les « confidences [du] jeune agrégé de philosophie »,[2] ancien élève de l'École normale (1838–1841), puis professeur de philosophie au collège royal de Moulins (1841–1843), recruté par Victor Cousin pendant « l'année scolaire 1843–44 qu'[il] pass[a] tout entière avec lui ».[3] Il s'agissait d'un travail à plein temps, dimanches compris, où le secrétaire partageait l'intimité du maître, au plus près de « sa manière de composer et d'écrire » ; Waddington le décrit « d'après les récits de [s]es devanciers et de [s]es successeurs »[4] et

---

[1] Ch. Waddington, « Un grand homme et son secrétaire », *Séances et travaux de l'Académie des sciences morales et politiques*, compte rendu 70 (1908), pp. 1–31, ici p. 2.
[2] *Ibid.*
[3] *Ibid.*, p. 19.
[4] *Ibid.*, pp. 10–11. Il s'agit de Bersot, Vapereau, Barni et Janet.

en premier lieu d'après ses souvenirs personnels. Paul Dubois qui dit de Cousin : « Pendant cinquante ans, je l'ai suivi pas à pas, toujours observé, sans être jamais disciple »,[5] en donne une vision assez critique :

> Il n'était pas donné à M. Cousin de voir la vérité et de s'y tenir. Son imagination enflammée, partant d'un fait ou d'une idée qui la frappait, poussait immédiatement à l'extrémité ; d'autant plus qu'à vrai dire, il n'a jamais travaillé ni médité seul. Son esprit languissait à l'étude et à la méditation solitaire ; il lui fallait, pour le féconder, une oreille et un regard étrangers [...].[6]

La fascination durable qu'a exercée Cousin sur Waddington a sans doute largement résidé dans le sentiment de participer à l'œuvre créatrice ; elle se doublait d'une contrainte dont Waddington ne s'est affranchi qu'après la mort de Cousin.[7] La correspondance qu'il entame avec le maître dès le début de l'année scolaire suivante (1844–1845), depuis Bourges, et qu'il reprend entre 1857 et 1863, depuis Strasbourg, témoigne des rapports que Cousin entretenait avec la seconde génération de ses disciples.

Nous reproduisons ici quinze lettres de Waddington à Cousin issues du fonds Victor-Cousin, constitué par la bibliothèque et les papiers qu'il a légués à l'université de Paris en 1863, conservé à la Bibliothèque Interuniversitaire de la Sorbonne.[8] On ne dispose pas des lettres de Cousin. Les cinq premières lettres s'étendent sur une année scolaire (la première est datée du 15 novembre 1844, la dernière du 12 juillet 1845). Waddington écrit à Cousin depuis Bourges, où il rédige ses thèses sous sa direction, tout en exerçant la fonction de professeur de philosophie au collège royal de la ville. Elles témoignent de la nature de la mission des jeunes normaliens agrégés envoyés dans les lycées de province,[9]

---

5  P. Dubois, *Cousin, Jouffroy, Damiron. Souvenirs*, publiés avec une introduction par Adolphe Lair et suivis d'un appendice par M. Waddington, Membre de l'Institut, Paris 1902, p. xxix.

6  *Ibid.*, p. 95.

7  Voir J. Simon, *Victor Cousin*, Paris 1887, p. 117 : « Comment les professeurs auraient-ils été libres sous un chef qui avait été leur maître à l'École normale et leur juge à l'agrégation, qui était renseigné sur toutes leurs paroles, qui lisait tous leurs écrits, qui était investi des droits les plus absolus sur toute leur carrière ? Et lui-même, comment aurait-il pu être libéral dans la position où il se trouvait ? »

8  Quinze lettres de Charles Waddington-Kastus à Victor Cousin, 1844–1863, cote MSVC 252 / 5210–5224. Numérisation disponible en ligne sur le site NuBIS.

9  Voir J. Pommier, « Victor Cousin et ses élèves vers 1840 », *Revue d'histoire et de philosophie religieuses*, 11e année, 4–5, juillet–octobre 1931, pp. 386–408, ici p. 399 : « Que devenaient, en effet, ses disciples, ceux qu'il avait coutume d'appeler "son régiment", lorsque, munis du plan de campagne de leur colonel, ils arrivaient sur le terrain ? [Pommier cite ici une lettre de Bersot à Cousin]. Et de fait, ils étaient en butte aux préventions, aux soupçons, à l'animadversion des catholiques, qui s'inquiétaient fort de voir ces jeunes lieutenants quitter Paris et l'École normale, [...] et se répandre à travers la France ».

du militantisme philosophique et cousinien de Waddington et du pouvoir qu'exerçait Cousin sur les carrières. Elles constituent un témoignage précieux sur les conditions de rédaction des thèses de philosophie, en particulier, dans le cas de Waddington, de sa thèse sur Ramus.[10]

La correspondance s'interrompt au retour de Waddington à Paris, pour devenir maître-surveillant à l'École normale (1845). Il sera successivement suppléant de Jules Simon à l'École normale (1848) et d'Émile Saisset au Lycée Napoléon (1849), puis professeur suppléant de philosophie au lycée Louis-le-Grand (1852–1856) et chargé d'un cours complémentaire à la Faculté des lettres de Paris (1850–1856). Elle reprend douze ans plus tard, lorsque Waddington s'installe à Strasbourg comme professeur de philosophie au séminaire de la confession d'Augsbourg, en 1857, sur le poste laissé vacant par le décès de Bartholmèss.

Les dix lettres suivantes s'étendent sur sept ans (la première est datée du 28 janvier 1857, la dernière du 23 juin 1863). Waddington rend compte à Cousin de « la vie philosophique dans la capitale de l'Alsace » et de sa pratique pédagogique de la philosophie ; il multiplie surtout les démarches pour obtenir le patronage de Cousin auprès de l'Académie des sciences morales dont il brigue un titre de correspondant de la section de philosophie. Mais ses *Essais de logique*, élément principal du dossier, suscitent les foudres du maître et une défense circonstanciée de la part de Waddington.[11] Les « petites étrennes philosophiques » épistolaires et livresques qu'il persiste à lui adresser régulièrement depuis Strasbourg finiront par avoir raison de Cousin : les *Essais de logique* et le *Discours sur l'idée de Dieu* lui vaudront le titre de correspondant à l'Académie, en 1863. La correspondance s'arrête avec le retour de Waddington à Paris, où il devient professeur de philosophie au Lycée Saint-Louis (1864–1871). Cousin mourra quatre ans plus tard, le 14 janvier 1867. Le 15 août 1901, à la demande d'Adolphe Lair, Waddington délivrera à Cousin une sorte de certificat de christianisme, en rapportant sa dernière entrevue avec lui et le récit testamentaire de Cousin sur ses « convictions en matière religieuse »,[12] dans une ultime mise en scène qui n'a rien à envier à celles auxquelles il se livrait jadis devant son jeune secrétaire.[13]

∴

---

10   Voir dans ce volume D. Couzinet, « Charles Waddington : de la thèse sur Ramus aux discours sur la philosophie de la Renaissance », *supra*, pp. 61–101.
11   *Ibid.*, pp. 77–79.
12   Ch. Waddington, « Appendice », dans : Dubois, *Cousin, Jouffroy, Damiron*, pp. 237–242, ici p. 239.
13   *Ibid.*, pp. 238–239 : « La religion chrétienne, avec tous les problèmes qui s'y rapportent, fut le principal sujet de notre dernier et très long entretien dans son appartement de la Sorbonne, au mois de décembre 1865, avant son départ pour Cannes, où il mourut le mois suivant. C'était ma visite d'adieu [...] ».

Nr. 5210

Bourges, le 15 Novembre 1844.

Monsieur

Un grand mois s'est écoulé depuis que j'ai eu l'honneur de vous faire mes adieux. Je viens, selon la permission que vous avez bien voulu m'accorder, vous instruire de ma situation et de mon travail. J'espère que cette lettre vous trouvera mieux portant que vous ne l'étiez à mon départ.

Depuis mon arrivée à Bourges, je me suis efforcé de mettre en pratique l'excellent conseil que vous m'aviez donné, d'observer tout sans me livrer. Mon Recteur, M. Caresme,[14] est tel que vous me l'aviez représenté : excellent homme au fond, mais qui a peur de son ombre, et qui n'a osé me recevoir ni bien ni mal. Sans être désobligeant pour moi, son accueil a été froid et embarrassé. Ce n'est pas qu'il manque tout-à-fait de hardiesse. Il n'ose pas louer, il est vrai, l'orateur qui, à la Chambre des Pairs, a si noblement défendu l'Université ;[15] mais il ose bien admirer l'écrivain qui vient de nous donner Jacqueline Pascal.[16] Et cependant l'*Univers*[17] a beaucoup de lecteurs à Bourges, et votre conclusion si sage et si modérée n'a point satisfait nos fougueux Catholiques.

Vous pensez bien, Monsieur, que je dois être un peu surveillé. Je me tiens sur mes gardes, m'efforçant d'unir la réserve à la fermeté, pour assurer mon indépendance ; et s'il plaît à Dieu, je ne vous ferai point repentir de l'intérêt que vous avez bien voulu prendre à ma nomination. Jusqu'ici du moins, ma position est bonne, et mon cours n'a point excité d'ombrages.

Mes thèses ne peuvent pas être encore très avancées ; pourtant je m'y suis mis avec ardeur : j'ai déjà dévoré le περὶ ψυχῆς et je passe ma vie entre Aristote et Ramus.

La Bibliothèque de cette ville est ne contient pas grand'chose, et j'ai peu de chances d'y rencontrer quelqu'un de ces bons vieux livres que vous m'avez appris à aimer : si je trouvais par hasard quelque rareté, je m'empresserais de vous en donner connaissance.

---

14   Joseph-Benjamin Caresme (Pont-à-Mousson 1802–1873), recteur de l'Académie de Bourges (1841–1846). J.-F. Condette (éd.), *Les Recteurs d'académie en France de 1808 à 1940*, vol. 2 : *Dictionnaire biographique*, Paris 2006 (Histoire biographique de l'enseignement, 12), pp. 100–101.
15   V. Cousin, *Défense de l'université et de la philosophie. Discours prononcés à la chambre des pairs dans les séances des 21 et 29 avril, des 2, 3 et 4 mai 1844*, 3ᵉ édition, Paris 1844.
16   Id., *Jacqueline Pascal*, Paris 1844.
17   Nous mettons en italiques les mots soulignés par l'auteur dans le manuscrit.

Je vous prie, Monsieur, d'excuser la longueur de ces détails. Il me semble, en vous écrivant, que je jouis encore de ce haut commerce où j'étais placé l'année dernière,[18] et que j'apprécie mieux que jamais dans cette ville morte où je suis relégué. Veuillez, Monsieur, conserver à votre ancien secrétaire un souvenir favorable. Vous savez quel est mon dévouement à la double cause de la philosophie et de l'Université, et vous ne pouvez douter de la sincérité avec laquelle je me dis,

Monsieur,

Votre très-humble<br>et très-affectionné serviteur<br>Ch. W. Kastus

P. S. Si je ne craignais d'abuser de votre bonté, je vous prierais de vouloir bien rappeler encore une fois à M. Delebecque la promesse qu'il vous avait faite, relativement au troisième quart de bourse de mon frère. Mais vous avez déjà tant fait pour cette petite affaire, que vous en devez être dégoûté. Je sais bien qu'en ce qui vous concerne, la solution m'était favorable, mais je crains d'être oublié.

---

18  Voir Waddington, « Un grand homme et son secrétaire ».

**Nr. 5211**

Bourges, le 24 Décembre 1844.

Monsieur,

Si je n'avais écouté que mon penchant, je me serais empressé de répondre sur le champ à la lettre que vous m'avez fait l'honneur de m'écrire : j'ai été retenu par la crainte de vous fatiguer de mes épitres, et sans doute j'ai trop tardé à vous remercier de ce que vous avez fait pour moi. C'est à vous seul que nous devons ce tquart de bourse que je viens d'obtenir pour mon frère. Mais surtout j'ai été touché de votre lettre elle-même et de votre précieux souvenir, et je vous prie de recevoir à ce sujet l'expression de ma vive reconnaissance.

Puisque vous avez la bonté de vous intéresser à votre ancien secrétaire, permettez-moi de prendre votre avis sur un cas qui se présente. Il est possible, à ce qu'il paraît, qu'une place de maître surveillant devienne vacante à l'Ecole Normale. M. Vacherot[19] m'a écrit pour me demander si, avec votre agrément, cette place me conviendrait. Je dois avouer qu'au point de vue de mes thèses, je ne serais pas éloigné de préférer cette position à celle que j'occupe. Mais D'un autre côté, ce changement ne pourrait-il pas nuire à mon avancement universitaire ? En somme, je ne sais trop ce que j'en dois penser, et je veux m'en remettre à votre décision. Je n'ai Quelle que soit votre opinion sur ce point, dès que je la connaîtrai, je m'y conformerai aveuglément, persuadé que votre bienveillance pour moi vous éclairera mieux rendra meilleur juge que moi-même sur de mes propres intérêts.

Je travaille toujours à mes thèses avec ardeur ; mais je regrette de n'avoir point toutes les ressources nécessaires. La Bibliothèque de cette ville est pauvre, et d'ailleurs il est difficile de s'y orienter, faute d'un catalogue. Aucun des premiers ouvrages de Ramus ne s'y rencontre ; et pourtant les deux premiers me sont indispensables. Je n'ai à ma disposition que les *Scholæ in liberales artes*[20] et le livre *De moribus veterum Gallorum* (1559) :[21] ce dernier m'est inutile. Je manque

---

19  Étienne Vacherot (1809–1897), directeur des études à l'École normale de 1838 à 1851. Il sera maître de conférences de philosophie à l'École normale (1839–1842) et professeur suppléant de Victor Cousin en histoire de la philosophie ancienne (1838 ; 1839–1851). Il a aussi fait une carrière politique. F. Huguet, B. Noguès, *Les professeurs des facultés des lettres et des sciences en France au XIXe siècle (1808–1880)*, juin 2011 [en ligne] <http://facultes19.ish-lyon.cnrs.fr/> (consulté le 16 novembre 2020).
20  Petrus Ramus, *Scholae in liberales artes*, Basileae 1578 (1ère édition 1569).
21  Petrus Ramus, *Liber de moribus veterum Gallorum*, Parisiis 1559.

aussi de documents pour éclaircir quelques points de la biographie de mon auteur, son voyage en Allemagne, par exemple.

En ce qui concerne ma thèse française, je suis moins malheureux. L'important était d'avoir le bon texte d'Aristote : j'ai l'édition de Bekker,[22] sur laquelle je travaille ; et de ce côté-là, je suis assez avancé. Mais de grands embarras m'attendent au sortir de cette lecture et de ces extraits. Les grands commentateurs, Alexandre, Averroës, Cesalpini, doivent être consultés sur la Psychologie d'Aristote, et Bourges ne contient pas, je crois, une ligne d'un de ces auteurs. Malgré ces obstacles, je pousserai toujours en avant, et il n'est pas impossible que j'aie terminé l'ébauche de ma thèse française à Pâques, c'est-à-dire vers la fin du mois de mars.

Les amis de la philosophie sont en très-petit nombre dans le Berry. Je ne vois guère que M. L'avocat-général Louis Raynal[23] à qui l'on puisse donner ce titre. Après lui, il ne reste que le corps des professeurs, où l'on trouve de bons principes, ou plutôt encore de bonnes semences. Mon collègue de rhétorique paraît dévoué à la philosophie, ainsi que le professeur d'histoire, M. Lalande,[24] qui a eu l'honneur de vous être attaché pendant quelques jours, il y a déjà longtemps, et qui se souvient de vous avec reconnaissance. En toute occasion, je tâche de gagner des amis à la philosophie, et j'espère que mes efforts produiront quelque bon résultat.

J'attends avec impatience l'importante publication que vous préparez, et vous pouvez bien croire que je lirai avec avidité tout ce qui sortira de votre plume. Vous m'avez donné si je ne me trompe, un sens qui me manquait, le sentiment et le besoin du beau : je ne prends plus de goût qu'aux belles choses dites en beau langage.

Excusez, je vous prie, Monsieur, tout ce bavardage dont je vous ennuie, et ne l'attribuez qu'au désir bien naturel de vous exprimer sous toutes les formes la reconnaissance que je vous dois, et le dévouement sincère avec lequel j'ai l'honneur d'être,

Monsieur,\
Votre très-humble et très-affectueux serviteur\
Ch. W.-Kastus

---

22  *Aristoteles graece ex recognitione Immanuelis Bekkeri*, dans : *Aristotelis opera*, éd. Academia Regia Borussica, Berlin 1831–1870, vol. I–II, 1831.

23  Louis-Hector Chaudru de Raynal (1805–1902), magistrat, historien, avocat général à Bourges, avocat général à la Cour de cassation, auteur d'une *Histoire du Berry depuis les temps anciens jusqu'à 1789* (1844) et d'études sur Shakespeare et Bacon, ainsi que sur les traités antiques d'agriculture, entre autres.

24  Lalande, professeur d'histoire au collège royal de Bourges (chargé de cours).

Nr. 5212

Bourges, le 4 Janvier 1845.

Monsieur

Je viens d'écrire à M. Vacherot pour lui annoncer que je ne pouvais accepter la place qu'il me proposait à l'Ecole Normale. Je pense que je me suis en cela conformé à votre sentiment. Je vous suis bien reconnaissant de l'intérêt que vous continuez de me porter, et je m'efforcerai toujours de m'en montrer digne.

La nouvelle année qui commence me fournit une occasion de vous présenter mes vœux pour la conservation de votre santé, si précieuse pour l'Université et la philosophie. Puisse cette campagne législative être marquée par un de ces nobles discours qui l'année dernière vous ont assuré une si belle popularité !

L'article que vous avez fait paraître le 15 décembre dernier[25] a causé ici une vive impression. J'ai réuni chez moi les douze professeurs du Collège royal, pour leur en faire la lecture, et ainsi s'est trouvée inaugurée une sorte de Conférence philosophique et littéraire qui servira peut-être à répandre et à maintenir parmi nous les saines doctrines. Je dois dire que lorsque j'en ai fait la proposition à mes collègues, j'ai rencontré leur assentiment unanime. Pour en revenir à votre morceau sur Pascal, la lecture en a été accueillie avec enthousiasme ; et je ne sais si je me trompe, mais sans parler de l'élévation habituelle de vos pensées, jamais je n'avais été aussi frappé de la force de votre dialectique.

J'espère, Monsieur, que mes efforts pour propager l'amour de la philosophie ne vous seront point désagréables, et qu'à ce signe vous reconnaîtrez votre ancien secrétaire.

Malgré le défaut de ressources dont je me plains toujours, le travail de mes thèses avance, et je pense que je pourrai dans un mois vous en donner de bonnes nouvelles.

Veuillez agréer, Monsieur, l'expression de ma reconnaissance pour vos bontés et l'assurance de mon respectueux attachement.

J'ai l'honneur d'être, Monsieur,

Votre très-affectionné<br>serviteur<br>Ch. W. Kastus

---

25  V. Cousin, « Du scepticisme de Pascal », *Revue des deux mondes*, 15 décembre 1844, pp. 1012–1033.

Nr. 5213

Bourges, 10 Janvier 1845.

Monsieur

Je reçois à l'instant une nouvelle lettre de M. Vacherot, à laquelle je ne puis répondre, sans prendre avant tout votre avis, qui est pour moi la ~~d~~première autorité. M. Vacherot m'assure que vous n'êtes point opposé à son projet sur moi. Je dois avouer que je ne suis pas encore tranquille. La place que l'on m'offre à l'Ecole, et que je n'avais ni demandée ni désirée, me ferait quitter l'enseignement de la philosophie, auquel je tiens par dessus tout. Je sais bien que ce ne serait pas pour toujours ; mais, pour descendre ainsi de la position où vous m'avez placé, il ne me suffit pas de penser que vous n'y êtes pas contraire ; j'ai besoin de croire que c'est bien votre avis, et que je fais en cela une chose qui ne vous est nullement désagréable.

Quel que puisse être mon désir d'être utile à l'Ecole, dans la mesure de mes forces, je me garderai bien de consentir au changement dont il s'agit, avant d'avoir votre agrément.

Si vous pensez que je doive accepter, comme on me presse de donner une réponse, j'oserai vous prier de la donner vous-même pour moi à M. Dubois[26] ou à M. Vacherot.

Excusez, je vous prie, toutes ces importunités ; ce n'est pas moi qui ai le premier éveillé cette affaire, et vous pouvez comprendre combien je tiens à me conserver dans votre bienveillance.

J'ai l'honneur d'être avec zèle,
Monsieur,

Votre très-affectionné serviteur
Ch. W. Kastus

---

[26] Paul-François Dubois (1793–1874), agrégé, normalien, fondateur du *Globe*, a été député libéral de Nantes, membre du Conseil supérieur de l'Instruction Publique ; il est alors directeur de l'École normale (1840–1850). Cf. Huguet, Noguès, *Les professeurs des facultés des lettres*; A. Lair, « Introduction », dans : Dubois, *Cousin, Jouffroy, Damiron. Souvenirs*, p. vii. Lair édite « l'étude de la philosophie spiritualiste au siècle dernier » laissée inachevée par Dubois.

Nr. 5214

Bourges, le 12 juillet 1845.

Monsieur,

Je m'étais promis de ne point vous déranger inutilement, et de ne vous écrire que lorsque j'aurais quelque chose à vous annoncer. Voilà pourquoi j'ai laissé passer trois mois sans donner signe de vie. Malgré tous mes efforts, je viens seulement de terminer ma thèse latine, celle qui a pour objet la vie et la philosophie de Ramus. C'est à celle-là en effet que je me suis ~~surtout~~ le plus appliqué, la faisant pour ainsi dire sous vos auspices : car c'est vous qui m'en aviez ~~don~~ indiqué le sujet, et vous m'avez ~~prêté les~~ aidé de vos conseils et de vos livres. Aussi ne m'y suis-je pas épargné ; je crois avoir fait tout ce qu'il m'était possible de faire, avec les ressources de Bourges. En fouillant 17 mille volumes dont le Catalogue n'existe pas, je suis parvenu à trouver le premier ouvrage de Ramus (*Dialecticæ partitiones, 1543*) [date soulignée deux fois],[27] et peut-être même ai-je fait non seulement la trouvaille d'un livre rare, mais la découverte d'une édition en général ignorée ; mais c'est un point que je ne pourrai décider qu'à Paris, lorsque je serai à portée de prendre vos avis et de consulter la Bibliothèque Royale. – Je n'ai pas trouvé ici une ligne de Jacques Charpentier ;[28] c'est, je crois, la seule grave lacune que j'aurai à réparer aux vacances dans ma thèse latine.

Quant à la Psychologie d'Aristote, bien qu'elle soit moins avancée, j'espère toujours que je l'aurai mise complètement sur le papier à l'époque des vacances, sauf à la retoucher. Jusqu'ici donc, Monsieur, je crois avoir été fidèle à l'engagement que j'avais en quelque sorte pris devant vous, de vous apporter au mois d'Aout deux thèses qu'il me serait permis de revoir et de compléter pendant le mois de septembre. Peut-être verrez-vous avec quelque plaisir que ceux qui ont eu l'honneur de vous approcher ne perdent pas aisément les excellentes habitudes de travail que vous leur communiquez, parce que vous-même les possédez au plus haut degré. Puissent du moins mes grossières ébauches, composées un peu à la hâte, ne pas vous déplaire entièrement !

---

27  Petrus Ramus, *Dialecticæ partitiones*, Parisiis 1543. Contrairement aux deux ouvrages précédents cités par Waddington, celui-ci ne figure plus au catalogue de la Bibliothèque patrimoniale de Bourges.
28  Voir en particulier Jacobus Carpentarius, *Animadversiones in libros tres Dialecticarum institutionum Petri Rami*, Parisiis 1555.

Quoique toujours enfoncé dans mes livres, je n'ai pu rester étranger à la vive polémique engagée par vous à la Chambre des Pairs, et continuée par Monsieur Thiers à la Chambre des députés, au sujet des Jésuites, ces implacables ennemis de l'Université et de la philosophie.[29] Mais l'Université est bien froide aujourd'hui, et les philosophes n'ont plus de zèle pour leur propre cause. Quant à ceux qui ont le zèle, il leur manque le talent et l'autorité nécessaire pour concourir utilement au but que vous poursuivez : ils ne peuvent que faire des vœux et applaudir.

Mon cours est terminé. Déjà M. l'inspecteur-général Artaud,[30] à la fin du mois d'Avril, l'avait trouvé assez avancé et m'en avait fait compliment. Je ne sais s'il y aura trouvé quelque autre mérite ; mais je puis me rendre cette justice que j'y ai mis tous mes soins, cherchant, selon vos propres paroles, à former des esprits sains et des âmes honnêtes. Ce sera le but constant de mes efforts, tant que j'aurai l'honneur d'enseigner la philosophie.

Veuillez agréer, Monsieur, l'expression de mon respectueux attachement et des vœux sincères que forme pour votre santé

Votre ancien secrétaire<br>Ch. W.-Kastus

---

29   Cousin, *Défense de l'université et de la philosophie*.
30   Nicolas Louis Marie Artaud (1794–1861). Normalien, agrégé, docteur ès lettres, professeur, il est l'auteur d'ouvrages de littérature, de traductions du grec et du latin et d'ouvrages sur l'Instruction publique. Il a notamment participé au *Dictionnaire des sciences philosophiques*. Il finira sa carrière comme vice-recteur de l'Académie de Paris. À l'époque où écrit Waddington, il est inspecteur général des études depuis 1835.

Nr. 5215

Strasbourg, le 28 janvier 1857.

Monsieur et cher maître,

Je viens à la fois vous donner de mes nouvelles et vous remercier de votre bon souvenir. Mon collègue, M. Lefranc,[31] est arrivé ici à temps pour assister à ma leçon d'ouverture et m'apporter quelques bonnes paroles de votre part.

Me voici installé comme professeur de philosophie au séminaire : je sors de ma première leçon, et je m'empresse de vous en rendre compte.[32] Je l'ai faite en présence d'une centaine d'étudiants environ, qui seront mes auditeurs habituels, m'a-t-on dit, quoique la moitié seulement soit tenue de suivre mes cours. Le corps des professeurs, le Directoire, son président en tête, y assistaient : M. Delcasso,[33] M. Lefranc, le nouveau professeur de philosophie du lycée et d'autres personnes encore ont bien voulu venir m'entendre, et quoique les cours ne soient point publics, la salle était pleine. M. Matter,[34] m'a installé et présenté aux étudiants de la manière la plus flatteuse, et j'étais un peu troublé de tant d'éloges en commençant. Je me suis remis cependant, j'ai exposé le plan de mon cours, la méthode toute psychologique qui y présiderait, et j'ai indiqué quelques-unes des doctrines que j'enseignerais, et qui toutes se rattachent à ce spiritualisme chrétien dont nous nous entretenions, la dernière

---

31 Louis Mathurin Lefranc (1808–1872), chargé de cours à l'université de Strasbourg en remplacement de Janet, de 1856 à 1858. Cf. Huguet, Noguès, *Les professeurs des facultés des lettres*.

32 *Installation de M. Charles Waddington professeur de philosophie au Séminaire de la Confession d'Augsbourg, allocution de M. Matter, vice-directeur de l'administration du Séminaire, et discours d'ouverture de M. Waddington*, Paris/Strasbourg 1857.

33 Laurent Delcasso (1797–1887). Ancien élève de l'École normale (1815–1817), « admirateur passionné de M. Cousin », il a rédigé comme auditeur, avec Charles Cuvier, le cours de 1820. J. Barthélemy-Saint Hilaire, *M. Victor Cousin, sa vie et sa correspondance*, Paris 1895, vol. 1, p. 61 ; vol. 2, pp. 426–427. Depuis 1827, il a fait sa carrière à Strasbourg comme professeur au lycée puis au collège, enfin à l'Université comme suppléant de philosophie et professeur de littérature latine. Il est doyen en remplacement de Bautin de 1841 à 1855. Cf. Huguet, Noguès, *Les professeurs des facultés des lettres*.

34 Jacques Matter (1791–1864). Docteur ès lettres et docteur en théologie, il a été professeur à la faculté de théologie (1820–1828) et directeur du gymnase (1820). Inspecteur général des études, puis inspecteur général des bibliothèques, il est admis à la retraite en 1845. I. Havelange, F. Huguet, B. Lebedeff-Choppin, « Matter Jacques », dans : G. Caplat (éd.), *Les inspecteurs généraux de l'Instruction publique. Dictionnaire biographique 1802–1914*, Paris 1986 (Histoire biographique de l'enseignement, 11), pp. 499–501. Ses œuvres portent sur l'histoire de la philosophie, la pédagogie, la mystique et la théosophie.

fois que je vous vis. En résumé, quoique je sois assez mal placé pour en juger, l'impression a été bonne, soit sur le public obligé, soit sur le public bénévole, dont j'ai reçu les félicitations. Me voilà donc lancé dans un champ nouveau de travail, ~~et~~ où je m'efforcerai de me rappeler votre exemple et de suivre vos leçons et vos conseils.

J'espère pouvoir me mettre d'ici à quelques jours au volume d'*Essais de logique* que je vous ai annoncé, et que je tiens à achever cette année, s'il plaît à Dieu. J'arrangerai mon Cours de manière à ce que la préparation qu'il exigera serve aussi à la composition de ce livre, en sorte qu'il me soit facile de mener de front ces deux travaux. Je serai d'ailleurs soutenu par vos encouragements et vos conseils, mon cher maître, et j'aurai toujours devant moi, pour me stimuler par l'amour de la gloire, la perspective d'un titre de correspondant de la section de philosophie, si vous me jugez digne tôt ou tard, de l'obtenir.

Ma femme,[35] tâche, ainsi que moi, de s'habituer au séjour froid et humide de Strasbourg : elle compte sur l'été que je lui ai promis de votre part, pour la consoler de quitter Paris et ses relations les plus intimes.

Si votre santé est enfin remise de tant d'assauts, veuillez, je vous en prie, me donner cette nouvelle qui me comblera de joie. Recevez, Monsieur et cher maître, la nouvelle assurance des sentiments respectueux et dévoués que vous m'avez toujours connus.

Ch. Waddington[36]
6, rue Brûlée
à Strasbourg.

---

35    Marie Denis que Waddington a épousée le 7 décembre 1853.
36    Il signe maintenant Ch. Waddington. Kastus était le nom du second mari de sa mère.

## Nr. 5216

Strasbourg, 25 décembre 1857
11, rue Brûlée.

Monsieur et cher maître,

Je ne vous ai pas donné signe de vie, tant que les *Essais de logique*[37] étaient sous presse. Ils en sont sortis, il y a quelques heures, et *pour vous* ils paraissent aujourd'hui ; veuillez en agréer l'hommage empressé : c'est comme une gravure avant la lettre ; car le brochage ne doit commencer que demain. J'ai tenu à ce que vous eussiez ce volume le plus tôt possible et avant tout autre. Aussi bien y avez-vous les premiers droits, comme vous le reconnaîtrez en le parcourant. Puissiez-vous y retrouver la trace de vos conseils, de vos exhortations et des principes de votre philosophie !

Ce livre est entièrement consacré à la philosophie : il ne saurait donc soulever les mêmes objections ou les mêmes défiances que *Ramus*. Serait-ce trop présumer de votre bonté et de mon crédit auprès de vous que de vous prier d'en être le patron auprès de l'Académie des sciences morales, en lui offrant vous-même l'exemplaire que je lui destine ? – Ce serait pour moi un précieux encouragement, et vous savez combien j'en ai besoin. Votre approbation est à elle seule un succès. Si je l'obtiens, je vous promets un autre volume pour l'année prochaine.

Recevez, je vous prie, mon cher Monsieur, la sincère assurance de mon respectueux et inaltérable attachement

Ch. Waddington

---

37   Ch. Waddington, *Essais de logique. Leçons faites à la Sorbonne de 1850 à 1856* (1<sup>re</sup> série), Paris 1857.

Nr. 5217

> Strasbourg, le 20 janvier 1858,
> 11, rue Brûlée.

Monsieur et cher maître,

On m'apprend que vous êtes toujours souffrant, et cela ne m'explique que trop pourquoi vous n'avez pu répondre à ma lettre du 25 décembre. J'étais inquiet sur vos dispositions à mon égard et à l'égard des *Essais de logique*, et maintenant je m'inquiète de votre santé si souvent et si fort éprouvée depuis plus d'un an : car il y a plus d'un an que, prenant congé de vous pour venir ici, je vous laissais à peine remis d'une grave et douloureuse maladie. – J'avais espéré que les eaux que vous preniez lors de mon passage à Paris vous auraient entièrement rétabli ; et lorsque je vous envoyais joyeusement le fruit de mon travail de 1857, je pensais que mon volume vous trouverait en pleine santé : je m'attendais à une réponse pleine d'encouragements pour 1858 ; mais vous n'étiez pas en état de la faire !

Veuillez, je vous en prie, mon cher Monsieur, charger votre secrétaire de me donner bientôt de vos nouvelles, et de me dire si les inquiétudes que l'on me donne sur votre santé ont un fondement réel.

Vous connaissez mon dévouement à votre personne, et vous ne douterez pas du zèle sincère avec lequel je souhaite d'apprendre votre prompt et entier rétablissement. Veuillez agréer de nouveau, Monsieur et cher maître, l'assurance de mes sentiments respectueux et dévoués, en même temps que les vœux que je forme pour votre santé et votre bonheur

> Ch. Waddington

P.S. N'ayant point d'espoir du côté de l'Académie des sciences morales, j'ai cru bien faire d'envoyer mes *Essais* au Concours de l'Académie française. Puissent-ils être plus heureux que *Ramus* !

Nr. 5218

Strasbourg, le 28 janvier 1858
(11, rue Brûlée).

Monsieur et cher maître,

J'ai été doublement heureux en lisant votre lettre, d'abord, parce qu'elle me donnait de vos nouvelles et me rassurait un peu sur ce que vous appelez philosophiquement, avec Horace, votre *pituita molesta* ; puis à cause des nouvelles marques de bienveillance que vous m'y donnez, même en me grondant un peu trop fort, à mon gré.

Il m'a été pénible, par exemple, de me voir attribuer les opinions du chanoine Desgarets,[38] à propos d'une critique que je croyais avoir présentée avec tous les ménagements et toute la respectueuse sympathie que je professe et que je garderai toujours pour votre philosophie, autant que pour votre personne.[39] J'ai dû m'étonner surtout que vous ayez vu une accusation de panthéisme, là où j'assimile votre méthode à celle de Descartes, dont je ne fais certainement pas un panthéiste, et dont je ne vous sépare en cet endroit que pour proclamer un progrès manifeste dans l'analyse de l'âme humaine.[40] N'ai-je pas d'ailleurs

---

38  Nicolas Des Garets (1798–1871), prêtre du diocèse de Lyon, chanoine de la primatiale Saint-Jean et doyen du chapitre, lié aux jésuites lyonnais et au mouvement ultramontain.

39  Waddington, *Essais de logique*, essai VII : « De la méthode en psychologie », 4ᵉ partie : « Critique des méthodes reçues en psychologie » (*ibid.*, pp. 373–402), en vue de « l'avancement de la psychologie » (*ibid.*, p. 373). Waddington critique « l'imperfection et les lacunes » de la méthode cartésienne qui porte sur « un seul fait de conscience ; puis un raisonnement précipité, aventureux, hypothétique sur la nature de l'âme » (*ibid.*, p. 375). Il y oppose le démenti de Condillac et de Maine de Biran, mais poursuit : « Malgré cette triple leçon de l'histoire, on a vu le plus éminent de nos maîtres reprendre cette méthode imparfaite qui part de l'analyse, mais pour aboutir presque aussitôt à l'hypothèse » (*ibid.*). Il accorde que « M. Cousin s'est efforcé en conséquence d'analyser la vie psychologique d'une manière plus complète et plus vraie » qui concilie les théories de Descartes, Condillac et Maine de Biran, « et qui démêle dans la conscience trois éléments essentiels, l'activité, la sensation et la pensée. Mais, pour être pratiquée avec plus de largeur et d'étendue, la méthode n'en est pas moins la même : c'est toujours la nature humaine déduite immédiatement de l'analyse d'un seul fait de conscience » (*ibid.*, p. 376).

40  Le passage incriminé par Cousin semble se trouver à la suite, *ibid.*, p. 376 : « De là encore des hypothèses, ou des résultats qui ne paraissent pas établis d'une manière satisfaisante. Cette triplicité phénoménale, disait une célèbre Préface, exprime dans l'âme les trois termes de la science, le moi, le non-moi ou nature, et leur rapport ou identité absolue, qui est Dieu, Dieu triple lui-même, "c'est-à-dire à la fois, Dieu nature, humanité" [note renvoyant aux *Fragments philosophiques* (1826), Préface, pp. xxxiii–xl]. Ces conséquences et

saisi cette occasion de répéter combien l'auteur *du Vrai, du beau et du bien* avait noblement compris et interprété les plus pures et les plus saines doctrines, et que c'était dans ce livre que j'aimais à chercher sa pensée ? – Cependant, mon cher et honoré maître, la vivacité même de vos reproches m'a réjoui, si je l'ose dire, en me faisant supposer qu'il y avait encore de l'amitié dans cette impatience à supporter de ma part un désdissentiment de détail sur un point de méthode, au point d'en faire la partie *la plus importante* de mes *Essais*. Permettez-moi de penser que vos amis et vos adversaires n'en jugeront pas ainsi. Pas un de vos adversaires n'est loué dans ce tout le volume ; pas un n'aura lieu d'en être satisfait. Quant à vos vrais amis, ils y reconnaîtront l'esprit de votre philosophie et le drapeau auquel je n'ai cessé d'être fidèle, et en public et *en particulier*, sans consulter mes intérêts. Enfin, je m'assure que personne n'apercevra la moindre hostilité ni la moindre trahison à votre égard dans un livre où votre éloge se lit de la première page à la dernière, et mais surtout dans ce morceau sur *la méthode en psychologie* dont l'intention générale, les principes essentiels, le début et la conclusion vous sont empruntés, sans que j'aie nulle part dissimulé la source où je puisais. Il me semble impossible de moins abuser de la juste indépendance que vous laissez à vos disciples, et je persiste à me compter parmi eux.

Peut-être au fond n'êtes-vous pas d'un autre avis, et peut-être qu'à mon tour je m'exagère l'impression fâcheuse qui a pu effacert un moment à vos yeux tant d'autres endroits où mon adhésion s'exprime en termes si nets, si clairs et si explicites (+ *E. g.*, p. *34*, *58*, 199, 305, *334*, 413, *452*, *471*, *etc.*) [etc. souligné deux fois].[41] Il faut bien qu'après tout je sois de votre école, puisque vous consentez si

---

d'autres encore, que l'on n'a pas à examiner ici et qui d'ailleurs ne se trouvent pas dans les écrits les plus récents du même philosophe, dans ceux où l'on doit chercher sa véritable pensée, ces assertions, dis-je, ont de quoi rendre suspecte la méthode qui les a fournies ».

41 Dans toutes les pages auxquelles renvoie Waddington, il fait l'éloge de Cousin ou se réclame de lui, avec des renvois explicites en note et souvent dans le corps du texte, à l'exception d'une référence implicite, mais transparente (Waddington, *Essais de logique*, p. 334 : « Ce sera la gloire immortelle des chefs de la philosophie française de notre époque d'avoir tant insisté et avec une si puissante éloquence sur le rôle et l'importance de la psychologie ».) Le dernier renvoi est d'une nature différente des précédents, puisqu'il concerne le rapport de Cousin sur le concours d'agrégation de philosophie de 1848, publié par Waddington en appendice. Il s'en explique en note, *ibid.*, p. 471, note 1 : « En reproduisant ici ce rapport de M. Cousin, l'auteur n'a pas cédé à un mouvement puéril d'amour-propre, ni même au désir de se consoler des déboires qu'il a éprouvés dans sa carrière. Son but a été surtout de mettre sous les yeux du lecteur quelques pages où un grand écrivain a exprimé, avec éloquence et avec simplicité, les principes d'une philosophie sagement libérale ». Naturellement, Waddington ne renvoie pas à un passage où il fait l'éloge de *Du vrai, du beau et du bien*, en contrepartie d'une critique directe du sens commun cousinien (*ibid.*, p. 377).

gracieusement à ~~produire devant~~ présenter à l'Académie des sciences morales et politiques l'exemplaire qui lui est destiné, et que Mr Pingard fils[42] est chargé de vous remettre samedi prochain.

Cette lettre, qui d'abord ne devait contenir que l'expression de ma gratitude, s'est insensiblement transformée en plaidoyer, et je n'ai pourtant pas répondu à tous vos griefs contre moi. Croyez bien, je vous en prie, que ni *le calvinisme* ni *la Revue chrétienne* ne m'empêcheront de traiter en philosophe les questions philosophiques ; et ne me considérez pas, je vous en conjure, comme un cerveau malade, en proie à je ne sais quelles *agitations* frivoles et stériles. Sans être parfaitement content de certaines gens ni de certaines choses, je suis résigné, satisfait de mon sort, et l'ambition ne m'agite pas outre mesure. Je ne demande pas à être décoré, et je ne consentirai pas à l'être en écrivant dans la *Revue contemporaine*, et je saurai même, s'il le faut, n'être jamais ni correspondant d'une Académie, ni lauréat d'une autre, quoique j'aie formé ce double vœu. Je ne me suis présenté avec mes *Essais* à l'Académie française que pour avoir la chance de gagner honorablement de quoi imprimer un autre volume, mes *Etudes de psychologie* : car c'est là ce qui m'occupe presque exclusivement en dehors de mes Cours, qui continuent à me donner toute satisfaction. Je songe aussi à un Cours public, mais c'est un projet dont je vous entretiendrai plus tard. – Vous voyez, mon cher maître, que je ne suis pas si loin de pratiquer vos maximes. S'il est vrai, comme vous le dites que le travail et la paix sont le bonheur, je crois pouvoir aussi m'estimer heureux, en dépit de la grippe et des petites misères qui pourront m'atteindre encore.

Ma petite famille est aussi pour moi une source de joie et de consolation. Ma femme s'habitue peu-à-peu à Strasbourg et à ses habitants. Elle a visité *Bade* l'année dernière, suivant votre conseil, et s'en est fort bien trouvée : nous projetons d'autres excursions pour la belle saison. Sans aller bien loin, les Vosges nous offriront des distractions aussi agréables qu'utiles pour notre santé.

Adieu, mon cher Monsieur. Puissiez-vous vous maintenir longtemps en bonne santé et nous donner toujours l'exemple du travail et des belles vertus philosophiques que vous pratiquez dans votre glorieuse retraite ! Agréez, je vous prie, l'assurance de mon respectueux attachement et de mon inaltérable reconnaissance

Ch. Waddington

---

42   Antonius-Louis Pingard (1797–1885), chef du secrétariat de l'Institut national de France, fils de Jean Pingard (1757–1830), huissier à l'Institut. Son fils Julia Pingard (1829–1905) lui succèdera.

Nr. 5219

Strasbourg, le 10 décembre 1858.
11, rue Brûlée.

Monsieur et cher maître,

Permettez-moi de vous offrir, plus tard que je n'aurais voulu, le discours que j'ai prononcé le mois dernier pour la rentrée de notre Séminaire.[43] Si j'en crois certaines personnes, l'effet en a été très-grand, mais surtout, ce qui m'importait davantage, il a paru goûté de nos étudiants, chez qui le *Renanisme* (pardonnez-moi le mot) ne laisse pas que d'exercer une certaine influence. Est-ce pour cela que les uns m'ont félicité de mon courage à attaquer des écrivains presque populaires, tandis que les autres m'ont trouvé un peu sévère pour l'auteur des *Etudes* soi-disant *religieuses*,[44] et même pour l'école de M. Comte ?[45] Il est

---

[43] Ch. Waddington, *De l'idée de Dieu et de l'athéisme contemporain. Discours prononcé à la séance solennelle de rentrée du Séminaire de la Confession d'Augsbourg (ancienne académie protestante)*, Paris/Strasbourg 1858.

[44] E. Renan, *Études d'histoires religieuses*, Paris 1857. Waddington, *De l'idée de Dieu*, p. 12 : « Vivons-nous à une de ces époques, messieurs [sc. une époque « où Dieu est mis en oubli, si même il n'est audacieusement nié »] ? On serait tenté de le croire, quand on voit de jeunes écrivains, pleins de talent et d'avenir, et qui occupent déjà des positions élevées dans l'ordre intellectuel, se déclarer plus ou moins ouvertement fatalistes, matérialistes et athées. Oui, l'athéisme, empruntant cette fois le manteau d'un panthéisme de qualité assez médiocre et que Spinoza eût certainement répudié, l'athéisme reparaît de nos jours en France, et il s'appuie, comme d'ordinaire, sur un matérialisme qui se veut scientifique. C'est au nom de la science que l'on nie ou que l'on met en doute l'existence de Dieu, et ces mêmes écrivains qui hésitent à admettre le premier principe de toute vérité, de toute certitude et de toute démonstration, déployant ailleurs une assurance dont on a droit d'être surpris, proposent à leurs nombreux lecteurs, comme certaines et démontrées, les conjectures les plus hasardées de l'érudition et de la critique. Ils sont bien sûrs, par exemple, que dans tel verset de l'Ancien Testament, qui jusqu'ici offrait à tout le monde un sens simple et facile à saisir, il y a lieu de distinguer deux ou trois pensées, que dis-je, deux ou trois auteurs différents, la première ligne étant du dixième siècle, et la seconde du sixième ou du quinzième avant notre ère, et une foule d'autres choses non moins merveilleuses [...] ».

[45] Waddington, *De l'idée de Dieu*, p. 7, fait état de « philosophes qui se disent athées ou qui font entendre qu'ils le sont, et qui en même temps ont la prétention d'être religieux [...] dans notre pays et sous nos yeux. Qui de nous ne connaît, au moins de réputation, cette école d'origine assez récente qui, au nom d'une science prétendue positive, rejette toute religion, toute notion saine de la Divinité, et qui pourtant expose ses idées dans une Revue religieuse ? Réfuterai-je cette prétention ? N'est-elle pas assez bizarre pour me dispenser de tout examen ? Qu'il me suffise d'avoir signalé la contradiction choquante sur laquelle elle repose ».

vrai que je n'ai ménagé personne, et que j'ai laissé parler mon cœur. Puisse cet acte de sincérité racheter à vos yeux la faiblesse de l'œuvre elle-même ! Je sens mieux que personne combien elle est au-dessous de la grande cause que j'avais à défendre.

Veuillez donc l'accueillir avec votre indulgence accoutumée, et me tenir compte avant tout de mes intentions bien connues. Je vous envoie, suivant mon habitude, plusieurs exemplaires de cette brochure, pour le cas où les pensées qu'elle contient et dont je n'ai pas dissimulé la source (p. 8)[46] obtiendraient votre approbation, comme j'ose l'espérer.

Je saisis avec empressement, mon cher Monsieur, l'occasion qui m'est offerte de vous rappeler mon dévouement inviolable à la philosophie et à votre personne

Ch. Waddington

---

46   *Ibid.*, p. 8, note 1 : « V. Cousin, *Cours*, 2ᵉ série (édition de 1847, in-12), t. II, p. 89 et suiv. p. 206, etc. ».

Nr. 5220

Strasbourg, le 31 décembre 1859.
11, rue Brûlée.

Monsieur et cher maître,

Lorsque j'étais à Paris, je ne manquais jamais d'aller vous faire ma visite le 1er jour de l'an, et je me rappelle avec reconnaissance les conseils et les exhortations que j'entendais chez vous ce jour-là. Depuis que je suis devenu Alsacien, je n'ai pu que vous envoyer de petites étrennes philosophiques : au 1er janvier 1858, mes *Essais de logique*, le 1er janvier 1859, mon discours sur l'*Idée de Dieu*. J'avais espéré quelque temps pouvoir vous adresser pour le 1er janvier 1860, mes *Etudes de psychologie* ; mais quelque diligence que j'y apporte, je ne crois pas qu'elles soient terminées avant Pâques. Il me faut donc vous offrir autre chose, pour ne pas me présenter à vous les mains vides : je sais d'ailleurs que vous n'exigez pas l'impossible et que tout service rendu à la philosophie spiritualiste obtient vos encouragements. J'ose les solliciter aujourd'hui pour la Société philosophique qu'avec le concours de M. Matter, j'ai rétablie parmi nos étudiants en théologie. *Vingt-un* d'entre eux ont répondu à notre appel, et ont jusqu'ici donné des preuves non équivoques de zèle. C'est un véritable succès, et mon vieux collègue en est tout réjoui. Nous sommes déjà frappés des progrès accomplis par nos jeunes gens dans l'art de poser des thèses et dans celui, plus difficile, de discuter avec ordre, avec clarté et avec politesse, et nous sommes convaincus que ces exercices leur feront grand bien, sous tous les rapports.

Vous aurez ci joint un petit aperçu de nos travaux, et vous pourrez vous convaincre qu'ils marchent d'une manière satisfaisante. Les sujets sont traités alternativement de vive voix et par écrit ; ils ont été proposés, en partie par M. Matter, en partie par moi, et en partie par les étudiants, à qui nous désirons laisser le plus de liberté possible, sauf à intervenir, quand il y a lieu, pour leur donner des conseils ou des encouragements, pour diriger la discussion, et la maintenir autant que faire se peut sur le terrain de la pure philosophie.

D'un autre côté, je travaille de mon mieux mes cours ordinaires et ma conférence littéraire du jeudi, et je tâche d'avancer dans la rédaction de mes *Etudes de psychologie*, ne fût-ce que pour prêcher d'exemple à MM. Ferraz et

Grucker,[47] professeurs de philosophie au lycée et au gymnase, que j'exhorte sans cesse à terminer leurs thèses pour le doctorat.

Telles sont les nouvelles de la philosophie dans la capitale de l'Alsace. Puissent-elles vous être agréables, mon cher Monsieur, et vous faire bien augurer de la nouvelle année ! Veuillez agréer pour cette année les vœux aussi ardents que sincères que forme à votre intention votre ancien secrétaire, qui est toujours

Votre élève reconnaissant et très-affectionné
Ch. Waddington

Société philosophique
des étudiants du séminaire protestant,
dirigée par les professeurs Matter et Waddington

Séances : tous les samedis soirs, de 6 h à 8 h.

Liste des membres :

| 1 - Abry | 9 - Gangloff | 16 - Richardot |
|---|---|---|
| 2 - Bach | 10 - Kaufmann | 17 - Romane |
| 3 - Bartholomé | 11 - Krencker | 18 - Schaller |
| 4 - Becker | | |
| 5 - Belin | 12 - Kunlin | |
| 6 - Beurlin | 13 - Nessler | 19 - Wabnitz |
| 7 - Dietz | 14 - Pochard | 20 - Walther |
| 8 - Febvrel | 15 - Quièvre | 21 - Wéber |

– Liste des questions et sujets proposés par le Président ou le Vice-Président, ou par l'un des membres de la société, pour être l'objet d'un rapport oral ou d'une lecture, puis d'une discussion générale :

+ 1° Sujets déjà traités ou retenus par des membres de la Société :
Par *Krencker* : Analyse et appréciation du *2<sup>d</sup> Alcibiade*, ou de la prière (composition lue à la séance du 3 décembre)

---

47   Marin Ferraz (1820–1898), agrégé de lettres (1853), est alors professeur au lycée de Strasbourg. Il soutiendra son doctorat ès lettres en 1862 et deviendra professeur de philosophie à l'université de Lyon. Émile Édouard Grucker (1828–1904), secrétaire de Victor Cousin, professeur de philosophie au gymnase de Strasbourg, passera une agrégation de philosophie (1863) et une agrégation d'allemand (1865). Il deviendra professeur de littérature étrangère à la Faculté des lettres de Poitiers en 1871. Cf. Huguet, Noguès, *Les professeurs des facultés des lettres*.

Par *Nessler* : De la prière ; ses raisons d'être, sa légitimité, son efficacité (exposé oral, suivi d'une discussion animée et très-intéressante).
Par *Schaller* : Analyse du *Théétète* (composition lue le 17 décembre).
Par *Febvrel, secrétaire de la Société* : Du mérite moral ; origine de l'idée de mérite ; ses principales applications à la vie sociale ; sa valeur dans l'ordre religieux. (Exposé oral).
Par *Wabnitz* : De la solidarité humaine ; ses fondements, sa portée, ses limites.
   (Question à traiter par écrit).
par *Pochard* : Analyse de la conscience morale ; établir son autorité.
   (A traiter de vive voix).
par *Abry* : Etude psychologique sur la foi, le prosélytisme et l'intolérance ; une conviction forte est-elle nécessairement intolérante ?
par *Dietz* : Comparer *Locke*, l. II, ch. 1 (si l'âme pense toujours) avec *Leibnitz* sur le même point (Exposé oral).
par *Romane* : Même travail sur le chap. 20 du L. II de *Locke*
   (à traiter par écrit).
par *Kaufmann* : Appréciation des preuves de l'existence de Dieu.
par *Walther* : Peut-il y avoir une religion naturelle ?

—

   2° Sujets non encore retenus :
– Etude sur le *premier Alcibiade* de Platon.
– Analyse du 1er chapitre du L. II des *Memorabilia* de Xénophon.
– Examen des chapitres d'*Aristote* sur l'amitié dans sa Morale.
– Travail sur le traité de *Plutarque* : Comment nous pouvons reconnaître nos progrès dans la vertu.
– Comparer le *de amicitia* de Cicéron avec le *Traité de l'amitié* par de Sacy.
– De l'influence de l'imagination sur les déterminations de notre volonté.
– Qu'est-ce que *l'instinct*, opposé à *la raison* ?
– De l'âme des bêtes, d'après Descartes, Bossuet, Locke, Leibniz, Buffon et Condillac.
– Sens véritable et valeur légitime du *Je pense, donc je suis*, de Descartes.
– Analyse du dédain et du sentiment du ridicule (à propos d'un mot de M. Renan).
– La morale peut-elle être athée ?
– Examen de la doctrine contemporaine qui réduit la Divinité à n'être que l'idéal abstrait de la perfection.
– Discuter l'opinion qui veut que la religion repose essentiellement sur le désir d'être heureux, ou sur un besoin égoïste de récompenses.
– De l'immortalité de l'âme, d'après Platon (Analyse du Phédon).

**Nr. 5221**

Strasbourg, le 1ᵉʳ janvier 1861.

Monsieur et cher maître,

Vous aurez su sans doute par Mʳ Damiron[48] pourquoi vous n'avez pas encore vu le morceau de philosophie dont je vous avais annoncé l'envoi très-prochain. Le jour même de mon retour ici, j'ai été repris assez sérieusement par la maladie dont j'avais souffert pendant les vacances. Cette rechute et le traitement auquel j'ai dû me soumettre m'ont réduit à garder la chambre et à m'interdire tout travail pendant plus d'un mois. Il n'y a guère que trois semaines que j'ai commencé mes cours au Séminaire, et je n'ai guère pu jusqu'à présent m'appliquer à la composition du volume de psychologie que je prépare.[49] Cependant je me suis assuré qu'il ne me faudrait pas trop de temps pour en achever l'Introduction, sur les avantages de l'histoire de la philosophie pour la philosophie elle-même, et c'est précisément cette Introduction dont je voulais vous prier d'entendre la lecture à l'Académie. J'ai donc l'espoir de ne pas trop tarder désormais à ~~faire~~ vous envoyer cet hommage ou, si vous l'aimez mieux, ces petites étrennes philosophiques.

Permettez-moi, mon cher Monsieur, de saisir l'occasion du nouvel an pour me rappeler à votre souvenir et pour vous offrir les vœux sincères d'un disciple, j'ose même dire d'un ami, dont l'attachement déjà ancien vous est bien connu, et dont les sentiments pour vous ont été mis à l'épreuve sans jamais se démentir. L'intérêt affectueux avec lequel vous m'avez suivi dans une carrière assez pénible est toujours présent à ma mémoire, et c'est avec une vraie reconnaissance que je me dis et ne cesserai de me dire

Votre très-respectueux et très-dévoué disciple

Ch. Waddington

---

48   Jean Philibert Damiron (1794–1862), agrégé, normalien, disciple de Cousin, il a enseigné la philosophie au lycée, à l'École normale et à la Faculté des lettres de Paris. Il a fondé, avec Jouffroy, le journal *Le Globe* (1824). En 1856, il est retraité et professeur honoraire. Ch. Charle, *Les professeurs de la faculté des lettres de Paris – Dictionnaire biographique 1809–1908*, Paris (Histoire biographique de l'enseignement, 2), 1985, pp. 51–52. Voir Dubois, *Cousin, Jouffroy, Damiron*, pp. 155–236 ; F. Barancy, « Politiques de l'éclectisme en situation de crise. Damiron promoteur d'une école philosophique », dans : D. Antoine-Mahut, D. Whistler (éds), *Une arme philosophique : l'éclectisme de Victor Cousin*, Paris 2019 (Actualité des classiques), pp. 81–92.

49   Ch. Waddington, *De l'âme humaine : études de psychologie. Leçons faites à la Sorbonne de 1850 à 1856 (2ᵉ série)*, Paris 1862.

Nr. 5222

[En-tête imprimé] Séminaire de la Confession d'Augsbourg.
*Strasbourg, le* 8 mai *1863.*

Monsieur et cher Maître,

Je suis partagé depuis quelque temps entre le désir de vous remercier pour les bonnes paroles que Mr Maurial[50] m'a apportées de votre part, et la crainte de vous paraître indiscret, en faisant allusion aux espérances que, grâce à vous, il m'est permis de concevoir et qui ne sont toujours que des espérances.

Cependant il me devient chaque jour plus difficile de garder le silence. Sensible comme je dois l'être à l'estime que vous voulez bien témoigner pour mes modestes travaux, je ne suis pas non plus indifférent aux honneurs académiques par lesquels il a pu être question de récompenser mon zèle pour la philosophie et mon attachement à la cause sacrée du spiritualisme. Je ne ressens aucun mouvement d'impatience et, si vos intentions en ma faveur rencontrent des obstacles invincibles, si je ne dois pas atteindre au but où j'aspire, je saurai me consoler par la pensée que vous m'en avez jugé digne. Mais je l'avoue, je serais fort heureux de vous devoir le titre que j'ambitionne depuis bientôt sept ans, et dont la possession me serait à la fois un puissant encouragement dans mes études et un moyen certain d'agrandir ma situation de professeur et de Vice-Directeur du Séminaire.

Quoi qu'il arrive d'ailleurs, et quelle que soit la décision de la section de philosophie, puis de l'Académie elle-même, je tiens à vous exprimer dès à présent ma vive reconnaissance.

Agréez, Monsieur et cher Maître, l'hommage de mon sincère et inaltérable attachement

Ch. Waddington

---

50  Jean Émile Maurial (1814–1870), agrégé, professeur de philosophie suppléant (1858–1861), puis titulaire (1861–1870), à la Faculté des lettres de Strasbourg. Cf. Huguet, Noguès, *Les professeurs des facultés des lettres*.

Nr. 5223

Strasbourg, le 2 juin 1863.

Monsieur et cher maître

Quelques lignes de Mr Jules Simon,[51] reçues hier soir, m'avaient préparé à la nouvelle que vous voulez bien me donner, et qui m'arrive à l'instant où je me disposais à vous remercier de ce que vous avez dit et fait en ma faveur dans la Section de philosophie et à l'Académie des sciences morales et politiques. L'événement m'a prouvé que j'avais eu raison de ne vouloir aucun autre patronage que le vôtre, et que je n'avais pas compté en vain sur l'extrême bienveillance dont vous m'avez toujours honoré. Veuillez donc agréer dès à présent l'expression de ma reconnaissance.

Vous recevrez, en même temps que ces lignes, un exemplaire de mes *Essais de logique* que je mets à la poste à votre adresse.

Puisqu'il peut encore être question de mes divers titres devant l'Académie, permettez-moi de vous en rappeler deux qui résument ma situation actuelle à Strasbourg. D'une part, je suis *Secrétaire* de la *Société littéraire* qui a été fondée ici il y a environ deux ans. De l'autre, je ne suis pas professeur au *Gymnase* (qui n'est qu'un Collège), mais au Séminaire protestant, héritier de l'ancienne *Académie* ou *Université de Strasbourg*, et j'y occupe la chaire où ont enseigné successivement, après l'illustre J. Schweighauser, M.M. Willm et Bartholmèss.[52] En outre je remplis pour trois ans les fonctions de *Vice-Directeur* du Séminaire, et en cette qualité je suis le successeur, très-obscur sans doute, mais successeur enfin du *Rector magnificus* de l'Université de Strasbourg.

Pardonnez-moi de vous entretenir si longuement de ma personne et de mes petites vanités. J'en aurai une plus grande le jour où, suivant votre promesse, vous me saluerez du nom de *confrère*, – comme, il y a quinze ans bientôt, après un heureux concours, vous me donniez si gracieusement celui de collègue. Assurément ce seront là mes plus beaux jours, mes plus glorieux

---

51  Jules Simon (1814–1896), ancien élève de l'École normale (1833), agrégé de philosophie (1836), suppléant de Cousin en philosophie (1840–50), maître de conférences en philosophie (1842–1851) à l'École normale. Il sera ministre de l'Instruction publique. Cf. Huguet, Noguès, *Les professeurs des facultés des lettres*.

52  Jean Geoffroy Schweighaeuser (1776–1844), Joseph Willm (1790–1853), Christian Bartholmèss (1815–1856). Sur Bartholmèss, voir dans ce volume M. Meliadò, « Le cas Vanini et l'historiographie philosophique sur la Renaissance à l'école de Victor Cousin », pp. 127–150, et id., « Les lettres de Christian Bartholmèss à Victor Cousin (1846–1856) », pp. 201–220.

souvenirs, et c'est à vous que je les devrai ! Ai-je besoin, après cela, de vous renouveler les assurances de ma gratitude et de mon dévouement ? Je n'ai rien à vous apprendre à cet égard, vous me connaissez de longue date et vous sauriez, quand je ne vous le dirais pas, que je suis du fond du cœur

Votre très-reconnaissant et très affectionné disciple

Ch. Waddington

Nr. 5224

[En-tête imprimé] Séminaire de la Confession d'Augsbourg.
*Strasbourg, le* 23 juin *1863*.

Monsieur et cher maître,

Au moment où se réalisent mes rêves les plus ambitieux, je dois en remercier d'abord celui dont la voix et l'autorité ont été si puissantes en ma faveur, soit au sein de la Section de philosophie, soit auprès de l'Académie tout entière. Mais vous savez déjà tout ce que mon cœur renferme pour vous de profonde reconnaissance. Je ne veux donc pas vous ennuyer de vaines redites. Permettez-moi seulement de m'adresser aujourd'hui au Président de la section de philosophie et de vous prier de transmettre aux membres de cette Section l'expression toute particulière de ma gratitude pour une faveur qui, ainsi que je vous le disais naguère, ne peut que m'encourager puissamment dans mes études.

La meilleure manière de reconnaître ce que vous et vos savants confrères avez bien voulu faire pour moi, c'est de travailler et de produire quelque œuvre digne de la Compagnie qui m'accueille aujourd'hui. C'est à quoi je vais m'appliquer de toutes mes forces, et je ne serai content que lorsque mon *traité de Logique* aura obtenu votre haute approbation. La préparation en est déjà assez avancée, surtout pour la partie historique, et peut-être ne se passera-t-il pas longtemps avant que j'en puisse offrir à l'Académie un premier échantillon.

Agréez, je vous prie, cher et illustre maître, le nouvel et sincère hommage de mon respectueux attachement

Ch. Waddington

CHAPITRE 11

# Victor Cousin et la Renaissance. Annexe photographique

*Luc Courtaux*
Bibliothèque interuniversitaire de la Sorbonne

*Dominique Couzinet*
Université Paris 1 Panthéon-Sorbonne, ISJPS

*Mario Meliadò*
Universität Siegen

Les pièces présentées dans cette annexe photographique sont issues du fonds Victor-Cousin, conservé aujourd'hui à la Bibliothèque interuniversitaire de la Sorbonne (BIS) et constitué par la bibliothèque privée, les lettres et les papiers légués à l'Université de Paris par Cousin en 1863. L'annexe photographique reproduit une sélection parmi les documents qui ont fait l'objet de l'exposition « Victor Cousin et la Renaissance », réalisée par le Département des manuscrits et des livres anciens de la BIS du 17 juin au 26 juillet 2019, sous la responsabilité scientifique de Luc Courtaux, Dominique Couzinet et Mario Meliadò. L'exposition avait pour but de recomposer, à l'aide de documents tirés des archives privées de Victor Cousin, la constellation de sources philosophiques et historiographiques sur laquelle reposait le discours érudit sur la Renaissance dans la France du XIXe siècle, et en même temps de faire apparaître les réseaux personnels, intellectuels et académiques dans lesquels ce discours était développé. Elle reposait sur quatre types de documents : des lettres issues de la correspondance privée de Cousin, ses papiers de travail (notes, extraits préparatoires), des livres rares et anciens d'auteurs de la Renaissance, enfin des études historiographiques ou des éditions de textes de la Renaissance publiées en France au XIXe siècle. L'annexe photographique est divisée en cinq petites sections dont chacune est consacrée à un auteur de la Renaissance, dans l'ordre : Pierre de la Ramée (Ramus), Giordano Bruno, Tommaso Campanella, Giulio Cesare Vanini et Giambattista Vico. L'anthologie se conclut sur une gravure tirée de *L'Univers illustré* de 1868 représentant la bibliothèque de Victor Cousin qui est aussi reproduite sur la couverture de ce volume. Elle est ici accompagnée de trois descriptions différentes de la même bibliothèque, tirées de documents rares ou inédits.

## 1. Ramus

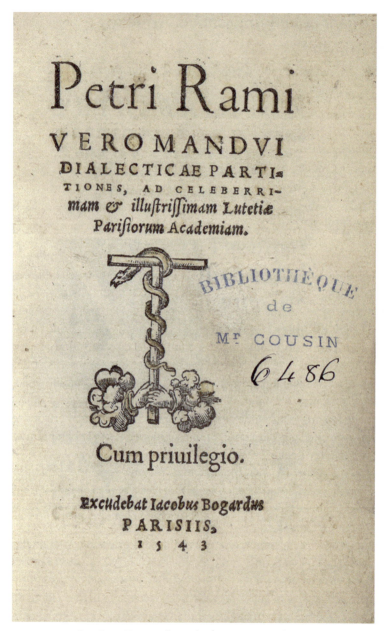

FIGURE 11.1  *Petri Rami Veromandui Dialecticæ Partitiones, ad celeberrimam et illustrissimam Lutetiæ Parisiorum Academiam*. Cum privilegio. Excudebat Iacobus Bogardus, Parisiis, 1543, in-8° parvo, fol. 85 Fonds Victor-Cousin, VCM 6= 6486

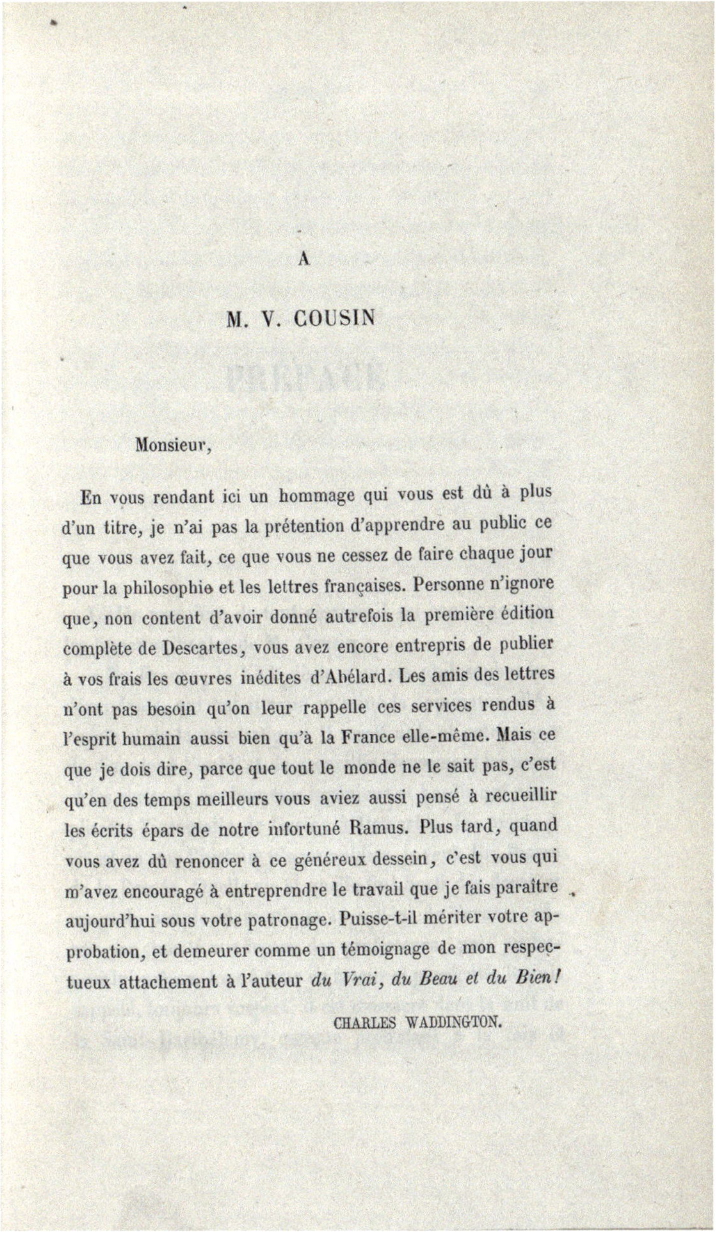

A

M. V. COUSIN

Monsieur,

En vous rendant ici un hommage qui vous est dû à plus d'un titre, je n'ai pas la prétention d'apprendre au public ce que vous avez fait, ce que vous ne cessez de faire chaque jour pour la philosophie et les lettres françaises. Personne n'ignore que, non content d'avoir donné autrefois la première édition complète de Descartes, vous avez encore entrepris de publier à vos frais les œuvres inédites d'Abélard. Les amis des lettres n'ont pas besoin qu'on leur rappelle ces services rendus à l'esprit humain aussi bien qu'à la France elle-même. Mais ce que je dois dire, parce que tout le monde ne le sait pas, c'est qu'en des temps meilleurs vous aviez aussi pensé à recueillir les écrits épars de notre infortuné Ramus. Plus tard, quand vous avez dû renoncer à ce généreux dessein, c'est vous qui m'avez encouragé à entreprendre le travail que je fais paraître aujourd'hui sous votre patronage. Puisse-t-il mériter votre approbation, et demeurer comme un témoignage de mon respectueux attachement à l'auteur du *Vrai, du Beau et du Bien!*

CHARLES WADDINGTON.

FIGURE 11.2  *Ramus (Pierre de la Ramée) : sa vie, ses écrits et ses opinions* par Charles Waddington, professeur agrégé à la Faculté des Lettres de Paris et au lycée Louis-le-Grand / Waddington, Charles-Pendrell – Paris : Librairie de Ch. Meyrueis et C$^{ie}$, éditeurs, 1855.
Épître dédicatoire de Charles Waddington adressée à Victor Cousin. Fonds Victor-Cousin, VCM 8= 6561

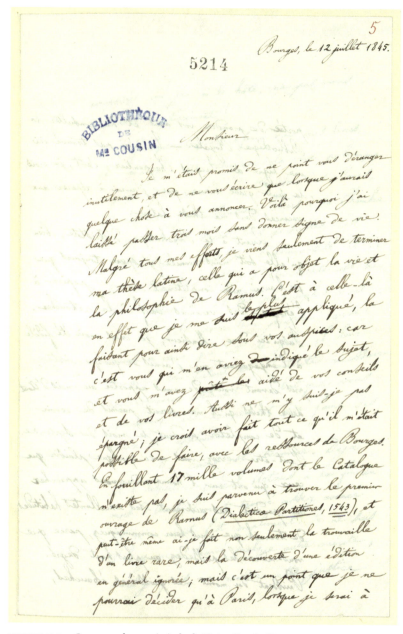

FIGURE 11.3  Correspondance générale de Victor Cousin. Tome XXXIX. Waagen-Wynbek. Lettre de Charles-Pendrell Waddington à Victor Cousin, Bourges, 12 juillet 1845.
Waddington informe Cousin de l'avancement de sa thèse latine « qui a pour objet la vie et la philosophie de Ramus ».
Fonds Victor-Cousin, MS VC 252. Pièce 5214

## 2. Bruno

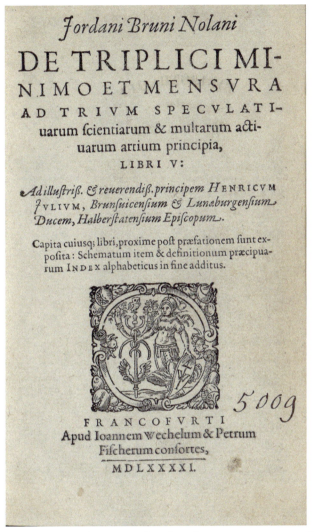

FIGURE 11.4  Jordani Bruni Nolani de triplici minimo et mensura ad trium speculativarum scientiarum & multarum activarum artium principia, libri V : ad illustriß. & reverendiß. principem Henricum Julium, Brunsvicensium & Lunæburgensium ducem, Halberstatensium episcopum. Capita cujusque libri, proxime post præfationem sunt exposita : schematum item & definitionum præcipuarum index alphabeticus in fine additus / Bruno, Giordano – Francofurti apud Joannem Wechelum & Petrum Fischerum consortes, MDLXXXXI.
Frontispice, figures gravées sur bois.
Fonds Victor-Cousin, VCM 6= 5009

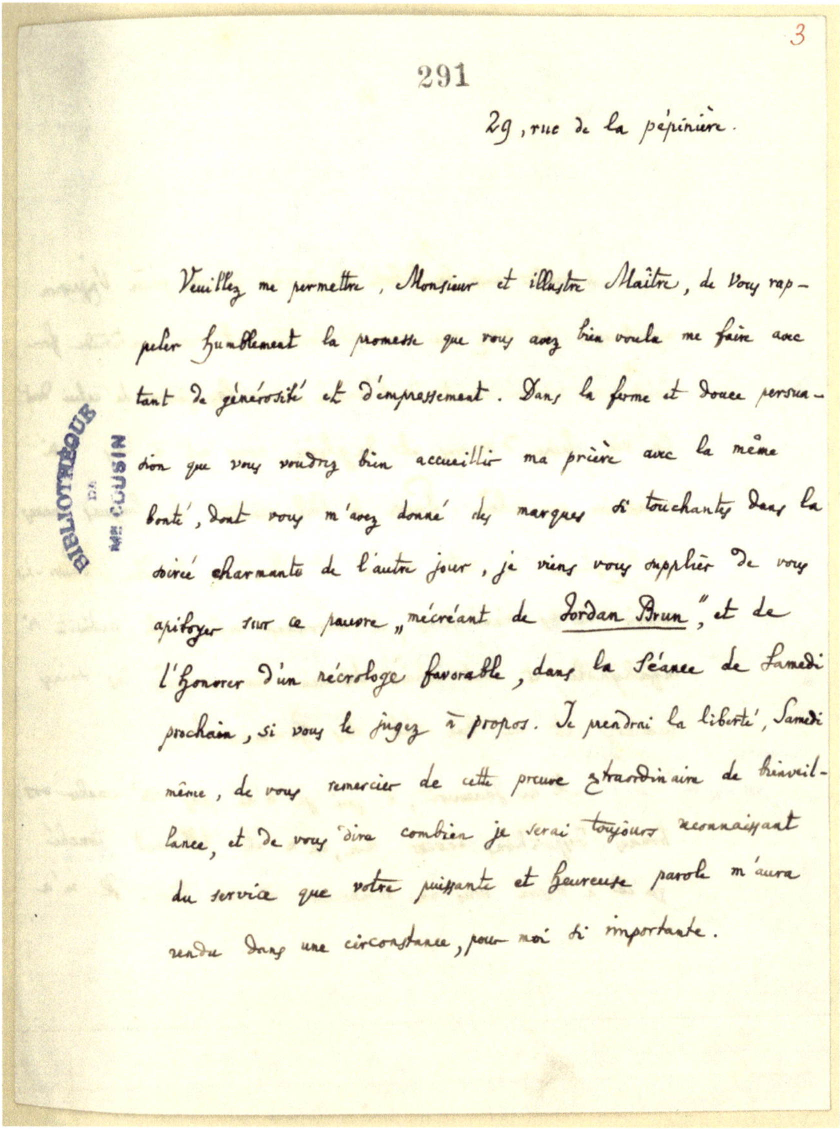

3

291

29, rue de la pépinière.

Veuillez me permettre, Monsieur et illustre Maître, de vous rappeler humblement la promesse que vous avez bien voulu me faire avec tant de générosité et d'empressement. Dans la ferme et douce persuasion que vous voudrez bien accueillir ma prière avec la même bonté, dont vous m'avez donné des marques si touchantes dans la soirée charmante de l'autre jour, je viens vous supplier de vous apitoyer sur ce pauvre „mécréant de Jordan Brun", et de l'honorer d'un nécrologe favorable, dans la Séance de Samedi prochain, si vous le jugez à propos. Je prendrai la liberté, Samedi même, de vous remercier de cette preuve extraordinaire de bienveillance, et de vous dire combien je serai toujours reconnaissant du service que votre puissante et heureuse parole m'aura rendu dans une circonstance, pour moi si importante.



FIGURE 11.5 Correspondance générale de Victor Cousin. Tome II. Baader-Baschet. Lettre de Christian Bartholmèss à Victor Cousin, Paris, 5 janvier 1847. Bartholmèss sollicite Cousin pour honorer d'une nécrologie favorable ce pauvre « mécréant de *Jordan Brun* ». Fonds Victor-Cousin, MS VC 215. Pièce 291

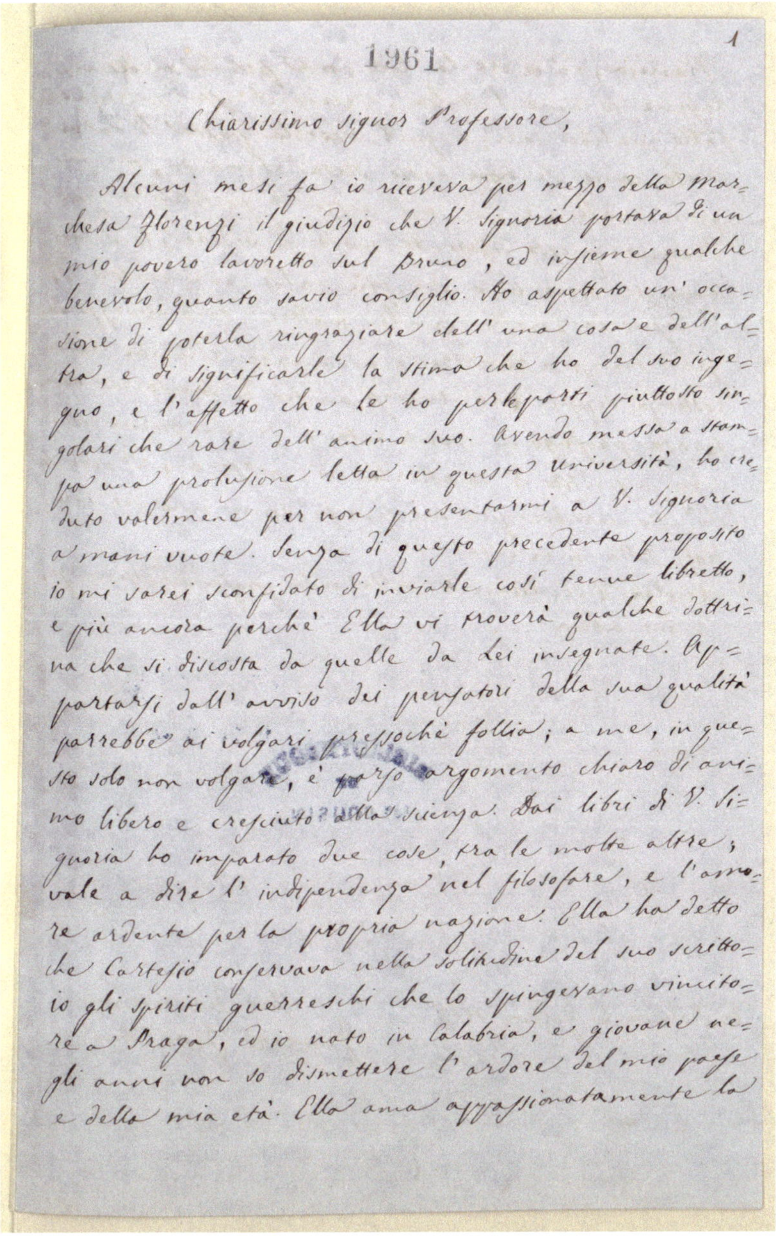

1961 1

Chiarissimo signor Professore,

Alcuni mesi fa io riceveva per mezzo della Marchesa Florenzi il giudizio che V. Signoria portava di un mio povero lavoretto sul Bruno, ed insieme qualche benevolo, quanto savio consiglio. Ho aspettato un'occasione di poterla ringraziare dell'una cosa e dell'altra, e di significarle la stima che ho del suo ingegno, e l'affetto che le ho per le parti piuttosto singolari che rare dell'animo suo. Avendo messo a stampa una prolusione letta in questa Università, ho creduto valermene per non presentarmi a V. Signoria a mani vuote. Senza di questo precedente proposito io mi sarei sconfidato di inviarle così tenue libretto, e più ancora perchè Ella vi troverà qualche dottrina che si discosta da quelle da Lei insegnate. Appartarsi dall'avviso dei pensatori della sua qualità parrebbe ai volgari pressochè follia; a me, in questo solo non volgare, è parso argomento chiaro di animo libero e cresciuto alla scienza. Dai libri di V. Signoria ho imparato due cose, tra le molte altre; vale a dire l'indipendenza nel filosofare, e l'amore ardente per la propria nazione. Ella ha detto che Cartesio conservava nella solitudine del suo scrittoio gli spiriti guerreschi che lo spingevano vincitore a Praga, ed io nato in Calabria, e giovane negli anni non so dismettere l'ardore del mio paese e della mia età. Ella ama appassionatamente la

FIGURE 11.6 Correspondance générale de Victor Cousin. Tome XV. Fabricius-Flottes. Lettre de Francesco Fiorentino à Victor Cousin, Bologne, 21 février 1863. Envoi de l'ouvrage de Francesco Fiorentino, *Il panteismo di Giordano Bruno*, Napoli 1861 (« mio povero lavoretto sul Bruno »), et hommage à Victor Cousin.
Fonds Victor-Cousin, MSVC 228. Pièce 1961

## 3. Campanella

FIGURE 11.7   F. Thomæ Campanellæ De sensu rerum et magia, libri quatuor, pars mirabilis occultæ philosophiæ, ubi demonstratur, mundum esse Dei vivam statuam, beneque cognoscentem ; omnesque illius partes, partiumque particulas sensu donatas esse, alias clariori, alias obscuriori, quantus sufficit ipsarum conservationi ac totius, in quo consentiunt ; & ferè omnium naturæ arcanorum rationes aperiuntur. Tobias Adami recensuit, et nunc primum evulgavit / Campanella, Tommaso – Francofurti, apud Egenolphum Emmelium, impensis Godefridi Tampachii. Anno M. DC. XX.
Frontispice. La cloche – ou *campana* – est la signature de l'auteur.
Le soleil rappelle son fameux ouvrage *La città del Sole*.
Fonds Victor-Cousin, VCR 8= 4862

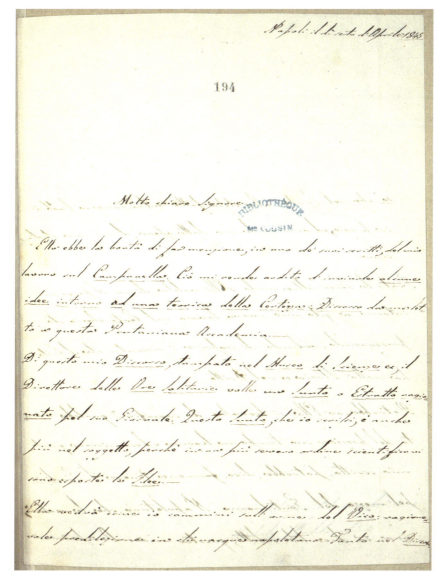

FIGURE 11.8   Correspondance générale de Victor Cousin. Tome II. Baader-Baschet. Lettre de Michele Baldacchino à Victor Cousin, Naples, 16 avril 1845.
Hommage à Victor Cousin par Baldacchino, auteur de l'ouvrage *Vita e filosofia di Tommaso Campanella scritta ed esposta da Michele Baldacchini*, Napoli 1843.
« Ella ebbe la bontà di far menzione, in uno de' suoi scritti, del mio lavoro sul *Campanella* ».
Fonds Victor-Cousin, MS VC 215, Pièce 194

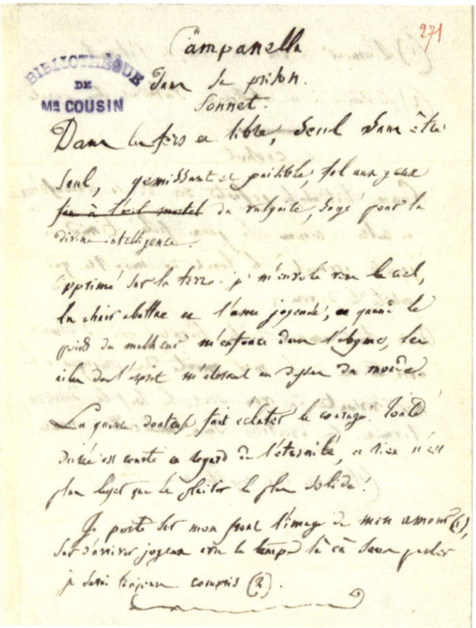

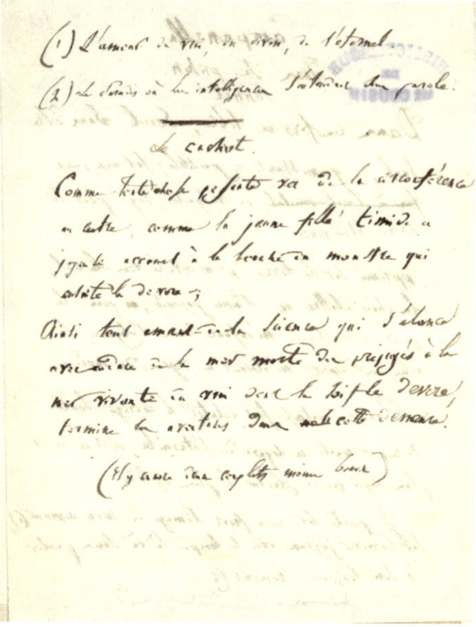

FIGURE 11.9
Manuscrits de la bibliothèque Victor-Cousin. Notes sur les ouvrages des Dominicains, sur Campanella. Copie du poème de Campanella *Di se stesso*. La traduction française est à rapprocher de celle de Louise Colet dont Cousin fut l'amant.
Fonds Victor-Cousin, MS VC 52, f. 271r

## 4. Vanini

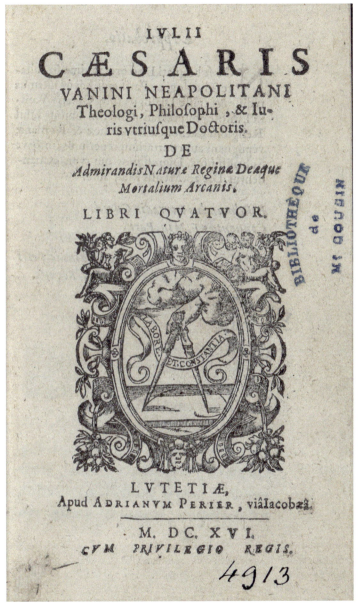

FIGURE 11.10    Julii Cæsaris Vanini Neapolitani theologi, philosophi, & juris utriusque doctoris. De admirandis naturæ reginæ deæque mortalium arcanis. Libri quatuor / Vanini, Giulio Cesare – Lutetiæ, apud Adrianum Perier, viâ Jacobæâ. M. DC. XVI. Cum privilegio Regis.
Frontispice
Fonds Victor-Cousin, VCM 6= 4913

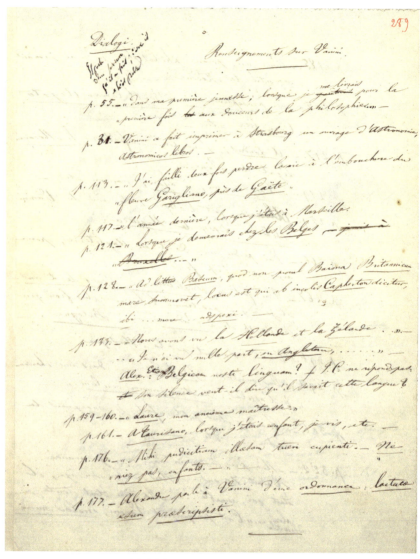

FIGURE 11.11   Manuscrits de la bibliothèque Victor-Cousin. Notes et documents concernant Giulio Cesare Vanini, compilés par Victor Cousin.
Notes de lecture de Cousin sur les textes de Vanini.
Fonds Victor-Cousin, MS VC 52. f. 289[r]

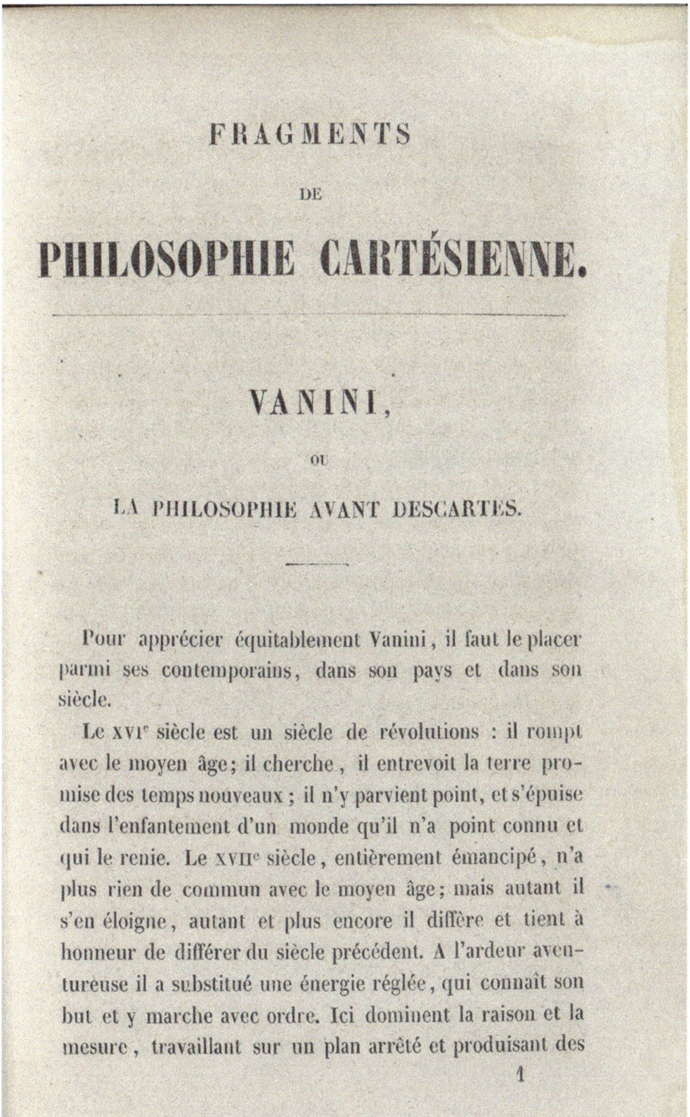

# FRAGMENTS
## DE
# PHILOSOPHIE CARTÉSIENNE.

## VANINI,
### ou
## LA PHILOSOPHIE AVANT DESCARTES.

Pour apprécier équitablement Vanini, il faut le placer parmi ses contemporains, dans son pays et dans son siècle.

Le XVIe siècle est un siècle de révolutions : il rompt avec le moyen âge; il cherche, il entrevoit la terre promise des temps nouveaux ; il n'y parvient point, et s'épuise dans l'enfantement d'un monde qu'il n'a point connu et qui le renie. Le XVIIe siècle, entièrement émancipé, n'a plus rien de commun avec le moyen âge ; mais autant il s'en éloigne, autant et plus encore il diffère et tient à honneur de différer du siècle précédent. A l'ardeur aventureuse il a substitué une énergie réglée, qui connaît son but et y marche avec ordre. Ici dominent la raison et la mesure, travaillant sur un plan arrêté et produisant des

FIGURE 11.12   Fragments de philosophie cartésienne par M. Victor Cousin / Cousin, Victor – Paris : Charpentier, 1845. *Vanini ou la philosophie avant Descartes*. Exemplaire avec annotations manuscrites de l'auteur.
Fonds Victor-Cousin, VCM 6= 15031

## 5. Vico

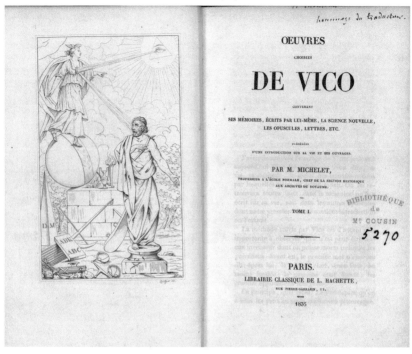

FIGURE 11.13   Œuvres choisies de Vico : contenant ses Mémoires, écrits par lui-même, La science nouvelle, les opuscules, lettres, etc. Précédées d'une introduction sur sa vie et ses ouvrages par M. Michelet / Vico, Giambattista ; Michelet, Jules – Paris : L. Hachette, 1835.
Michelet reprend le frontispice de la seconde édition de la *Scienza nuova* (1730). Il en considère l'iconographie comme « la traduction pittoresque » du principe donné par Vico pour parvenir à la science.
Fonds Victor-Cousin, VCM 8= 5270

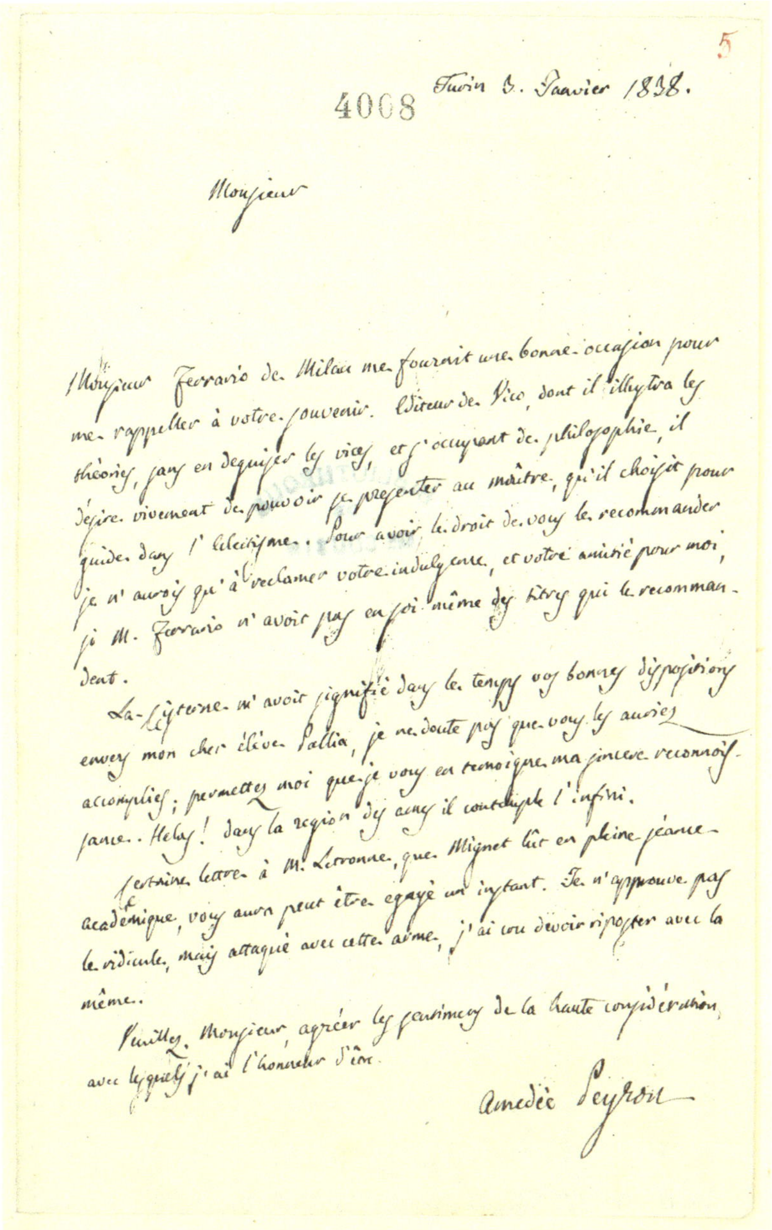
5

4008 Turin 3. Janvier 1838.

Monsieur

Monsieur Ferrari de Milan me fournit une bonne occasion pour me rappeller à votre souvenir. Éditeur de Vico, dont il illustra les théories, sans en déguiser les vices, et s'occupant de philosophie, il désire vivement de pouvoir se présenter au maître, qu'il choisit pour guide dans l'éclectisme. Pour avoir le droit de vous le recommander je n'aurois qu'à réclamer votre indulgence, et votre amitié pour moi, si M. Ferrari n'avoit pas en soi même des titres qui le recommandent.

La Lyturne m'avoit signifié dans le temps vos bonnes dispositions envers mon cher élève Pallia, je ne doute pas que vous les auriez accomplies; permettez moi que je vous en témoigne ma sincère reconnoissance. Helas! dans la région des âmes il contemple l'infini.

Certaine lettre à M. Letronne, que Mignet lut en pleine séance académique, vous aura peut être egayé un instant. Je n'approuve pas le ridicule, mais attaqué avec cette arme, j'ai cru devoir riposter avec la même.

Veuillez, Monsieur, agréer les sentimens de la haute considération avec lesquels j'ai l'honneur d'être

Amedée Peyron

FIGURE 11.14 Correspondance générale de Victor Cousin. Tome XXX. Pécontal-Plas. Lettre d'Amedeo Peyron à Victor Cousin, Turin, 3 janvier 1838. Ferrari est introduit auprès de Cousin comme « éditeur de Vico dont il illustra les théories, sans en déguiser les vices, et s'occupant de philosophie ».
Fonds Victor-Cousin, MS VC 243. Pièce 4008

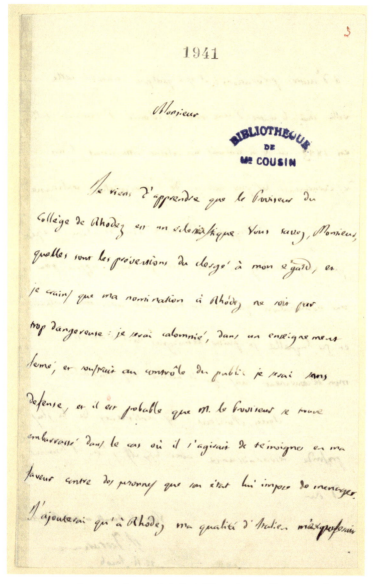

FIGURE 11.15   Correspondance générale de Victor Cousin. Tome XV. Fabricius-Flottes. Lettre de Giuseppe Ferrari à Victor Cousin, Paris, sans date. Ferrari sollicite le soutien de Cousin pour écarter une nomination au Collège de Rodez dont le proviseur est un ecclésiastique. La démarche illustre les persécutions dont Ferrari est victime de la part des cléricaux qui ont obtenu la suspension de son enseignement à Strasbourg : « Vous savez quelles sont les préventions du clergé à mon égard ».
Fonds Victor-Cousin, MS VC 228. Pièce 1941

## 6. La bibliothèque de Victor Cousin

FIGURE 11.16  Bibliothèque Victor Cousin à la Sorbonne. Dessin de M. Bertrand. *L'Univers illustré*, 11ᵉ année, n. 706, 25 juillet 1868, p. 464. Gravure parue dans l'*Univers illustré* du 25 juillet 1868, représentant la bibliothèque de Victor Cousin peu de temps après la mort du philosophe, dans les locaux qu'elle occupait alors dans l'ancien collège de Sorbonne. Aux murs, des éléments de décor néo-Renaissance, dont certains sont encore présents dans l'actuelle Bibliothèque Victor-Cousin, réinstallée dans la Sorbonne reconstruite par Henri-Paul Nénot. Estampes 79. Pièce 1

Paul Parfait, *L'Univers illustré*, 11ᵉ année, n. 706, 25 juillet 1868, p. 467, auquel renvoie la gravure :

On sait que M. Victor Cousin, mort au mois de janvier 1867, a laissé par testament sa bibliothèque à l'Université de Paris, ainsi qu'une rente de dix mille francs pour pourvoir à son entretien. Cette bibliothèque, qui ne comprend pas moins de quatorze mille volumes de choix, était entretenue par son propriétaire avec un soin pieux, mais il avait négligé d'en faire le catalogue, ce qui n'a pas permis d'en ouvrir les salles au public aussi tôt qu'on l'aurait voulu.

Ces salles – l'expression n'est-elle pas bien pompeuse ? – ne sont autres que les principales pièces de l'appartement que le savant professeur occupait à la

Sorbonne. Du temps même de M. Cousin, elles étaient déjà complètement envahies par les livres. On sent que le philosophe y restreignait les besoins mesquins de la vie pour faire la place plus large à l'étude.

C'est le vieux Morain, serviteur fidèle de M. Cousin, auquel il a été attaché pendant quinze ans, qui nous a fait les honneurs de la bibliothèque. Ce brave homme dit avec une effusion charmante : « C'est ici que nous lisions tous les soirs ; c'est ici que nous écrivions ». Il dit encore : « *J'ai* là un Polybe qu'il faut que je vous montre ». Celà fait sourire et cela touche pourtant.

Les trois pièces les plus importantes prennent jour sur la grande cour de la Sorbonne. La première – celle dont nous donnons le dessin – contient une précieuse collection de monuments artistiques et de portraits historiques, ainsi qu'un grand nombre d'autographes de personnages du XVII$^e$ siècle.

Au-dessus des corps de la bibliothèque, un peu bas, sont disposés contre la muraille quelques surmoulages en plâtre de la fameuse porte du baptistère de Florence, cadeau moins somptueux qu'artistique d'un grand duc.

Le grand salon qui fait suite est voué entièrement à la philosophie. Moralistes et penseurs de toutes les nations et de tous les temps, pas un ne manque à l'appel. Ils sont là rangés comme en bataille tout le long des rayons, chacun avec son bagage de rêveries et de systèmes.

M. Cousin lui-même est appelé à présider ce silencieux concile de philosophes ; car son portrait, par Lehmann, remplacera bientôt la glace qui surmonte une large cheminée.

Dire que des quatorze mille volumes qui composent la bibliothèque de M. Cousin il n'y en a pas un dont l'édition ne soit précieuse, l'exemplaire intact, la reliure exquise, pas un que le bibliophile le plus scrupuleux ne puisse toucher sans envie, c'est faire d'un coup le plus sincère éloge de la collection et du collectionneur.

De tant de curiosités que nos yeux ont pu parcourir à la hâte, nous n'en citerons que deux : un exemplaire non rogné du *Génie du Christianisme*, dont les marges sont criblées de notes et de corrections de la main-même de Chateaubriand ; et le brouillon fort raturé de *Paul et Virginie*, en tête duquel on lit cette note du libraire Renouard :

« Ce manuscrit de Paul et Virginie est de la main de Bernardin de Saint-Pierre. En 1825, je l'ai acheté de M. Aimé-Martin, qui avait épousé sa veuve. C'étoit un cahier fort endommagé, je l'ai fait arranger entre des feuillets de papier blanc et relier avec quelque soin pour le préserver d'une destruction à laquelle il auroit été exposé s'il fût resté un cahier de mauvaise apparence ».

E. Farcy, Visite à la Sorbonne 25 septembre 1860, Fonds Victor-Cousin, MS VC 374.

[page de titre] Une visite à la Sorbonne.
25 septembre 1860.
À Monsieur Cousin
hommage de respect
E. Farcy.

[p. 1] Une visite à la Sorbonne
25 septembre 1860.

On pourrait établir une assez longue nomenclature des différents genres de luxe que l'homme peut envier où s'accorder en ce monde. Tous les esprits, tous les goûts, ont en effet large marge pour choisir et se satisfaire. En dehors des goûts et de l'esprit les instincts eux mêmes peuvent trouver des luxes à leur taille, des richesses à leur mesure.

Je laisse de coté l'or, l'argent, les chevaux, les voitures, les habitations de ville où de campagne, les sculptures, les tableaux même qui trop souvent de nos jours ne sont qu'instruments de manie ou de commerce. J'écarte tout ce qui caresse trop excusivement l'amour propre où l'orgueil, l'oreille où les yeux. Je parlerai seulement du luxe souverain, de celui qui prenant l'être intelligent par la tête, par le cœur, ne lui impose que des joies ineffables, contenues, (2) respectueuses ; de ce luxe enfin qui fait vivre avec ce qu'il y a de plus beau, de plus grand, de plus respectable dans le monde.

Je l'ai entrevu ce luxe, j'ai été mêlé pendant deux heures à ses béatitudes, j'ai compris, j'ai senti, ce qu'il a de digne et de noblement honorable. J'ai vu le propriétaire de tant de richesses se promener l'œil allumé de bonheur et d'enthousiasme aux contemplations de ses trésors ; je l'ai vu les prendre dans ses bras, les couver du regard, les presser contre son cœur ; je l'ai entendu s'écrier en replaçant religieusement les diamants dans leur écrin : « Voilà le résultat de ma vie, le fruit de mes peines, le but auquel j'aspirais après soixante années de labeurs, de veilles, d'études, de recherches incessantes ! »

Et pourtant l'écrin était une bibliothèque en bois de chêne, à simples moulures, modestement fourbie à la cire ; les diamants n'étaient que des livres : mais quelle bibliothèque, quels livres !

Suivez moi lecteur, ou plutôt suivons le Maitre, le Roi du logis, un savant, un philosophe, un illustre professeur, un historien qui sait parler la langue du grand (3) siècle, et qui sait être aussi dans ses loisirs bienveillant, affable, compatissant, pour les curieux ignorants de ma sorte.

La pièce qui donne entrée dans la demeure que nous allons parcourir est dallée en pierres. Rien dans son aspect n'étonne ou n'éblouit de prime abord : une table couverte de brochûres et de cartes ; à droite et à gauche des corps de bibliothèques à hauteur d'appui ; quelques bas reliefs accrochés à la muraille ; sur des socles deux ou trois bustes. La décoration est simple mais digne ; elle prépare à merveille au spectacle qui suivra.

Sur cette table, parmi ces cartes, regardez voilà l'Italie – c'est là que le penseur suit d'un œil attentif le grand drame qui se joue en ce moment ; c'est là que le front courbé sur ses mains il cherche à deviner, à saisir la solution du problème qui reste caché dans les impénétrables arrêts de la providence.

Derrière les portes vitrées des bibliothèques, j'aperçois tout ce qui a été écrit sur Paris, sur son histoire, sur ses monuments ; – c'est la vie jour par jour, heure par heure, de cette grande cité reine du monde, la capitale et la gloire de notre France. Plus loin se (4) trouvent les auteurs français, anglais, allemands, italiens qui se sont occupés de l'histoire des arts, peinture, gravure, sculpture, architecture. Dans ce rayon du bas voilà Moreri le grand généalogiste et tous les auteurs qui ont traité des origines de nos anciennes familles.

Une armoire plus élevée offre aux regards une succession de cartons soigneusement superposés chacun dans leur case. Tous portent une étiquette indicative de leur contenu : femmes illustres, guerriers, parlement, hommes d'église, savants, artistes – ; ce sont des portraits, des portraits authentiques, bien choisis, des gravures des meilleurs maitres. Elles sont destinées à faire revivre devant nos yeux tous les personnages dont nous allons plus tard retrouver les œuvres, le nom ou l'histoire.

Les bas reliefs, les bustes, donnent à ce réduit une petite couleur de musée. J'y admire les moulages des portes du baptistaire de Florence, chef-d'œuvre du sculpteur architecte Ghiberti. A coté la pietà de Michel Ange, et l'ensevelissement du Christ de Daniel de Volterre.

Les bustes sont peu nombreux : César Alexandre, Platon. – « Voyez, s'écrie le Maitre (5) en m'interpellant, regardez, comparez ces deux hommes, Alexandre et César ? Tous deux portent sur le front l'horoscope de leur avenir : Alexandre le front haut, les traits fins, la bouche entrouverte, l'air inspiré, un enthousiaste ! César le front carré, les traits tourmentés, les lèvres serrées, contractées ; – celui-là ferme, tenace dans ses volontés marchera irrévocablement à son but ! » Quel jugement en quatre mots ; et comme on se sent déjà dans le voisinage des beaux et bons livres.

Quittons cette première pièce, soulevons ce rideau, ouvrons cette porte. Certes voilà un admirable spectacle, et je ne sache pas de plus noble salon que celui de ce savant : Ne cherchez pas ici pourtant les bois précieux, les meubles rares, les fauteuils fouillés à jour ou chatoyants de dorure. Quelques chaises fort modestes, deux tables, voilà le mobilier – et puis des livres, des livres partout !

La chambre est haute, bien éclairée ; elle offre l'aspect d'un vaste carré. Les murs sont tapissés de bibliothèques, – un marchepied à rampes ; léger, commode, permet d'atteindre aux livres les plus haut placés. (6)

Ici se trouve rangé, classé, casé, par ordre de matière ou de bataille, tout ce qui a rapport à la philosophie et à la théologie. Ce sont partout livres rares, éditions de choix, reliures du temps. Que d'écrits ami lecteur, que de phrases, que de mots alignés les uns à la suite des autres pour attaquer corps à corps l'orgueil humain, pour essayer de l'ébranler, de l'abattre, pour le faire rentrer dans le néant ! Il est vrai que ce néant est sa véritable place – c'est de là que le génie doit s'élancer pour arriver par les sublimes études de l'intelligence à ces hauteurs incommensurables qu'atteignent un bien petit nombre d'écrivains. Philosophie, théologie, c'est la lutte de l'esprit contre la matière – ce n'est pas l'histoire de l'homme individuel, c'est celle de l'humanité.

Poursuivons ; une porte s'ouvre encore –, cette fois nous sommes dans le sanctuaire, dans l'arche sainte où on n'entre qu'en se signant. C'est ici le temple des auteurs que le maître appelle *classiques*[1] [trait ondulé]. Ils sont connus, à quoi bon les nommer, mais ce que les rares élus sont seuls appelés à (7) admirer, à toucher, ce que je ne saurais trop signaler, ce sont ces reliures aux armes de tout ce qu'il y a eu de plus grand dans les grands siècles : Louis XIII, Anne d'Autriche, Richelieu, Molé, Harlay, Nicolaï, Séguier, de Thou, Louis XIV, Mazarin, le Duc d'Orléans, les Noailles, Bossuet, que sais-je encore ! C'est une phalange couronnée, dorée, blasonnée, de trésors sans prix, de reliques sans pareilles ; et toutes portent au front le sceau de ceux qui les ont touchés, palpés, fouillés, étudiés.

Certes si le respect du passé, la religion des ancêtres peuvent éveiller dans le cœur de l'homme une émotion vive et profonde, cette émotion ne manquera pas de se produire en face de ces admirables livres. Pas un qui ne fasse songer ou souvenir, pas un qui ne fasse revivre les évènements les plus mémorables. Prenons au hasard : tenez cet in-4° grand papier, c'est le discours sur l'histoire universelle, il porte les armes de Madame de Maintenon – Bossuet entendez bien, Bossuet a tenu ce volume dans ses mains augustes, c'est lui qui l'a offert à son ouaille – Madame de Maintenon reconnais- (8) sante et touchée l'a montré au Roi. Ce livre a été salué par un sourire de Louis XIV !...

Ce petit in 8°, c'est un Lafontaine dédié, offert par le fabuliste au Procureur Général de Harlay. Ne voyez vous pas d'ici le *Bonhomme* [trait ondulé] s'acheminant à l'hôtel de Harlay, son livre sous le bras ? il relève et rajuste ses chausses avant de soulever le lourd marteau de la porte ; puis il frappe, il entre, il s'avance avec cet air gauche et distrait qui lui appartint sans conteste et récite

---

[1] Nous mettons en italiques les mots soulignés par l'auteur dans le manuscrit [note des éditeurs].

enfin son beau compliment en offrant son œuvre au sévère Procureur Général. Celui-ci l'accueille de la façon la plus courtoise, il fait asseoir le poète à son coté ; et les voilà tous deux tisonnant le feu, jasant, discourant sur les affaires du temps, sur les productions littéraires, sur tout enfin comme s'ils vivaient en l'an de grâce 1860.

Cette petite armoire, d'allure si modeste en apparence, nous montre Racine, Corneille, Molière, avec toutes les éditions princeps de leurs œuvres tragiques ou dramaturgiques. – Regardez, ce sont les éditions (9) du temps, les premières, celles que se disputaient la Cour et la Ville, celles qu'on affichait dans les carrefours, qu'on étalait sur les éventaires – A coté de Molière j'aperçois une traduction de ce satyrique, imprimée à Leipsik sur une copie du manuscrit original. Dans cette traduction se retrouve ce qui manque à l'édition française, l'idée première d'une scène du festin de Pierre. M. le Lieutenant de Police n'avait pas permis son impression à Paris comme tendant à exciter la haine des citoyens les uns contre les autres et poussant aux idées d'un libéralisme frondeur. C'était encore, vous le voyez, comme en l'an de grâce 1860.

Oh je sais que quelques uns de ces livres sont attaqués par les bibliophiles *puristes*, qu'ils reprochent à certains d'entre eux une page recollée, une tache d'huile, un coin de peau remis à une reliure ! Mais que nous importent à nous ces souillures dont vous faites fi, grands chercheurs de riens ? – Laissez nous nos illusions, nos croyances : Oui cette page a été déchirée, tachée, cette reliure a été brisée, mais le livre, dites le moi, (10) en a-t-il moins de prix ? Qui sait d'ailleurs si Richelieu lui-même n'a pas déchiré la page en feuilletant ce volume d'une main impatiente, dans un de ces instants où s'agitait dans sa pensée le sort à venir des destinées de la France ! Qui sait si Lafontaine n'a pas lui même versé de l'huile sur ce parchemin dans une heure d'étourderie ou de préoccupation poétique !

Depuis quand les rides et les blessures au front ont-elles déparé le Vieil Âge ? – Eh bien ces déchirures, ces taches, ce sont les rides et les blessures de ces beaux livres ; ce sont les témoignages authentiques de leur vétusté, leurs états de service, les droits imprescriptibles qu'ils ont à notre respect !

Je ne veux pas plaider ici plus longuement une cause gagnée à l'avance, j'en appelle au bon sens et laissant les petites choses, je m'empresse de revenir aux grandes.

Dans la quatrième et dernière salle se trouve classée la littérature du XIXe siècle. Là je puis feuilleter un manuscrit de Bernardin de Saint Pierre ; des éditions de Châteaubriand annotées, corrigées de sa main ; (11) des livres anglais, allemands, espagnols – enfin tout ce qui a trait à la critique et à l'Instruction publique. Il faudrait une année et un gros volume pour éplucher, analyser les chefs-d'œuvre de librairie qui s'étalent sur tous ces rayons de bibliothèque.

Mon projet n'étant pas aussi vaste, je termine et résume ici ce petit écrit. J'ai voulu seulement, on doit le voir, envisager ce grand ensemble, énumérer son classement, appeler l'attention sur quelques unes des raretés bibliographiques qu'il renferme. Je ne sais si le lecteur m'aura suivi avec plaisir dans cette course au travers des siècles ; pour moi je suis sorti de la demeure du savant pénétré d'admiration pour tant de richesses, rempli de reconnaissance pour l'art, l'esprit, le haut savoir qu'il a complaisamment déployés pour me les faire valoir.

Oui certes, me disais-je en le quittant, celui là est un puissant Roi, un vrai souverain, qui peut à ses heures, suivant son caprice, évoquer ces noms fameux à tant de titres ; faire descendre à son gré de leurs trônes Rois, cardinaux, Évèques (12) Ministres, Magistrats, écrivains, savants, poètes et artistes, vivre, converser avec eux, les quitter les reprendre, être assuré de les retrouver jusqu'à la fin de ses jours, soumis à ses ordres, prêts à condescendre à son bon vouloir.

Si vous me demandiez maintenant lecteur où est situé le sanctuaire, comment se nomme le Grand Prêtre, je serais fort embarrassé pour vous répondre, car je ne suis pas autorisé à l'indiscrétion. Un mot pourtant, une demi-confidence : le Grand Prêtre s'est baptisé lui-même *le Gardien du tombeau de Richelieu* !

25 septembre 1860.

Félix Chambon, *Rapport sur la Bibliothèque Victor Cousin, adressé à M. le ministre de l'Instruction publique*, Paris, 1908, pp. 4–5.

Un des rares privilégiés que Cousin avait admis dans le sanctuaire en a laissé une description inédite intéressante.[2] Les livres se trouvaient dans quatre pièces. On entrait d'abord dans une pièce dallée en pierres, où il y avait une table recouverte de brochures et de cartes. À droite et à gauche, des corps de bibliothèque à hauteur d'appui, quelques bas-reliefs accrochés à la muraille ; sur des socles deux ou trois bustes d'Alexandre, Socrate, Platon, enfin une carte d'Italie et les moulages des portes du baptistère de Florence. Un rideau cachait une petite porte ouvrant sur une chambre haute, bien éclairée, carrée, avec deux tables et des chaises. Les murs étaient tapissés de bibliothèques auxquelles on accédait par un marchepied à rampe, léger et commode : c'était l'asile de la

---

2  E. Farcy, Une visite à la Sorbonne, 25 septembre 1860 [note de F. Chambon].

philosophie. Une autre porte conduisait à la salle des auteurs classiques. Là se trouvait un Bossuet aux armes de M^me de Maintenon, un La Fontaine avec dédicace au procureur général de Harlay, et, dans une petite armoire, les éditions originales de Racine, Corneille, Molière. Cousin les aimait, ses livres ! Il savait les faire apprécier et, jusque dans leurs défectuosités, admirer, qu'ils fussent déchirés ou tachés d'huile ! « Qui sait, disait-il, si Richelieu lui-même n'a pas déchiré la page en feuilletant ce volume d'une main impatiente dans un de ces instants où s'agitait dans sa pensée le sort à venir des destinées de la France ! Qui sait si La Fontaine n'a pas lui-même versé l'huile sur ce parchemin[3] dans une heure d'étourderie ou de préoccupation poétique ! »

La quatrième et dernière salle contenait la littérature du XIXe siècle.

---

3  Je n'ai pu trouver à quel volume ou manuscrit il est fait allusion [note de F. Chambon].

# Bibliographie générale

### Manuscrits

Berlin, Bibliothek der Berlin-Brandenburgischen Akademie der Wissenschaften, Schelling-Nachlass, n. 184.
Paris, Bibliothèque interuniversitaire de la Sorbonne, MS VC 52, ff. 287$^r$–315$^v$ (Notes et documents concernant Giulio Cesare Vanini, compilés par Victor Cousin).
Paris, Bibliothèque interuniversitaire de la Sorbonne, MS VC 215, Correspondance générale de Victor Cousin, vol. 2 : Baader-Baschet, n. 289–298 (Dix lettres de Christian Bartholmèss à Victor Cousin, 7 décembre 1846 – 20 avril 1856).
Paris, Bibliothèque interuniversitaire de la Sorbonne, MS VC 221, Correspondance générale de Victor Cousin, vol. 8 : Cadet-Gassicourt-Chambolle, n. 1121–1124 (Quatre lettres de Moritz Carrière à Victor Cousin, 3 mai 1847 – 12 novembre 1849).
Paris, Bibliothèque interuniversitaire de la Sorbonne, MS VC 252, Correspondance générale de Victor Cousin, vol. 39 : Waagen-Wynbek, n. 5210–5224 (Quinze lettres de Charles Waddington-Kastus à Victor Cousin, 1844–1863).
Paris, Bibliothèque interuniversitaire de la Sorbonne, MS VC 252, Correspondance générale de Victor Cousin, vol. 39 : Waagen-Wynbek, n. 5266–5286 (Vingt-et-une lettres de Joseph Willm à Victor Cousin, 1832–1851).
Paris, Bibliothèque interuniversitaire de la Sorbonne, MS VC 374, E. Farcy, *Une visite à la Sorbonne*, 25 septembre 1860, 16 p.

### Sources

*Aristoteles graece ex recognitione Immanuelis Bekkeri*, dans : *Aristotelis opera*, éd. Academia Regia Borussica, Berlin 1831–1870, vol. I–II, 1831.
Arnoult, G., « Note pour servir à une étude sur Vanini », *Mémoires de l'Académie impériale des sciences, inscriptions et belles-lettres de Toulouse*, sixième série, vol. 5, Toulouse 1867, pp. 281–294.
Bacon, F., *Works*, éd. J. Spedding, R.L. Ellis, D.D. Heath, 14 vols, London 1857–1874.
Badouin, A., *Histoire critique de Jules César Vanini dit Lucilio*, Toulouse 1904.
Baldacchini, M., *Vita di Tommaso Campanella*, Napoli 1840.
Baldacchini, M., *Vita e filosofia di Tommaso Campanella*, Napoli 1843.
Ballanche, P.S., *Essais de palingénésie sociale*, Paris 1827.
Barthélemy-Saint Hilaire, J., *Psychologie d'Aristote. Traité de l'âme*, Paris 1846.
Barthélemy-Saint Hilaire, J., *M. Victor Cousin, sa vie et sa correspondance*, 3 vols, Paris 1895.
Bartholmèss, Ch., *Examen critique des preuves de l'immortalité de l'âme. Thèse philosophique présentée à la Faculté de théologie de Strasbourg et soutenue publiquement*

le Mercredi 18 April 1838, à 11 heures du Matin, pour obtenir le grade de bachelier en théologie, Strasbourg 1838.

Bartholmèss, Ch., *Jordano Bruno*, 2 vols, Paris 1846–1847.

Bartholmèss, Ch., *De Bernardino Telesio*, Paris 1849.

Bartholmèss, Ch., *Huet, évêque d'Avranches ou le scepticisme théologique*, Paris 1850.

Bartholmèss, Ch., *Histoire philosophique de l'Académie de Prusse depuis Leibniz jusqu'à Schelling, particulièrement sous Frédéric-le-Grand*, 2 vols, Paris 1850–1851.

Bartholmèss, Ch., *Histoire critique des doctrines religieuses de la philosophie moderne*, 2 vols, Paris 1855.

Bautain, L., *La morale de l'Évangile comparée à la morale des philosophes*, Strasbourg 1827.

Bautain, L., *De l'enseignement de la philosophie en France, au dix-neuvième siècle*, Strasbourg/Paris 1833.

Bergson, H., « Nécrologie. Charles Waddington », *Revue internationale de l'enseignement* 67 (1914), pp. 468–470.

Berti, D., *Vita di Giordano Bruno da Nola*, Firenze/Torino/Milano 1868.

Berti, D., *Copernico e le vicende del sistema copernicano in Italia nella seconda metà del secolo XVI e nella prima del XVII*, Roma 1876.

Bertrand, J., « Jacques Charpentier est-il l'assassin de Ramus ? », *Revue des deux mondes* 44 (1881), pp. 286–322.

Bordas-Demoulin, J.-B., *Le cartésianisme ou la véritable rénovation des sciences. Suivi de la théorie de la substance et de celle de l'infini*, vol. 1, Paris 1843.

Bouillier, F., *Histoire et critique de la révolution cartésienne*, Lyon 1842.

Brucker, J., *Historia critica philosophiae a Christo nato ad repurgatas usque literas*, Leipzig 1743.

Burckhardt, J., *Die Kultur der Renaissance in Italien*, Wien 1935.

Caraman, Duc de, « M. Michelet », *Bibliothèque universelle de Genève*, vol. 13, Genève/Paris 1838, pp. 273–285.

Caraman, Duc de, *Histoire des Révolutions de la philosophie en France pendant le Moyen Âge jusqu'au seizième siècle*, 3 vols, Paris 1845–1848.

Charpentier, J., *Animadversiones in libros tres Dialecticarum institutionum Petri Rami*, Parisiis 1555.

Carrière, M., *Die philosophische Weltanschauung der Reformationszeit in ihren Beziehungen zur Gegenwart*, Stuttgart/Tübingen 1847 (2$^e$ édition, Leipzig 1887).

Colet, L., *Œuvres choisies de Campanella, précédées d'une notice*, Paris 1844.

Comte, A., « Discours d'ouverture du cours de philosophie positive », *Revue encyclopédique* 44 (1829), pp. 273–309.

Cousin, V., *Œuvres de Descartes*, 11 vols, Paris 1824–1826.

Cousin, V., « Préface », dans : *Manuel de l'histoire de la philosophie, traduit de l'allemand de Tennemann par V. Cousin*, vol. 1, Paris 1829, pp. v–xxvii.

Cousin, V., *Cours de l'histoire de la philosophie. Histoire de la philosophie du XVIIIe siècle*, vol. 1, Paris 1829.

Cousin, V., *Ouvrages inédits d'Abélard pour servir à l'histoire de la philosophie scolastique en France*, Paris 1836.

Cousin, V., *Cours de philosophie. Histoire de la philosophie. Introduction à la philosophie*, vol. 1, Bruxelles 1840.

Cousin, V., *Cours de l'histoire de la philosophie. Introduction à l'histoire de la philosophie*, nouvelle édition revue et corrigée, Paris 1841.

Cousin, V., « Vanini. Ses écrits, sa vie et sa mort », *Revue des deux mondes*, 1er décembre 1843, pp. 673–728.

Cousin, V., « Du scepticisme de Pascal », *Revue des deux mondes*, 15 décembre 1844, pp. 1012–1033.

Cousin, V., *Défense de l'université et de la philosophie. Discours prononcés à la chambre des pairs dans les séances des 21 et 29 avril, des 2, 3 et 4 mai 1844*, 3e édition, Paris 1844.

Cousin, V., *Jacqueline Pascal*, Paris 1844.

Cousin, V., « Vanini ou la philosophie avant Descartes », dans : id., *Fragments de philosophie cartésienne*, Paris 1845, pp. 1–98.

Cousin, V., « Rapport sur un ouvrage de M. Bartholmès intitulé : Jordano Bruno (1847) », dans : *Séances et travaux de l'Académie des sciences morales et politiques*, vol. 1, Paris 1847, pp. 177–180.

Cousin, V., *Cours de l'histoire de la philosophie moderne*, nouvelle édition revue et corrigée, Paris 1847.

Cousin, V., *Fragments philosophiques pour faire suite aux cours de l'histoire de la philosophie*, vol. 4, Paris 1847.

Cousin, V., « La marquise de Sablé et les salons littéraires au XVIIe siècle », *Revue des deux mondes*, 1er janvier 1854, pp. 5–36.

Cousin, V., « La marquise de Sablé et les salons littéraires au XVIIe siècle », *Revue des deux mondes*, 1er février 1854, pp. 433–472.

Cousin, V., « La marquise de Sablé et les salons littéraires au XVIIe siècle », *Revue des deux mondes*, 1er mars 1854, pp. 865–893.

Cousin, V., « La marquise de Sablé et les salons littéraires au XVIIe siècle », *Revue des deux mondes*, 1er avril 1854, pp. 5–36.

Cousin, V., *Madame de Sablé : études sur les femmes illustres et la société du XVIIe siècle*, Paris 1854.

Cousin, V., *Du vrai, du beau et du bien*, 2e édition, Paris 1854.

Cousin, V., *Premiers essais de philosophie*, 3e édition revue et corrigée, Paris 1855.

Cousin, V., *Philosophie sensualiste au dix-huitième siècle*, 3e édition revue et corrigée, Paris 1856.

Cousin, V., *Philosophie écossaise*, Paris 1857.

Cousin, V., *Histoire générale de la philosophie*, 4e édition, Paris 1861.

Cousin, V., *Premiers essais de philosophie*, Paris 1862.

Cousin, V., *Histoire générale de la philosophie depuis les temps anciens jusqu'à la fin du XVIIIe siècle*, Paris 1863.

Degérando, J.-M., *Histoire comparée des systèmes de philosophie considérés relativement aux principes des connaissances humaines. Deuxième partie : histoire de la philosophie moderne à partir de la renaissance des lettres jusqu'à la fin du XVIIIe siècle*, Paris 1847.

Desdouits, Th., *De Nicolai Cusani Philosophia, thesim offerebat Facultati Litterarum*, Paris 1868.

Desdouits, Th., *De la liberté et des lois de la nature. Discussion des théories panthéistes et positivistes sur la volonté*, Paris 1869.

Desdouits, Th., *La philosophie de Kant d'après les trois critiques*, Paris 1876.

Ferrari, G., *La mente di Giandomenico Romagnosi*, Milano 1835.

Ferrari, G., *Vico et l'Italie*, Paris 1839.

Ferrari, G., *De l'erreur*, Paris 1840.

Ferrari, G., *De religiosis Campanellae opinionibus*, Paris 1840.

Ferrari, G., *Idées sur la politique de Platon et d'Aristote exposées en quatre leçons à la Faculté des Lettres de Strasbourg, Suivies d'un Discours sur l'Histoire de la Philosophie à l'époque de la Renaissance*, Paris 1842.

Ferrari, G., « Vanini (Lucile) », dans : P. Leroux, J. Reynaud (éds), *Encyclopédie nouvelle, ou Dictionnaire philosophique, scientifique, littéraire et industriel, offrant le tableau des connaissances humaines au XIXe siècle*, vol. 8, Paris 1842, pp. 588b–592a.

Ferrari, G., *Les philosophes salariés*, Paris 1849.

Ferrari, G., *Les Philosophes salariés, suivi de Idées sur la politique de Platon et d'Aristote*, éd. S. Douailler, P. Vermeren, Paris 1983.

Ferrari, G., *Sulle opinioni religiose di Campanella*, introduzione, commento e traduzione dal latino di D. Costantino, Milano 2008.

Fiorentino, F., *Il panteismo di Giordano Bruno*, Napoli 1861.

Franck, A. (éd.), *Dictionnaire des sciences philosophiques, par une Société de professeurs de philosophie*, 6 vols, Paris 1844–1852.

Franck, A., « Rapport verbal sur un ouvrage de M. Waddington, intitulé : Ramus, sa vie, ses écrits et ses opinions », *Séances et travaux de l'Académie des sciences morales*, 13 (1855), pp. 459–462.

Franck, A., « Cardan », *Dictionnaire des sciences philosophiques, par une Société de professeurs de philosophie*, vol. 1, Paris 1844, pp. 428–434.

Franck, A., « Charron », *Dictionnaire des sciences philosophiques, par une Société de professeurs de philosophie*, vol. 1, Paris 1844, pp. 487–492.

Garnier, A., « Avertissement », dans : *Œuvres philosophiques de Descartes*, éd. A. Garnier, vol. 1, Paris 1835, pp. i–iv.

Gaume, J., *La Révolution, recherches historiques sur l'origine et la propagation du mal en Europe, depuis la Renaissance jusqu'à nos jours*, 12 vols, Paris/Bruxelles 1856–1859, vol. 8 : *Le Rationalisme*, Paris/Bruxelles 1857.

Gebhart, É., « La Renaissance italienne et la philosophie de l'histoire. La théorie de Jacob Burckhardt », *Revue des deux mondes* 72 (1885), pp. 342–379.

Glisson, F., *Tractatus de natura substantiae energetica, seu de vita naturae, eiusque tribus primis facultatibus naturalibus, I. perceptiva, II. appetitiva, et III. motiva*, Londini 1672.

Gramondus, G.B., *Historiarum Galliae ab excessu Henrici IV libri XVIII. Quibus rerum per Gallos tota Europa gestarum accurata narratio continetur*, apud Arnaldum Colomerium, Tolosae 1643.

Guicciardini, F., *Histoire d'Italie (1492–1534)*, éd. J.-L. Fournel, J.-Cl. Zancarini, vol. 1 : 1492–1513, Paris 1996.

Hauréau, B., « Sciences philosophiques », dans : P. Lacroix, F. Seré (éds), *Le Moyen Age et la Renaissance. Histoire et description des mœurs et usages, du commerce et de l'industrie, des sciences, des arts, des littératures et des beaux-arts en Europe*, vol. 2, Paris 1849, ff. 1[r]–18[v].

Hauréau, B., *De la philosophie scolastique*, 2 vols, Paris 1850.

Hegel, G.W.F., *Vorlesungen über die Geschichte der Philosophie*, vol. 3, Frankfurt am Main 1971 (Werke 20).

Heumann, Ch.A., « Der Einleitung zur Historia Philosophica Vierdtes Capitel. Von denen Kennzeichen der falschen und unächten Philosophie », *Acta Philosophorum* 2 (1715), pp. 179–236.

Heumann, Ch.A., « Eintheilung der Historiae Philosophicae », *Acta Philosophorum* 3 (1715), pp. 462–472.

Humboldt, A. von, *Kosmos. Entwurf einer physischen Weltbeschreibung*, 2 vols, Stuttgart/Tübingen 1845–1847.

Humboldt, A. de, *Cosmos. Essai d'une description physique du monde*, 4 vols, Paris 1855–1859.

Janet, P., *La philosophie française contemporaine,* Paris 1879.

Le Comte de Franqueville, *Le Premier siècle de l'Institut de France, 25 octobre 1795–25 octobre 1895*, vol. 1, Paris 1895.

*Le Journal des débats politiques et littéraires*, 13 mai 1846.

*Le Journal des débats politiques et littéraire*, 19 mars 1847.

Leroux, P., « Agricola (Rodolphe) », dans : P. Leroux, J. Reynaud (éds), *Encyclopédie nouvelle, ou Dictionnaire philosophique, scientifique, littéraire et industriel, offrant le tableau des connaissances humaines au XIXe siècle*, 8 vols, Paris 1836–1842 (reprint avec une introduction de J.-P. Lacassagne, Genève 1991), vol. 1 : A-ARI, Paris 1836, pp. 164b–165b.

Leroux, P., « Cardan (Jérome) », dans : P. Leroux, J. Reynaud (éds), *Encyclopédie nouvelle, ou Dictionnaire philosophique, scientifique, littéraire et industriel, offrant le* *tableau des connaissances humaines au XIX$^e$ siècle*, 8 vols, Paris 1836-1842 (reprint avec une introduction de J.-P. Lacassagne, Genève 1991), vol. 3 : BOT-CONS, Paris 1837, pp. 251a-252b.

[Lewes, G.H.], « Art. IX », compte rendu de : Ch. Bartholmèss, *Jordano Bruno*, 2 vols, Paris 1846-1847, *British Quarterly Review* 9 (1849), pp. 540-563.

Maine de Biran, *Exposition de la doctrine philosophique de Leibnitz, composée pour la Biographie universelle*, Paris 1819.

Maine de Biran, *Nouvelles considérations sur les rapports du physique et du moral de l'homme,* éd. V. Cousin, Paris 1834.

Mamiani della Rovere, T., *Del rinnovamento della filosofia antica italiana libro uno*, Milano 1836.

Maret, H., *Essai sur le panthéisme dans les sociétés modernes*, Paris 1840.

Matter, A.-J., *La vie et les travaux de Christian Bartholmess. Discours prononcé le 11 novembre 1856*, Paris/Strasbourg 1856.

Michelet, Ch.L., *Examen critique de l'ouvrage d'Aristote intitulé Métaphysique*, Paris 1836.

Michelet, J., *Le peuple*, Paris 1846.

Michelet, J., « Discours sur le système et la vie de Vico », dans : id., *Œuvres complètes. 1798-1827*, éd. P. Viallaneix, Paris 1971 (Œuvres complètes, 1).

Michelet, J., « Préface de 1869 », dans : id., *Histoire de France* (Livres 1-4), Paris, 1974 (Œuvres complètes, 4).

Michelet, J., *Histoire de France au seizième siècle. Renaissance. Réforme*, éd. R. Casanova, Paris 1978 (Œuvres complètes, 7).

Michelet, J., *Cours au Collège de France 1838-1851*, vol. 1 : 1838-1844, éd. P. Viallaneix, Paris 1995.

Mongin, J., « Charron (Pierre) », dans : P. Leroux, J. Reynaud (éds), *Encyclopédie nouvelle, ou Dictionnaire philosophique, scientifique, littéraire et industriel, offrant le tableau des connaissances humaines au XIX$^e$ siècle*, 8 vols, Paris 1836-1842 (reprint avec une introduction de J.-P. Lacassagne, Genève 1991), vol. 3 : BOT-CONS, Paris 1837, pp. 468b-469b.

Morin, F., *De la genèse et des principes métaphysiques de la science moderne, ou la philosophie des sciences cherchée dans leur histoire*, Paris 1856.

Morin, F., *Dictionnaire de philosophie et de théologie scolastiques*, vol. 1, Paris 1856.

Ozanam, F., *La civilisation au cinquième siècle*, dans : id., *Œuvres complètes*, vol. 2, Paris 1862.

Poli, B., *Supplimenti al Manuale della storia della filosofia di Guglielmo Tennemann. Saggio storico*, Milano 1836.

Ramus, P., *Liber de moribus veterum Gallorum*, Parisiis 1559.

Ramus, P., *Scholae in liberales artes*, Basileae 1578 (1$^{re}$ éd. 1569).

Ravaisson, F., *Essai sur la Métaphysique d'Aristote*, 2 vols, Paris 1837-1846.

Reid, Th., *Essays on the Intellectual Powers of Man*, London 1941.

Renan, E., « *Ramus (Pierre de La Ramée), sa vie, ses écrits et ses opinions*, par Charles Waddington, professeur agrégé de philosophie à la Faculté des lettres de Paris – Paris, 1855 », *Journal des débats*, jeudi 5 juin 1856, pp. 137–154.

Renan, E., *Études d'histoire religieuse*, Paris 1857.

Renan, E., « Discours sur l'État des Beaux-arts en France au XIVe siècle », dans : V. Leclerc, E. Renan, *Histoire littéraire de la France,* vol. 24/2 : *Quatorzième siècle*, Paris, 1862, pp. 603–757.

Renan, E., *Averroès et l'averroïsme*, 3e édition, Paris 1866.

Renan, E., *Dialogues et fragments philosophiques*, Paris 1876 (1re éd. 1871).

Renan, E., *L'Avenir de la science : pensées de 1848*, Paris 1890.

Renan, E., *Correspondance 1845–1892,* dans : id., *Œuvres complètes*, vol. 10, éd. H. Psichari, Paris 1961.

Reynaud, J., « Agricola (Georges) », dans : P. Leroux, J. Reynaud (éds), *Encyclopédie nouvelle, ou Dictionnaire philosophique, scientifique, littéraire et industriel, offrant le tableau des connaissances humaines au XIXe siècle*, 8 vols, Paris 1836–1842 (reprint avec une introduction de J.-P. Lacassagne, Genève 1991), vol. 1 : A-ARI, Paris 1836, pp. 164b–165b.

Reynaud, J., « Bodin (Jean) », dans : P. Leroux, J. Reynaud (éds), *Encyclopédie nouvelle, ou Dictionnaire philosophique, scientifique, littéraire et industriel, offrant le tableau des connaissances humaines au XIXe siècle*, 8 vols, Paris 1836–1842 (reprint avec une introduction de J.-P. Lacassagne, Genève 1991), vol. 2 : ARI-BOS, Paris 1836, pp. 721a–725a.

Ritter, H., compte rendu de « Ch. Waddington-Kastus, *De Petri Rami vita, scriptis, philosophia*, Paris 1848 », *Göttingische gelehrte Anzeigen* 2 (1849), pp. 1268–1271.

Romagnosi, G., *Scritti filosofici*, vol. 2, éd. S. Moravia, Milano 1974.

Roques, E., *V. Cousin et ses adversaires ou Examen des doctrines philosophiques en conflit au XIXe siècle*, Paris/Toulouse 1858.

Rousselot, X., *Études sur la philosophie dans le moyen âge*, vol. 2, Paris 1841.

Rousselot, X., « Notice sur la vie et les ouvrages de J.C. Vanini », dans : *Œuvres philosophiques de Vanini*, Paris 1842.

Royer-Collard, P.-P., *Fragments philosophiques,* éd. A. Schimberg, Paris 1913.

Saint-Simon, H. de, « Mémoire sur la science de l'homme [1813] », dans : *Œuvres choisies de C.-H. De Saint-Simon*, vol. 2, Bruxelles 1859.

Saisset, É., « Renaissance du Voltairianisme. *Du prêtre, de la femme, de la famille*, par M. Michelet », *Revue des deux mondes*, 1er février 1845, pp. 377–408.

Saisset, É., *Essais sur la philosophie et la religion au XIXe siècle*, Paris 1845.

Saisset, É., « Giordano Bruno et la philosophie au seizième siècle », *Revue des deux mondes*, 15 juin 1847, pp. 1071–1105.

Saisset, É., « La philosophie et la renaissance religieuse », *Revue des deux mondes,* 15 mars 1853, pp. 1115–1129.

Saisset, É., « La philosophie moderne depuis Ramus jusqu'à Hegel », *Revue des deux mondes*, 1er mars 1856, pp. 50–72.

Saisset, É., « Vie de Spinoza », dans : *Œuvres de Spinoza*, traduites par É. Saisset, avec une introduction critique. Nouvelle édition revue et augmentée, Paris 1861, pp. xxvi–xxviii.

Saisset, É., *Précurseurs et disciples de Descartes*, 2e édition, Paris 1862.

Savérien, A., *Histoire des philosophes anciens, jusqu'à la renaissance des lettres*, Paris 1773.

Schwegler, A., « Die neueste Literatur über Giordano Bruno », *Zeitschrift für Philosophie und philosophische Kritik* 18 (1847), pp. 248–264.

E. Sestan (éd.), *Opere di Giandomenico Romagnosi, Carlo Cattaneo, Giuseppe Ferrari*, Milano 1957.

Simon, J., *Histoire de l'école d'Alexandrie*, vol. 2, Paris 1845.

Simon, J., *Victor Cousin*, Paris 1887.

Spach, L., « Christian Bartholmèss », dans : id., *Biographies alsaciennes*, vol. 2, Paris 1866, pp. 389–426.

Staël, G. de, *De l'Allemagne*, vol. 1, Paris 1968.

Taine, H., *Les philosophes français du XIXe siècle*, Paris 1857.

Taine, H., *Histoire de la littérature anglaise*, 2e édition augmentée, vol. 1, Paris 1866.

Thuanus, J. A., *Historia sui temporis*, vol. 3, Londini 1733.

Vacherot, É., *Histoire critique de l'école d'Alexandrie*, vol. 2, Paris 1846.

Vaïsse, É., « Lucilio Vanini, sa vie, sa doctrine, sa mort, 1585–1619 », *Mémoires de l'Académie impériale des sciences, inscriptions et belles-lettres de Toulouse*, sixième série, vol. 2, Toulouse 1864.

Vico, G., *Scienza nuova* (1744), dans: Opere, éd. A. Battistini, vol. 1, Milano 1990, pp. 411–971.

Waddington, Ch., *De Petri Rami vita, scriptis, philosophia*, Paris 1848.

Waddington, Ch., *De l'utilité des études logiques. Discours prononcé à la Sorbonne, le jeudi 12 décembre 1850*, Paris 1851.

Waddington, Ch., *De la méthode déductive. Discours prononcé à la Sorbonne, le jeudi 11 décembre 1851, pour l'ouverture du cours de logique*, Paris 1852.

Waddington, Ch., *Ramus (Pierre de la Ramée). Sa vie, ses écrits et ses opinions*, Paris 1855.

Waddington, Ch., *Essais de logique. Leçons faites à la Sorbonne de 1850 à 1856 (1re série)*, Paris 1857.

Waddington, Ch., *De l'idée de Dieu et de l'athéisme contemporain. Discours prononcé à la séance solennelle de rentrée du Séminaire de la Confession d'Augsbourg (ancienne académie protestante)*, Paris/Strasbourg 1858.

Waddington, Ch., *De l'âme humaine (Études de psychologie). Leçons faites à la Sorbonne de 1850 à 1856 (2e série)*, Paris 1862.

Waddington, Ch., *Descartes et le spiritualisme*, Paris 1868.

Waddington, Ch., *Dieu et la conscience*, Paris 1870.

Waddington, Ch., *La Philosophie de la Renaissance. Discours d'ouverture prononcé à la Sorbonne, le lundi 8 janvier 1872*, Paris 1872.

Waddington, Ch., *Les antécédents de la philosophie de la Renaissance. Discours d'ouverture prononcé à la Sorbonne le jeudi 5 décembre 1872*, Paris 1873.

Waddington, Ch., « Alstedt (Jean-Henri) », dans : A. Franck (éd.), *Dictionnaire des sciences philosophiques par une société de professeurs et de savants*, 2 vols, 2e édition, Paris 1875, vol. 1, pp. 37–38.

Waddington, Ch., « Acontius (Jacques) », dans : A. Franck (éd.), *Dictionnaire des sciences philosophiques par une société de professeurs et de savants*, 2 vols, 2e édition, Paris 1875, vol. 1, p. 9.

Waddington, Ch., « Agricola (Rodolphe) », dans : A. Franck (éd.), *Dictionnaire des sciences philosophiques par une société de professeurs et de savants*, 2 vols, 2e édition, Paris 1875, vol. 1, pp. 13–14.

Waddington, Ch., « Ramée (Pierre de la) », dans : A. Franck (éd.), *Dictionnaire des sciences philosophiques par une société de professeurs et de savants*, 2 vols, 2e édition, Paris 1875, vol. 2, pp. 1452–1456.

Waddington, Ch., *Pyrrhon et le pyrrhonisme : mémoire pour servir à l'histoire du scepticisme*, Paris 1876.

Waddington, Ch., *De l'Autorité d'Aristote au Moyen-Âge*, Paris 1877.

Waddington, Ch., *La renaissance des lettres et de la philosophie au XVe siècle*, Paris 1878.

Waddington, Ch., *La Renaissance des lettres et de la philosophie au XVe siècle*, extrait du *Compte rendu de l'Académie des sciences morales et politiques*, rédigé par M. Ch. Vergé, 38è année, nouvelle série, vol. 10, 1878, 2è semestre, pp. 400–422 ; 562–576 ; 690–704 ; 883–949.

Waddington, Ch., « Un grand homme et son secrétaire », *Séances et travaux de l'Académie des sciences morales et politiques, compte rendu* 70 (1908), pp. 1–31.

Willm, J., *Histoire de la philosophie allemande depuis Kant jusqu'à Hegel*, 4 vols, Paris 1846–1849.

X. [Anonyme], « Vanini », dans : *Dictionnaire des sciences philosophiques, par une Société de professeurs de philosophie*, vol. 6, Paris 1852, pp. 943–945.

## Études

Albertoni, E.A., *La vita degli stati e l'incivilimento dei popoli nel pensiero di G. D. Romagnosi*, Milano 1979 (Studi Romagnosi, 1).

Alecci, R. *La dottrina di G. D. Romagnosi intorno alla civiltà*, Padova 1966 (Il pensiero moderno, 3).

Andersen, B., *Imagined Communities. Reflections on the Origin and Spread of Nationalism*, London/New York 2006 (1re éd. 1983).

Anheim, É., « Dedans et dehors. Pétrarque entre littérature et philosophie (XVIIIe–XIXe siècles) », dans : C. König-Pralong, M. Meliadò, Z. Radeva (éds), 'Outsiders' and 'Forerunners'. Modern Reason and Historiographical Births of Medieval Philosophy, Turnhout 2018 (Lectio, 5), pp. 301–328.

Antoine-Mahut, D., « Revivre le spiritualisme avec les monades. La mission impossible de Francisque Bouillier (1839–1864) », British Journal for the History of Philosophy 23 (2015), pp. 1106–1127.

Antoine-Mahut, D., « Maine de Biran's Places in French Spiritualism: Occultation, Reduction and Demarcation », dans : Maine de Biran, The Relationship between the Physical and the Moral in Man, éd. D. Meacham, J. Spadola, London 2016, pp. 157–192.

Antoine-Mahut, D., « Experimental Method and the Spiritualist Soul. The Case of Victor Cousin », Perspectives on Science 27/5 (2019), pp. 680–703.

Antoine-Mahut, D., « Une philosophie *française* sans *philosophie* française. L'éclectisme de Victor Cousin », dans : C. König-Pralong, M. Meliadò, Z. Radeva (éds), The Territories of Philosophy in Modern Historiography, Turnhout/Bari 2019 (Ad Argumenta, 1), pp. 149–168.

Antoine-Mahut, D., « Philosophizing with a Historiographical Figure. Descartes in Degérando's Histoire comparée des systèmes de philosophie (1804 and 1847) », British Journal of the History of Philosophy 28/3 (2020), pp. 533–552.

Antoine-Mahut, D., Whistler, D., « Introduction. Un bon mort est un mort mort : Vive Victor Cousin ! », dans : D. Antoine-Mahut, D. Whistler (éds), Une arme philosophique : l'éclectisme de Victor Cousin, Paris 2019 (Actualité des classiques), pp. 3–7.

Aramini, A., « Michelet, le philosophe historien », dans : J. Michelet, Philosophie de l'histoire, éd. A. Aramini, Paris 2016, pp. 7–67.

Aubenque, P., « Ravaisson interprète d'Aristote », dans : D. Thouard (éd.), Aristote au XIXe siècle, Villeneuve d'Ascq 2005 (Cahiers de philologie, 21), pp. 157–170.

Azouvi, F., Descartes et la France. Histoire d'une passion nationale, Paris 2002 (L'esprit de la cité).

Bach, M., « A Review of Second Empire Reviews », The French Review 35/3 (1962), pp. 295–301.

Barancy, F., « Politiques de l'éclectisme en situation de crise. Damiron promoteur d'une école philosophique », dans : D. Antoine-Mahut, D. Whistler (éds), Une arme philosophique : l'éclectisme de Victor Cousin, Paris 2019 (Actualité des classiques), pp. 81–92.

Bardet, J.-P., « Autour du concept de révolution. Jeux de mots et reflets culturels », Histoire, Économie et Société 10 (1991), pp. 7–16.

Barthes, R., « Modernité de Michelet », Revue d'Histoire littéraire de la France 74/5 (1974), pp. 804–808.

Bauer, Th., Warum es kein islamisches Mittelalter gab. Das Erbe der Antike und der Orient, München 2019.

Begley, B., « John Toland's On the Manner, Place and Time of the Death of Giordano Bruno of Nola », *Journal of Early Modern Studies* 3 (2014), pp. 103–115.

Bergin, Th.G., Fisch, M.H., *The Autobiography of Giambattista Vico*, New York 1944.

Boenke, M., « Giordano Bruno dans la philosophie de l'identité de Schelling », dans : T. Dagron, H. Védrine (éds), *Mondes, formes et société selon Giordano Bruno*, Paris 2003 (De Pétrarque à Descartes, 57), pp. 197–208.

Bolzoni, L., Payne, A. (éds), *The Renaissance in the 19th Century. Revision, Revival, and Return*, Harvard 2018 (I Tatti Research Series, 1).

Bombart, M., Ribard, D., « Le philosophe et la bibliothèque : érudition, amour des livres et pratiques de pouvoir chez Victor Cousin », dans : C. Nédelec (éd.), *Les Bibliothèques, entre imaginaires et réalités*, Arras 2009 (Études littéraires), pp. 207–220.

Boucheron, P., Offenstadt, N., « Introduction générale : une histoire de l'échange politique au Moyen Âge », dans : P. Boucheron, N. Offenstadt (éds), *L'espace public au Moyen Âge. Débats autour de Jürgen Habermas*, Paris 2011 (Le Nœud Gordien), pp. 1–21.

Buck, A., Vasoli, C. (éds), *Il Rinascimento nell'Ottocento in Italia e in Germania / Die Renaissance im 19. Jahrhundert in Italien und Deutschland*, Bologna/Berlin 1989 (Annali dell'Istituto storico italo-germanico in Trento/Jahrbuch des italienisch-deutschen historischen Instituts in Trient. Contributi/Beiträge, 3).

Bullen, J.B., *The Myth of the Renaissance in Nineteenth-Century Writing*, Oxford 1994.

Canone, E., « Introduzione », dans : E. Canone (éd.), *Brunus Redivivus. Momenti della fortuna di Giordano Bruno nel XIX secolo*, Pisa/Roma 1998 (Bruniana & Campanelliana. Supplementi – Studi, 1), pp. xi–xlv.

Canullo, C., « The Body and the Self-Identification of Conscious Life : The Science of Man between Physiology and Psychology in Maine de Biran », *Analecta Husserliana* 66 (2000), pp. 203–223.

Carvacho, R.M., Dedieu, J.-P., « Entre histoire et mémoire. L'Inquisition à l'époque moderne : dix ans d'historiographie », *Annales. HSS* 57 (2002), pp. 349–372.

Chambon, F., *Rapport sur la Bibliothèque Victor Cousin, adressé à M. le ministre de l'Instruction publique*, Paris 1908.

Charle, Ch., *Les professeurs de la faculté des lettres de Paris – Dictionnaire biographique 1809–1908*, Paris 1985 (Histoire biographique de l'enseignement, 2).

Chassagnette, A., « Les concepts de Renaissance et d'humanisme en Allemagne : quelques remarques sur la (non) définition d'un champ d'étude dans la recherche contemporaine en histoire », *Revue de l'IFHA* 2 (2010), pp. 164–179.

Ciliberto, M., « Balbo e Romagnosi interpreti del Rinascimento », dans : id., *Figure in chiaroscuro. Filosofia e storiografia nel Novecento*, Roma 2001 (Storia e letteratura, 207), pp. 63–90.

Cohn, B.S., « The Census, Social Structure and Objectification in South Asia », dans : id., *An Anthropologist Among the Historians and Other Essays*, Oxford 1988, pp. 224–254.

Colin, R.-P., *Schopenhauer en France : Un mythe naturaliste*, Lyon 1979.

Compagna, L., « Giuseppe Ferrari collaboratore della *Revue des deux mondes* », dans : S. Rota Ghibaudi, R. Ghiringhelli (éds), *Giuseppe Ferrari e il nuovo stato italiano*, Milano 1992, pp. 453–461.

Condette, J.-F. (éd.), *Les Recteurs d'académie en France de 1808 à 1940*, vol. 2 : *Dictionnaire biographique*, Paris 2006 (Histoire biographique de l'enseignement, 12).

Cospito, G., *Il « Gran Vico ». Presenza, immagini e suggestioni vichiane nei testi della cultura italiana pre-risorgimentale (1799–1839)*, Genova 2002.

Cotten, J.-P., *Autour de Victor Cousin. Une politique de la philosophie*, Paris 1992 (Annales littéraires de l'Université de Besançon).

Cotten, J.-P., « Victor Cousin et la "philosophie de la nature" (1810–1820) », *Romantisme* 88 (1995), pp. 35–47.

Couzinet, D., *Histoire et méthode à la Renaissance, une lecture de la* Methodus ad facilem historiarum cognitionem *de Jean Bodin*, Paris 1996 (Philologie et Mercure).

Couzinet, D., « La fortune historiographique de Pierre Ramus chez quelques représentants de l'historiographie éclectique des XVIIe et XVIIIe siècles », dans : C. König-Pralong, M. Meliadò, Z. Radeva (éds), *'Outsiders' and 'Forerunners'. Modern Reason and Historiographical Births of Medieval Philosophy*, Turnhout 2018 (Lectio, 5), pp. 357–394.

Couzinet, D., Mandosio, J.-M., « Nouveaux éclairages sur les cours de Ramus et de ses collègues au collège de Presles d'après des notes inédites prises par Nancel », dans : *Ramus et l'Université*, Paris 2004 (Cahiers V. L. Saulnier, 21), pp. 11–48.

Crépon, M., « L'art de la Renaissance selon Burckhardt et Taine (la question des appartenances) », *Revue germanique internationale* 13 (2000), pp. 131–139.

Croce, B., Nicolini, F., *Bibliografia Vichiana*, vol. 2, Napoli 1948.

D'Amato, C., *Il mito di Vico e la filosofia della storia in Francia nella prima metà dell'Ottocento*, Napoli 1977 (Athenaeum, 23).

Daled, P.F., *Le matérialisme occulté et la genèse du sensualisme. Écrire l'histoire de la philosophie en France*, Paris 2005 (Pour demain).

Davie, G.E., « Victor Cousin and the Scottish Philosophers », *Journal of Scottish Philosophy* 7 (2009), pp. 193–214.

De Pascale, C., *Filosofia e politica nel pensiero italiano fra Sette e ottocento. Francesco Mario Pagano e Gian Domenico Romagnosi*, Napoli 2007 (Studi vichiani. Nuova serie, 46).

Di Scanno, T., *Bibliographie de Michelet en Italie*, Firenze 1969.

Donzelli, M., « La conception de l'histoire de J.-B. Vico et son interprétation par J. Michelet », *Annales historiques de la Révolution française* 53 (1981), pp. 633–658.

Dubois, P., *Cousin, Jouffroy, Damiron. Souvenirs, publiés avec une introduction par Adolphe Lair et suivis d'un appendice par M. Waddington, Membre de l'Institut*, Paris 1902.

Duggan, T.J., « Thomas Reid's Theory of Sensation », *The Philosophical Review* 69 (1960), pp. 90–100.

Dunham, J., « A Universal and Absolute Spiritualism, Maine de Biran's Leibniz », dans : Maine de Biran, *The Relationship between the Physical and the Moral in Man*, éd. D. Meacham, J. Spadola, London 2016, pp. 157–192.

Durand, R., *La politique de l'enseignement au XIX*$^e$ *siècle. L'exemple de Versailles*, Paris 2001.

Encrevé, A., « La *Revue chrétienne* pendant la Première Guerre Mondiale », *Bulletin de la Société de l'Histoire du Protestantisme français* 160 (2014), pp. 77–104.

Espagne, M., *En deçà du Rhin. L'Allemagne des philosophes français au XIX*$^e$ *siècle*, Paris 2004 (Bibliothèque franco-allemande).

Farcina, M., *I diritti dell'esistente : la filosofia della « Encyclopédie nouvelle » (1833–1847)*, Lecce 1987.

Fassò, G., « Un presunto discepolo del Vico : Giulio Michelet », dans : *Omaggio a Vico*, Napoli 1968 (Collana di filosofia, 10), pp. 483–550.

Fauquet, É. (éd.), *Victor Cousin homo theologico-politicus. Philologie, philosophie, histoire littéraire*, Paris 1997.

Faure, É., « Introduction à la première édition (1921) », dans : id., *Histoire de l'art. L'art moderne*, vol. 1, Paris 1987.

Febvre, L., *Michelet et la Renaissance*, Paris 1992.

Febvre, L., « Comment Jules Michelet inventa la Renaissance », *Le Genre humain* 27 (1993), pp. 77–87.

Fedi, L., « Schelling en France au XIX$^e$ siècle », *Les Cahiers philosophiques de Strasbourg* 43 (2018), pp. 13–80.

Ferguson, W.K., *The Renaissance in Historical Thought. Five Centuries of Interpretation*, Boston 1948.

Fiorentino, F., *Filosofia religiosa di Leroux ed eclettismo di Cousin*, Lecce 1992.

Firpo, L., *Il processo di Giordano Bruno*, éd. D. Quaglioni, Roma 1993 (Profili, 15/1).

Firpo, L., *I processi di Tommaso Campanella*, éd. E. Canone, Roma 1998 (Profili, 15/2).

Fornaro, S. « Friedrich Creuzer (1771–1858) à l'Académie des Inscriptions et Belles-Lettres », *Flaubert* 4 (2010), mis en ligne le 15 décembre 2010, consulté le 5 juillet 2021 : <http://journals.openedition.org/flaubert/1212>.

Foucault, D., *Un philosophe libertin dans l'Europe baroque. Giulio Cesare Vanini (1585–1619)*, Paris 2003.

Foucault, D., « Diderot, Vanini, le jugement socratique et le jugement de la postérité » *Anabases* 13 (2011), pp. 121–129.

Garin, E., *Storia della filosofia italiana*, vol. 3, Torino 1966.

Gaspard, C., « Les cours de Michelet au Collège de France (1838–1851) », *Histoire de l'éducation* 120 (2008), pp. 99–112.

Gatti, H., « Bruno nella cultura inglese dell'Ottocento », dans : E. Canone (éd.), *Brunus redivivus. Momenti della fortuna di Giordano Bruno nel XIX secolo*, Pisa/Roma 1998 (Bruniana & Campanelliana. Supplementi – Studi, 1), pp. 19–66.

Ghiringhelli, R., « Romagnosi e Ferrari », dans : S. Rota Ghibaudi, R. Ghiringhelli (éds), *Opere di Giandomenico Romagnosi, Carlo Cattaneo, Giuseppe Ferrari*, Milano 1957, pp. 209–223.

Giglioni, G., « Glisson, Francis, and the Irritable Life of Nature », dans : D. Jalobeanu, Ch.T. Wolfe (éds), *Encyclopedia of Early Modern Philosophy and the Sciences*, mis en ligne le 23 Octobre 2020, consulté le 11 Avril 2021 : <https://doi.org/10.1007/978-3-319-20791-9_620-1>.

Giglioni, G., « What Ever Happened to Francis Glisson ? Albrecht Haller and the Fate of Eighteenth-Century Irritability », *Science in Context* 21 (2008), pp. 465–493.

Godani, P., « Per un'archeologia del carattere », *Aut aut* 371 (2016), pp. 184–203.

Godani, P., « L'affermazione del carattere nell'età di Bichat », *Aut aut* 378 (2018), pp. 155–175.

Goldstein, J., *The Post-Revolutionary Self : Politics and Psyche in France, 1750–1850*, Cambridge, MA/London 2005.

Goody, J., *Renaissances. The One or the Many?*, Cambridge 2010.

Gossman, L., « Michelet and Natural History : The Alibi of Nature », *Proceedings of the American Philosophical Society* 145 (2001), pp. 283–333.

Havelange, I., Huguet, F., Lebedeff-Choppin, B., « Matter Jacques », dans : G. Caplat (éd.), *Les inspecteurs généraux de l'Instruction publique. Dictionnaire biographique 1802–1914*, Paris 1986 (Histoire biographique de l'enseignement, 11), pp. 499–501.

Huguet, F., Noguès, B., *Les professeurs des facultés des lettres et des sciences en France au XIXe siècle (1808–1880)*, mis en ligne en juin 2011, consulté le 16 novembre 2020 : <http://facultes19.ish-lyon.cnrs.fr/>.

Huizinga, J., *Herfsttij der Middeleeuwen : Studie over levens- en gedachtenvormen der veertiende en vijftiende eeuw in Frankrijk en de Nederlanden*, Haarlem 1919.

Jaquel, R., « Le philosophe Christian Bartholmèss (1815–1856), spécialiste en France au milieu du XIXe siècle de la pensée allemande, et sa conception de la liberté », dans : *Le concept de la liberté de 1815 à 1914 dans l'espace rhénan supérieur : actes du colloque international*, Mulhouse 1976, pp. 123–139.

Jolivet, J., « Les études de philosophie médiévale en France, de Victor Cousin à Étienne Gilson », dans : R. Imbach, A. Maierù (éds), *Gli Studi di filosofia medievale fra Otto e Novecento*, Roma 1991, pp. 1–20 (Storia e letteratura. Raccolta di studi e testi, 179).

Jouanna, A., « La notion de Renaissance. Réflexions sur un paradoxe historiographique » *Revue d'histoire moderne & contemporaine* 49 (2002), pp. 5–16.

Kapitza, P.K., *Ein bürgerlicher Krieg in der gelehrten Welt. Zur Geschichte der Querelle des Anciens et des Modernes in Deutschland*, München 1981.

Kelley, D.R., *The Descent of Ideas. The History of Intellectual History*, London/New York 2002.

Kogan, V., *The 'I' of History : Self-Fashioning and National Consciousness in Jules Michelet*, Chapel Hill 2006.

König-Pralong, C., « L'histoire médiévale de la raison philosophique moderne (XVIII<sup>e</sup>–XIX<sup>e</sup> siècles) », *Annales. HSS* 70 (2015), pp. 667–712.

König-Pralong, C., *Médiévisme philosophique et raison moderne. De Pierre Bayle à Ernest Renan*, Paris 2016 (Conférences Pierre Abélard).

König-Pralong, C., « Introduction. Individuals in the History of Philosophy », dans : C. König-Pralong, M. Meliadò, Z. Radeva (éds), *'Outsiders' and 'Forerunners'. Modern Reason and Historiographical Births of Medieval Philosophy*, Turnhout 2018 (Lectio, 5), pp. 9–26.

König-Pralong, C., *La colonie philosophique. Écrire l'histoire de la philosophie aux XVIII<sup>e</sup> et XIX<sup>e</sup> siècles*, Paris 2019 (En temps & lieux, 83).

Koopmann, H., Baron, F. (éds), *Die Wiederkehr der Renaissance im 19. und 20. Jahrhundert / The Revival of the Renaissance in the Nineteenth and Twentieth Centuries*, Paderborn 2013.

Koyré, A., « L'apport scientifique de la Renaissance. Le rôle de Bacon », *Revue de Synthèse* 67 (1950), pp. 30–50.

La Puma, L., *Il socialismo sconfitto : saggio sul pensiero politico di Pierre Leroux e Giuseppe Mazzini*, Milano 1984 (Storia, 40).

Lacaita, C.G., « Il problema della storia in Ferrari giovane », dans : S. Rota Ghibaudi, R. Ghiringhelli (éds), *Giuseppe Ferrari e il nuovo stato italiano*, Milano 1992, pp. 131–166.

Lalouette, J., « De quelques aspects de l'athéisme en France au XIX<sup>e</sup> siècle », *Cahiers d'histoire. Revue d'histoire critique* 87 (2002), pp. 81–100.

Lavagne, X., « Sur la bibliothèque de Victor Cousin », *Bulletin du bibliophile* 2 (1977), pp. 1–14.

Le Bras-Chopard, A., *De l'égalité dans la différence : le socialisme de Pierre Leroux*, Paris 1986.

Le Goff, J., « Le Moyen Âge de Michelet », dans : id., *Pour un autre moyen âge*, Paris 1977, pp. 19–45.

Leclant, J. (éd.), *Le Second siècle de l'Institut de France 1895–1995. Recueil biographique et bibliographique des membres, associés étrangers, correspondants français et étrangers des cinq académies*, vol. 2, Paris 2001.

Leopizzi, M., *Les sources documentaires du courant libertin français. Giulio Cesare Vanini*, Paris 2004.

Loraux, N., « Éloge de l'anachronisme en histoire », *Espaces Temps* 87–88 (2005), pp. 127–139.

Macherey, P., *Histoire de dinosaure. Faire de la philosophie (1965–1997)*, Paris 1999.

Maissen, Th., Mittler, B., *Why China Did Not Have a Renaissance – and Why That Matters : An Interdisciplinary Dialogue*, Berlin 2018 (Critical Readings in Global Intellectual History, 1).

Mali, J., *The Legacy of Vico in Modern Cultural History. From Jules Michelet to Isaiah Berlin*, Cambridge/New York 2012.

Malusa, L. (éd.), *L'idea di tradizione nazionale nella storiografia filosofica italiana dell'Ottocento*, Genova, 1989.

Malusa, L., *I filosofi e la genesi della coscienza culturale della « nuova Italia »* (*1799–1900*), Napoli 1997.

Manns, J.W., *Reid and his French Disciples : Aesthetics and Metaphysics*, Leiden/Boston 1994 (Brill's Studies in Intellectual History, 45).

Martirano, M., *Giuseppe Ferrari : Editore e interprete di Vico*, Napoli 2001.

Mastellone, S., *Victor Cousin e il Risorgimento italiano*, Firenze 1955.

Matton, S., « Le face à face Charpentier-La Ramée. À propos d'Aristote », *Revue des sciences philosophiques et théologiques* 70 (1986), pp. 67–86.

Mauve, Ch., Narcy, M., Ragghianti, R., Vermeren, P., « Introduction », dans : Victor Cousin, *Platon*, Paris 2016 (Bibliothèque d'Histoire de la Philosophie), pp. 9–56.

McDermid, D., « The Sensation/Perception Distinction in Reid and Schopenhauer », *Journal of Scottish Philosophy* 16 (2018), pp. 147–161.

McGrath, L.S., *Making Spirit Matter : Neurology, Psychology, and Selfhood in Modern France*, Chicago 2020.

Meliadò, M., « Die Verwandlungen der Methode : Victor Cousin und die scholastische Genealogie der cartesischen Vernunft », dans : U. Zahnd (éd.), *Language and Method. Historical and Historiographical Reflections on Medieval Thought*, Freiburg i.Br./Berlin/Wien 2017 (Paradeigmata, 41), pp. 309–335.

Meliadò, M., « Géopolitique de la raison. Sur la pratique de l'histoire de la philosophie à l'école de Victor Cousin », dans : C. König-Pralong, M. Meliadò, Z. Radeva (éds), *The Territories of Philosophy in Modern Historiography*, Turnhout/Bari 2019 (Ad Argumenta, 1), pp. 169–186.

Meliadò, M., « Machiavel à Paris : l'historiographie philosophique sur la Renaissance et la dissidence idéologique contre l'éclectisme (1829–1843) », dans : D. Antoine-Mahut, D. Whistler (éds), *Une arme philosophique : l'éclectisme de Victor Cousin*, Paris 2019 (Actualité des classiques), pp. 53–68.

Mereu, I., *L'antropologia dell'incivilimento in G. D. Romagnosi e C. Cattaneo*, Piacenza 2001.

Messling, M., *Gebeugter Geist. Rassismus und Erkenntnis in der modernen europäischen Philologie*, Göttingen 2016 (Philologien. Theorie – Praxis – Geschichte, 3).

Milbach, S., *Les Chaires ennemies. L'Église, l'État et la liberté d'enseignement secondaire dans la France des notables (1830–1850)*, Paris 2015 (Bibliothèque d'études des mondes chrétiens).

Milbach, S., « 'L'homme vit sur terre mais pense au ciel'. Spiritualisme et catholicisme. Le cas d'Émile Saisset », *Revue des Sciences Philosophiques et Théologiques* 103 (2019), pp. 439–464.

Mohlo, A., « The Italian Renaissance, Made in the USA », dans : A. Molho, G.S. Gordon (éds), *Imagined Histories. American Historians Interpret the Past*, Princeton 1998, pp. 263–294.

Mollat, M., « Y a-t-il une économie de la Renaissance ? », dans : L. Febvre, A. Renaudet, É. Coornaert (éds), *Actes du colloque sur la Renaissance. Organisé par la Société d'histoire moderne à la Sorbonne 30 juin–1er juillet 1956*, Paris 1958 (De Pétrarque à Descartes, 3), pp. 37–54.

Moravia, S., *Filosofia e scienze umane nell'età dei lumi*, Firenze 1982.

Moreau, P.-F., « Saisset lecteur de Spinoza », *Recherches sur le XVIIe siècle* 4 (1980), pp. 85–98.

Moreau, P.-F., « Traduire Spinoza. L'exemple d'Émile Saisset », dans : A. Tosel, P.-F. Moreau, J. Salem (éds), *Spinoza au XIXe siècle*, Paris 2014, pp. 221–230.

Moreau, P.-F., « Victor Cousin, la philosophie et son histoire », *Le Télémaque* 54 (2018), pp. 57–66.

Moreau, P.-F., « Autour du spinozisme en France au XIXe siècle : panthéisme, spiritualisme, positivisme », *Philosophia Osaka* 15 (2020), pp. 1–13.

Mulsow, M., « Qu'est-ce qu'une constellation philosophique ? Propositions pour une analyse des réseaux intellectuels », *Annales. HSS* 64 (2009), pp. 81–109.

Mulsow, M., Stamm, M., (éds), *Konstellationsforschung*, Frankfurt am Main 2005 (Wissenschaft, 1736).

Naert, E., « Maine de Biran lecteur de Leibniz », *Revue de Métaphysique et de Morale* 88 (1983), pp. 499–513.

Namer, E., *La vie et l'œuvre de J.C. Vanini*, Paris 1980.

Narcy, M., « Le Platon libéral de Victor Cousin », *Revue Française d'Histoire des Idées Politiques* 37 (2013), pp. 35–57.

Oexle, O.G., « Les groupes sociaux du Moyen Âge et les débuts de la sociologie contemporaine », *Annales. ESC* 47 (1992), pp. 751–765.

Ong, W. J., *Ramus and Talon Inventory. A Short-Title Inventory of the Published Works of Peter Ramus (1515–1572) and of Omer Talon (1510–1562)*, Cambridge, MA 1958.

Otto, S., « Le "symbole de la vraie philosophie". La *nolana philosophia* et sa transmission à Schelling par Jacobi », dans : T. Dagron, H. Védrine (éds), *Mondes, formes et société selon Giordano Bruno*, Paris 2003 (De Pétrarque à Descartes, 57), pp. 177–196.

Papuli, G., « La fortuna del Vanini », dans : G. Papuli (éd.), *Le interpretazioni di G.C. Vanini*, Galatina 1975 (Collana di saggi e testi, 2), pp. 5–52 ; repris dans : id., *Studi vaniniani*, Galatina 2006, pp. 143–186.

Parfait, P., *L'Univers illustré*, 11è année, n. 706, 25 juillet 1868, p. 467.

Parmentier, M., « Maine de Biran, Leibniz et le virtuel », *Methodos : Savoirs et Textes*, 16 (2016), mis en ligne le 25 janvier 2016, consulté le 10 avril 2021 : <http://journals.openedition.org/methodos/4529>.

Petitier, P., *La Géographie de Michelet*, Paris 1997.

Pfister, Ch., « Un épisode de l'histoire de la Faculté des lettres de Strasbourg : l'affaire Ferrari », *Revue internationale de l'enseignement* 80 (1926), pp. 334–355.

Piaia, G., « Storicismo ed eclettismo : L'età di Victor Cousin », dans : G. Santinello, G. Piaia (éds), *Storia delle storie generali della filosofia*, vol. 4/II : *L'età hegeliana*, Roma/Padova 2004, pp. 89–200.

Piaia, G., « Rinascimento e identità nazionale nella storiografia filosofica italiana e francese del primo Ottocento », dans : R. Ragghianti, A. Savorelli (éds), *Rinascimento mito e concetto*, Pisa 2005 (Seminari e convegni, 2), pp. 109–134 ; repris dans : id., *Sapienza e follia. Per una storia intellettuale del Rinascimento europeo*, Pisa 2015 (Clavis, 2), pp. 285–308.

Piaia, G., « "Petrarca an inter philosophos referendus". Francesco Petrarca nella storiografia filosofica del Sette-Ottocento », dans : id., *Sapienza e follia. Per una storia intellettuale del Rinascimento europeo*, Pisa 2015 (Clavis, 2), pp. 271–284 ; précédemment dans : L. Secchi Tarugi (éd.), *Francesco Petrarca. L'opera latina : tradizione e fortuna*, Firenze 2006 (Quaderni della Rassegna, 46), pp. 611–622.

Pommier, J., « Victor Cousin et ses élèves vers 1840 », *Revue d'histoire et de philosophie religieuses* 11 (1931), pp. 386–408.

Portebois, Y., Terpstra, N. (éds), *The Renaissance in the Nineteenth Century / Le XIX$^e$ siècle renaissant*, Toronto 2003 (Essays and Studies, 2).

Py, A., « La Bibliothèque Victor Cousin à la Sorbonne », *Corpus. Revue de philosophie* 18–19 (1991), pp. 197–198.

Quaglioni, D., « L'autodéfense de Giordano Bruno », dans : T. Dagron, H. Védrine (éds), *Mondes, formes et société selon Giordano Bruno*, Paris 2003 (De Pétrarque à Descartes, 57), pp. 29–46.

Radeva, Z., *The Reform of Reason. The Rise of Modern History of Philosophy and the Fate of Renaissance Aristotelianism*, thèse de doctorat, Albert-Ludwigs-Universität Freiburg im Br., 2019.

Ragghianti, R. « Le *Renaissances* tra Cousin e Michelet », *Rinascimento*, ser. 2, 40 (2000), pp. 297–316.

Ragghianti, R., « Victor Cousin et la querelle du panthéisme », dans : V. Cousin, *Nouvelle théodicée d'après la méthode psychologique*, éd. R. Ragghianti, Paris 2001 (La philosophie en commun), pp. 7–51.

Ragghianti, R., « Immagini del Rinascimento nell'Ottocento francese », dans : R. Ragghianti, A. Savorelli (éds), *Rinascimento mito e concetto,* Pisa 2005 (Seminari e convegni, 2), pp. 135–178.

Ragghianti, R., *Filosofia, storiografia e vita civile. L'eclettismo francese tra Cousin e Bergson*, Pisa 2014 (Studi).

Raj, K., *Relocating Modern Science. Circulation and the Construction of Knowledge in South Asia and Europe, 1650–1900*, New York 2007.

Régnier, Ph., « Pierre Leroux (1797–1871) », dans : D. Kalifa, Ph. Régnier, M.-È. Thérenty, A. Vaillant (éds), *La civilisation du journal : histoire culturelle et littéraire de la presse française au XIX$^e$ siècle*, Paris 2011, pp. 1111–1115.

Rexroth, F., *Fröhliche Scholastik. Die Wissenschaftsrevolution des Mittelalters*, München 2018.

Rey, A., *« Révolution ». Histoire d'un mot*, Paris 1989.

Rey, L., *Les enjeux de l'histoire de la philosophie en France au XIX$^e$ siècle : Pierre Leroux contre Victor Cousin*, Paris 2012 (La philosophie en commun).

Ricci, S., « La ricezione del pensiero di Giordano Bruno in Francia e in Germania. Da Diderot a Schelling », *Giornale critico della filosofia italiana* 70 (1991), pp. 431–465.

Ricci, S., *Giordano Bruno nell'Europa del Cinquecento*, Roma 2000.

Ricci, S., *Dal Brunus redivivus al Bruno degli italiani. Metamorfosi della nolana filosofia tra Sette e Ottocento*, Roma 2009 (Studi e testi del Rinascimento europeo, 37).

Romano, A., « Ce que l'histoire globale fait à la 'révolution scientifique', ou la fin d'un grand récit et ses multiples conséquences », *Rivista storica italiana* 132 (2020), pp. 542–568.

Rota Ghibaudi, S., *Giuseppe Ferrari : L'evoluzione del suo pensiero (1830–1860)*, Firenze 1969.

Rubini, R., *The Other Renaissance : Italian Humanism between Hegel and Heidegger*, Chicago 2014.

Rubini, R., *Posterity : Inventing Tradition from Petrarch to Gramsci*, Chicago, 2022.

Ruehl, M.A., *The Italian Renaissance in the German Historical Imagination 1860–1930*, Cambridge 2015 (Ideas in Context, 105).

Savorelli, A., « Rinascimento e modernità nel *Discours sur l'histoire de la Philosophie à l'époque de la Renaissance* di Giuseppe Ferrari », dans : R. Ragghianti, A. Savorelli (éds), *Rinascimento mito e concetto*, Pisa 2005 (Seminari e convegni, 2), pp. 109–134.

Schildgen, B.D., Zhou, G., Gilman S.L. (éds), *Other Renaissances. A New Approach to World Literature*, New York 2006.

Schlobach, J., *Zyklentheorie und Epochenmetaphorik. Studien zur bildlichen Sprache der Geschichtsreflexion in Frankreich von der Renaissance bis zur Frühaufklärung*, München 1980.

Schmidt-Biggemann, W., « Aspekte der Rezeptionsgeschichte Brunos im 18. Jahrhundert », *Zeitsprünge. Forschungen zur Frühen Neuzeit* 3 (1999), pp. 65–87.

Schneider, U.J., *Philosophie und Universität. Historisierung der Vernunft im 19. Jahrhundert*, Hamburg 1999.

Schulthess, D., « Maine de Biran, interprète et critique de Thomas Reid », dans : E. Arosio, M. Malherbe (éds), *Philosophie française et philosophie écossaise 1750–1850*, Paris 2007 (Analyse et philosophie), pp. 39–51.

Séginger, G., « De la biologie à l'écologie », *Arts et Savoirs* 7 (2016), mis en ligne le 13 décembre 2016, consulté le 10 décembre 2017 : <http://journals.openedition.org/aes/918>.

Seillière, E., « Notice sur la vie et les travaux de M. Charles Waddington, lue dans la séance du 19 juin 1915 », dans : *Séances et travaux de l'Académie des sciences morales et politiques : compte rendu*, Paris 1915, pp. 117–118.

Sohnle, W.P., *Georg Friedrich Creuzers « Symbolik und Mythologie » in Frankreich. Eine Untersuchung ihres Einflusses auf Victor Cousin, Edgard Quinet, Jules Michelet und Gustave Flaubert*, Göppingen 1972.

Spanu, G., *Il pensiero di G. D. Romagnosi. Un'interpretazione politico-giuridica*, Milano 2008 (Temi di storia, 125).

Tega, W., *Tradizione e rivoluzione. Scienza e potere in Francia (1815–1840)*, Firenze 2013 (Pansophia. Testi e studi sulla modernità, 11).

Tinguely, F. (éd.), *La Renaissance décentrée*, Genève 2008 (Travaux d'Humanisme et Renaissance, 440).

Tollebeek, J., « 'Renaissance' and 'Fossilization' : Michelet, Burckhardt, and Huizinga », *Renaissance Studies* 15 (2001), pp. 354–366.

Tolomio, I., *Italorum sapientia. L'idea di esperienza nella storiografia filosofica italiana dell'età moderna*, Soveria Mannelli, Catanzaro 1999 (Saggi).

Van Damme, S., *À toutes voiles vers la vérité. Une autre histoire de la philosophie au temps des Lumières*, Paris 2014 (L'univers historique).

Van Damme, S., *Seconde nature. Rematérialiser les sciences de Bacon à Tocqueville*, Dijon 2020 (Œuvres en sociétés).

Vermeren, P., « Les aventures de la force active en France. Leibniz et Maine de Biran sur la route philosophique menant à l'éclectisme de Victor Cousin (1810–1845) », *Exercices de la patience* 8 (1987), pp. 147–168.

Vermeren, P., *Victor Cousin. Le jeu de la philosophie et de l'État*, Paris 1995 (La philosophie en commun).

Vermeren, P., « Joseph Ferrari, l'insurrection péripatéticienne contre le christianisme, et l'impiété de la Renaissance devenue système par le cartésianisme », dans : D. Antoine-Mahut, D. Whistler (éds), *Une arme philosophique : l'éclectisme de Victor Cousin*, Paris 2019 (Actualité des classiques), pp. 71–80.

Verri, A., *Vico e Herder nella Francia della Restaurazione*, Ravenna 1984 (Agorà, 10).

Viallaneix, P., *La Voie Royale. Essai sur l'idée de peuple dans l'œuvre de Michelet*, Paris 1959.

Viard, B., *Pierre Leroux, penseur de l'humanité*, Cabris 2009.

Viard, J., *Pierre Leroux et les socialistes européens*, Le Paradou 1983.

*Victor Cousin, les Idéologues et les Écossais*, Paris 1985.

Vincenti, D., *La spontaneità malata. Fisiologia, patologia e alienazione mentale nel pensiero di Félix Ravaisson*, Pisa 2012 (Mefisto, 20).

Whistler, D., « 'True Empiricism' : the Stakes of the Cousin-Schelling Controversy », *Perspectives on Science* 27/5 (2019), pp. 739–765.

Yuva, A., « Was heißt und zu welchem Ende studiert man Philosophiegeschichte ? Die Vorlesungen von Pierre-Paul Royer-Collard und Victor Cousin », dans : M. Meliadò, S. Negri (éds), *Praxis des Philosophierens, Praktiken der Historiographie. Perspektiven von der Spätantike bis zur Moderne*, Freiburg/München 2018 (Geist und Geisteswissenschaft, 2), pp. 221–247.

# Index des noms

Aconcio, J.   40, 42, 43, 53, 82
Agricola, G.   46
Agricola, R.   40, 46, 82, 83n
Agrippa, H.C.   48
Albert le Grand   90
Albertoni, E.A.   160n
Alecci, R.   160n
Alexandre d'Aphrodise   227
Alexandre le Grand   268, 271
Alstedt, J.-H.   82
Amaury de Chartres   90
Andersen, B.   36n
Anheim, É.   92n
Anquetil-Duperron, A.H.   21
Anselme de Cantorbéry   90
Antoine-Mahut, D.   4n, 5, 6n, 22n, 41n, 46n, 62n, 77n, 82n, 102n, 103n, 108n, 128n, 133n, 149n, 173n, 174n, 176n, 178n, 186n, 244n
Aramini, A.   20
Aristote   18, 32, 33, 56, 62n, 63, 64, 65, 66n, 69–71, 76, 77n, 80, 83, 85n, 86, 87n, 89, 90, 91n, 92, 93n, 96, 104, 116–120, 124n, 133n, 147, 153, 224, 227, 230, 243
Arnauld de Villeneuve   49
Arnoult, G.   140n
Arosio, E.   180n
Artaud, N.L.M.   231
Aubenque, P.   118n, 119
Avicenne   90
Averroès   25, 57, 90, 227
Azouvi, F.   2n, 128n

Bach, M.   78n, 242
Bacon, F.   19, 25, 30–34, 40–42, 47, 49, 51–52, 54, 55, 57, 69–71, 74, 76, 82, 88, 89, 101, 103, 121, 183, 186, 190, 227
Badouin, A.   140n
Baillet, T.   82n
Baldacchini, M.   110, 257n
Ballanche, P.-S.   151, 152, 159, 166
Barancy, F.   244n
Bardet, J.-P.   26n
Barni, J.   221n
Baron, F.   12n

Barthélemy-Saint Hilaire, J.   72n, 79n, 116–119, 232n
Barthes, R.   154, 155n
Bartholmèss, Ch.   5, 7, 22, 69n, 73–76, 99, 105, 109, 114, 116, 119–121, 126, 130, 131, 143–149, 150n, 201–220, 223, 246, 254
Battistini, A.   154n
Basson, S.   183, 186, 197
Bauer, Th.   35n
Bautain, L.   107, 202n
Bayle, P.   2n, 35n, 48, 49, 68, 82n, 123, 124, 125n, 128
Begley, B.   125n
Bekker, A.I.   65, 227
Bembo, P.   28
Bergin, Th.G.   152n
Bergson, H.   18n, 62, 176n
Berkeley, G.   22
Bernard-Granger, S.   126n
Bersot, E.   221n, 222n
Berti, D.   123n
Bertrand, J.   71n
Bertrand, M.   265
Bessarion (cardinal)   96
Boccace   92
Böckh, A.   212n
Bodin, J.   46, 96n
Boenke, M.   113n
Boehme, J.   41, 75, 148n, 210n
Bolzoni, L.   12n
Bombart, M.   64n
Bonald, L. de   107
Bordas-Demoulin, J.-B.   104n
Bossuet, J.B.   243, 269, 272
Boucheron, P.   33n
Bouillier, F.   6, 55, 56, 143, 144n, 173n, 186n
Boyer, J.-B. (D'Argens)   215
Brucker, J.J.   14, 15, 26, 49, 69, 78, 82n, 100, 119, 124n
Bruno, G.   2n, 5, 6, 22, 41, 54, 56, 74, 75, 77n, 102–126, 130, 131, 135, 136n, 137, 144–149, 168, 176n, 201–207, 208n, 210n, 249, 253, 255
Buchanan, G.   146n, 201
Buchez, Ph.   24, 31n

Buck, A.   12, 53n
Buffon, G.-L. Leclerc de   243
Buhle, J.G.   119
Bullen, J.B.   12n, 133n, 157n
Burckhardt, J.   11–13, 34, 38, 39, 156, 157n
Burnouf, E.   21, 23

Campanella, T.   4, 46, 47, 52–56, 107, 110–114, 134, 137, 144n, 146, 167, 186, 197, 201, 249, 256–258
Canone, E.   110n, 123n, 148n
Canullo, C.   173n, 174n
Caraman, M.J.L. de Riquet, marquis de   6, 17, 18, 20, 26, 40, 69
Cardan, J.   42, 46–50, 54
Caresme, J.-B.   224
Carrière, M.P.   148, 210, 212, 220
Carvacho, R.M.   110n
Cattaneo, C.   159n, 160n, 161n, 165
Cesalpino, A.   227
Chambon, F.   64n, 271
Charle, Ch.   61n, 244n
Charlemagne   89, 140n
Charles VIII   37, 168, 170, 171
Charpentier (Carpentarius), J.   44n, 65n, 66n, 71, 230
Charron, P.   42, 46, 47, 50, 51
Chasles, M.   2n
Chassagnette, A.   32n
Chateaubriand, F.-R. de   266
Cicéron   67, 81, 92, 165, 243
Ciliberto, M.   164n
Cohn, B.S.   36n
Colet, L.   111n, 113n, 258
Colin, R.-P.   24n
Colomb, Ch.   169
Compagna, L.   160n
Comte, A.   25, 32, 61n, 202, 208n, 210n, 239
Condette, J.-F.   224n
Condillac, É. Bonnot de   103, 178, 179, 236n, 243
Coornaert, É.   14n
Copernic, N.   24, 32, 33, 34, 106, 120
Coquerel, L.C.   210
Cospito, G.   152n
Cotten, J.-P.   45n, 108, 127n
Courtaux, L.   7, 249
Cousin, V.   1–7, 13, 16–25, 29–33, 40–42, 44–47, 56, 57, 61–69, 72–93, 95, 97–123, 125–133, 135–150, 152, 158, 160, 161n, 167, 173–197, 201–205, 208n, 210n, 212n, 217n, 220n, 221–229, 231n, 232n, 236n, 237n, 240n, 242n, 244n, 246n, 249–267, 271–272
Couzinet, M.-D.   5, 7, 11n, 19n, 61, 67n, 69n, 96n, 126n, 127n, 132, 148n, 150, 173n, 221, 223n, 249
Cremonini, C.   196
Crépon, M.   38, 39n
Croce, B.   158
Cuoco, V.   152
Cuvier, Ch.   232n

D'Amato, C.   151n
Dagron, T.   113n, 126n
Daled, P.-F.   180n
Damiron, J.P.   100n, 222n, 223n, 229n, 244n
Dante Alighieri   28, 29, 94, 160n,
David de Dinant   90
Davie, G.E.   180n
De Pascale, C.   161n
De Sanctis, F.   156, 157n
Dedieu, J.-P.   110n
Degérando (Gérando de), J.-M.   14, 42, 43, 82, 102n
Del Soldato, E.   117n
Delcasso, L.   232
Delebecque, M.   225
Démocrite   88n
Denis, M.   233n
Des Garets, N.   77, 236n
Descartes, R.   2, 5, 6n, 16, 17, 19, 22, 24, 29, 32, 40–42, 47n, 51–53, 55, 57, 62n, 68, 69, 72, 75–78, 80–82, 84n, 86, 88–93, 98n, 101–105, 107, 109, 111n, 113n, 114, 115n, 117, 121, 124n, 128, 129, 142–145, 149, 150n, 173, 177, 181–183, 185–192, 194, 196, 236, 243, 261
Deschamps, L.M. (Dom)   55n
Desdouits, Th.   104, 115, 121–126
Di Scanno, T.   158n
Diderot, D.   107, 108n, 111n
Diry-Löns, I.   7
Donzelli, M.   153n
Douailler, S.   7n, 98n
Dubois, P.-F.   222, 223n, 229n, 244n
Duggan, T.J.   189n
Dumège, M.   140n

INDEX

Dumont, A.   67
Dunham, J.   173n
Durand, R.   122n

Ellis, R.L.   190n
Encrevé, A.   78n
Épicure   88n
Érasme de Rotterdam   40
Erizzo, S.   53
Espagne, M.   5n, 205n

Farcina, M.   46n
Farcy, E.   267, 271n
Fassò, G.   158n
Fauquet, É.   45n
Faure, É.   28n
Fauriel, C.   167
Faye, H.   23n
Febvre, L.   11, 14n, 19, 20n, 172
Fedi, L.   108n, 202n
Ferguson, W.K.   12
Ferrari, G. (J.)   4, 21, 22, 42, 47, 53, 54n, 56, 69, 77, 85–89, 98–100, 108, 129, 133, 134, 141, 142, 144, 151n, 157, 159–161, 165–169, 172, 263, 264
Ferraz, M.   241, 242n
Fichte, J.G.   135, 136n, 205
Ficin, M.   40, 48n, 49, 52, 96
Fiorentino, F.   46n, 148, 255n
Fisch, M.H.   152n
Flaubert, G.   21n, 44, 45
Flourens, G.   215
Foucault, D.   107n, 139n
Fourier, Ch.   111n
Fournel, J.-L.   96n
François I$^{er}$   37
Franck, A.   4, 45, 47, 49–51, 73, 82, 83, 99n, 122, 139–140, 150, 203

Galilei, G.   32, 33, 40, 49, 53, 57, 82n, 112, 121
Galusky, Ch.   23n
Garets, N. des   77, 236n
Garin, E.   11, 152n
Garnier, A.   103n, 177n
Gaspard, C.   20n, 28n, 29n, 112
Gassendi, P.   145n
Gatti, H.   148n
Gaume, J.   136

Gebhart, É.   39
Geiger, L.   38
Gémiste Pléthon   95, 96
Ghiringhelli, R.   160n, 166n,
Giglioni, G.   6, 173, 175n
Gilman, S.L.   36n
Gioberti, V.   157–159, 165
Girardin, M.   2n
Glisson, F.   6, 173, 175, 183–186, 188–191, 193–197
Godani, P.   173n, 174n, 178n, 191n
Goldstein, J.   177n
Goody, J.   35
Gossman, L.   23n
Gramond, G.B.   113, 139
Gramsci, A.   151n
Graves, F.P.   71n
Grucker, É.   242
Guillaume d'Ockham   28, 29, 30, 92
Guizot, F.   151, 155

Haac, O.A.   23n
Haroun al Rashid   89
Harrington, J.   55n
Harvey, D.   185
Hatzfeld, A.   83, 100n
Hauréau, B.   6, 30, 31n, 40, 41n, 144
Havelange, I.   232n
Haym, N.F.   124n
Heath, D.D.   190n
Hegel, G.W.F.   12n, 14, 22, 75n, 118n, 119, 135–137, 149n, 157n, 204, 205, 210n, 215
Heidegger, M.   12n, 157n
Helmont, J.B. van   194
Helvétius, C.-A.   50
Herder, J.G.   151n
Heumann, Ch. A.   26, 113n
Holbach, P.H.D., baron d'   50
Hollard, H.   78n
Hotman, F.   146n, 201
Huet, P.D.   114n, 149, 204
Huguet, F.   226n, 229n, 232n, 242n, 245n, 246n
Huizinga, J.   11, 34n
Humboldt, A. von   22, 23, 27, 29, 36, 131
Husson, C.   5, 109
Hutten, U. von   22, 146n, 201

Imbach, R.  17n

Jalobeanu, D.  175n
Janet, P.  98–100, 122n, 221n, 232n
Jaquel, R.  131n, 148n, 212n
Jaucourt, A.F. de  202, 208, 213–215
Jean Froissart  44, 140n
Jean Gerson  68, 84n, 86, 87, 92, 93, 181
Jean Pic de la Mirandole  21n, 48n, 49
Jolivet, J.  17n
Jouanna, A.  14n, 15n
Jouffroy, Th.  21, 222n, 223n, 229n, 244n
Jourdain, Ch.  98, 99
Jules César  67n, 170, 268

Kalifa, D.  46n
Kant, I.  62n, 109, 122, 178n, 179, 191, 204n, 205
Kapitza, P.K.  15
Kelley, D.R.  1n, 178n
Kepler, J.  24
Kogan, V.  156
König-Pralong, C.  1n, 2n, 4, 6, 11, 14n, 20n, 35n, 41n, 45n, 61n, 68n, 69–70, 72n–74n, 82n, 90n, 92n, 100n, 102n, 127n–128n, 133n, 138n, 178n
Koopmann, H.  12n
Koyré, A.  33, 34
Kristeller, P.O.  11

La Boétie, É. de  22
La Fontaine, J. de  269, 272
La Mettrie, J. O. de  215
La Puma, L.  46n
Lacaita, C.G.  166n
Lacassagne, J.-P.  46n
Lacroix, P.  30n, 144n
Lair, A.  222n, 223, 229n
Lalande, M.  227
Lalouette, J.  122n
Languet, H.  146n, 201
Lavagne, X.  64n
Le Bras-Chopard, A.  46n
Le Goff, J.  28n
Lebedeff-Choppin, B.  232n
Leclant, J.  61n
Lefranc, L.M.  232
Leibniz, G.W.  6, 22, 41, 54, 62n, 79n, 103, 173, 174, 175, 183–197, 204, 210n, 215, 243
Léon X  167

Léonard de Vinci  53, 170, 172
Leopizzi, M.  140n
Lerminier, M.  118
Leroux, P.  4, 45, 46n, 47–49, 52–56, 110n, 111n, 130n, 134
Lévy, M.  79n
Lewes, H.G.  148
Locke, J.  54, 103, 178–179, 190, 243
Loraux, N.  33n
Lorenzo Valla  53, 94, 203
Louis XII  37
Louis XIII  269
Louis XIV  269
Louis-Philippe  44

Macherey, P.  97n
Machiavel  4n, 22n, 23, 46, 47, 82n, 84n, 88n, 89n, 100n, 108n, 167, 168, 203
Maierù, A.  17n
Maine de Biran  6, 62n, 121, 173n, 174, 180n, 184, 190–196, 236n
Maissen, Th.  35n
Maistre, J. de  54
Maizeaux, P. de  125n
Malebranche, N. de  41, 62n, 103, 192,
Malenfant, É.  139, 140n
Malherbe, M.  180n
Mali, J.  157n
Malusa, L.  53n
Mamiani, T.  53
Mandosio, J.-M.  67n
Maintenon, Madame de  269, 272
Manns, J.W.  180n
Maret, H.  79n, 108n, 135, 141
Martin Luther  18n, 29, 30, 33, 37, 38, 100n, 203
Martirano, M.  159n, 161n
Masson, G.  220
Mastellone, S.  152n, 158n
Matter, A.-J.  74n, 79, 80, 97n, 131n, 202, 203, 208n, 210n, 232n, 241, 242
Matton, S.  71n
Maurial, J.É.  245n
Mauve, Ch.  103n, 128n
Mazarin, J.  269
Mazzini, G.  46n, 157
McDermid, D.  189n
McKenna, A.  126n
Meacham, D.  173n

INDEX 297

Meerhoff, K.   66n
Mélanchthon, Ph.   22, 30, 83n, 146
Meliadò, M.   1, 2n, 4n, 6–7, 11n, 18n, 22n, 41n,
    45n, 46n, 56, 61n, 68n, 69n, 70n, 73n,
    74n, 77n, 82n, 84n, 85n, 88n, 89n, 92n,
    100n, 108n, 111n, 126n, 127, 128n, 131n,
    133n, 146n, 148n, 173n, 178n, 201,
    246n, 249
Mereu, I.   160n
Mersenne, P.   140n
Meslier, J.   55n
Messling, M.   40n
Meyrueis, Ch.   74n, 251
Michel-Ange   172, 268
Michelet, Ch.L.   118n,
Michelet, J.   4, 5, 11–13, 17, 18n, 19–21, 23, 24,
    27–29, 31, 33, 34n, 36–39, 42, 100, 133,
    151–159, 162–164, 168–172, 204, 262
Mignet, F.   151
Milbach, S.   105n, 116n, 135n
Mittler, B.   35n
Molière   270, 272
Mohlo, A.   12n
Mollat, M.   14n
Mongin, J.   50
Montaigne, M. de   20, 31, 40, 47, 50n,
    76, 203
Moravia, S.   161n, 162n
Moreau, P.-F.   115n, 126n, 179n
Moreri, L.   124, 268
Mori, G.   126n
Morin, F.   6, 24–25, 31–34, 42
Morelly, É.-G.   55n
More, Th.   22, 55n, 146n, 201, 203
Mulsow, M.   130

Naert, É.   174n
Namer, E.   139n
Nancel, N. de   67
Napoléon   22, 169
Napoléon III   24, 82n
Narcy, M.   103n, 128n
Nédelec, C.   64n
Nénot, H.-P.   265
Negri, S.   77n
Newton, I.   22
Nicodème   123
Nicolas de Cues   94, 122n
Nicolini, F.   158n

Nizolio, M.   53
Noguès, B.   226n, 229n, 232n, 242n,
    245n, 246n

Oexle, O.G.   38n
Offenstadt, N.   33n
Ong, W.J.   66, 71
Otto, S.   113n
Ozanam, F.   17

Papuli, G.   129n
Paracelse   48
Parfait, P.   265
Parmentier, M.   174n
Pascal, B.   212n, 228
Pascal, J.   224
Patrizi, F.   132n
Payne, A.   12n
Péna, J.   67
Petitier, P.   21n, 28n
Pétrarque   87n, 92, 94, 101, 203n
Peyron, A.   263
Pfister, Ch.   98n, 99
Philelphe, F.   203
Piaia, G.   1n, 4, 53n, 73n, 84n, 86n, 87n, 92n,
    108n, 134n, 173n
Piccolomini, A.   203
Piccolomini, F.   196, 203
Pierre Abélard   2, 16, 28, 29, 41, 68n, 69n, 90,
    91n, 128, 129
Pierre de Calabre   96
Pierre Lombard   90
Pingard, A.-L.   238n
Pingard, Jean   238n
Pingard, Julia   238n
Platon   44, 62n, 73, 77n, 85n, 87n, 96, 103,
    104, 113–117, 119, 128, 129, 133n, 243,
    268, 271
Plotin   117
Plutarque   243
Poli, B.   53
Politien, A.   203
Polybe   96, 266
Pommier, J.   98n, 222n
Pomponazzi, P.   31, 47, 52, 53, 56, 168,
    196, 203
Portebois, Y.   12n
Postel, G.   21
Proclus   108n, 117n, 128, 194

Proudhon, P.-J.   24
Psichari, H.   39n
Ptolémée   33, 120
Py, A.   64n
Pythagore   113, 120

Quaglioni, D.   110n, 113n, 120n
Quinet, E.   4, 21n

Rabelais, F.   40, 140n
Radeva, Z.   6n, 11n, 15, 41n, 45n, 68n, 69n, 70n, 92n, 127n, 178n
Ragghianti, R.   1n, 53n, 77n, 79n, 84n, 89n, 91, 103n, 108n, 126n, 128n, 133n, 135n, 176n, 179n, 196n
Raj, K.   36n
Ramus, P. (La Ramée, P. de)   5, 6, 18, 19, 22, 26, 27n, 40–42, 52, 61, 63–83, 86, 89, 97, 101, 132, 144–147, 149, 150, 201, 203, 223, 224, 226, 230, 234, 235, 249–252
Ranke, L.   120, 123n
Raphaël (Raffaello Sanzio)   28, 29
Ravaisson, F.   116, 117n, 118, 119, 174n
Raymond Lulle   49, 120
Raynal, L.-H. C. de   227
Régnier, Ph.   46n
Reid, Th.   62n, 173–175, 179, 180n, 182n, 184, 187–191, 194–196
Rémusat, Ch. de   81
Renan, E.   2n, 6, 13, 25, 33, 35n, 36, 39, 40, 42, 68n, 73, 79n, 97, 128n, 239n, 243
Renaudet, A.   14n
Renouvier, Ch.   31n, 32
Reuchlin, J.   20, 21, 48n, 49
Rexroth, F.   33n
Rey, A.   26n
Rey, L.   46n, 110n, 130n
Reynaud, J.   4, 45, 46n, 134
Ribard, D.   64n
Ricci, S.   107n
Richelieu, A.J. du Plessis   91, 269–272
Ritter, H.   15, 72–74, 76, 101, 148
Ritterhausen, C.   112
Roger Bacon   19, 41, 49, 54
Romagnosi, G.   4, 157, 159n, 160–166, 168, 169
Romano, A.   11n, 33n
Roques, E.   109n
Rota Ghibaudi, S.   133n, 159n, 160n, 166n
Rousseau, J.-J.   47, 48, 50, 51, 169

Rousselot, X.   6, 17, 138
Royer-Collard, P.-P.   77n, 87n, 177n, 180n
Rubini, R.   4, 12n, 151n, 158n
Ruehl, M.A.   12n

Saint-Beuve, Ch.-A.   2n, 215
Saint-Marc Girardin,   2n
Saint-Simon, C.H. de   33, 45, 54, 55n, 111n
Saisset, É.   1, 2, 19, 20, 24n, 31, 41, 69n, 75, 76, 99n, 104, 114n, 115–121, 124, 126, 127, 143, 149, 201, 202, 223
Salem, J.   115n
Sanchez, F.   72, 73n
Santinello, G.   1n, 173n
Savérien, A.   14n
Savorelli, A.   1n, 53n, 84n, 89n, 133n, 176n
Scaliger, J.C.   186
Schelling, F.W.J.   5, 104, 108, 109, 113n, 118n, 119, 121n, 135, 136n, 145, 148n, 202, 204, 205, 210n, 215
Schildgen, B.D.   36n
Schimberg, A.   180n
Schleiermacher, F.   72n, 148
Schlobach, J.   15
Schmidt-Biggemann, W.   111n
Schmidt, Ch.   73, 74n
Schmitt, Ch.B.   11, 15
Schneider, U.J.   1n, 44n
Schopenhauer, A.   24n, 189n, 205
Schoppe, C.   112, 114, 115, 120, 123–125
Schulthess, D.   180n
Schwegler, A.   148
Schweighaeuser, J. G.   246
Scot Érigène   90
Secchi Tarugi, L.   87n
Séginger, G.   37n
Seillière, E.   61, 62n, 63, 76, 99
Seré, F.   30n, 144n
Sestan, E.   159n, 161n, 165n
Shakespeare, W.   227n
Simon, J.   67n, 98, 99, 100n, 117n, 122, 221, 222n, 223, 246
Socrate   48n, 50, 62n, 271
Spach, L.   131, 203n, 205n
Spadola, J.   173n
Spanu, G.   160n
Spedding, J.   190n
Spinoza, B.   1, 28, 41, 103, 104, 108n, 115, 116, 119, 120, 121n, 135, 136n, 187, 192, 239n

# INDEX

Sprengel, K.   47
Staël, G. de   36, 38
Stamm, M.   130n
Stelter, J.   7
Struvius, F.G.   112n, 125
Sturm, J.   67n, 80, 81
Suárez, F.   183, 186, 197

Taine, H.   13, 25, 38n, 39, 40, 42
Talon, O.   66, 67
Tega, W.   46n
Telesio, B.   22, 52, 74, 131, 146, 149, 168, 201, 203
Tennemann, W.G.   49, 53, 54, 62n, 68, 109n, 119
Terpstra, N.   12n
Thérenty, M.-È.   46n
Thierry, A.   151, 155
Thiers, A.   81, 151, 231
Thomas d'Aquin   90, 111n, 170
Thorin, E.   122
Thou, J.-A. de   71, 269
Thouard, D.   118n
Tieder, I.   59n
Tinguely, F.   36n
Tissot, J.   122
Toland, J.   125
Tollebeek, J.   11n, 34n
Tolomio, I.   53n
Trivulzio di Belgioioso, C.   157
Tycho Brahé   24

Ursin, J.-H.   123n, 124n, 125

Vacherot, É.   117, 221, 226, 228, 229
Vaillant, A.   46n
Vaïsse, É.   140n
Valla, L.   53, 94, 203
Vapereau, G.   221n
Van Damme, S.   13n, 34

Vanini, G.C.   3, 6, 17, 41, 46, 47, 55, 56, 66n, 68n, 74n, 75, 84n, 88n, 105, 107, 108n, 109n, 110–114, 127, 129, 132, 134, 136–147, 181n, 196, 201n, 246n, 249, 259, 260, 261
Vasari, G.   14, 26, 34
Vasoli, C.   12, 53n
Védrine, H.   113n
Vergé, Ch.-H.   92n, 214
Vermeren, P.   45n, 77n, 98n, 103n, 108n, 126n, 127n, 128n, 133n, 174n
Verri, A.   151n
Vialleneix, P.   21n, 23n, 29n, 152n, 154n, 156n, 169n
Viard, B.   46n
Viard, J.   46n
Vico, G.   4, 6, 22, 56, 108, 151–172, 203, 204, 249, 262, 263
Villemain, A.B.   215
Vincenti, D.   174n
Voltaire   51, 56, 169

Waddington, Ch.   5, 7, 18, 19, 42, 61–101, 122, 132, 143–145, 147–150, 221–248, 251, 252
Wagner, A.   109
Whistler, D.   4n, 22n, 46n, 62n, 82n, 108n, 109, 133n, 244n
Willm, J.   204, 205, 217, 246
Wolfe, T.   175n
Woozley, A.D.   189n

Xénophon   243

Yuva, A.   77n, 87n

Zabarella, J.   31, 183, 186, 196, 197
Zahnd, U.   2n, 18n, 128n
Zancarini, J.-Cl.   96n
Zanchi, G.   80
Zhou, G.   36n

Printed in the United States
by Baker & Taylor Publisher Services